나의 민법 이야기

송덕수

한 민법학자의
40년간의 기록

박영사

머리말

　내가 민법을 전공으로 정한 것은 대학원 석사과정 3학기이던 1981년 4월이었다. 그때부터 나는 법학과 대학원생, 서울 법대 유급 조교, 경찰대와 이화여대의 전임교수로서 줄곧 민법에 관하여 연구하고, 강의하며, 논문과 책을 집필하는 생활을 해왔다. 그리고 작년(2021년) 8월 말에 이화여대 법학전문대학원에서 정년퇴임을 했다. 민법학자로 산 기간이 ― 전임교수를 한 37년 9개월을 포함하여 ― 40년이 넘는다. 이 책은 나의 40년간의 민법 인생역정人生歷程에 관한 정리서라고 할 수 있다.

　오래전부터 나는, 과거에 내가 논문을 쓰면서 느꼈던 특별한 감정이나 특이사항 등 논문 자체에는 나타나지 않는 논문의 뒷이야기를 책으로 쓰고 싶었다. 그걸 통해 후학들에게 논문을 쓰는 방법에 도움을 주고, 그와 더불어 내 논문에 대한 이해를 높였으면 했다. 내가 초보 학자 시절에 그런 책을 절실히 원했는데, 그 비슷한 책도 없어서 연구하는 방법을 나 스스로 개척해 가느라고 무척 힘들었던 기억이 있었기 때문이다. 그런데 이 책 '서장(序章)'에 적은 바와 같이, 내가 재직 학교에서 힘든 일을 겪으면서 그런 마음을 접었었다. 그리고 조용히 휴면기休眠期를 즐기려고 했다.

　그러다가 박영사의 조성호 이사와 김선민 이사의 설득과 권유로 마음을 바꿨다. 이 두 분은 20년 가까이 내 저서를 기획하거나 편집해왔는데, 그 분들이 내가 걸어온 길을 책으로 펴내어 후학들에게 도움을 주십사 하고 제안하였다. 특히 조 이사는, 학자인 나를 오래 관찰해 온 사람으로서 나의 과거의 활동이 후학들에게 도움이 많이 될 것이라고 하면서, 아주 적극적 으로 집필을 권했다. 그러면서 내가 쓰고 싶은 것을 쓰기보다 후학들에게 필요한 것을 생각해봤으면 좋겠다고 했다.

　나는 당분간의 휴면 계획을 뒤로 미루고, 내가 이제까지 걸어온 길과 그 과정에서 내가 생각하고 겪은 것을 정리하여 책을 내기로 했다. 그리고 처 음에 쓰려고 했던 '내 논문 이야기' 외에 후학들에게 도움이 될 다른 내용도 넣기로 했다. 그래서 나의 책 이야기, 나의 강의 이야기, 내가 민법 낱권 교 과서를 완간하고 나서 제자들에게 들려준 이야기, 그 밖에 내게 남은 특별 한 이야기들도 들어가게 되었다. 또 책의 뒷부분에, 내가 쓴 글의 목록, 내 가 한 강의교과목, 내가 대학 학부와 법학전문대학원 정규시험에서 출제 했던 시험문제를 부록으로 덧붙였다.

　나는 스스로 민법학자로서 매우 특별한 사람이라고 생각지는 않는다. 그렇지만 나름대로 성실하고 열심히, 모범적으로 살았다. 그리고 그런대 로 업적도 많이 쌓았으며, 교수로서 여러모로 비교적 성공적이었다는 평 가를 받기도 했다. 이렇게 성실하고 열심히 살아온 내 모습과 경험이 법학, 특히 민법을 공부하거나 연구하는 이들에게 조금이라도 도움이 될 수 있 다면 그것을 기꺼이 보여주기로 했다. 민법 연구나 저서 집필을 비롯한 나 의 활동이나 생각 중에 바람직한 것은 직접적이고 긍정적으로, 바람직하 지 못한 것이라도 타산지석他山之石으로서 도움을 줄 수 있을지 모른다고 여겨졌다. 그래서 나는 특기할 사항에 대하여 후학들을 생각하면서 있는 그대로 진술하게 적기로 했다.

이 책은 민법에 관한 나의 여러 가지 활동을 정리한 것이어서 당연히 사실事實에 대하여 기록한다. 그런데 사실만 있는 것이 아니고 그 당시에 내가 했던 생각들도 곁들여져 있다. 내 사유思惟의 조각들을 함께 적은 것이다. 어쩌면 내게는 이 사유의 존재가 사실의 기록보다 더 큰 의미가 있을지도 모른다. 그리고 그 사이사이에 연구 방법이나 그 밖의 여러 특별한 사항에 대한 나의 의견도 제시하였다. 내게는 민법을 공부하는 후학들이 그걸 보면서 스스로 자신만의 연구 방법 등을 정립해 갔으면 하는 바람이 있다.

이 책의 집필은 작년 4월 하순에 시작되었다. 집필 시작 무렵에는 3개월 정도면 원고를 완성할 수 있으리라 생각했다. 그런데 실제는 생각과 달랐다. 정년퇴임을 앞두고 이것저것 정리할 것이 많아 집필에 집중하기가 어려웠다. 또 크고 작은 집안일도 있었고, 올해 초에는 나와 가족들이 COVID-19에 감염되어 원고를 쓰기가 어려웠다. 몸을 추스른 뒤에는 낱권 교과서 「친족상속법」 개정작업과 「민법 핵심판례230선」을 펴내느라 또 늦어졌다. 그리하여 올해 여름이 되어서야 비로소 집중적으로 집필을 할 수 있었다. 그리고 11월 중순에 원고를 완성했다.

오래전부터 어렴풋이 출간을 원했고, 오랜 기간에 걸쳐 쓴 원고가 드디어 책으로 나오게 되니 기쁘기 이를 데 없다. 나의 민법 인생에 관한 책이어서 더욱 그렇다. 그 기쁨을 가족과 함께 나누고 싶다.

올해 초여름, 작년에 쓰다가 묵혀 두었던 이 책의 원고를 꺼내 책상에 놓았더니, 그걸 본 딸과 그 엄마가 이구동성으로 "또 책을 쓰려고?"라고 소리쳤다. 내 건강을 위해 이제는 정말 책 쓰는 걸 그만하라는 뜻이었다. 두 사람이 똑같이 소리치는 모습에 깜짝 놀란 나는 "이 책은 내 교수 생활을 정리하는 것이다. 이 책은 꼭 써야 하고, 앞으로 새로운 책은 안 쓸 것이다."라고 하며, 겨우 진정시켰다.

내가 40년간 민법학자로 평온하게 활동할 수 있었던 것은 내 가족의 든든한 지원이 있었기에 가능했다. 그런데 내가 학자로서의 활동에 집중하는 바람에 가족에게는 그만큼 소홀할 수밖에 없었다. 한편으로 참으로 고맙고, 다른 한편으로 미안하기 짝이 없다.

그런 중에도 아이들은 착하게 잘 자라서, 첫째인 아들 민형旼衡이는 건실한 금융 관련 회사에서 사내 변호사로 근무하고 있고, 둘째인 늦둥이 딸 혜민蕙旼이는 올해 초 좋은 회사에 입사하여 훌륭한 상사들 밑에서 착실히 일을 배워가고 있다. 혜민이는 늦둥이로 태어나 우리 부부에게는 그 존재만으로 기쁨인데, 기특하기 그지없다. 그리고 민형이는 좋은 배필인 문경주文景柱 선생을 만나 작년에 행복한 가정을 꾸렸고, 얼마 후에는 2세를 볼 예정이다. 평생 나를 지지해주고 나만을 위해서 살아온 내 아내 배윤숙裴潤淑님은 노심초사 내 걱정만 하고 사는 것 같다. 나도 그런 아내를 위해 살고 싶은데, 습관을 떨쳐버리지 못하고 아직도 마음뿐이다.

내가 잘할 수 있는 거라곤 연구하고 책 쓰는 게 다이니, 이 책 출간의 기쁨이라도 사랑하는 가족들, 즉 아내, 아들 부부와 곧 태어날 손주, 그리고 늦둥이 딸과 함께 나누고 싶은 것이다.

이 책을 펴내는 데에는 많은 분의 도움이 있었다. 우선 원고 정리를, 예전에 나의 연구조교였던 황희옥 법학석사, 대학원 제자인 이화여대 민경주 기획팀장 및 서울시 서초구 의회 전문위원 김소희 박사가 도와주었다. 이들은 모두 본업이 있어서 무척 바쁜 중에도 방과 후에 시간을 내서 나를 도왔다. 특히 김소희 박사는 원고의 대부분을 정리하느라 수고를 아주 많이 했다. 부록에 있는 강의교과목 자료는 이화여대 수업지원팀 오혜원 팀장이 조사해 주셨다.

박영사에서는 먼저 안종만 회장님과 안상준 대표가 감사하게도 이 책의 출간을 흔쾌히 수락하셨다. 그리고 편집부 김선민 이사는 이 책의 편집을 총괄하면서 베테랑 편집자답게 책을 아주 유려流麗하고 훌륭하게 만들어 주셨다. 내 캐리커처를 이용한 표지 디자인도 김 이사의 아이디어이다. 조성호 기획이사는 이 책이 제대로 출간되도록 전 과정을 세심하게 챙겨 주셨다. 이분들을 포함하여 도와주신 모든 분께 깊이 감사드린다.

2022년 12월

송덕수

차례

서장(序章)

회갑부터는 새로 태어난 듯이 살고 싶었던 계획

지금부터 6년 전인 2016년은 내가 회갑이 되던 해이다. 1983년 민법 전임교수가 된 뒤 앞만 보고 쉬지 않고 달려온 나는 회갑을 맞이하면 이름, 즉 호號를 새로 짓고 이 세상에 처음 태어난 듯이 완전히 달라진 삶을 살려고 했다. 무엇보다도 시간에 쫓겨 기진맥진하는 생활에서 벗어나 유유자적悠悠自適하며 인생을 즐기고 싶었다. 그러기 위해 외부에서 요청하는 일은 대부분 거절하고 내가 해야 할 일도 크게 줄이려고 했다.

계획과 달리 소용돌이 속으로

그런데 그 무렵 내 주변 사정은 계획대로 할 수 없는 상황으로 변했다. 내가 재직하던 이화여대에서 나는 2016년 8월부터 학사부총장을 맡게 되었다. 보직, 특히 본부 보직을 대단히 싫어하는 나였지만 그 일을 맡지 않을 수 없었다. 게다가 그 직후 이화여대에 학내 소요사태가 발생하였다. 그리고 그해 10월에는 총장이 사임하여 학교 규칙에 따라 내가 총장직무대행까지 맡게 되었다.

내 삶이 심한 격랑 속으로 빠져들게 된 것이다. 유유자적은커녕 학내 소요사태가 정리되고 학교가 정상화될 때까지는 내 생활 자체가 아예 존재할 수 없게 되었다. 세상의 많은 일이 자신의 의지대로 되는 것은 아니지만, 정말 어쩔 수 없는 운명이 있는 듯했다.

뭇 사람의 구설口舌에까지 올라

이화여대에서 소요사태가 발생한 후 어쩌다 보니 전국적으로 내가 화제의 중심에 놓이는 일이 생겼다. 뭇사람들의 구설의 대상이 되었다. 내가 주변에 간혹 우스갯소리로 말하던 것처럼, 나는 어려서부터 곱게 자랐다. 그리고 평생 구설을 들을 일은 거의 한 적이 없었다.

그런 나로서는 무척 견디기 어려웠다. 나는 어떻게 해서든 하루빨리 학교를 정상화하고 그 질곡에서 벗어나기 위해, 내가 그동안 행정 경험에서 얻은 노하우know how와 법률이론을 연마하면서 터득한 능력을 총동원하여 거기에 쏟아부었다. 그 정성이 통했는지 끝이 보이지 않던 상황에 조금씩 변화가 생겼고, 내가 총장직무대행을 맡은 지 7개월쯤 되었을 때 학교를 안정시키고 나는 가까스로 큰 짐을 벗게 되었다.

충격에서 벗어나기 위해 저서 개정에 몰두하다

내가 부총장과 총장직무대행을 맡고 있던 동안, 어쩌면 그 후까지도 나는 모르는 사람들로부터 평생 들어보지 못할 비난을 들었던 것 같다. 나로서는 더할 수 없는 충격이었다. 다행히 나를 잘 아는 사람들은 그 대열에 끼지 않고 오히려 나를 믿고 격려해 주었는데, 그것이 내게는 크게 위안이 되었다.

학교가 정상화된 뒤 나는 교내사태와 내가 받은 충격을 잊기 위해 부심했다. 우선 사직서를 제출한 뒤 그것이 수리될 때까지 며칠간 속세를 잊기 위해 설악산으로 향했다. 예전에 법학전문대학원장을 면한 뒤에는 '자유!'를 외치며 보직을 면한 기쁨을 누렸는데, 이때는 아무런 생각조차 하고 싶지 않았다. 그저 모든 걸 잊고 싶었다.

설악산에서 이틀에 걸쳐 산행을 하고 서울로 돌아왔다. 그러고 나서는 내 책 중「신민법강의」를 대대적으로 개편하는 작업에 착수하였다. 오랫동안 별러왔던 그 작업은 무척이나 시간과 노력이 많이 드는 일이었다. 밤낮없이 무려 4개월간 그 일에만 매달렸다. 그렇게 한 이유는 책의 개편만을 위한 것이 아니었다. 그러면서 바로 얼마 전까지 있었던 일을 깡그리 잊고 싶었다. 그 일을 마친 뒤에는 또 쉬지 않고 다른 책들의 개정작업을 이어갔다.

그렇게 6개월이 지나고 나니 — 모두 잊히지는 않았지만 — 과거의 충격에서 약간은 벗어날 수 있었다. 그보다 더 큰 수확은 나의 연구력이 전례없이 빨리 회복되었다는 점이다. 내 경험상 보직을 맡았던 경우 대체로 보직을 수행한 기간 정도가 지나야 비로소 연구력이 회복되었다. 보직 활동의 강도가 세면 그만큼 더 오랜 시간이 필요했다. 그런데 어느 보직과 비견할 수 없는 강도와 스트레스로 업무를 수행했는데 예상외로 쉽게 연구력을 되찾을 수 있었던 것이다.

회복된 연구력으로 새로운 저서를 출간하다

그 후 나는 새로운 저서의 집필에 들어갔다. 부총장을 맡기 전에 학교에서 인문사회계 교수로는 처음으로 이화펠로우[1]로 선정되어 2016년부터 2018년까지 3년간 연구비를 지원받아「기본민법」이라는 저서를 출간하기로 했는데, 그 책의 출간을 위해 집필에 몰두하였다. 원고를 쓸 때는 잡념이 생기지 않아 힘들었던 일을 잊을 수 있었다. 그 책의 출간 뒤에는, 학술연구서로서「민법전의 용어와 문장구조」라는 책의 집필을 하느라 2018년 여름의 심한 무더위와 싸웠다. 그리고 저서 출간 사이에 시간을 내어 학술논문을 쓰기도 했다. 그렇게 3~4년의 세월이 흘러갔다.

---

1 이화펠로우 제도는 이화여대에서 연구실적이 특히 뛰어난 교수 중 신청을 받아 선정위원회에서 이화펠로우로 선정되면 3년간 특별연구비를 지원해 주는 제도이다.

큰일을 겪고 나니 생각이 바뀌고

나는 오래전부터 무엇보다도 내가 쓴 여러 논문 중 주요한 것에 대하여 그 뒷이야기를 글로 남겨 후학의 민법 공부에 조금이나마 도움을 주려고 생각하고 있었다. 정리된 논문에서는 볼 수 없는 이면裏面을 보여줌으로써 논문에 대한 이해를 깊게 하고, 적어도 공부하는 방법에 대해서 새로운 시각을 얻을 수도 있을 것이라는 생각에서였다.

그런데 내가 부총장과 총장직무대행을 맡아 고생을 하고, 그러면서도 교내외의 많은 사람으로부터 온갖 비난까지 받고 나니 생각이 변하였다. 내가 하려고 했던 일도 모두 부질없는 것 같았다. 그래서 하지 않으려고 했다. 그저 아무 일도 하지 않고 평온하게 살고 싶었다.

'그래, 조용히 살자!'

나는 정년퇴직 후 조용하게 살 궁리를 하고, 어떻게 조용히 살 것인지를 구상하기 시작하였다.

제자들이 생각을 일깨우다

그러던 2020년 겨울, 몇몇 제자들이 의논한 뒤, 이화여대 김병선 교수가 대표로 나를 찾아왔다. 김 교수는 내가 2021년 8월에 정년퇴임을 하는데 정년퇴임을 기념하는 일로 무엇을 했으면 좋겠는지 물었다. 나는 그동안 그런 일도 하지 않아야겠다고 마음먹고 있었다. 그런데 제자들이 무언가를 하려고 하는 의지를 강하게 보여 마음을 바꾸기로 하였다.

그리하여 나와 제자들이 의논하여 기념논문집을 제작하고 콜로키움을 개최하기로 하였다. 그리고 기념논문집에는 내가 이전에 쓰려고 했던 내 주요 논문의 뒷얘기를 싣기로 했다. 원래는 별개의 독립된 책자로 만들려고 했지만, 기념논문집의 출간을 맡은 박영사의 부담을 줄여주기 위해 기념 책자에 넣기로 했다. 다른 학자들만의 기념논문집이 아니고 나도 같이 참여한 기념 책자를 기획한 것이다.

그 후 기념 책자에 논문을 쓰겠다고 하는 분들이 조사되었다. 그 수가 예상보다 훨씬 많았다. 그리고 그 책에 싣기로 한 논문 중에는 내 주요 논문에 대한 리뷰review 논문도 있었다. 그래서 기념논문집의 양도 줄이고 혹시 생길지 모를 식상食傷함도 없애기 위해, 내 논문 이야기는 안 쓰기로 했다.

박영사 조성호 이사와 김선민 이사의 집필 권유

2021년 4월 중순, 매우 오랜만에 박영사의 조성호 이사와 김선민 이사를 만나 내 책들의 개정 등에 관하여 의논하였다. 그 자리에서 두 분은 서울대에서 정년퇴임을 한 국제법 정인섭 교수의 저서 얘기를 하면서 내게도 그와 같은 책을 출간할 것을 적극적으로 권하였다.

그 제안을 받고 나는 이제 일을 최소한으로 줄이고 편하게 살려고 하며, 그래서 그러한 책을 쓰지 않겠다고 했다. 그런데 그 후 그 얘기가 계속 뇌리에 맴돌았다. 그리고 처음에 계획을 했던 때부터 그때까지의 과정을 복기復棋해보았다. 그러한 글을 왜 쓰려고 했으며, 지금은 그것이 필요하지 않은가?

오랫동안 고심한 끝에 다시 마음을 바꾸었다. 원래의 생각대로 별개의 책자로 그런 글을 쓰기로 했다. 거기에 조 이사·김 이사가 제안한 후학에게 도움이 될 다른 글도 넣기로 했다.

정년에 이르러 새로이 여암礪岩이라는 호號도 짓고

제자들이 내 정년퇴임을 기념하여 기념논문집을 제작하고 콜로키움을 개최하기로 하자,[2] 나는 회갑 무렵에 생각했던 바를 다시 실행하고 싶었다.

---

2 나의 정년퇴임을 기념하는 논문집은 「민법 이론의 새로운 시각」이라는 제목으로 2021. 10. 5. 박영사에서 출간되었다. 그리고 그 기념논문집의 증정식과 함께 콜로키움을 갖기로 모든 준비를 마쳤으나, COVID-19의 창궐로 모임을 가질 수 없어서 콜로키움을 비롯한 행사는 취소되었고, 몇 제자들만 참석하여 간단히 논문집 증정식을 했다. 아쉬움이 있어서 원래 계획했던 증정식

그래서 나 스스로 새로운 이름으로 호도 '여암'이라고 짓고 새 사람처럼 살기로 하였다.

　내 호의 '여礪'자는 칼과 낫 등을 가는 숫돌이라는 뜻이다. 그리하여 '여암'은 결국 연장을 가는 도구인 숫돌 (내지 숫돌인 바위)을 뜻한다. 호를 그렇

———

및 콜로키움 행사일정(안)을 아래에 소개한다.

《송덕수 교수님 정년기념 논문집 증정식 및 콜로키움 일정(안)》
○ 일시: 2021년 10월 7일(목) 오후 2시
○ 장소: 이화여자대학교 법학관 405호
○ 방식: 대면 & 비대면(ZOOM)(진행방식은 COVID-19 상황에 따라 유동적)
○ 주최: 여암(礪巖) 송덕수 교수 정년퇴임 기념논문집 간행위원회, 이화여자대학교 법학연구소

〈제1부 정년퇴임 기념 콜로키움〉
대주제: 송덕수 교수의 주요 논문들에 대한 의미 분석

○ 제1세션　사회 오종근 교수(이화여대)
제1주제: 계약당사자 쌍방에 공통하는 동기의 착오
　발표: 이선희 교수(성균관대)
　토론: 김상중 교수(고려대)
제2주제: 법률행위의 해석
　발표: 홍윤선 박사(이화여대 법학연구소)
　토론: 김진우 교수(한국외대)

○ 제2세션　사회 김용길 교수(원광대)
제3주제: 불법원인급여의 체계적 이해
　발표: 안병하 교수(강원대)
　토론: 정상현 교수(성균관대)
제4주제: 점유의 권리성과 점유권 양도에 관한 고찰
　발표: 김영두 교수(충남대)
　토론: 김성욱 교수(제주대)

〈제2부 정년퇴임 기념논문집 증정식〉
○ 축사: 정현미 원장(이화여자대학교 법학전문대학원)
○ 축사: 김천수 교수(한국민사법학회 회장, 성균관대학교)
○ 축사: 홍정선 교수(연세대 명예교수)
○ 경과보고 및 약력 소개: 최성경 교수(단국대학교)
○ 정년기념논문집 증정: 안경희 교수(여암 송덕수 교수 정년퇴임 기념논문집 간행위원회 위원장, 국민대학교), 김병선 교수(이화여자대학교)
○ 이화여자대학교 「법학논집」(송덕수 교수 정년기념 특집호, 제25권 제4호) 증정: 김병선 교수(이화여자대학교 법학연구소장)
○ 인사 말씀: 송덕수 교수님
○ 만찬

게 지은 연유는 우선 '여암'의 의미가 나의 생활신조와 잘 어울린 데에 있다. 또한 내 본관本貫이 여산礪山인 데에도 기인한다. 나는 평생 학자로서 동료와 후배에게, 그리고 교육자로서 학생들에게 그들의 능력을 개발하고 증진하는 데 도구 역할을 하고자 했다.

나는 숫돌 역할을 충실히 해왔을까?

정년퇴임에 이르러 나는 그동안 내가 학자와 교육자로서 숫돌의 역할을 충실히 해왔는지 자문해 보았다. 내가 나를 객관적으로 평가할 수 없고, 더욱이 충실했다고 자신할 수도 없었다. 아쉬움도 남는다. 그렇지만 그러려고 열심히 노력했다고 말할 수는 있다. 한눈을 팔지도 않았다. 그렇기에 내가 쌓은 업적이 보잘것없을지라도 나는 결코 누구에게도 부끄럽지는 않다.

정년을 앞두고 도움이 될 방안들을 찾다

이 책을 기획하면서 내가 하고 싶었던 숫돌의 역할을 다시금 떠올렸다. 그리고 내가 예전부터 쓰려고 했던 내 논문의 뒷이야기 외에 동료 교수나 후학, 학생들에게 도움이 될 내용이 무엇이 있을까 곰곰이 생각해보았다.

그 결과 내 책 이야기, 내가 걸어온 과정, 내가 쓴 모든 글로 어떤 것이 있는지, 학부 법학과 및 법학전문대학원(아래에서는 자주 '법전원'이라고 약칭함)과 일반대학원 강의에 관한 이야기, 학부 법학과와 법전원에서 내가 출제했던 모든 시험문제, 그 밖에 남기고 싶은 이야기들도 모두 여기에 담기로 하였다.

숫돌은 연장의 날을 세울 필요가 있을 때 사용하면 된다. 누구에게나 매일 쓰이는 것은 아니다. 이 책에 담긴 모든 내용도 숫돌처럼 쓰이면 그것으로 충분하다.

제1장

나의 논문 이야기

1. 서설

(1) 논문 작성과 관련한 나의 특별한 습관

논문을 쓸 때 내가 습관적으로 보이는 태도들이 있다. 그중에 몇 가지를 들어보면 다음과 같다.

논문을 쓰는 동안에는 온통 논문만 생각해

보통 때에도 나는 생각이 많은 편이다. 그러니 논문을 쓸 때면 더 말할 나위도 없다. 논문이 큰 것이든 작은 것이든 일단 논문을 쓰기 위하여 문헌을 읽기 시작하면 나는 완전히 논문에 사로잡힌다. 하루 종일, 한 달 내내, 논문이 끝날 때까지 내 머릿속에는 오직 논문만 들어있는 상태가 된다. 지하철을 타고 있을 때도, 길을 걸을 때도 온통 논문 생각뿐이다. 그래서 내가 승용차가 없을 때는 논문 때문에도 승용차를 탈 수 없다는 생각까지 했다. 단순히 생각하는 정도가 아니라 완전히 몰입된다.

내가 30대 초반이던 때 하루는, 내 아내가 같은 아파트에 사는 절친한 여자 선배로부터 내가 바람은 피우지 않겠더라는 이야기를 들었다고 한다. 아내가 왜 그러냐고 물으니, 내가 지하철역에서 집으로 오는 길에 그분이

8 나의 민법 이야기

지하철역으로 가고 있었는데 전혀 눈길을 주지 않고 걷더라는 것이다. 그 길은 사람의 통행이 거의 없는 넓지 않은 곳일뿐더러 나도 그분을 자주 보아서 잘 알고 있었는데도, 전혀 모르고 지나쳤으니 그럴 만도 했다. 물론 그때 나는 논문 생각에 빠져 있었다.

문헌을 다 읽고서야 비로소 원고 작성에 들어가

주변에서 보면 어떤 사람은 책 몇 권만 보고 논문을 완성하기도 한다. 그리고 또 다른 이는 책을 한, 두 권 본 뒤에 논문을 거의 다 완성하고, 추가로 문헌을 입수하면 사실상 완성된 논문을 수정하여 마무리하기도 한다. 매우 효율적으로 논문을 쓰는 경우이다.

그런데 나는 논문 작성에 꼭 참고할 문헌을 모두 읽기 전에는 한 문장도 쓰지 않는다. 아니, 쓰지 못한다. 내가 논문 작성을 시작하려면, 최대한 수집한 문헌을 전부 읽고 그 내용을 완전히 소화하여 내 머릿속에서 논문 전체의 윤곽과 개별적인 핵심 내용이 일목요연하게 정리되어 있어야 한다. 나의 개인적인 의견이 세워졌어야 함은 당연하다. 그런 상태에 이르러서야 비로소 초고 작성에 들어가게 되는 만큼, 초고가 완성된 뒤에는 수정하는 일이 거의 없다.

내 주변에 있는 메모는 내게는 보물

내가 논문에 빠져 있다 보면 때때로 논문에 관련된 아이디어가 떠오른다. 그럴 때는 나는 그 아이디어가 사라질세라 바로 주변에 있는 작은 메모지에 재빨리 적어 놓는다. 그리고 그런 아이디어들은 추후 시간 여유가 있을 때 차분히 검증한다. 메모가 된 그 아이디어들은 즉시 붙잡아두지 않으면 금세 사라져버리기도 한다. 그래서 그러기 전에 얼른 메모지에 담아 두어야 하는 것이다.

실제로 대단한 아이디어가 떠올랐다가 메모를 하지 못하여 잊어버린 일도 있었다. 그럴 때는 '무언가 아이디어가 있었는데…' 하면서 아쉬워한다. 그러니 내 책상 주변의 메모가 된 쪽지가 내게 얼마나 소중한 것인지 짐작할 수 있을 것이다. 그런 메모지는 내게는 둘도 없는 보물이다. 그래서 우리 집에서는 청소할 때도 뭔가 적혀있는 메모지는 절대로 버리지 않는다. 그것들은 내 사유思惟의 자식이라고나 할까?

나와 참고문헌 사이의 거리는 문헌의 참고 가치를 보여주는 척도!

내가 논문을 쓰는 동안에는 내 주위에 참고문헌들이 널려 있게 된다. 그도 그럴 것이 내가 논문을 쓰기 위해서는 먼저 참고문헌을 모두 읽어야 하고, 또 논문을 쓸 때는 그 모든 문헌을 동시에 참고해야 하기 때문이다. 나는 의자에 앉는 높은 책상 대신에 낮은 책상을 쓰는 까닭에 문헌들을 늘어놓기도 쉽다. 책상 위에는 물론이고, 방바닥에도 내가 앉은 자리를 빼고는 내 좌우뿐만 아니라 뒤에도 문헌들을 쫙 펴놓을 수 있어서다. 내가 논문을 쓰다가 식사를 하려고 잠깐 나갈 때에는, 나는 섬에서 나가듯 문헌들의 바다를 건너가기도 한다.

사실 참고문헌 중에 책상 위에 자리 잡은 것은 극히 드물다. 나는 길게 글을 쓰는 때는 아직도 컴퓨터보다는 손으로 쓰고 있고,[1] 그 때문에 책상 위에는 활용할 공간이 넓지 않아서, 정말 계속 참고해야 하는 고귀한 자료가 아니면 책상 위에 올라앉을 수 없는 것이다.

참고문헌이 놓이는 자리가 아무렇게나 정해지는 것은 아니다. 문헌 가운데 참고할 가치가 크고 인용 빈도가 높을수록 내 몸 가까이에 위치하게 된다. 그리고 비슷한 거리라도 우선적인 위치는 내 왼쪽이다. 그렇게 하는 이유는 내가 오른손으로 글을 쓰고, 조명 스탠드가 왼쪽에 있어서 문헌이

---

1 나는 문헌을 모두 읽고서 머릿속에 정리가 되면 하루에 200자 원고지 100매 내외를 쓰기도 한다. 그런데 컴퓨터로는 결코 그 정도를 입력할 수 없고, 또 컴퓨터로 입력하면서 머릿속의 내용을 모두 쫓아가지 못하여 좋은 생각들이 사라져버리기도 해서, 지금까지도 손 필기를 고집하지 않을 수 없다.

내 왼쪽에 있으면 왼손으로 바로 들어 올릴 수 있기 때문이다. 그 결과 참고 가치의 높이 정도에 따라 왼쪽 가까운 곳, 오른쪽 가까운 곳, 왼쪽 먼 곳, 오른쪽 먼 곳, 뒤쪽 등의 순서로 그 위치가 정해지게 된다. 나와 참고문헌 사이의 거리와 방향은 문헌의 참고 가치를 보여주는 척도라고 할 수도 있는 것이다.

근래에는 많은 문헌과 자료를 파일 형태로 컴퓨터에서 보는 경우가 많다. 나도 판례와 같은 자료는 그렇게 보고 있다. 그런데 같은 사항에 대하여 여러 문헌을 동시에 보면서 검토해야 하는 때에는, 그렇게 보는 방법으로 생각을 정리하기가 대단히 어렵다. 그래서 나는 요즘에도 자주 보아야 하는 문헌은 출력해서 보고 있다. 디지털화가 매우 늦은 셈이다.

논문을 쓰기 전에 아웃라인outline을 작성하고

내가 대학에 입학한 것이 1975년이다. 대학 1학년에는 여러 교양과목을 수강하였다. 국어, 영어, 생물학개론 등 이미 공부한 적이 있는 교과목들은 매력도 없거니와 수준도 높지 않아서 무의미하다는 생각까지 들었다.

그런데 유독 새로우면서 정말 가치가 큰 과목이 있었다. 바로 2시간 1학점짜리 '대학 작문'이었다. 그 과목에서 평생 처음으로 글쓰기를 할 때 써야 할 내용의 요점을 미리 정리해 두는 아웃라인outline이라는 것을 알게 되었다. 지금 생각하면 별 게 아니고 당연한 것이지만, 그것을 처음 접한 나로서는 너무도 놀라웠고 가치 있는 것이었다.

그때까지만 해도 나는 글쓰기를 하기 전에 전체적인 구상과 함께 세부적인 것을 대강 생각한 뒤에 바로 글을 쓰기 시작했다. 그래도 글쓰기에 조금은 소질이 있었는지 평가가 나쁘지 않았다. 그런데 아웃라인이라는 것을 알고 나니, 그때까지 내가 주먹구구식으로 글을 썼음을 깨달았다. 그리고 그때부터는 체계적이고 논리적으로 글을 쓸 수 있을 것 같았다. 내가 대학에서 얻은 가장 중요한 지식 가운데 하나이다.

그 작문 과목에서는 글쓰기와 관련된 다른 지식도 많이 얻었고, 기말시험에서 실제의 작문으로 시험을 보기도 했다. 그 과목을 대단히 좋아한 내가 A+를 받았음은 물론이다. 그 이후에 내가 논문을 쓸 때는 항상 그 과목에서 배운 것을 적극적으로 활용하고 있다. 특히 참고문헌을 읽고 생각을 정리한 뒤에는 반드시 아웃라인을 작성하고, 그 뒤에 비로소 논문을 쓰기 시작한다.

아웃라인에는 어떤 내용을 담았을까?

나는 논문을 쓸 때뿐만 아니고 모든 글을 쓸 때 먼저 아웃라인을 작성한다. 그러니 내가 아웃라인을 작성한 횟수는 부지기수이다. 그리고 그 모습도 매우 다양하다. 스스로 경우에 맞게 아웃라인도 만들어간 것이다. 그에 관한 한 내 나름의 방식과 노하우가 정립되었다고 생각한다.

논문의 경우에 관하여 일반적인 작성내용을 말한다면, 논문 내의 큰 제목은 물론이고, 작은 제목까지 구상하여 메모한다. 그리고 작은 제목 아래에서 기술할 내용의 요점과 거기에 관련된 참고문헌까지도 적어 놓는다. 참고문헌은 내용까지 보아야 할 것은 문헌 아래에 밑줄을 긋고, 단순히 목록에 인용만 할 것은 밑줄을 긋지 않고 문헌 이름만 적어둔다.

때로는 아웃라인에서 개요 정도가 아니고 논의할 내용을 비교적 상세하게 적기도 한다. 이런 작업은 남을 설득하기 전에 우선 나 자신의 논리 욕구를 만족시키기 위한 것이기도 하다.

논문의 각 부분을 작성할 때 참고문헌을 다시 훑어보고

집필할 논문의 아웃라인까지 만들어 논문 작성 준비가 완료되면 순서대로 첫 부분부터 논문을 쓰기 시작하였다. 어떤 이는 서론은 논문의 나머지 부분을 모두 작성한 뒤에 쓰기도 하는데, 나는 그러지 않고 맨 처음에 서론을 썼다. 논문 전체의 내용이 이미 구상되어 있기에, 본론을 쓴 뒤에 그에 맞추어 서론을 쓸 필요가 없었다.

논문의 각 부분을 쓸 때는 그것에 대하여 메모가 된 참고문헌들을 모두 정성스럽게 다시 읽은 뒤, 원래의 구상에 따라 서술하고서 관련된 부분에 참고문헌 표시를 붙였다. 어디까지나 주된 논의는 내 생각에 따라 하고, 참고문헌은 그 후에 붙인 것이다. 그래야만 논리적이면서도 쉬운 글이 되기 때문이다. 그러지 않고 참고문헌 인용을 먼저 생각하면서 글을 쓰면[2] 논의의 전개가 매끄럽지 않고 어려워지게 된다.

(2) 뒷이야기를 쓸 논문들

내가 발표한 논문은 학위논문을 제외하고 전문학술지에 게재한 것만도 80편이 넘는다. 거기에 일반학술지나 고시 잡지 등에 실은 것까지 합하면 134편에 이른다.[3] 이들 중 어떤 논문들을 골라서 그 뒷이야기를 쓸 것인가?

선별은 주관적 평가와 특이사항에 의해

어떤 논문은 발표된 뒤 대법원에 의하여 판례로 채택되기도 하고, 다수 학자의 지지를 받기도 한다. 그러한 논문은 객관적으로 의미가 크다고 할 수 있다. 그리고 일반적으로 보면 그와 같은 논문에 대하여 뒷이야기를 써 주는 것이 좋을 것이다.

그런데 나는 객관적 평가로 대상 논문을 고르지 않으려고 한다. 이곳에서 나는 어떻게 연구를 시작했고 연구 과정에서 어떤 특이사항이 있었는지를 밝혀, 한편으로는 연구 방법에 도움을 주고 다른 한편으로는 논문의 깊은 이해를 도모하고 싶기 때문이다.

그리하여 여기에서 서술할 논문은 그 논문의 가치에 대한 나의 주관적

---

2 나도 초기의 글에서는 그러한 점을 보인 적이 있었다.
3 나는 게재하는 곳이 어디든 가볍게 글을 쓰는 일이 거의 없어서, 내가 쓴 논문은 사소하게 보이는 잡지에 실린 것이라도 그 가치가 적지 않다고 할 수 있다.

평가와 그 논문을 쓰는 과정에서 나타난 특이사항의 존재에 의해 선택하려고 한다. 물론 그렇게 선택된 논문이 객관적으로 큰 가치를 인정받은 것일 경우도 있다. 그렇지만 그러한 경우도 나 스스로 가치가 크다고 생각하고 특별한 사항이 있었기 때문에 선택된 것이지, 사후의 영향 때문은 아니다.

선택된 논문은 초기에 발표한 것이 많아

뒷이야기를 쓸 논문은 내가 전임교수가 된 지 얼마 되지 않아서 발표한 것이 많다. 내 박사학위논문이 그렇고, 그 전에 발표한 '대상청구권'이나 '법률행위의 해석'에 관한 논문도 그렇다.

그에 비하여 나중에 발표한 논문 중에는 이야기 대상으로 된 것이 적다. 그 이유가 뭔지 곰곰이 생각해보니, 후기에 쓴 논문 중에는 외부에서 집필이 맡겨진, 즉 주문된 것이 많았고, 또 나 자신이 저서에 집중하느라 스스로 쓰고 싶은 논문을 집필하기 어려웠던 데 원인이 있는 것 같다.

일반학술지 발표 논문은 제외하기로 해

뒷이야기 대상으로 우선 나의 박사학위논문을 선택하려고 한다. 내 학문 생활에 있어서 그 논문이 차지하는 지위를 무시할 수 없고, 또 그 논문을 쓰면서 여러 사항을 경험했기 때문이다. 그리고 그 뒤에 석사학위논문에 대해서도 써보려고 한다. 그 논문이 비록 석사학위논문이지만 소개해줄 필요가 있는 특이사항이 있어서다.

그리고 전문학술지에 게재한 논문 중에 내가 보기에 가치가 크고 의미 있는 특이사항을 보유한 것들을 고르려고 한다.

그 밖에 전문학술지가 아닌 책자에 실린 논문 중에도 설명할 필요가 있는 것이 있으나, 선별기준을 정하기가 쉽지 않고 책의 분량도 고려해서 제외하려고 한다.

(3) 뒷이야기를 쓰는 방법

뒷이야기를 쓰는 방법이 특별하게 정해져 있지는 않다. 논문별로 특이사항을 적절한 순서에 따라서 서술하려고 한다. 특이사항은 해당 논문을 쓰게 된 계기에 관한 것일 수도 있고, 논문을 쓰는 과정에서 발생한 사항이나 논문의 내용과 관련된 것일 수도 있다.

다만, 이 책을 보는 분들이 대체로 구체적인 대상 논문에 대하여 잘 모를 것이어서, 첫 부분에 ― 작은 글씨로 ― 해당 논문의 결론 요약이나 초록을 붙이려고 한다. 근래에는 전문학술지에 논문을 게재할 때 반드시 초록을 붙이게 하는데, 과거에는 그렇지 않았다. 그래서 여기서는 해당 논문에 초록이 있는 경우에는 그것을 그대로 붙일 것이나, 과거에 발표되어 초록이 없는 논문의 경우에는 결론 요약을 새로 만들어 붙일 것이다.

아래에서 뒷이야기를 쓸 논문을 하나씩 골라 차례로 특이사항을 서술해 가려고 한다.

2. 나의 박사학위논문인 "민법상의 착오에 관한 연구"(서울대 대학원, 1989. 9.)에 대하여

[이 논문의 결론 요약]

(1) 착오론의 올바른 방향

착오에 관한 우리의 학설·판례는 착오 규정의 기능적인 측면은 지나치게 강조하고 법학의 전통과 사상적·원리적 측면에 거의 관심을 두고 있지 않다. 이러한 학설·판례로부터 민법에 합치하는 착오론으로의 방향 전환이 필요하다. 그리하여 착오를 이유로 한 취소권을 인정하기 위해서는 제1차적으로 착오가 법률행위의 내용에 존재하는지를 검토한 연후에, 그러한 착오 즉 행위내용의 착오에 관하여서만 제2차적으로 중요부분의 착오인지와 그 밖의 요건을 살펴야 한다. 주의할 점은 착오의 검토 이전에 의사표시(법률행위)의 해석이 선행되어야 한다는 점이다.

(2) 착오론의 내용 요약

착오의 개념은 광의로는 '관념과 실제의 무의식적인 불일치'이고, 협의로는 '의사와 표시의 무의식적인 불일치'이다. 민법상 고려되는 착오는 협의의 것이고, 그것을 통틀어서 '행위내용의 착오'라고 부를 수 있다.

착오의 유형은 여러 가지 방법으로 나눌 수 있으나, 민법상 심리학적인 유형화 방법을 바탕으로 하고 모든 경우를 포괄하는 시간적인 분류가 기본적으로 필요하고, 특히 실무적인 유용성을 위하여 착오의 객체에 따른 분류도 병행해야 한다. 착오는 시간적인 관점에서 동기의 착오, 의미의 착오, 표시행위의 착오, 전달의 착오, 상대방의 착오로 나누어진다. 이들 중 의미의 착오, 표시행위의 착오, 전달의 착오는 행위내용의 착오이나, 동기의 착오는 아니다. 그리고 상대방의 착오는 광의의 착오 개념에도 속하지 않는다.

동기의 착오는 행위내용의 착오가 아니어서 고려되지 못한다. 다만, 증여에 있어서만은 동기의 착오는 그것이 중요한 한 고려되어야 한다. 그런데 동기의 착오가 고려되지 않는 경우라도 상대방이 표의자의 동기의 착오를 인식하고 그것을 신의성실에 반하여 악용한 때에는 상대방은 신의성실의 원칙상 표의자를 그의 의사표시에 구속시키지 못한다고 해야 한다. 그리고 계약에 있어서 당사자 쌍방이 일치하여 동기의 착오에 빠진 경우에는 민법 제109조를 적용할 수 없으며, 이른바 주관적 행위기초론에 문의함이 타당하다.

착오는 그 객체에 따라 기명날인의 착오, 백지 표시의 경우, 동일성의 착오, 성질의 착오, 법률효과의 착오, 계산의 착오, 표시의식의 결여 등으로 나눌 수 있다. 이들 착오가 행위내용의 착오이고 또 중요부분의 착오이어서 고려되는지는 개별적으로 살펴보아야 한다.

민법은 취소한 착오자의 손해배상책임을 규정하고 있지 않다. 그러나 취소로 무효가 된 법률행위가 유효하다고 믿은 상대방의 신뢰는 보호되어야 한다. 즉 표의자에게 경과실이 있는 경우에 상대방은 계약체결상의 과실책임을 물을 수 있다고 해야 한다.

(3) 착오 규정의 개정방향

첫째로, 민법 제140조의 취소권자에 '착오로 의사표시를 한 자'가 빠져 있다. 제140조의 무능력자 다음에 '착오로 의사표시를 한 자'를 추가해야 한다. 둘째로, 착오를 이유로 한 취소권은 추인할 수 있는 날로부터 3년 내에 행사할 수 있게 되어 있는데, 이 3년의 기간은 너무 길다. 그 기간은 단축되어야 한다. 셋째로, 착오를 이유로 한 취소의 경우에 상대방의 신뢰를 보호하는 규정이 신설되어야 한다.

중요한 선택의 순간

"부동산등기법의 개선방안으로 할 거야? 착오로 할 거야?"

1985년 3월 초 어느 날, 서울대학교 관악 캠퍼스 10동 410호 곽윤직 교수님 연구실에서 곽 교수님이 창가에서 밖을 보고 서서 내게 물으셨다. 자그만 키에 희끗희끗한 머리, 약간 구부정한 모습으로 뒷짐을 지고 계셨다. 자세한 설명도 없이 불쑥 던진 질문이지만, 얼마 전에 대학원 박사과정을 마친 나는 그것이 내 박사학위논문의 주제에 대한 것임을 금세 알아차렸다.

"착오로 하겠습니다."

나는 주저 없이 말했다. 겉으로 보기에는 미리 준비되어 있었다는 듯이 질문하자마자 드린 답이지만, 실상 나는 답을 하기 전 아주 짧은 시간에 많은 생각을 했다.

'곽 교수님이 가장 관심을 가지고 연구하시는 분야는 물권법이다. 그래서 부동산등기법의 개선방안으로 학위논문을 쓰게 되면 곽 교수님의 핵심적인 이론과 조우할 수밖에 없다. 그런데 만약 선생님의 이론과 내 소신이 충돌하면 어떻게 해야 하나? 당연히 선생님의 이론을 존중해야 하지만, 나는 성격상 옳지 않다고 생각하는 이론을 받아들이지 못하니 매우 곤란하게 될 것이 아닌가? 게다가 부동산등기법은 개선할 점이 많고, 그러므로 그 법의 개선방안을 연구하면 그 논문은 곧바로 활용될 가능성이 크지만,

등기법이 개정되고 나면 그 논문의 가치는 줄어들 것이다.'

나는 그때는 착오에 관하여 깊은 연구를 한 적이 없어서 자세하게 알고 있지 못했다. 그렇지만 연구 가치가 크다고 생각하였다. 내 사고가 거기까지 미치자 더 숙고할 필요가 없었고, 그래서 질문을 듣자마자 답을 한 것이다. 그 선택은 박사학위논문의 작성에서 더 나아가 적어도 향후 10년 이상의 연구 중점 분야를 결정하는 중대한 일이었다. 그 선택으로 인해 나는 훗날 법률행위의 전문가로 되었지만, 다른 한편으로 엄청난 고역을 감당해야 했다. 착오라는 문제가 가진 무게를 미처 모르고 섣부르게 한 선택이었음을 알게 된 것은 그리 오래지 않아서였다.

법률행위의 가장 기본적인 두 가지 문제를 연구하게 되어

박사학위논문 주제가 착오로 정해지자 나는 그에 관한 국내외의 참고문헌을 구하기 시작하였다. 그리고 구해진 참고문헌을 적절한 순서[4]에 따라 읽어 내려갔다. 그 무렵은 내가 경찰대학에서 전임교수로 일주일에 10시간씩 강의를 하게 되어 무척이나 바쁘게 생활하던 시기였다. 박사학위논문의 작성은 하루 이틀에 끝날 일이 아니어서 멀리 보고 2~3년 차근차근 준비하리라 마음먹었다.

그런데 우리나라의 문헌을 대강 섭렵하고 독일 문헌을 읽다가 예상치 못한 상황에 봉착하였다. 착오, 특히 민법상 고려되는 착오는 의사와 표시가 불일치하고 그 불일치를 표의자가 모르는 경우이다. 그러므로 착오가 존재하는지 판단하려면 표의자의 의사와 표시가 불일치해야만 한다. 문제는 '표시'를 확정하려면 의사표시의 해석이 필요하다는 점이다. 여기서 착오 문제를 논의하려면 먼저 의사표시의 해석, 즉 법률행위의 해석이 깊이 있게 연구되어야 했다.

---

4 그에 관하여는 후에 대학원 강의에서 학생들에게 소개한 바 있다. 이 책 290면 참조.

유감스럽게도 그 당시 우리나라에는 법률행위의 해석에 관한 깊은 연구가 전혀 없었다. 그렇다고 법률행위의 해석을 제대로 하지 않고서 착오를 논의할 수는 없었다. 법률행위의 해석은 — 무엇보다도 우리 민법의 착오 규정이 독일 민법 제1초안을 바탕으로 하고 있기에 — 내가 주로 참고하는 독일 문헌상 법률행위에서 착오와 함께 가장 역사가 깊고 이론축적도 많은, 나아가 매우 어려운 문제이다.

나는 졸지에 '착오'와 '법률행위의 해석'이라는 법률행위에서 가장 중요하고도 어려운 두 가지 주제를 모두 연구해야만 하는 가련한 처지에 놓였다. 한숨이 나왔다. 그렇지만 이제 와서 되돌릴 수도 없고, 또 피해갈 수도 없었다. 나는 읽고 있던 착오 문헌들을 덮고, 심기일전하여 법률행위 해석에 관한 연구를 시작하였다. 그리고 1년간 그 연구에 집중하여 마침내 "법률행위의 해석"이라는 논문을 발표하였다. 그 논문에 관한 얘기는 뒤에 따로 하기로 한다.[5]

나름의 법학 방법론을 세우고

나는 박사과정에 입학하기 전부터 법학의 연구방법론에 관심을 가지고 문헌을 구하여 탐독하였다. 우리나라에 번역되어 있는 치펠리우스R. Zippelius의 「법학방법론」은 물론이고, 비드린스키F. Bydlinski의 「법학방법론과 법개념」(Juristische Methodenlehre und Rechtsbegriff)과 라렌츠K. Larenz의 「법학방법론」(Methodenlehre der Rechtswissenschaft)도 읽었다. 법은 아무렇게나 해석할 수 없는 것이라고 믿었다. 그래서 논문을 쓰기 전에 먼저 법을 어떻게 연구해야 하는지 그 방법을 알고 싶었다.

그 당시 내가 우리나라의 민법 책이나 논문을 많이 본 것은 아니지만, 여러 곳에서 자신이 원하는 결론을 얻기 위해서 자의적으로 해석하는 것을

---

5 이 책 55면 이하 참조.

목격하였다. 그리고 동일한 필자가 다른 글에서는 방법상 일관성이 없이 논의하고 결론을 도출하는 모습도 보았다. 이른바 주먹구구식으로 해석한 것이다.

나는 그러지 않기 위해서 법학 방법론을 공부하였다. 특히 독일의 문헌에 기초하여 과거에는 어떤 방법으로 연구해왔고, 현재는 어떤 방법론을 취하고 있는지 살펴보았다. 그런 뒤에 나 나름의 법학 연구방법론을 세웠다. 스스로는 '구슬이 서 말이라도 꿰어야 보배'라는 우리 속담에서 구슬이 결론이고, 그 구슬을 꿰는 실이 법학 방법론이라고 생각하면서.

우리 착오 규정(민법 제109조)의 의미를 정확하게 알기 위하여 역사적인 연구를 하고

하나의 민법 규정이 어떤 취지로 만들어졌는지를 가장 잘 알려면 민법의 기초이유서를 보아야 한다. 그런데 해당 규정을 만들면서 참조한 입법이 있으면, 설사 기초이유서가 있더라도, 그 규정의 이면에 숨겨져 있는 깊은 내용을 알기 위하여 모범이 된 그 입법까지 살펴보아야 한다. 기초이유서가 없을 경우에는 더 말할 필요가 없다.

그런데 유감스럽게도 우리 민법에는 기초이유서가 없다. 민법 초안을 국회 법제사법위원회 민법안심의소위원회에서 예비심사하면서 심의한 내용을 수록한 민법안심의록(2권)이 있을 뿐이다.

그래서 나는 착오 규정(민법 제109조)의 정확한 의미를 파악하기 위하여 먼저 그 규정이 어느 법의 영향을 받아서 만들어졌는지 연구하였다. 민법의 착오 규정이 어느 법에서 연유한 것인지는 그 내용을 기초로 추론해 보는 수밖에 없었다. 민법의 기초자는 그것마저도 밝힌 바가 없기 때문이다. 나는 민법 제109조의 내용에 비추어 그 규정이 가장 가깝게는 일본민법의 영향을 받았지만, 독일민법 제1초안과 그 후 확정된 독일민법을 참고했음을 알았다. 그리하여 착오 규정이 사비니Savigny의 착오론과 연결되어 있고, 더 거슬러 올라가면 로마법에 그 기원이 있음을 알게 되었다.

논문에서 입법 연혁을 적고 있는 경우가 많이 있다. 그러면서 그와 같은 연구의 의미를 정확히 모르는 때도 적지 않은 듯하다. 입법 연혁은 그 자체 역사를 보여주는 점에서도 의의가 있지만, 더 중요한 것은 특히 해석법학에서 해석의 대상이 되는 법률규정이 가지고 있는 의미를 정확하게 파악하기 위해서 반드시 필요하다. 그리고 그 점에서 보면 연혁을 조사할 때도 해당 규정의 해석을 염두에 두고 해석에 필요한 사항을 면밀히 조사해보아야 함을 알 수 있다.

서울대 중앙도서관 정기간행물실 바닥에 앉아 판례를 조사하다

요즈음에는 논문 작성에 필요한 판례를 조사할 때 대법원 홈페이지나 그 밖의 인터넷 사이트를 활용하는 것이 보통이다. 그런데 온라인으로 판례를 원활하게 조사할 수 있게 된 것은 2000년이 훨씬 지나서이다. 그전에는 법원도서관에서 제작한 '법고을'이나 민간사이트인 '로앤비'에서 조사하는 정도에 그쳤다. 이 논문을 쓰던 시절에 이러한 방법이 가능하지 않았음은 물론이다. 그 당시에는 대법원판결집[6] · 법원공보 · 고등법원판례집[7] 등에서 관련 판례를 찾아야 했다. 그리고 그러한 책은 개인이 소장하고 있는 일이 극히 적었다. 그러므로 판례를 찾으려면 판례가 수록된 도서관을 찾아가야 했다.

그래서 나는 착오에 관한 판례를 조사하기 위해 서울대 중앙도서관에 갔다. 근래 많은 대학의, 특히 법학전문대학원의 도서관은 교수뿐만 아니라 학생도 서가에 들어가서 직접 책을 찾을 수 있게 되어 있다. 그런데 내가 이 논문을 쓸 당시에는 서울대 중앙도서관이 완전히 폐가식이어서 학생은 설사 박사과정에 있더라도 볼 책을 신청해서 대출을 받아야만 책을

---

6 대법원판결집은 후에 대법원판례집이라고 책 제목이 변경되었다.
7 고등법원판례집은 후에 하급심판결집이라고 책 제목이 변경되었다.

볼 수 있었다. 다행히 나는 공무원 신분인 유급 조교여서 교수들과 마찬가지로 서가에 들어가서 책을 찾아볼 수 있었다. 정기간행물실도 마찬가지였다.

나는 정기간행물실에 들어가 먼저 대법원판결집에서부터 착오 판례를 찾기 시작했다. 정기간행물실의 해당 책이 있는 서가 옆의 땅바닥에 앉아, 한 권씩 목차를 관찰하여 관련 판례가 있는지 살펴보고, 판례가 있는 곳의 본문 면수를 빠짐없이 메모하였다. 그렇게 그때까지 발간된 대법원판결집, 법원공보(후에 판례공보가 분리됨), 판례월보, 판례총람을 모두 조사하였다. 그 후에는 메모된 부분을 복사하였다.

지금과 비교하면 얼마나 어렵게 판례를 조사했는지 알 수 있다. 이러한 방식의 판례조사는 인터넷에서 판례를 제대로 검색할 수 있을 때까지 계속되었다. 주요 판례 전거典據의 목차는 그렇게 내 눈을 여러 차례 거쳐 갔다.

논문 전체를 구상하여 작성을 시작했으나, 작성한 걸 폐기하고 새로 쓰기 시작하다

나는 착오에 관하여 구할 수 있는 참고문헌과 판례를 모두 수집·분석한 뒤, 나름의 방법론에 입각하여 논문 전체의 내용을 어렴풋이 완성하고 앞부분부터 차근차근 자세하게 써 내려갔다.

그러던 중에 꼭 보았으면 하던 독일논문 한 편을 어렵게 구하게 되었다. 그 논문은 베스터만Westermann의 "착오론에서 평가의 단일성과 다양성-민법의 착오 규율에 의한 일단면―斷面"이었다.[8] 그 논문은 국내에서는 구할 수가 없었다. 그러다가 그 무렵에 마침 연구를 위하여 독일에 가 계시던 정

---

8 그 논문의 원제와 수록지는 Westermann, "Einheit und Vielfalt der Wertungen in der Irrtumslehre — Ein Querschnitt durch der Irrtumsregelung des Zivilrechts — ," JuS 1964 S.169ff. 이다.

찬형 교수님[9]이 내가 그 논문을 구하려 함을 알고, 독일에서 그 논문을 복사하여 내게 보내주셨다.

베스터만의 그 논문을 본 나는 큰 충격에 빠졌다. 사실 내가 그 논문을 어떻게든 보려고 했지만, 그 논문의 제목만을 아는 나로서는 그 논문의 내용을 가늠하기 어려웠고, 그래서 큰 기대를 하지는 않았다. 그런데 그 논문은 착오에 관한 연구방법을 근본적으로 재검토하게 하였다. 앞서 언급한 나의 법학 방법론은 베스터만의 그 논문을 본 뒤에 크게 수정하였다. 그리고 그 이후 새로워진 연구방법론이 나의 법학 방법론으로 확고하게 자리 잡았다.

그 방법을 '착오 문제'에 관하여 짧게 요약한다면, 착오를 연구할 때는 민법이 착오에 관하여 둔 규정을 모두 분석하여 '민법이 착오에 관하여 어떻게 가치판단을 했다고 보아야 하는가'를 찾아야 한다는 점이다. 내가 동기의 착오를 고려하지 않으면서도 증여와 같은 무상행위에서는 예외를 인정하여 착오를 고려하는 결과를 도출한 것은 바로 이와 같은 방법론에 따른 것이다.

이처럼 연구방법론이 근본적으로 변경되어 착오에 대한 기존의 연구내용을 그대로 유지할 수 없었다. 나는 그때까지 작성한 원고를 모두 버리고 처음부터 다시 쓰기 시작했다. 그리고 동일한 방법론으로 논문을 완성하였다. 베스터만의 그 논문은 내 착오론을 완전히 새로 태어나게 만든 산파라고 할 수 있다.

빈트샤이트Windscheid 이론의 계승자가 되다

착오를 의사와 표시의 불일치의 문제로 보아 의사표시론에 포함시킨 것은 사비니Savigny이다. 로마법에서는 물론이고 독일 보통법 이론에서도 착

---

9 당시에 경찰대에 계신 정찬형 교수님은 나를 경찰대로 가게 한 분인데, 여러모로 나를 도와주셨다.

오는 합의의 문제였다. 그런데 사비니는 착오를 전체 계약의 관점이 아니고 일방적인 의사표시에서 의사와 표시가 일치하지 않는지의 관점에서 파악하였다. 그리하여 법률행위의 내용의 착오와 동기의 착오가 구별되었고, 그중에 동기의 착오는 원칙적으로 고려되지 않았다. 그렇지만 사비니는 그의 일반이론에도 불구하고 독일 보통법 이론에서 행한 착오 고려의 제한을 그대로 유지하였고, 성질의 착오처럼 동기의 착오에 해당하는 것도 일정한 경우에는 고려하였다. 사비니의 착오론은 그 후 그 이론의 신봉자들에 의하여 보다 철저하게 체계화되었고, 그 결과 동기의 착오는 모두 고려되지 않는 것으로 되었다.

그러한 이론은 치텔만Zitelmann을 거쳐 빈트샤이트에 와서 꽃을 피웠다고 할 수 있다. 그리고 빈트샤이트는 그 이론을 바탕으로 하여 독일민법 제1초안을 기초하게 된다. 나의 착오론은 빈트샤이트의 이론을 계승하고 있다. 그것은, 빈트샤이트의 착오론이 이론적으로 우수하기 때문만이 아니고, 우리 민법의 착오 규정이 일본민법을 통하여 독일민법 제1초안의 착오 규정(그 초안 제98조 제1문)을 계수하고 있기 때문이다. 민법 착오 규정의 기저에 깔린 이론이 빈트샤이트의 착오론이어서, 의사주의 이론이 논리적으로 최고조에 이른 그의 이론을 나도 따르게 된 것이다.

착오의 유형화를 두 가지 방법으로 하고

착오를 논의함에 있어서는 착오의 유형을 나누는 것이 불가피하다. 착오의 모습이 그 개념상 분명하게 보이지도 않고, 또 착오가 그 유형에 따라 고려되기도 하고 그러지 않기도 하기 때문이다. 문제는 착오를 어떻게 유형화할 것인지이다.

나는, 민법의 착오 규정이 동기의 착오를 고려하지 않는다는 견지에 있어서, 동기의 착오와 다른 유형의 착오가 나누어져야 한다고 생각하였다. 그리하여 일반적으로 심리학적인 분류라고 하는 표시(표시행위)의 착오, 내

24 나의 민법 이야기

용(의미)의 착오, 동기의 착오와 같은 유형화가 필요하였다. 그런데 그때에는 착오의 모든 경우가 유형화되지 못하는 문제가 있다. 그래서 모든 착오가 유형화될 수 있도록 의사표시가 시작할 때부터 상대방에게 도달하기까지의 과정 중 어느 단계에서 착오가 발생했는가에 따라 착오를 구별하는 이른바 시간적인 분류를 하게 되었다. 그렇게 하면 착오는 동기의 착오, 의미(내용)의 착오, 표시행위의 착오, 전달의 착오, 상대방(수령자)의 착오로 나누어진다.

다른 한편으로 착오의 객체에 따른 유형화도 필요하다고 보았다. 시간적 분류상 어느 하나의 착오 유형에 속하더라도 그 모습이 항상 비슷한 것은 아니기 때문에, 착오가 존재하는 구체적인 유사한 경우들을 알려면 착오가 어떤 부분(객체)에 관하여 발생했는지를 살펴보지 않으면 안 된다. 그리하여 시간적인 분류와는 별개로 착오를 그 객체에 따라 유형화하였다. 그 유형으로는 기명날인(서명)의 착오, 백지 표시가 합의에 반하여 보충된 경우, 동일성의 착오, 성질의 착오, 법률효과의 착오, 계산의 착오, 표시의식의 결여 등이 있다. 주의할 것은, 객체에 따른 착오 유형은 모든 착오가 망라될 수 없다는 점이다. 본래 그러한 유형화 자체가 그 방법상 모든 착오가 포함될 수 없다. 그 유형화는 특히 자주 발생하는 유형에 대하여 구체적으로 검토하는 의미가 있을 뿐이다.

착오가 고려되는지를 유형별로 어떻게 검토할 것인지 고민하고

나의 착오론에서는 착오가 고려되려면 무엇보다도 하나의 착오가 법률행위의 내용의 착오인지, 동기의 착오인지를 검토해야 한다. 그리고 그 검토는 한편으로 시간적 분류에 따른 유형에 대하여 하고, 다른 한편으로 착오의 객체에 따른 유형에 대하여 하는 것이 논리적이다.

내가 이 논문을 처음 작성할 때는 그와 같은 방법으로 논의하였다. 그러다 보니 논문에서 '착오가 고려되기 위한 요건' 중 '법률행위의 내용의 착오' 부분이 상당히 비대해지게 되었다. 그리고 논문 가운데 '요건' 다음에 나오는 '고려되는 착오의 구체적인 모습' 부분에서 착오의 객체에 따른 유형별로 — 중요부분의 착오에도 해당하는지까지 포함하여 — 최종적으로 착오가 고려되는지를 논의하게 되어 부분적으로 내용이 불가피하게 중복되었다.

그 후 논문의 심사과정에서 심사위원 중 한 분인 이은영 교수님(한국외국어대)이 객체에 따른 유형별로 '법률행위의 내용의 착오'인지 검토한 부분을 '고려되는 착오의 구체적인 모습' 부분으로 옮겨서 합하는 것이 좋겠다고 하셔서, 그 조언에 따라 전자를 후자에 포함시켰다.

논리에 어긋나면 참지 못하고

민법학은 실용적인 학문이어서 때로는 법 규정 또는 법 논리에 부합하지 않아도 구체적인 타당성을 살리고 싶은 경우가 생길 수 있다. 착오에서도 마찬가지이다. 실제로 민법의 착오 규정상 동기의 착오가 고려될 수 없음이 드러나는데도, 판례나 대다수의 학설은 동기의 착오에 대해 어떤 이유를 들어 — 일부의 경우나 전부의 경우에 — 고려하자고 한다. 그리고 그러한 주장이 일리가 있는 때도 있다.

그런데 나는 법 규정이나 논리에 어긋나면 도저히 참지 못한다. 법 규정에 부합하지 않지만 구체적 타당성을 위해서 논리를 양보하지 못하는 것이다. 그러한 경우가 생기면, 나는 내가 취하고 있는 법학 연구방법론에 따라 타당한 결과를 달성하기 위해 최선을 다하지만, 방법론상 그러한 결론을 취하기 어려움에도 불구하고 그렇게 주장하지는 않는다. 타당성을 도외시하는 괴로움을 감수하는 것이다. 그것이 민법학자의 올바른 연구 태도라고 믿기 때문이다. 민법 이론이 논리성을 상실하면 그 가치는 현저히 줄어들 수밖에 없다.

이 논문에서 특히 동기의 착오가 고려되지 않아야 함은 민법 규정상 당연하고 불가피하다. 그런데 동기의 착오를 고려되는 착오에서 제외함으로 인해서 때로 바람직하지 않은 결론을 수용해야 한다. 나는 이 논문을 쓰면서 동기의 착오를 고려한 여러 판례와 국내외의 많은 학설을 보고 무척 고심하였다. 마음 한편에서는 되도록 많은 판례에 타당성을 부여하고 가능한 한 많은 범위에서 바람직한 결론을 인정하고 싶었다. 그러나 이들이 민법에 어긋난다면 그렇게 해서는 안 되었다. 그리고 내 성격상 그렇게 할 수도 없었다.

해석론의 한계를 넘어서 원하는 결과를 인정한다면 그것은 이미 해석론의 경계를 넘어 입법자의 영역을 침범한 것이 된다. 그래서 나는 괴로워도 민법에 맞는 논리적인 길을 걸었다. 그러면서 민법에 합치하는 다른 방법으로 동기의 착오를 고려할 수 있게 하였다. 증여의 경우에 동기의 착오를 고려하고 신의칙에 의한 동기의 착오를 고려하는 것 등이 그에 해당한다.

부분적으로는 지도교수님의 이론도 따르지 않고

논문지도를 받는 사람이 반드시 지도교수의 이론을 그대로 따라야만 하는 것은 아니다. 그렇다고 지도교수의 이론에 근본적으로 반대하면서 그 지도교수의 지도를 받는 것은 적절하지 않다. 지도교수의 이론과 근본적으로 생각이 달라 사사건건 부딪친다면 어떻게 지도를 받을 수 있겠는가?

물론 지도교수의 이론이 그의 핵심적인 이론일 경우에 그러하며, 그러지 않은 경우에까지 그래야 하는 것은 아니다. 만약 후자의 경우에까지 지도교수의 이론에 따르려고 한다면, 논문 작성자는 운신의 폭이 너무 좁아 자유로운 이론 전개는 꿈도 꾸지 못할 것이다.

내 논문의 착오 이론은 나의 지도교수이신 곽윤직 교수님의 이론과 여러 부분에서 차이가 있다. 우선 '착오의 의의'에 대한 부분에서 그렇고, '동기의 착오' 부분도 그렇다. 그러면서 나는 부득이 해당 부분에 관한 곽 교수님의 이론을 비판할 수밖에 없었다. 존경하는 지도교수님의 이론이지만, 내 연구 방법과 착오 규정의 취지에 비추어 볼 때 그대로 받아들일 수 없었던 것이다. 인정人情에만 의지해서 학문을 해서는 안 될 노릇이었다.

내가 그렇게 했어도 곽 교수님은 논문 초고를 보고 따로 지적하지는 않으셨다. 내 의견을 존중해 주신 것이다. 나는 곽 교수님의 그 이론이 당신의 핵심적인 이론 부분이 아니어서 정신적으로 부담이 크지 않았다. 만약 그 부분의 이론이 곽 교수님이 세우신 독자적이고도 핵심적인 것이었으면 고민이 깊어졌을 것이다.

숙고하여 선택한 논문의 첫 문장을 지적받고

내가 심사를 위해 위 논문을 제출할 때는, 서울대 대학원 법학과에서 정한 770자 원고지를 사용하였다. 옆으로 길쭉한 종이의 왼쪽 4분의 3 부분에 770칸의 원고지가 인쇄되어 있고 우측 4분의 1 부분은 메모를 할 수 있도록 여백으로 남아 있었다. 논문 제출자는 그 원고지의 작은 칸에 일일이 손으로 원고를 작성하였다. 그리고 지적을 받아 수정할 때는 처음부터 원고지를 다시 썼다. 또 토씨를 제외하고는 모두 한자로 적었다.

모든 논문에서 첫 문장은 논문의 첫인상을 결정한다. 그래서 나는 논문을 쓸 때 아주 공을 들여 첫 문장을 선택한다. 첫 문장은 간결하면서도 전체 논문에 대한 논의를 이끌 수 있는 것이 바람직하다. 이 논문의 첫 문장을 나는 오랜 궁리 끝에 "인간의 통찰력은 완전하지 못하다."라고 적었다. 사람이 살면서 착오가 생길 수밖에 없음을 논의의 시발점으로 삼기 위해서였다. 그런 문장으로 시작된 논문의 초고를 완성하여 나는 용산구 후암동에 있는 곽 교수님의 자택으로 가서 논문을 보여드렸다. 곽 교수님이 논문을 보시고 말씀하셨다.

"'통찰력'은 꿰뚫어 보는 힘이란 말~. 모든 착오가 통찰력이 없어서 생기는 것은 아니란 말~."

'그렇구나! 통찰력이 완전하지 못하여 동기의 착오 등이 생길 수는 있지

만, 표시행위의 착오와 같은 것은 통찰력과는 무관하구나!'

나는 나 혼자만의 생각에 사로잡혀 내가 쓴 그 문장이 좋은 문장이라고 믿고 있었는데, 곽 교수님은 단번에 그 문장의 문제점을 파악하여 지적해 주신 것이었다.

'이것이 원로 학자의 혜안이시구나!'

그 뒤 나는 서론 부분을 다시 고쳐 썼다. 그러면서 화려함을 버리고 다음과 같이 수수한 문장으로 시작하였다.

"사회에서 일반적으로 착오라고 하면 '착각에 의한 잘못'을 가리킨다."

논문 심사가 한 학기 미뤄지고

내 박사학위 논문의 심사위원은 서울대 법대의 황적인 교수님, 이호정 교수님, 양창수 교수님과 한국외국어대 이은영 교수님, 그리고 지도교수이신 곽 교수님까지 다섯 분이었다. 필수적으로 외부 위원이 한 사람 이상 참여해야 해서 이은영 교수님이 심사위원으로 위촉되었다.

제1차 심사 때 양창수 교수님의 지적이 이어졌다. 양 교수님은 심사용 원고에 온통 빨갛게 메모를 해오신 터였다. 양 교수님의 지적에 나는 하나하나 방어를 했다. 원래 나는 모든 문헌을 읽고 오래 숙고하여 논문을 쓰기 때문에 논문의 모든 부분에 관하여 생각이 가득 차 있고, 따라서 지적에 대하여 내 생각을 말하지 않을 수 없었다.[10] 양 교수님과 나의 옥신각신하는 논쟁이 20분 정도 계속되었다.

그러자 아무 말 없이 옆에서 지켜보고 계시던 곽 교수님이 몹시 언짢은 표정으로 대화를 중단시키고 논문 심사를 다음 학기에 하자고 하셨다. 그러자 분위기가 일순간 급변하였다. 심사위원장이신 황적인 교수님이 당황

---

10 그러한 내 경우에 비추어 보면 학위논문 심사에서 심사위원의 지적에 대하여 곧바로 수긍하면서 수정하겠다고 하는 요즘의 많은 논문 제출자의 태도는 바람직해 보이지 않는다. 어떤 이유로 그와 같이 기술했는지라도 설명해야, 혹시 지적이 올바르지 않았을 경우 논문이 잘못 수정되는 일이 생기지 않을 것이기 때문이다.

하서서 심사를 연기할 정도의 문제가 아니니 심사를 계속하는 것이 좋겠다고 하셨다. 사실 제출한 논문이 학위논문으로서 불충분한 것이어서가 아니고 단지 세부적인 사항에 대해 지적을 한 것일 뿐이라고 판단하신 것이다.

이러한 경우에 보통은 심사위원장의 태도에 따라 일정이 정해진다. 그렇지 않더라도 심사위원장의 주도하에 심사를 연기할 것인지 의논하여 결정하게 된다. 그 결정 권한이 지도교수에게 있다고 할 수는 없다. 그렇지만 곽 교수님이 가장 선배 교수이고 젊은 두 분 심사위원에게는 은사이기도 하여 곽 교수님의 말씀을 무시하기 어려웠다. 곽 교수님은 한번 내뱉은 말을 거둬들이는 일이 없다.

황 교수님이 심사를 계속하자고 하시자, 곽 교수님은 다른 설명 없이 또 한 번 심사를 한 학기 연기하고, 다음 학기 심사 전에 각 심사위원으로부터 지적사항을 받아서 고치라고 하셨다. 곽 교수님의 단호한 태도에 심사 시작 후 30여 분만에 머쓱해진 상태로 심사가 종료되었다.

한 학기 동안 논문을 수정하고 보충하다

나는 처음 심사용 논문을 제출할 때 내가 할 수 있는 노력을 다한 상태였다. 그래서 시간이 부족해서 쓰지 못했거나 미흡하다고 여겨져 고칠 부분은 없었다. 오직 심사위원님들의 지적을 받아 고치면 충분하였다. 나는 각 심사위원님에게 개별적으로 연락하여 약속 시간을 잡고 약속된 시간에 방문하여 논문에 대한 지적사항을 받았다.

그 과정에서 이은영 교수님의 연구실을 방문했을 때는 이 교수님으로부터 당시에 이 교수님이 많이 연구하시던 약관 관련 책자를 증정받기도 했다. 그 자리에서 이 교수님은 착오 객체에 따른 유형을 '고려되는 착오의 구체적인 모습' 부분으로 옮기는 것이 좋겠다고 제안하셨고, 논문에서 최종적으로 그렇게 했음은 앞에서 언급한 바 있다.

제1차 심사 시에 지적사항이 많아 논문 심사가 한 학기 연기되게 했던 양창수 교수님 역시 여러 곳에 대해 의견을 말씀하셨다. 그런데 제1차 심사를 생각할 때 무척 많이 지적해 주실 것을 기대했는데, 그 기대에는 못 미쳐 아쉬웠다. 황적인 교수님과 이호정 교수님은 내 논문에 크게 불만이 없으셨는지, 작은 사항 몇 가지에 대해서만 말씀하셨다.

곽 교수님에게는 따로 연락은 드리지 않고, 모두 수정한 뒤에 방문할 요량이었다.

곽 교수님이 '지도교수도 심사위원이다.'라고 하시고

심사위원님들의 지적사항을 반영하는 데는 시간이 오래 걸릴 것 같지 않았다. 논문 작성에 시간이 남게 되니 다른 욕심이 생겼다. 논문을 쓰기 시작할 때 나는 민법 제109조의 연혁 외에 착오에 관한 주요 외국의 입법례도 넣고 싶었다. 그런데 연구 방법상 그 논문에서 ― 연혁과 달리 ― 입법례는 논의에 꼭 필요한 것은 아니었다. 그래서 입법례는 논문에 넣지 않았다. 그런데 이제 시간이 확보되어 예전에 생각했던 대로 입법례를 넣고 싶어졌다. 나는 곽 교수님과 의논하지 않고, 주요 외국의 입법례를 조사·정리하여 논문에 써넣었다. 거기에는 영미법도 포함되었다.

심사위원님들의 지적사항을 검토하여 반영하고 주요 외국의 입법례까지 넣어서 완성된 논문을 들고 곽 교수님 댁으로 갔다. 곽 교수님은 입법례를 빼라고 하셨다. 나는 빼지 않겠다고 고집을 부렸다. 곽 교수님이 빼라고 하신 이유는 입법례를 넣을 경우 불필요하게 심사에서 논란이 있을 수 있고, 특히 영미법이 더 그렇기 때문이라고 하셨다. 순전히 나를 위한 것이었다. 그러면서 입법례는 학위를 받은 뒤에 책을 출판할 때 거기에 넣으라고 하셨다. 곽 교수님의 선한 의도를 알면서도 나는 그래도 논문에 넣겠다고 하였다. 그러자 곽 교수님이 말씀하셨다.

"지도교수도 심사위원이다."

입법례를 기어이 넣으면 곽 교수님 자신이 심사 때 시비를 거시겠다는 취지였다. 나는 어쩔 수 없이 한발 물러섰다. 나는 입법례 부분을 뺀 나머지를 다시 처음부터 원고지에 써서 심사용 논문으로 제출하였다. 심사에서 뺀 입법례 부분은 나중에 출판한 나의 저서 「착오론」(고시원, 1991)에 포함시켰다.

다음 학기 심사는 간단하게 마치게 되다

다음 학기에 시작된 논문 심사는 특별한 논의 없이 간단히 마쳤다. 이미 실질적인 검토가 완료되었으니 더 할 일이 없었기 때문이다.

3. 나의 석사학위 논문인 "생명침해로 인한 손해배상에 관한 연구"(서울대 대학원, 1982.2.)에 대하여

[이 논문의 결론 요약]

(1) 통설·판례는 생명침해의 경우에는 손해배상청구권이 사자(死者)에게 발생하고 상속인에게 승계된다고 한다. 그런데 이러한 견해는 여러 평가 기준에 비추어 부당하다. 그 같은 입장에 서면 피살자 자신에 초점이 맞추어지므로 유족 보호에 소홀하고, 특히 유족에게 구체적인 손해가 발생하지 않았는데도 피살자가 신체침해를 당한 후 생존해 있는 경우와 같이 해석함으로써 개별적인 사정을 중시하지 못하는 폐단이 있다. 또 법 논리의 면에서 수긍할 수 없는 구성을 꾀하고 있다는 점도 크게 문제된다.

이러한 종래의 일반적인 견해에는 찬성할 수 없으며, 생명침해로 인한 손해는 다른 각도에서 연구되어야 한다.

생명침해 시 피살자에게는 아무런 손해가 생기지 않고, 단지 유족은 부양권 상실로 인하여 재산상의 손해를 받는다는 이론은 여기에 대한 훌륭한 대안이다. 다만, 이때에는 몇 가지 보완적인 제도가 수반되어야만 그

효능을 최대로 발휘할 수 있다.

(2) 이 이론에 의하여 생명침해의 경우에 발생하는 손해의 모습과 그 배상을 간략하게 살펴보면 다음과 같다.

먼저 장례비의 배상청구권이 원칙적으로 피살자의 상속인에게 발생한다.

그리고 피살자에 대하여 부양권을 가지고 있던 유족은 부양권 상실에 의하여 손해를 입고, 따라서 그것의 배상을 가해자에게 청구할 수 있다. 또 일정한 범위의 유족은 직접적인 피해자가 아님에도 불구하고 민법 제752조에 의하여 위자료청구권을 취득한다.

그런가 하면 생명침해 자체에 의하여 발생한 손해는 아니나, 일정한 경우에는 피살자 자신에게 '신체침해'로 인한 손해배상청구권이 인정된다. 즉 불법행위로 인하여 중상을 입은 피해자가 사망하여 가해행위와 사망 사이에 인과관계가 있는 경우에는, 피해자는 상해 후 사망 전까지의 기간 동안에 일실이익·치료비 및 정신적 손해에 대한 배상청구권을 가질 수 있다. 한 가지 주의할 것은, 일실이익의 배상청구권의 범위가 사망 이후의 일실이익에는 미치지 않는다는 점이다.

(3) 한편 생명침해에 있어서 만족스러운 손해배상은 올바른 이론 정립과 사회보장 및 보험제도의 완비라는 두 가지 측면에서 모색되지 않으면 안 된다.

불법행위 중에 주제를 선정하고

뒤에 자세히 기술하는 바와 같이,[11] 나의 석사논문 지도교수는 처음에는 황적인 교수님이었는데, 후에 내가 유급 조교를 하게 되면서 곽윤직 교수님으로 바뀌었다.

석사학위논문의 주제를 정하려고 할 때 나는 사실 민법 중 어느 분야의 연구가 필요한지 깊이 알지 못했다. 막연히 불법행위 부분에 깊은 연구가 부족한 것으로 생각되었을 뿐이다. 내가 처음에 황적인 교수님께 석사논

———
11 242면 참조.

문 지도를 받고 싶다고 했더니, 황 교수님이 어떤 분야를 하고 싶으냐고 물으셨다. 나는 불법행위 부분에서 찾고 싶다고 했다. 그랬더니 위자료에 관하여 연구해보라고 하셨다.

그런데 곽 교수님으로 지도교수가 변경된 뒤 곽 교수님이 나보고 희망분야를 말해보라고 하셨고, 나는 또 불법행위 부분이라고 했다. 그러자 생명침해에 대해서 써보라고 하셨다.

참고문헌 두 권을 알려주시고

곽 교수님이 석사학위논문의 연구주제를 생명침해로 정해주신 뒤, 나보고 따라오라고 하시며 앞장서서 어디론가로 향하셨다. 교수님 연구실과 같은 층인 법과대학 4층 끝부분에 있는 교수 참고열람실이었다. 그곳은 곽 교수님의 판례 자료 복사를 위해 나도 자주 가던 곳이었다. 그 열람실에는 법과대학 교수님들을 위한 약간의 문헌들이 비치되어 있었다.

곽 교수님은 나를 데리고 한쪽 면 책장의 맨 끝 쪽으로 가셨다. 그리고 책장 중간 부분에 있는 몇 권의 책 중에 피켄처W. Fikentscher의 채권법(Schuldrecht)과 라렌츠K. Larenz의 채권법각론(Lehrbuch des Schuldrechts, Band II Besonderer Teil)을 가리키시더니, 그 책들이 좋은 책이니 그것을 잘 읽어보고 논문을 써보라고 하셨다. 그때 나는 '석사논문은 좋은 책 2권을 읽고 쓰면 되는가 보다.'라고 생각하였다.

너무나도 바쁜 업무로 논문을 제때 쓰기가 어려워

내가 석사학위논문을 쓸 무렵에는 나는 공무원으로서 보수를 받는 유급 조교를 하고 있었다. 내가 해야 할 주된 업무는 곽윤직 교수님이 집필하실 판례교재의 자료를 조사해드리는 일이었으나, 그 외에 모든 민법 교수님들에 관한 행정업무도 담당해야 했다.

그중에는 당시에 새로 생긴 교수 재임용제도와 관련하여 재임용서류를 준비해야 하는 것도 있었다. 그때는 모든 서류를 손으로 직접 썼는데, 당시에 계셨던 다섯 분의 민법 교수님들의 재임용서류를 내가 전부 만들어야했다. 그 서류는 청와대까지 간다고 했다. 그래서 글자가 한 자라도 틀리면 모두를 다시 써야 했다. 나는 매우 조심스럽게 썼으나, 글씨를 잘못 쓰는 일도 생겼고, 그럴 때마다 처음부터 다시 작성했다. 참 슬픈 일이었다. 그리고 하필 민법 교수님들이 가장 많아서 다른 법 분야의 조교보다 나는 훨씬 더 많이 고생해야 했다.

나는 이미 그때부터 일복이 넘쳐났다. 이러한 행정업무까지 겹쳐 나는 무척이나 노력했음에도 기한 내에 석사학위논문을 제출하기가 어려웠다. 행정업무나 논문 작성 모두 대강 해치우지 못하는 내 성격도 큰 몫을 했음은 물론이다.

구할 수 있는 모든 자료를 구하고

앞서 언급한 바와 같이, 지도교수이신 곽 교수님은 책 두 권만 철저하게 읽고 논문을 쓰면 된다고 하셨는데, 나는 그것으로 만족을 하지 못했다. 사실 그 책에 생명침해에 관하여 내게 필요한 이론이 충분하게 들어있는 것으로 생각되지도 않았다.

나는 다른 참고문헌을 찾아 나섰다. 유급 조교로서 중앙도서관 서가에 들어가 논문에 참고할 문헌들을 모두 찾아 대출받았다. 그리고 관련 부분을 복사하였다. 특기할 것은 독일의 주석서(코멘타. Kommentar)까지 빌려왔다는 점이다. 독일 주석서 중 역사가 가장 오래되고 분량이 가장 많은 슈타우딩거Staudinger 코멘타[12]뿐만 아니라, 쇠르겔-시베르트Soergel-Siebert 코멘타, 에르만Erman 코멘타, 팔란트Palandt 코멘타, 슈트디엔코멘타Studien-kommentar까지 중앙도서관에 있는 것을 전부 빌려왔다.

---

12 이 코멘타는 내가 빌리기 전에는 아무도 빌린 적이 없는 새 책이었다. 나는 내심, 이 책은 아무도 안 보니 내게 주면 내가 그것을 활용하여 더 많은 기여를 할 수 있을 것이라는 생각이 들었다.

민법 석사학위논문을 쓰면서 독일의 주석서까지 읽은 사람은 아마도 미련한 나밖에 없을 것이다. 이렇게 많고 어려운 자료까지 보려고 했으니, 논문 제출은 더욱 늦어질 수밖에 없었다.

독일 문헌은 모두 번역하여 노트에 적고

생명침해에 관하여 독일의 민법 규정과 학설·판례는 우리나라와 매우 달랐다. 그 때문에 나는 독일 문헌을 읽고 그 내용을 파악하여 우리나라 이론으로 곧바로 활용하기가 어려웠다. 특히 독일의 큰 코멘타들은 분량이 너무 많아서 한눈에 파악하는 것이 불가능했다. 그래서 나는 독일 문헌들을 번역하여 노트에 적었다. 번역 속도는 계속 빨라졌다.

한 번은 이런 일이 있었다. 내가 법과대학의 교수 참고열람실에서 슈타우딩거 코멘타를 번역해서 노트에 적고 있었다. 당시의 그 코멘타는 로마자가 아니고 독일 고유체로 인쇄되어 있어서, 그 글씨체에 익숙하지 않은 사람은 독일어를 알아도 그 책을 읽을 수가 없었다. 그런데 나는 고등학교 시절부터 그 모양으로 인쇄된 문헌을 자주 보았기 때문에, 로마자로 인쇄된 문헌과 같은 속도로 읽을 수 있었다. 그래서 슈타우딩거 코멘타를 보면서 바로바로 번역할 수 있었다. 그때 그곳에 잠깐 들른, 당시 형법 박사과정에 재학 중인 남궁호경 님(후에 법대 교수를 역임함)이 "암호해독을 하는 것 같다. 그런데 어떻게 그렇게 빨리 번역하느냐?"고 얘기하셨다. 나는 그냥 웃기만 했다.

독일과의 비교 방법으로 연구하고

본격적으로 민법 논문을 처음 써보는 나로서는 독일 문헌을 읽고 그것을 참고하여 바로 우리의 제도를 논하기가 어려웠다. 그래서 나는 우선 독일의 제도를 정리하고, 그것과 비교하여 우리나라에서의 생명침해 제도를 논의하기로 했다. 비교법적인 연구를 하기로 한 것이다. 이는 곽 교수님의 지시나 권유에 의한 것이 아니고, 오로지 내가 혼자 결정한 일이었다.

그런데 특히 독일의 제도를 올바르게 소개하고 있는지 매우 두려웠다. 무엇보다도 내가 잘못 이해하여 후에 내 논문을 참고한 사람이 자칫 오해라도 하면 어떡하나 하는 걱정이 생겼다. 그리하여 나는 각주로 참고문헌을 철저하게 알려주어야겠다고 마음먹었다. 그리고 독일 제도를 소개하면서 지나칠 정도로 각주를 많이 붙였다. 그것은 논문의 각 부분에 대한 나의 책임을 보여주는 것임과 동시에, 혹시 내가 오역을 할 경우 원래의 문헌(참고문헌)을 보고 바로잡았으면 하는 생각에서였다.

그러한 방식의 논문 작성이 바람직하지는 않다. 그렇지만 그 당시에 나는 그것이 최선이라고 믿었다.

논문 요지 발표회에서 질문을 받고

논문을 제대로 쓰지는 못했지만, 논문 제출 전에 의무적으로 거쳐야 하는 논문 요지 발표회(1981. 10.)에서 그때까지 작성한 내용으로 발표를 했다. 후에 내 논문을 심사하신 황적인 교수님, 이호정 교수님, 곽 교수님이 모두 참석하시고, 같은 전공의 대학원생도 여럿이 자리하고 있었다.

내가 발표를 마친 뒤 질의·응답이 이어졌다. 먼저 이호정 교수님이 생명침해의 경우에 민법 제752조에 규정되어 있지 않은 친족이 위자료 청구를 할 수 있는지 물으셨다. 나는 제752조에 규정된 자들만 청구할 수 있다고 답하였다. 그러자, 그러면 제752조는 어떤 의미를 갖는지, 그 규정은 어떻게 해석해야 하는지 물으셨다. 나는 솔직하게 어떻게 해석해야 하는지 모르겠고, 나와 같은 견해를 취하는 분들이 견해를 밝히고 있지도 않다고 하였다. 그랬더니 다른 문헌에 주장한 바가 없어도 해결해야 한다고 말씀하셨다. 나는 풀기 어려운 숙제를 받은 느낌이었다.

곽 교수님은 생명침해의 경우의 손해배상에 대하여 세금 문제가 어떻게 되느냐고 물으셨고, 나는 그에 관한 우리 판례를 설명하였다.

한 달 동안 제752조의 의미를 찾는 데 몰두하고

논문 요지 발표회 후 나는 이호정 교수님이 말씀하신 문제를 해결하기 위해 숙고에 숙고를 거듭했다. 머릿속에 온통 그 생각뿐이었다. 오죽하면 학교에서 나오는 길에 맞은 편에서 오던 후배를 알아보지 못할 정도였다. 그런데 아무리 생각해도 해결책을 찾을 수 없었다. 나 자신의 민법 지식이 일천하여 스스로 해결하기가 버거웠다.

그러다가 한 달쯤 되던 때에 불현듯 다음과 같은 생각이 떠올랐다. 생명침해의 경우에 피살자의 유족이 생명침해의 직접적인 피해자인가? 피해자라면 어떤 법익을 침해당한 것인가? 어떤 법익이 침해되었다면 유족 모두가 제한 없이 청구권을 가지는 것인가? 그 한계는 없는가? 한계가 있다면 그 경계는 어떻게 정해지는가? 생명침해의 경우에 유족에게 독립한 불법행위의 성립을 인정하면 이처럼 해결할 수 없는 문제가 줄줄이 생기게 되는 것이다.

사고가 거기에 이르자, 나는 '그래! 유족은 직접적인 피해자가 아니고 간접적인 피해자일 뿐이다.'라는 생각이 들었다. '간접적 피해자는 원칙적으로 손해배상청구권이 없고, 다만 법률에 특별규정이 있으면 예외적으로 청구권을 가진다. 제752조는 바로 그 특별규정이다.' 그런 입장에서 유족 중 제752조에 열거된 자만 위자료청구권을 가지게 된다는 원래의 내 견해를 살펴보니 논리적으로 완벽하게 들어맞았다.

'아! 이제 해결하였다. 이 기쁨을 무엇에 비하랴!'

내가 찾아낸 이 이론이 100년 전 독일에서 검토되었음을 후에 알게 되다

내 논문의 핵심적인 논리를 찾지 못하다가 한 달의 고심 끝에 해결하고 나니 날아갈 듯했다. 그리고 그때까지 해결하지 못한 문제를 혼자 해결한 것 같아서 뿌듯했다. 그런데 이 이론이 우리나라에서는 내가 처음 주장한 것이지만, 세계적으로 그러지는 않다는 걸 몇 년 후에 알게 되었다.

내가 다른 논문을 쓰면서 독일민법의 기초이유서(Motive)를 구했고, 그 책에서 생명침해에 관한 부분을 찾아보았다. 거기서 독일민법 제정 당시에 생명침해와 관련하여 여러 이론이 검토되었고, 그중 하나가 내가 찾아낸 이론과 동일했으며, 독일민법은 바로 그런 입장에서 생명침해를 규정했음을 알게 되었다. 내가 독일 민법의 기초이유서를 먼저 보았다면 한 달간 그렇게 고생할 필요가 없이 한나절 안에 그 해결책을 찾아냈을 것이다.

그때 나는 법률선진국과의 비교법적 연구가 얼마나 필요하고 요긴한지 뼈저리게 느끼게 되었다. 그래서 그 후부터는 나 혼자서 머리를 싸매고 해결책을 찾기 전에 법이론이 발전된 독일 등의 이론을 먼저 찾아보게 되었다. 그렇게 되면 시간을 크게 절약하면서 발전된 그 이론에 도달하게 되고, 거기에서 연구를 시작할 수 있기 때문이다.

병원에 입원해서도 논문을 쓰려고 하고

행정업무 하랴 논문 쓰랴 눈코 뜰 새 없이 바쁘게 지내던 중 1981년 늦가을 어느 날 새벽 나는 극심한 허리통증으로 잠을 깨어 관악구 신림동에 있는 남부병원으로 실려 갔다. 진찰 결과 요로결석으로 추정되었다. 요로결석은 아이를 낳는 산통産痛에 비견할 정도로 최고 수준의 통증을 유발하는 질병이었다.

병원에서는 일단 입원해서 치료를 받으면서, 검사를 받으라고 했다. 그 와중에도 나는 논문을 써야 한다는 생각에, 논문을 쓰기 위해서 1인실에 입원하겠다고 했다. 그리고 후에 아내가 된 사람에게 논문 자료와 필기도구를 가져다 달라고 했다. 병원에서 주사를 맞으니, 아무렇지도 않은 듯이 느껴져서 얼마든지 논문을 쓸 수 있을 것 같았다. 그런데 웬걸 양팔에 링거를 꽂았다. 그뿐만 아니라 진통제 때문인지 잠이 쏟아졌다. 논문을 쓰기는커녕 자유롭게 생각하고 움직일 수도 없었다.

그래서 하루 뒤 나는 논문을 쓰려고 우겨서 억지로 퇴원했다. 하숙집으로 오자마자 바로 다시 논문을 쓰기 시작했다. 그날 밤 통증으로 다시 병원에 실려 갈 때까지는… . 그 후 병원에서 며칠 치료를 받았고, 그 질병은 이후에도 여러 차례 나를 괴롭혔다.

논문 제출기한을 많이 넘기고

여러 업무가 중요 원인이기는 하지만, 모든 자료를 보고 논문을 써야 직성이 풀리는 내 성격과 극심한 통증으로 나를 괴롭힌 요로결석 등의 영향으로 나는 석사학위논문을 제출기한 내에 제출하지 못했다. 그것도 며칠 정도가 아니고 한 달 정도 늦어졌다.

그래도 심사위원장이신 황적인 교수님이 배려해주시고 이호정 교수님과 곽 교수님도 양해해 주셔서, 석사학위논문의 심사를 받을 수 있었다. 내 논문을 심사할 때 특별한 지적은 받지 않았다. 논문 요지 발표회에서 해결책을 주문하셨던 이호정 교수님도 아무런 말씀을 하지 않으셨다.

다시는 논문을 쓰지 않겠다는 다짐이 쓰고 싶은 충동으로 바뀌고

나는 석사학위논문을 너무나도 고생하면서 썼기 때문에 그 논문을 쓰면서 더는 논문을 쓰고 싶지 않았다. 그래서 다시는 논문을 쓰지 않으려고 마음먹었다. 시간에 쫓겨서가 아니고 해결하기 어려운 문제를 만나서 헤쳐나가지 못한 것이 가장 어려웠다. 그런데 막상 논문을 완성하고 3개월여가 지나니 논문이 다시 쓰고 싶어졌다. 일정한 과정을 거쳐 논문을 완성하는 것이 아주 즐거운 일로 기억되었다.

'그렇다. 논문을 또 써보고 싶다.'

그 후 나는 논문 쓰는 일이 평생의 직업이 되었다.

4. "이행불능에 있어서 이른바 대상청구권"[「논문집」(경찰대학, 1985), 제4권, 197면-227면]에 대하여

[이 논문의 결론 요약]

(1) 어떤 사정으로 인하여 발생한 이익은 그것이 속하여야 할 자에게 주어져야 한다. 이는 우리 민법의 기본사상이며, 몇몇 규정에는 그 취지가 표현되어 있기도 하다. 다만, 이행불능의 경우에는 명문으로 확인되어 있지는 않으나, 규정이 있는 경우와 마찬가지로 해석하는 것이 민법의 정신에 부합한다. 그러한 해석은 곧 이행불능에 있어서 대상청구권의 인정이라는 모습으로 나타난다.

(2) 대상청구권이 성립하려면, 채무의 목적물(물건·권리)의 급부가 불능으로 되어야 하고, 급부를 불능하게 하는 사정의 결과로 채무자가 채무 목적물에 관하여 '대신하는 이익(배상 또는 배상청구권)'을 취득하여야 하며, 급부가 불능하게 된 목적물과 채무자가 그에 관하여 '대신하는 이익'을 취득한 목적물 사이에 동일성이 있어야 한다.

대상청구권은 채권적인 청구권이며, 따라서 그 권리가 존재하는 경우에 '대신하는 이익'이 직접 채권자에게 이전되지는 않는다. 그리고 채무자는 '대신하는 이익' 모두를 채권자에게 인도하여야 한다. 이른바 초과가치도 대상청구권의 객체로 된다.

쌍무계약의 당사자 일방의 채무가 당사자 쌍방의 책임 없는 사유로 이행할 수 없게 된 때에는, 채권자는 민법 제537조에 의하며 자신의 채무를 면할 수도 있고, 또 대상청구권을 행사할 수도 있다. 채권자가 대상청구권을 행사하는 경우에는, 그는 자신의 채무를 이행하여야 한다. 그때 '대신하는 이익'이 본래의 급부보다 적으면, 채권자의 채무도 그 적은 비율에 따라 줄어든다.

(3) 우리 민법에 있어서의 대상청구권에 관한 이론에는 아직도 비판이 가해질 수 있다. 대상청구권의 인정이 법해석학의 한계를 넘는 것이 아닌가와 일정한 경우에 민법 제537조가 사문화된다는 점에서다. 이러한 문제점은 이론에 의하여 어느 정도 피해질 수 있으나, 완전히 봉쇄되지는 않는

다. 이런 상황에서 모든 문제점을 일거에 해결하는 방법은 대상청구권에 관한 규정을 민법에 두는 것이다. 그때에는 물론 관련 문제까지도 충분히 고려되어야 한다.

강의 중에 갑자기 생긴 의문

나는 1983년 3월부터 경찰대학에서 전임교수와 마찬가지로 1주일에 10시간씩 강의를 하기 시작하였다. 경찰대학에 전임교수로 채용되기로 사실상 정해진 상태였다. 1학기에는 민법Ⅲ(채권법총론)을 법학과 두 반에 각각 3학점씩, 행정학과 두 반에 각각 2학점씩 강의하였고, 2학기에는 민법Ⅳ(채권법각론)를 그와 같은 시간 동안 강의하였다.

1983년 9월 하순 어느 날, 경찰대학 법학과 한 반에서 위험부담에 관하여 강의를 하던 중 갑자기 다음과 같은 의문이 생겼다.

'우리 민법상 대상청구권이 인정된다면, 그 권리는 채무자에게 책임 없는 사유로 이행불능이 된 경우에도 발생하고, 또 쌍무계약에서도 발생하게 된다. 그리고 쌍무계약상의 채무가 당사자 쌍방에게 책임 없는 사유로 이행불능이 되면 소멸채무의 채무자는 채권자에게 반대급부의 이행을 청구하지 못한다(민법 제537조). 그런데 그 경우 채권자는 대상청구권을 가지므로 그 권리를 행사할 수 있는데, 그가 대상청구권을 행사하면서도 반대급부는 전혀 이행할 필요가 없는가?'

그러한 생각이 떠오르자 나는 잠시 멈칫했다. 그렇지만 강의를 중단하고 그 생각을 계속할 수는 없었다. 나는 아무 일도 없었다는 듯이 강의를 이어갔다. 다만, 머릿속에서는 그것을 잊지 않고 있다가 나중에 좀 더 생각해보리라 다짐하였다.

독일민법에 명문 규정이 있음을 발견하고

나는 강의를 마친 뒤 연구실로 와서 조금 전에 생긴 의문을 재빨리 메모하였다. 그리고 집에 와서는 문헌들을 찾아보았다. 우리 문헌에서는 그런 내용을 본 적이 없기에 볼 필요가 없었지만, 혹시나 하는 생각에 뒤져 보았으나 역시 그런 문제를 언급한 문헌은 없었다.

그 뒤 나는 독일 채권법 책을 보기 시작하였다. 내가 독일 문헌을 본 것은 단지 내가 평소에 독일 책을 즐겨 보아왔기 때문만은 아니다. 우리나라의 채권법총론 책에서는 대상청구권을 설명하면서 하나같이 독일민법과 프랑스민법이 대상청구권을 인정하는 명문 규정을 두고 있음을 언급하고 있었고, 그래서 나는 그런 나라에서는 내가 품은 의문을 어떻게든 해결하고 있지 않을까 하는 기대가 있었기 때문이다.

독일 채권법 책을 찬찬히 보던 나는 눈이 번쩍 뜨였다. 독일민법이 바로 그 문제에 관하여 명문 규정을 두고 있었기 때문이다. 독일민법 제323조 제2항이 그것이었다.[13] 그리고 우리 문헌들이 독일민법의 대상청구권을 설명하면서 그 법 제281조만 소개하고, 제323조 제2항은 언급조차 안 하고 있어서 무척 놀랐다. 모든 문헌이 동일했고, 어느 하나의 예외도 없었다.

대상청구권에 관하여 논문을 쓰기로 마음먹다

독일민법 제281조·제323조 제2항을 접한 나는 생각에 잠겼다.

'독일민법은 대상청구권을 인정하는 명문 규정(독일민법 제281조)과 위험부담에서의 대상청구권 관련 특수문제를 해결하는 규정(독일민법 제323조 제2항)을 두고 있으므로, 거기에서는 대상청구권 문제가 그러한 규정들의 해석 문제에 지나지 않는다. 그런데 우리 민법은 대상청구권에 관하여 아무런 규정도 두고 있지 않아서, 우리 민법에서는 우선 대상청구권의 내용을 논하기 전에 그 권리가 인정되는 것인지부터 해결해야 한다. 독일민법

---

13 이 규정은 2002년에 독일민법이 개정될 때는 제326조 제3항으로 위치만 변경되었다.

에 명문 규정이 있다고 하여 우리 법상 대상청구권이 당연히 인정되는 것도 아니고, 명문 규정이 없다고 하여 우리 민법에서 반드시 대상청구권이 부정되어야 하는 것도 아니다. 우리 민법에서 대상청구권이 인정되어야 하는가? 만약 인정되어야 한다면 그 내용이 어떻게 되어야 하는가?

생각이 여기에 이르자, 나는 쉽지 않은 이 문제에 대하여 논문을 쓰기로 마음먹었다. 잘 몰라서, 잘 알고 싶어서 논문을 쓰기로 한 것이다. 그렇게 시작한 이 논문은 내가 전임교수가 되고 맨 처음 발표한 것이다.

석사학위논문에 이어서 또다시 독일민법과 비교하는 방법으로 연구하다

프랑스민법도 대상청구권에 대하여 명문 규정을 두고 있다. 그런데 프랑스민법은 책임 없는 이행불능의 경우에만 대상청구권을 인정하고 있다. 또한 독일민법 제323조 제2항과 같은 규정이 있지도 않다. 더욱이 나는 평소 주로 독일 문헌을 참고하고 있고, 프랑스 문헌은 특별히 필요한 경우에만 참고하기 때문에, 이번 대상청구권도 독일 문헌만을 참고해서 연구하고자 했다. 그것도 명문 규정이 충실하게 두어져 있는 독일의 상황을 보다 명확하게 한 뒤에 우리 민법에서의 대상청구권에 관하여 논의하기 위하여 독일민법과의 비교연구 방법으로 연구하기로 했다.

독일민법과의 비교연구는 내가 석사학위논문을 쓸 때도 취했던 방법이다. 그런데 이 논문에서 다시 동일한 방법을 사용한 것이다. 나의 비교법 연구 방법의 훈련은 이 논문을 쓰면서 어느 정도 자리 잡게 되었다.

우리 민법이 대상청구권을 인정하지 않으려 했다는 가설假說을 세우고

내가 이 논문을 쓸 당시에 우리나라에는 대상청구권에 관한 자세한 논문이 전무하였다. 그것에 대한 설명은 교과서에서 반 페이지 정도 쓰여 있는 것이 고작이었다. 나는 오직 법 규정 유무에서 차이가 있는 독일 문헌만을 참고하여 대상청구권에 대한 모든 문제를 풀어야 했다. 중요한 것은 그 세부적인 내용에 앞서서 우리 민법상 대상청구권이 인정되어야 하는지, 인정되어야 한다면 인정될 수는 있는지였다.

나는 우선 대상청구권이 인정된다면 내가 품었던 의문, 즉 민법 제537조와 충돌하는 문제가 해결되어야 한다고 여겼다. 그 해결은 독일민법 제323조 제2항과 같은 명문 규정이 없이 해석만으로는 어려웠다. 그래서 내심 ─ 그런 규정을 두지 않은 ─ 우리 민법의 입법자는 대상청구권을 인정하지 않으려 했다는 가설을 세우고 검토하기 시작하였다. 물론 우리 민법 입법자의 입장은 자료의 부재로 알 수가 없었고, 단지 내가 그렇게 추론한 것이다. 그와 같은 입장을 택하면 설명이 쉬웠다. 문제는 그러한 태도가 과연 바람직한지였다.

타고 가던 버스가 방향을 전환하는 순간 생각이 바뀌고

그 무렵 내 머릿속에는 온통 대상청구권만 들어차 있었다. 누구와 어디서 무엇을 하든 언제나 마찬가지였다. 그러던 어느 일요일 저녁 내가 아내와 외출을 했다가 귀가를 하기 위해 26번 한성운수 시내버스를 타고 가던 길이었다. 노량진에서 오던 그 버스가 신대방동 3거리에서 신림동 방향으로 막 좌회전을 할 때, 나는 증여의 경우에 대상청구권이 인정되어야 하고, 그러기 위해 우리 민법에서도 대상청구권이 인정되어야 한다는 생각이 번쩍 들었다. 증여의 목적물이 보험에 가입되어 있었고 보험사고로 증여자가 보험금을 청구할 수 있을 경우에, 그 보험금은 채권자인 수증자에게 귀속시키는 것이 옳다고 생각되었다.

'그래! 우리 민법에서도 대상청구권이 인정되어야 해!'

대상청구권의 인정 근거를 찾는 데 부심腐心하고

대상청구권을 인정하는 쪽으로 방향을 바꾼 뒤, 나는 우선 대상청구권이 인정되어야 할 필요성을 검토하였다. 그런 뒤에는 우리 민법상 대상청구권이 인정될 수 있는 근거를 찾아냈다. 그 근거는 '경제관계상 속하지 않아야 할 자에게 귀속된 재산적 가치는 그것이 마땅히 속하여야 할 자에게 돌려져야 한다.'는 우리 민법의 근본 사상이다. 이어서 나는 우리 민법에서 대상청구권을 인정할 때 제기되는 난점, 즉 내가 처음에 품었던 의심도 이론적으로 해결하였다.

대상청구권에 관한 요건과 효과를 자세히 설명하고

대상청구권의 인정 필요성과 인정 근거를 밝힌 뒤 대상청구권의 요건과 효과에 대하여 자세히 논의하였다. 그 부분은 독일 문헌을 많이 참고하였다. 사실 요즘은 대상청구권을 누구나 잘 알게 되었지만, 그 논문을 쓸 때는 내가 최초로 개척해 나가던 상황이어서, 내용 하나하나가 숱한 고민 끝에 나온 산물이었다.

외국 문헌을 참고할 때 항상 생기는 어려운 문제가, 외국 문헌상의 내용이 우리 민법에서도 인정될 수 있는지를 검토하는 일이다. 그것을 잘못하게 되면 외관상 타당해 보이는 것일지라도 우리 법상 인정될 수 없음에도 불구하고 우리 이론으로 주장하는 일이 생기기 때문이다. 나는 이 논문을 쓰면서 그러한 문제에 직면하여 매우 고심을 했던 것이다.

'대상代償'이라는 용어 대신에 '대신하는 이익'만을 사용하고

대상청구권에 대해 논의를 할 때 '채무목적물에 관하여 생긴 이익'을 표현하는 용어가 필요하게 된다. 대상청구권에 대한 자세한 논의가 없었던 과거에는 그러한 용어를 의식하지도 못했다. 그런데 대상청구권을 자세히 연구할 때는 다르다. 나는 그것을 가리키는 용어로 '목적물에 대신하는 이익'을 줄여서 '대신하는 이익'을 사용하였다. 그리고 한 번도 '대상'이라는 용어는 쓰지 않았다. 그것은 지금까지도 마찬가지다.

우리나라의 사전에서 '대상代償'은 대신 변제하는 것을 가리키고 결코

'목적물을 대신하는 이익'이라는 뜻은 없다. 그리고 사전적인 의미의 '대상청구'가 과거부터 우리 실무상 사용되어 오고 있다.[14] 대상청구권은 목적물에 대신하는 이익을 청구할 수 있는 권리인데, 아마도 일본에서 그런 권리를 대상청구권이라는 용어로 표현한 것으로 생각된다. 그리고 그것이 우리나라에서도 그대로 쓰인 것이다.

그러고 보면 대상청구권이라는 용어도 사용하지 않음이 바람직한데,[15] 설사 그 용어를 불가피하게 사용하더라도 적어도 '대상'이라는 용어는 사용하지 않아야 할 것이다.

10년 가까이 관심을 받지 못하다가 판례가 나온 뒤 각광 받아

이 논문은 대상청구권에 관하여 중요한 문제 제기와 함께 최초로 자세한 논의를 한 개척적인 것임에도 불구하고 학자들의 관심을 끌지 못했다. 당시 논문을 찾아 읽지 않는 우리 학계의 게으른 관행의 결과였다. 나도 논문 발표 후 그에 대한 관심이 줄어들었다. 궁금했던 내용을 이미 알아버렸기 때문이다.

근래에 안 일이지만 이 논문을 높이 평가하고 관심을 가진 분이 계셨다. 서울 법대의 황적인 교수님이다. 최근에 이대 법전원에 새로 부임한 정재훈 교수에 따르면, 황 교수님이 채권법각론을 강의하시면서 나의 이 논문을 꼭 읽어보라고 하셔서 수강생들이 구해서 읽었다고 한다. 그러고 보니 황 교수님이 언젠가 그 논문을 보시고 좋은 논문이라고 칭찬하셨던 기억이 난다. 그 칭찬을 들었을 때 나는 처음 쓴 논문인데도 좋게 평가를 받아

---

14 판례는 본래의 급부를 청구하면서 아울러 장래에 그것의 집행이 불능한 경우에 대비하여 급부의 객체(가령 백미, 비료, 상고철, 토지 등)의 대가(시가)에 해당하는 금전의 지급을 청구하는 것을 '대상청구'라고 한다. 송덕수, "대상청구권," 「민사판례연구」(박영사, 1994), 제16권, 31면 참조.
15 나는 이 논문이 아닌 다른 논문에서 '대상청구권' 대신 '대체이익청구권' 또는 '대용물청구권'이라고 하자는 제안을 한 바 있다. 송덕수, 앞의 논문(대상청구권), 31면·32면 참조.

우쭐했었다.

1992. 5. 12. 대법원이 대상청구권을 최초로 인정하는 판결을 선고하였다. 대판 1992. 5. 12, 92다4581·4598이 그것이다. 그 판결은, 우리 민법에는 대상청구권을 규정하고 있지 않으나 해석상 대상청구권을 부정할 이유가 없다고, 아주 간략하게 판시하였다.

이 판결이 나오자 나의 이 논문이 크게 각광을 받기 시작하였다. 그 논문이 시중에서 보기 어렵게 경찰대학 논문집에 실려 있어서 내게 논문을 직접 부탁해오기도 했다. 연세대 김준호 교수님이 조교를 보내서 별쇄본을 가져갔고, 서울대(당시) 양창수 교수님도 그 논문을 달라고 해서 내가 직접 가져다드렸다.

그 후 대상청구권에 관한 대법원판결이 다수 선고되자 많은 민법 교수와 법조 실무자가 대상청구권에 관하여 논문을 썼다. 그러면서 어떤 이는 내 논문에 소개된 독일민법의 태도를 요약해서 적기도 했다. 또 다른 이는, 내가 우리 민법상 대상청구권이 인정될 경우에 생기는 문제점을 설명한 부분을 내 논문으로 인용하고 자신이 우리 법상 대상청구권을 부정해야 한다고 주장하여, 마치 내가 대상청구권을 부정하는 것처럼 보이게 만들기도 했다. 그런 태도들은 논문을 작성하는 방법으로서 바람직하지 않다.

대상청구권에 관한 여러 후속 논문을 쓰게 되고

대상청구권을 인정한 대법원판결이 나온 뒤, 그에 대하여 가장 잘 알고 있는 내가 그 판결에 대하여 자세하게 설명해 줄 필요가 있었다. 그래서 나는 민사판례연구회에서 그 판결에 관하여 연구발표를 하였다.[16] 그리고 그 자리에서 내가 '대상청구권'이라는 용어에 문제가 있음을 지적하자 특히 법원에 재직한 원로 회원들이 적절한 용어를 지어달라고 하여 '대체이익청

---

16 앞의 '대상청구권' 논문 참조.

구권' 또는 '대용물청구권'이라는 용어를 제시했던 것이다. 그 후 취득시효에서의 대상청구권에 관한 판례를 검토한 논문,[17] 대상청구권에 관한 입법제안을 담은 논문,[18] 보험금과 초과수익에 관한 문제를 특별히 논의한 논문[19] 등도 발표하였다.

5. "제3자 보호효력 있는 계약"[곽윤직 교수 화갑기념 「민법학논총」(박영사, 1985), 454면-481면]에 대하여

[이 논문의 결론 요약]

(1) 제3자를 위한 계약이 아닌 계약에 있어서는, 계약당사자 이외의 제3자는 그가 계약상의 급부와 아무리 밀접한 관계에 있다 할지라도 급부 이행의 장애를 이유로 한 손해배상청구권을 가지지 못하며, 급부자에 대하여 불법행위로 인한 손해배상청구권이 고려될 뿐이다. 그 결과 손해를 입은 제3자는 충분한 구제를 받기가 어려워진다. 그 제3자는 두텁게 보호되어야 한다.

우리나라와 사정이 비슷한 독일에서는 계약당사자 이외의 제3자가 계약상의 급부로 인하여 손해를 입은 경우에 판례와 학설이 독일민법 제278조(우리 민법 제391조에 해당함)를 적용하여 제3자에게 손해배상청구권을 인정하였다. 그리고 그러한 이론을 '제3자 보호효력 있는 계약 이론'이라고 한다.

앞에서 설명한 문제점을 시정하는 방법으로 입법과 해석을 생각할 수 있고, 해석에 의한 해결로 '제3자 손해청산 이론'과 '제3자 보호효력 있는 계약 이론'이 고려될 수 있는데, 마지막의 것이 가장 바람직해 보인다. 따

---

17 송덕수, "취득시효와 대상청구권," 「저스티스」(한국법학원, 1997), 제30권 제2호.
18 송덕수, "대상청구권에 관한 입법론," 「법조」(법조협회, 2011), 제60권 제9호.
19 송덕수, "대상청구권의 몇 가지 중요 문제에 관한 개별적인 검토 ─ 특히 보험금과 초과수익을 중심으로 ─ ," 「법학논총」(전남대 법학연구소, 2017), 제21권 제4호.

라서 독일의 제3자 보호효력 있는 계약 이론을 도입하여 우리 민법의 해석에 적용해보고자 한다.

(2) 계약당사자는 아니지만 계약관계에 기한 보호의무의 이행에 직접 이해관계를 가지는 제3자는 그 의무의 위반을 이유로 한 손해배상청구권을 가진다. 이러한 경우의 계약을 제3자 보호효력 있는 계약이라고 한다. 계약의 제3자 보호효력의 근거(법적 기초)에 관하여는 계약의 보충적 해석이라는 견해와 신의칙이라는 견해가 대립되는데, 후자가 타당하다. 그리고 제3자를 위한 보호효력은 계약이 성립하기 전이라도 사회적인 접촉만 있으면 인정될 수 있다.

(3) 제3자가 보호범위에 포함되려면, 제3자가 계약에 기한 주된 급부와 정형적인 방식으로 관계를 가지고 있어야 하고(계약에의 밀접성 또는 급부에의 밀접성), 제3자가 채권자와 밀접한 관계에 있어야 하며, 보호되는 제3자의 범위가 보호효력이 문제되는 계약의 체결 당시에 채무자에게 주관적으로 인식될 수 있어야 한다.

(4) 보호되는 제3자는, 전술한 요건이 갖추어진 경우에는, 계약책임의 원칙에 따라 채무자에 대하여 직접 자신의 고유한 손해배상청구권을 취득한다. 제3자의 이 손해배상청구권은 제3자의 완정성의 이익이 침해되었을 것을 전제로 한다. 그리고 제3자에 관계된 주의의무를 책임 있는 사유로 위반하는 경우에 침해될 수 있는 모든 이익이 보호된다. 그리하여 인적 손해뿐만 아니고 물적 손해에 대하여도 배상해야 한다. 한편 제3자 보호효력 있는 계약 이론과 유사한 것으로 제3자 손해청산 이론이 있는데, 전자는 제3자가 계약의 보호범위에 편입됨으로써 채무자의 부담을 증가시키는 경우의 문제이고, 후자는 단순히 손해 전위(轉位. 다른 곳에 위치함)가 존재하는 것에 불과한 경우의 문제이다.

(5) 제3자 보호효력 있는 계약 이론이 이 논문이 맨 처음에 제기한 문제점을 해결하기 위한 최선의 방법인지 검토해 볼 필요가 있다. 그리하여 보건대, 다른 방법으로 제3자 손해청산으로 해결하자는 견해가 있으나 옳지 않으며, 불법행위법을 개정하는 것도 적절하지 않다. 결국 제3자 보호효력 있는 계약 이론으로 해결하는 것이 가장 바람직하다고 하겠다.

곽윤직 교수님의 회갑 기념논문집에 수록할 논문의 집필을 의뢰받다

1985년 12월은 나의 은사이자 학위논문 지도교수이신 곽윤직 교수님의 회갑이 있는 달이다. 곽 교수님이 아끼신 몇몇 제자들은 선생님의 회갑에 기념논문집을 봉정하기 위해 1984년에 한정된 범위의 학자와 법조인에게 원고 집필을 의뢰하였다.

당시 경찰대학에 전임강사로 갓 부임한 나도 원고청탁을 받았다. 병아리 학자로서는 커다란 영광이자 가슴 벅찬 일이었다. 그런데 사실 나는 선생님의 제자 중에는 막내에 해당했지만, 선생님을 가장 가까이서 모시고 있었기에 기념논문집 준비업무에서는 중요한 많은 역할을 하고 있었다.[20]

논문의 주제 선정에 고심을 거듭하고

기념논문집을 준비할 시기에 곽 교수님의 명성은 민법학계는 물론이고 법과 관련된 사람이면 모르는 사람이 없을 정도였다. 그러니 곽 교수님의 기념논문집은 유수有數한 법학자와 법조인을 포함하여 많은 이들에게 널리 읽힐 것이 분명하였다. 그리고 거기에 논문을 싣게 될 나는 실질적으로는 처음으로 외부에 얼굴을 내밀고 평가를 받는 자리가 될 것이었다.

생각이 거기에까지 이르자 나는 큰 걱정이 생겼다. 그것은 내가 쓴 논문의 수준이 낮으면 어떡하나 하는 것이 아니었다. 내가 연구 경험과 축적된 깊은 지식이 부족하여 그런 점이 우려되지 않은 것은 아니나, 오히려 논문을 작성하면서 다른 분들을 비판하게 될 것이 더 큰 걱정이었다. 내가 쓰게 될 논문에서 인용하게 될 분들은 곽 교수님을 비롯하여 은사이거나 선배 교수들일 텐데, 학문적인 양심상 비판적인 의견을 숨기지도 못하고, 그렇다고 그 중요한 책자에서 드러내놓고 비판하기도 극히 꺼려졌기 때문이

---

20 후에 그 논문집의 교정을 볼 때 교수들의 논문은 모두 내가, 법조인들의 논문은 김황식 판사님 (당시. 후에 대법관·국무총리 등 역임)이 교정을 보았을 정도이다. 나는 그 무렵 너무나 시간이 부족하여 지하철을 타고 다니면서도 교정을 보았다.

다. 그래서 그와 같은 문제가 생기지 않을 주제를 고르려고 고심에 고심을 거듭하였다. 무엇보다도 곽 교수님을 비판하는 일은 극구 피하고 싶었다.

우리나라에 소개되지 않은 주제를 찾다

나는 1983년 1학기에 서울대 대학원 박사과정에 입학하여 다니면서 경찰대학에서 시간강사로 민법Ⅲ(채권법총론)의 강의를 하였다. 이는 정규대학에서 한 첫 강의였다. 그래서 나는 채권법총론에 애착심이 컸다. 그 강의를 준비하면서 나는 독일의 메디쿠스Medicus의 채권법Ⅰ(총론)을 열심히 읽었다. 그 책은 1984년 1학기에, 그때는 경찰대학 전임강사로 강의하면서 계속하여 읽고 강의안에 반영하였다. 나는 곽 교수님 기념논문집의 논문 주제를 그 당시 관심이 많았던 채권법총론 분야에서 찾기로 하였다. 그리하여 메디쿠스의 채권법Ⅰ을 처음부터 쭉 훑어 내려갔다. 그러다가 '제3자 보호효력 있는 계약'이라는 부분에 내 시선이 멈췄다.

'아! 이것이다!'

내가 채권법총론 강의를 하면서 국내의 여러 책을 보았지만, '제3자 보호효력 있는 계약'에 관하여 쓰인 것을 보지 못했다. 그리고 그에 관하여 논문도 전혀 없었다. 국내에 소개조차 되지 않은 것이다. 제3자 보호효력 있는 계약에 대하여 논문을 쓰게 되면 곽 교수님을 포함하여 국내 학자 누구도 비판하게 될 일이 없었다. 이 논문의 주제는 그런 연유로 선택된 것이다. 그런데 이것이 계기가 되어 훗날 제3자를 위한 계약까지 깊이 연구하게 되었다.

우리나라에서 처음 논의하는 논문의 어려움을 겪어 보고

무식하면 용감하다고 했던가. 국내에서 자세한 연구는커녕 개괄적인 언급조차 된 적이 없는 문제를 연구하는 일이 얼마나 어려운지 나는 이 논문의 주제를 정할 때까지는 미처 몰랐다. 그저 내가 쓸 논문을 훗날 읽게 될 무수한 선배 교수들을 생각하니 무난한 것 같아 안심이 될 뿐이었다.

그런데 막상 연구를 시작해보니 어려움이 이만저만 아니었다. 독일 문헌을 읽고 내용을 이해하기에 앞서서 용어를 확정하는 것부터 어려웠다. 우선 무척 고심하여 독일 문헌상의 'Vertrag mit Schutzwirkung für Dritte'를 '제3자 보호효력 있는 계약'으로 확정하였다. 그때까지 우리 민법전과 민법 문헌상의 용어들 대부분이 일본에서 만들어진 것이었는데, 일본 문헌과 다른 나만의 용어가 탄생한 것이다. 그때 나는 그 문제가 일본에서 어떻게 불리는지 관심을 갖지도 않았다. 어떻게 하면 실질을 가장 잘 보여줄 수 있을지만 생각하였다.

연구를 할수록 어려움은 커져만 갔다. 제3자 보호효력 있는 계약에서 문제되는 의무가 어떤 성격의 것인지 등에 관하여 그때 나는 체계적인 이론을 세워놓지 못하고 있었다. 즉 계약상의 채무에 급부의무와 급무의무 이외의 행위의무(기타의 행위의무)가 있고, 후자에 안전배려의무·설명의무·보호의무 등이 있다고 한 정리는 나중에 이루어졌다. 그 결과 이 논문에서 포괄적인 의미의 명칭인 '기타의 행위의무' 대신 독일 문헌에서 흔히 사용하던 '주의의무'라는 용어를 쓰기도 했다. 그러한 상황이니 채무에 관한 이해의 기초 위에 독일에서 행해진 논의를 소화하여 우리나라의 이론으로 가져오는 일이 참으로 지난한 일이었음은 두말할 필요도 없다.

이 논문을 쓰면서 초보자가 외국의 제도나 이론을 우리나라에 처음 소개하거나 연구하는 것을 피해야 함을 뼈저리게 느꼈다.

내 연구 성향을 보여주다

연구 방법에 있어서 내가 어떤 성향을 가지고 있는지 나 스스로 알지 못했다. 가령 제3자 보호효력 있는 계약으로 다루어지는 문제를, 다소 미흡한 결과를 가져오더라도 민법 제750조와 같은 포괄적인 규정을 적용하여 쉽고 무난하게 해결할지, 아니면 타당한 결과를 도출하기 위하여 어렵더라도 새로운 이론을 도입하여 해결할지 중에서, 나는 후자를 택하였다.

나는 구체적 타당성이 없는 결과를 용인하고 싶지 않았다. 그런데 타당한 결과를 위하여 법률 규정을 근거 없이 확대 적용하는 것도 참을 수 없었다. 결과만을 위하여 두루뭉술하게 처리하는 것은 내 성향과 거리가 멀었다. 그에 비하여 타당하고 법적 근거가 있다면 이론이 다소 어려워도 그건 상관없었다.

이와 같은 내 성향은 그 뒤의 연구에서도 보였는데, 그러한 모습이 이 논문에서 이미 발현된 것이다.

이 논문 발표 후에 발생한 사건에 내 이론이 적용되지 못해 아쉬워

나의 이 논문은 — 수많은 판례가 있는 독일과는 대조적으로 — 우리나라에서는 그에 관한 판례가 전혀 없던 시기에 발표되었다. 사건이 발생하기 전에 선제적으로 행해진 연구였다. 따라서 그와 관련된 사건이 발생하면 이 논문에서 주장한 이론의 적용 여부가 곧바로 검토될 수 있었다.

그런데 막상 그러한 사건이 발생하여 판단이 필요하게 되었을 때 안타깝게도 나의 이론은 검토되지 못한 것으로 보인다. 구체적으로 경비 용역 계약의 당사자 일방(회사)의 감사 집에서 그의 처와 계원이 금품을 강취당한 경우에 관하여, 대법원은 제3자를 위한 계약의 문제로 보고 손해배상책임 유무를 판단하였다.

그러나 그 경우는 제3자가 채권을 취득하는 '제3자를 위한 계약'이 아니고 '제3자 보호효력 있는 계약'에 해당한다. 아마도 그 판결을 할 때 대법원은 나의 이 논문뿐만 아니라 제3자 보호효력 있는 계약 자체에 대하여도 몰랐던 것으로 생각된다. 만약 내 논문의 존재와 그 논문의 이론이 그 사건에 적용될 수 있음을 알았다면 어땠을까? 그랬어도 그 이론의 적용을 어려워했을까?

많은 후속 연구의 씨앗이 되다

나의 이 논문은 발표 후 상당기간 동안은 아무런 반향도 일으키지 못했다. 그런데 2000년 무렵부터 제3자 보호효력 있는 계약에 대한 연구가 행해지기 시작하여 그 후에도 끊이지 않고 계속 이루어졌다. 그러면서 물론 나의 이 논문이 반드시 참고되었다.

그러한 후속 연구 중에는 제3자 보호효력 있는 계약 이론에 반대하는 견해도 있으나, 대다수는 그 이론을 인정하는 견지에 서 있다. 결과가 어떻든 간에 나의 논문이 후속 연구의 씨앗이 된 것 같아 뿌듯하였다.

6. "법률행위의 해석"[「논문집」(경찰대학, 1987), 제6권, 237면-280면]에 대하여

[이 논문의 결론 요약]

(1) 법률행위의 해석은 법률행위 내지 의사표시가 상대방 있는 것이냐에 따라 달리 논해져야 한다. 다른 한편으로, 하나의 상대방 있는 의사표시(법률행위)에 있어서도 해석은 자연적인 해석·규범적인 해석·보충적인 해석의 세 단계로 구분되어야 한다.

법률행위의 해석은 법률행위의 내용을 확정하는 것이다. 법률행위 해석의 목표는 해석을 요하는 의사표시(법률행위)가 상대방 있는 것이냐에 따라 다르다. 유언과 같은 상대방 없는 의사표시에 있어서는 행위자의 진정한 의사가 탐구되어야 한다. 그에 비하여 상대방 있는 의사표시, 즉 상대방 있는 단독행위와 계약에 있어서는 해석의 종류별로 목표에 차이가 있다. 제1차적인 해석인 자연적인 해석에서는 당사자의 진정한 의사가 탐구되어야 하나, 규범적인 해석에서는 표시행위가 가지는 규범적인 의미가 탐구되어야 하며, 마지막으로 보충적인 해석에서는 여러 사정 하에서 신의성실에 의할 때 가장 적당한 것이 물어져야 한다.

해석의 객체로 되는 것은 표시행위이다. 외관상 의미가 명백한 표시행위도 해석을 필요로 한다.

해석은 — 상대방 있는 의사표시를 중심으로 하여 말한다면 — 자연적인 해석·규범적인 해석·보충적인 해석의 순으로 행하여진다. 즉 먼저 당사자들이 사실상 일치하여 이해했는가를 확정하게 되며, 이를 자연적인 해석이라고 할 수 있다. 당사자들이 사실상 일치하여 의욕한 것은 문언의 객관적인 의미와 상이할지라도 그것이 효력 있다. 자연적인 해석에서 당사자들의 일치하는 이해가 확정될 수 없는 경우에 비로소 본래의 의미의 해석인 규범적인 해석이 들어선다. 여기서는 해석은 의사표시의 상대방(수령자)의 이해가능성 내지 수령자시계(受領者視界)에 의하여야 한다. 즉 상대방이 적절한 주의를 베풀었을 경우에 이해했어야 하는 의미로 확정되어야 한다. 이를 수령자시계에 의한 해석이라고 하는데, 이러한 해석방법은 민법 제2조 제1항의 신의성실의 원칙이 해석에 적용되는 것으로부터의 당연한 귀결이다. 그리고 해석의 표준이 되는 것은 표시에 따른 제반사정·관습·임의규정·신의성실의 원칙 등이다. 결국 여러 사정 하에서 상대방이 이해했어야 하는 의미로 확정하여야 하며, 그것으로 확정할 수 없는 때에는 관습 이하의 표준을 차례로 사용하여야 한다. 한편 규범적인 해석의 결과 법률행위에서의 규율에 틈이 나타나는 경우에는 이를 보충하는 해석이 행하여진다. 그러한 틈은 우선 관습에 의하여 보충되나, 관습이 없으면 임의규정(보충규정)에 의하며, 임의규정도 없는 때에는 제반사정 하에서 신의성실에 비추어 볼 때 가장 적당하다고 인정되는 것으로 채워져야 한다.

자연적인 해석은 사실문제이다. 그에 비하여 규범적인 해석은 — 비전형적인 의사표시의 경우에는 — 해석에 관한 법률규정·사고법칙 등을 적용하는 것 자체는 법률문제이나, 그것들의 적용에 의하여 법률행위의 내용을 확정하는 것은 법률문제가 아니다. 이 점에 관한 한, 보충적인 해석도 규범적인 해석과 같다.

(2) 법률행위 해석의 방법에 관한 이 논문에서의 설명은, 실제에 있어서 특히 문제되는 상대방 있는 의사표시(상대방 있는 단독행위·계약)에 관한

일반적인 것임을 주의하여야 한다. 유언과 같은 상대방 없는 의사표시에 대하여는 따로 논술되지 않으면 안 된다. 그리고 상대방 있는 의사표시 가운데서도 보통거래약관·요식행위 등의 해석에 있어서는 일반적인 해석 방법에 약간의 수정이 가해져야 한다. 그러한 경우들에 관한 보다 상세한 연구가 이 논문에 뒤따라야 할 것이다.

나의 박사학위논문인 "민법상의 착오에 관한 연구"의 전제적인 연구로 시작된 논문

앞에서 적은 바와 같이,[21] 이 논문은 그 자체를 목적으로 시작된 것이 아니고, 착오에 관한 나의 박사학위논문을 제대로 쓰기 위하여 불가피하게 먼저 연구된 것이다. 나는 그때까지 법률행위의 해석에 관하여 깊은 지식이 없었음은 물론이고, 특별한 의견을 가지고 있지도 않았다. 아무런 선입견이 없이 그야말로 백지상태에서 연구를 시작하였다.

극히 빈약한 국내 자료

나는 우선 국내 문헌을 조사하였다. 조사 결과 법률행위의 해석을 학술논문으로 발표한 것은 1편[22]에 지나지 않았고, 그 외에는 민법총칙 교과서들과 고시 잡지에 실린 논설 정도였다. 그리고 그 학술논문마저도 당시의 일반적인 이론과 크게 다르지 않은 내용이었다. 그 무렵 민법총칙 교과서에서 법률행위의 해석을 다룬 부분은 채 10면을 넘지 않았고, 새로운 주장은 싹도 보이지 않았다.

엄청나게 많은 독일 문헌

그에 비하여 법률행위의 해석에 관한 독일 문헌은 우리나라와는 비교도

---

21 앞의 18면·19면 참조.
22 엄영진, "법률행위의 해석," 법학논총(단국대), 제9집, 1968.

할 수 없을 정도로 많았다. 착오에 관한 문헌에 버금갈 만큼 엄청났다. 국내에서 바로 구할 수 있는 문헌만도 오래오래 읽어야 할 양이었다. 더구나 하나하나의 문헌 자체의 분량과 깊이도 대단하였다.

'그래, 1년간은 이 논문만 쓰자!'

나는 이렇게 작정하고 문헌들을 구해 읽기 시작하였다.

독일 문헌을 보고 커다란 충격을 받다

법률행위 해석에 관한 국내 문헌을 모두 살펴본 뒤, 독일 문헌을 비교적 간략한 교과서부터 읽기 시작했다. 그로부터 얼마 지나지 않아 나는 큰 충격을 받았다. 이른바 자연적 해석에 관한 내용을 본 직후였다. 어떤 일정한 표시에 관하여 당사자 쌍방이 사실상 일치하여 이해한 경우에는 그 의미대로 효력을 인정하여야 한다는 이론이었다. 표시의 객관적인 뜻과 달라도 마찬가지라고 하였다.

'세상에! 이렇게 타당하고 놀라운 이론이 있다니… .'

이전에 전혀 생각지도 못했던, 그렇지만 매우 타당하다고 생각되는 이론이 오래전부터 독일의 학설·판례에 의해서 지지되고 있었다. 놀라움이자 충격이었다. 나는 온몸에 전율을 느꼈다. 그때의 감동은 너무나 생생하여 지금까지도 잊을 수 없다. 그리고 그런 정도의 기분은 그 후 민법을 계속 연구해 온 40년 가까운 기간 동안 또다시 경험하지 못했다.

독일의 고래고기 사건을 보다

독일의 법원이 자연적 해석을 행한 대표적인 사건이 '고래고기 사건'이다.[23] 그 사건은 이 논문 252면에 자세히 소개되었는데, 간략하게 요약해보면 다음과 같다.

---

23 RGZ 99, 147.

A는 B에게 예시카Jessica라는 배에 실린 214통의 'Haakjöringsköd'를 매각하였다. 'Haakjöringsköd'라는 노르웨이 단어는 통들에 실제로 들어 있는 '상어고기'를 뜻한다.[24] 그런데 A와 B는 모두 그 단어를 고래고기라고 생각하였다. A가 상어고기가 들어 있는 통들을 인도하려고 하자, B는 수령을 거절하고 손해배상을 청구하였다. 이 경우에 대하여 독일제국 대법원(RG)은 계약이 '고래고기'에 관하여 성립했다고 인정하였다.

이 얼마나 당연한 결론인가! 고래고기 사건으로 상징되는 자연적 해석에 관하여 나는 집중적으로 읽어보았다. 그러면서 'falsa demonstratio non nocet(잘못된 표시는 해가 되지 않는다)'는 법리도 알게 되었다. 그리고 falsa demonstratio 법리 내지 자연적 해석 이론은 마땅히 우리나라에서도 인정되어야 한다고 생각하였다.

막상 자연적 해석 이론을 도입하려니 덜컥 겁이 나다

그토록 훌륭해 보이는 이론을 우리나라에 도입하려고 하니 덜컥 겁이 났다. '독일에서는 간단한 교과서에도 설명되어 있는 이론이 왜 우리나라에서는 전혀 보이지 않는 것일까? 매우 당연한, 보석 같은 이론이 우리나라에 소개조차 되지 않은 데는 필시 그럴만한 이유가 있을 것이다.' 나는 이런 의문을 해소하지 않고서는 그 이론을 논문으로 쓸 수 없었다.

은사님들께 조언을 구하다

내가 가진 의문을 혼자 해결할 수 없어서 나는 은사님께 조언을 구하기로 했다.

먼저 은사이자 박사학위논문 지도교수이신 곽윤직 교수님께 갔다. 그리고 내가 읽은 독일의 법률행위 해석 이론, 특히 자연적 해석 이론을 쭉 설

---

24 실제의 노르웨이어로 상어고기는 Haikjøtt, 고래고기는 Hvalkjøtt라고 한다. 그리고 보면 'Haakjöringsköd'는 노르웨이어 'Haikjøtt'의 독일어식 표현이라고 생각된다.

명했다. 그런 뒤에 이 이론을 주장해도 될지 여쭈었다. 그랬더니 곽 교수님이 "그럴듯하다."라고 하셨다. 그것으로 끝이었다. 나는 만족스럽지는 못했지만, 적어도 주장하지 못할 특별한 이유는 듣지 않았기에 실망하지는 않았다.

그 뒤에 나는 역시 은사이신 이호정 교수님께 갔다. 이 교수님은 "사회정형적 행위론의 연구"로 박사학위논문을 쓰셨고, 그 논문은 법률행위 이론을 바탕으로 한 것이기에, 나는 이 교수님께 어느 정도 기대를 걸고 있었다. 나는 이 교수님에게도 똑같이 독일의 법률행위 해석 이론을 설명하였다. 그러고 나서 이 이론이 우리나라에서 주장되어도 될지 여쭈어보았다. 그랬더니 "우리 이론의 이데알티푸스(Idealtypus. 이상형: 理想型)와 독일 이론의 이데알티푸스를 세운 뒤에 비교를 해보라."고 하셨다. 그 이론이 우리나라에서 주장되면 생기는 문제점이 있음을 듣지 않은 것은 소득이었지만, 그 이론을 주장해도 될지, 그 이론이 과연 바람직한 것인지에 대하여는 끝내 들을 수 없었다.

'아! 결국 결정은 모두 내 몫이구나!'

그 이후 나는 논문을 쓰면서 은사님들을 포함하여 어느 누구에게도 물어보지 않았다. 나 혼자서 오래오래 숙고를 거듭하여 만일의 문제점을 생각해내고 적절한 것인지 스스로 판단하였다.

독일의 이론에 감탄을 연발하다

독일의 법률행위 해석 이론은 자연적 해석 이론만 놀라운 것이 아니었다.

법률행위의 해석은 상대방 있는 의사표시의 해석과 상대방 없는 의사표시의 해석으로 나누어 다르게 다루어야 한다는 점, 동일한 법률행위에 있어서 해석은 법률행위(의사표시)의 의미를 밝히는 해석(단순한 해석) 외에 당사자가 규율하지 않은 틈이 있을 경우에 그 틈을 채우는 보충적 해석이 있다는 점, 밝히는 해석에는 자연석 해석(즉 당사자의 사실상 일치하는 이해의 확정으로서의 해석)과 자연석 해석을 할 수 없는 경우에 하는 규범적 해석이 있다는 점, 해석은 밝히는 해석에서 시작하고 그 결과 틈이 드러나는 경우에 보충적 해석을 한다는 점, 그리고 규범적 해석에서는 표시의 상대방(수령자)이 적절한 주의를 베푼 경우에 이해되었어야 하는 표시행위의 의미가 탐구되어야 하며 그러한 해석방법을 수령자시계受領者視界에 의한 해석 또는 상대방의 이해가능성에 의한 해석이라고 한다는 점 등 보는 것마다 감탄이 절로 나왔다. 그런데 다른 한편으로 그러한 감탄이 우리의 민법학 수준이 매우 낮은 데 기인한다고 생각하니, 내가 비록 초학자이지만 부끄럽기도 하였다.

'당연한 것을 보고 이렇게 감탄하다니…. 기본적인 중요 문제에 대하여 연구가 그렇게도 빈약하다니….'

독일 이론을 도입하여 우리나라에 새로운 법률행위 해석 이론을 세우다

나는 교과서는 물론이고 개별적인 논문과 주석서(코멘타. Kommentar)에 이르기까지 국내에서 구할 수 있는 독일 문헌을 모두 구해 차근차근 읽었다. 그리고 내 나름의 체계로 새로운 법률행위 해석 이론을 세워나갔다.

타당하다고 생각되는 각각의 독일 이론을 우리나라에 도입해도 무방한지 검토하는 일이 무척 힘들었다. 독일과 우리나라의 민법이 달라서 독일 이론이 우리나라에서 그대로 적용될 수는 없기 때문이다. 가령 독일의 자연적 해석 이론이 우리나라에서 적용될 때 문제는 없는지, 그것을 뒷받침해 줄 근거는 있는지 등을 신경을 곤두세우고 살펴보아야 했다.[25]

그리고 우리 법의 특유한 규정 때문에 변형 또는 수정되어야 할 점이 없는지도 숙고해야 했다. 이 논문에서는 특히 사실인 관습에 관한 민법 제

---

[25] 외국의 이론을 들여오는 논문 중에는 간혹 이러한 과정에서 오류를 범해 우리 법상 주장될 수 없는 이론을 주장하기도 한다. 그러한 논문은 근거를 잃게 되어 한순간에 가치를 상실하게 된다.

106조가 밝히는 해석(단순한 해석) 중의 규범적 해석과 보충적 해석에서 모두 표준으로 적용됨이 발견되어 그렇게 주장하였다.

새 이론을 주장하고 평가를 기다려보기로 하다

새로운 법률행위 해석 이론을 주장해도 괜찮을지 무척 걱정하다가 오랜 고민 끝에 과감하게 세상에 내보이기로 했다. 그것이 바로 이 논문이다. 너무나 오래 생각한 탓인지 걱정은 어느새 확신으로 변했다. 그리고 오히려 자신감이 생겼다. 나는 민법학자들이 어떤 반응을 보일지 궁금하였다. 논문이 발간된 뒤 나는 그 논문 별쇄본을 은사이신 곽윤직 교수님, 황적인 교수님, 이호정 교수님께 가져다드렸다.

곽윤직 교수님의 민법총칙 교과서에 추가되다

법률행위 해석의 새로운 이론에 대하여 비판적인 글은 보이지 않았다.[26] 나의 논문을 보고 싶어 하는 분들이 많았다. 그중에는 내게 개별적으로 논문을 부탁하는 분도 있었다.

그리고 곽윤직 교수님이 1989년에 펴낸 민법총칙(신정판) 교과서에 작은 글씨로 빼곡하게 자연적 해석 이론이 추가되었다. 그 소제목은 '⟨falsa demonstratio non nocet⟩ 오표시무해(誤表示無害)의 원칙'이었다. 그렇지만 법률행위 해석에 관한 그 밖의 내용은 기존의 것과 마찬가지였다.

한편 민법학계에서 널리, 새로운 법률행위 해석 이론이 전체적으로 받아들여지고 있었다. 그래서 내가 학교에서 강의할 때도 구 이론의 설명은 생략하고 새로운 이론만 설명하였다. 그전까지만 해도 나는 법률행위의 해석을 강의할 때, 먼저 종래의 통설에 의하면 법률행위의 해석은 의사표

---

26 내가 이 논문을 한참 쓰고 있던 때에 공교롭게도 이영준 박사님이 대한변호사협회지에 "법률행위의 해석론"이라는 제목의 논문을 실었는데, 그 기조는 나의 이 논문과 유사하였다. 나와 이 박사님은 서로 영향을 받지 않고 유사한 이론을 발표한 것이다. 내가 이 박사님의 논문을 본 뒤에 논문을 썼다면 고생과 걱정이 상당이 줄어들었을 텐데 유감스럽게도 그러지 못했다.

시의 객관적 의미를 밝히는 것이고, 해석의 표준이 되는 것은 ① 당사자가 기도하는 목적, ② 관습, ③ 임의규정, ④ 신의칙의 순이라고 한 뒤, 비로소 새로운 이론을 설명하였었다. 그런데 이제는 곧바로 새 이론으로 들어갈 수 있게 된 것이다.

판례도 새로운 이론을 채용하다

우리 법원은 과거에는 새로운 법률행위 해석 이론을 알지 못했다. 그렇지만 내가 대법원판례집을 통독하면서 보니, 구체적인 사건에서 사실상 자연적 해석을 한 경우도 있었다. 그런데 그것은 자연적 해석의 법리를 모르고 자연석 해석을 한 것처럼 '사실관계를 인정한 것'에 지나지 않았다.

그 후 부동산 매매계약에서 당사자 쌍방이 모두 지번 등에 착오를 일으켜 실제로 합의하지 않은 토지를 계약서에 매매목적물로 기재한 경우에 관하여, 계약서에 기재된 토지가 아니고 실제로 합의된 토지가 매매목적물이라고 하여,[27] 자연적 해석의 원리에 따른 결과를 인정하였다.

그리고 근래에는 자연적 해석과 규범적 해석을 추상적 법리로 명확하게 판시하였다.[28] 그 후에도 여러 가지 사안에 관하여 새로운 이론에 따른 판시가 이어지고 있다. 학설에 이어 판례도 새로운 이론을 확고하게 인정하게 된 것이다.

새 이론이 법률행위의 문제를 근본적으로 바꾸어 놓다

법률행위 해석에 관한 새 이론은 그 자체만으로도 큰 의미가 있지만, 그것이 가져온 부수적인 효과도 매우 컸다. 그 이론은 법률행위에서 법률문제의 논의를 근본적으로 바꾸어 놓았다. 의사와 표시의 불일치, 특히 착오 여부의 판단도 정교해졌다. 법률행위의 해석으로 해결될 경우는 착오의

---

27 대판 1993. 10. 26, 93다2629 · 2636; 대판 1996. 8. 20, 96다19581 · 19598.
28 대판 2017. 2. 15, 2014다19776 · 19783.

문제로까지 가지 않음도 밝혀졌다. 그리고 뒤에 자세히 설명하게 될 '타인의 명의를 사용하여 행한 법률행위'에 관한 나의 주장[29]은 바로 법률행위 해석에 관한 새로운 이론의 기초 위에서 창조된 것이다.

내가 하고 싶었던 후속 연구들

나는 이 논문에서 법률행위 해석에 관한 기본적인 이론을 발표한 뒤에, 그 후속 연구로 '요식행위의 해석'과 '상대방 없는 의사표시의 해석'에 관하여 개별적으로 상세히 연구하고, 또 현재까지의 우리 판례를 샅샅이 살펴 법률행위 해석에 관한 것을 모두 추리고 그 전부를 분석하여 정리하고 싶었다. 그런데 내게 그럴 만한 시간 여유가 주어지지 않아 그렇게 하지 못했다. 후학들의 연구를 기대할 뿐이다.

판례가 자주 사용하는 '의사해석'이라는 용어를 쓰지 않았으면

과거 우리 대법원은 법률행위 해석에 관한 새로운 이론을 모르고 해석이 표의자의 의사를 탐구하는 것이라는 뜻에서 법률행위의 해석을 '의사해석'이라고 해왔다. 그런데 '의사해석'이라고 하는 표현은 새로운 해석 이론에는 적합하지 않다. 판례에서 쓰는 '의사해석'은 '법률행위(의사표시)의 해석'이라고 바꾸어 사용해야 한다.

이 논문이 고등학교 학생들의 평가에 사용되다

나의 이 논문이 '서울특별시 교육청 주관 2021학년도 3월 고3 전국연합 학력평가 국어 영역(독서 부분)' 문제 지문으로 사용되었다고 한다. 이 논문은, 현재는 우리나라의 통설과 판례가 되었지만, 발표 당시에는 우리나라에서는 생소하고 어려운 이론이었기에, 이 논문이 고등학교 3학년 전국연

---

29 아래 82면 이하 참조.

합 학력평가 문제 출제에 이용되어 놀라웠다. 그럴 줄 알았으면 좀 더 쉽게 쓰도록 노력할 걸 그랬다.

7. "매매목적 토지의 면적의 착오"[「민사판례연구」(박영사, 1989), 제11권, 17면-34면]에 대하여

[이 논문의 결론 요약]

본 연구의 대상이 되는 판결은, 부지(지분소유)의 면적이 표시된 지적에 약간 부족한 경우에 관하여, 그러한 근소한 차이만으로써는 매매계약의 중요부분에 착오가 있었다거나 기망행위가 있었다고는 보기 어렵다고 한다.

특정토지의 면적은 부수적인 의미만을 지닐 뿐 법률행위의 내용(법률행위에 의하여 달성하고자 하는 법률효과)이 될 수 없다. 따라서 그에 관한 착오는 동기의 착오에 해당한다. 그 결과 면적의 착오를 이유로 매매계약을 취소할 수 있는가는 동기의 착오에 관한 이론에 따라 다르게 된다. 사견으로는, 민법상 동기의 착오는 동기의 표시 유무를 불문하고 고려되지 않는다고 하여야 한다. 다만 동기의 착오를 착오자의 상대방이 인식하고 이를 신의성실에 반하여 악용하였다면, 민법 제110조의 사기가 되거나 그렇지 않더라도 신의칙상 상대방이 착오자를 그의 의사표시에 구속당하게 하는 것은 권리남용이 된다고 하여야 한다.

본 판결 사안에서의 매매계약은 지분등기와 본건 건물 및 그 부지를 현상태대로 매매한 것이고, 매도인의 소유지분은 건물이 점유하고 있는 부지부분에 특정되어 있는 만큼, 토지의 경계의 착오는 문제되지 않는다. 그리고 매매계약서에 부지를 대(垈) 4평이라고 기재하였다고 하여도 매매계약은 실제의 지분소유 부지에 관하여 유효하게 성립하고, 매수인은 착오 또는 사기를 이유로 취소하지 못한다.

동일한 결과를 도출하고 있는 본사건 판결은 타당하다. 다만, "이러한 근소한 차이만으로써는 매매계약의 중요부분에 착오가 있었다 … 고 보기 어렵다.”고 한 표현은 적절하지 않다. 왜냐하면 면적의 착오에 있어서는 면적의 차이의 다과는 중요하지 않기 때문이다. 그와 함께 특정토지의 매매에 있어서 지적표시가 일반적으로 목적물의 특정에 봉사하는 외에 특별한 의미를 갖지 못함을 부각시켰으면 하는 아쉬움도 남는다.

민사판례연구회에서 처음 발표한 논문

이 논문은 1988. 10. 24.에 있은 민사판례연구회 1988년 10월 월례회(제115회)에서 발표하였으며, 그 내용 그대로 다음 해인 1989년에 발행된[30] 「민사판례연구」 제11권에 수록되었다. 이 논문의 발표는 내가 민사판례연구회에서 한 최초의 것이다.

민사판례연구회는 곽윤직 교수님의 주도로 1977년에 창립된 판례연구 단체이다. 당시 회원은 일정한 경력이 있는 민사법(민법·상법·민사소송법) 교수와 법원 판사 중 간사 회의에서 심사를 통과한 사람만 될 수 있었다. 그리하여 그 수는 많지 않았으며, 회원들은 모두 매우 뛰어나고 성실한 분들이었다. 민사판례연구회는 매월 월례회를 가졌고, 월례회마다 2명(후에는 3명으로 늘기도 함)의 회원이 판례에 관하여 연구 발표를 하였다. 회원 중 교수 회원은 대체로 회원 가입 첫해부터 발표하도록 했다.

나는 민사판례연구회와 인연이 깊다. 우선 지도교수이신 곽윤직 교수님이 창립자이셨고, 특히 내가 조교이던 시절에는 곽 교수님의 일상적인 업무를 도우면서 ─ 회원이 아님에도 불구하고 ─ 여름 휴가철에 외지에서 갖는 민사판례연구회 하계 심포지엄의 행사 안내 팜플렛을 제작하기도 했으며, 심포지엄에 따라가 행사 개최를 보조하기도 했다. 그러면서 발표회 때 회원들이 온화하고 부드럽지만 아주 신랄하게 비판하고 토론하는 모습

---

30 민사판례연구회의 학회지인 「민사판례연구」는 매년 1회 발행되는데, 거기에는 발행 전년도에 민사판례연구회에서 발표된 논문만 모아서 수록한다.

도 보았다.

학회에서의 첫 발표이면서 판례연구의 발표

내가 민사판례연구회의 회원이 된 것은 1988년 1월부터이다. 그 첫해에 판례의 연구 발표를 하게 된 것이다. 민사판례연구회에서 발표할 때의 모습은 마치 정글에서 사냥감이 맹수에 둘러싸인 형국으로 보였다. 더구나 아직 경험도 없는 신입 회원은 사냥감이 마치 연약한 토끼와 같았다.

연구 발표를 몇 번 지켜본 결과 무엇보다도 두려운 것은 부장판사 이상의 실무계 회원이 실무경험에 비추어 제기한 현실적인 문제 제기였다. 그런 문제는 문헌 연구만으로 대처하기 어려운 경우가 많았다.

학회에서의 첫 발표를, 그것도 매우 뛰어난 분들 앞에서 그분들은 정통하고 나는 생소한 실무적인 문제인 판례를 가지고 발표를 하게 되니, 정신적으로 부담이 아주 컸다.

내가 잘 아는 주제로 발표 준비를 하다

나는 어떤 주제에 대해서 내가 잘 몰라서 연구를 시작하는 일은 있어도, 그런 주제로 발표를 하지는 않는다. 발표를 하더라도 충분히 잘 알게 된 뒤에 한다. 그러한 점은 처음부터 지금까지 마찬가지이다. 발표를 하면서 지적을 받는 것이 싫기도 하지만, 청중에게 도움이 되는 발표가 되려면 내가 잘 아는 것이어야 한다고 믿기 때문이다.

그래서 나는 연구대상 판결로 '매매목적 토지의 면적의 착오'에 관한 판례를 선택하였다. 민사판례연구회에서는 대체로 최신 판례 중에 연구 판례를 선정하였다. 그런데 나는 그런 판결을 선택할 마음의 여유가 없었다. 그렇다고 문제 제기가 적은 걸 선택하고 싶지는 않았다. 내가 주장할 메시지가 없다면 가치가 적다고 생각했다. 그리하여 당시로서는 동기의 착오에 관한 판결이 연구대상으로 적절하였다. 나는 그 이전에 '법률행위의 해석'에 대하여 연구했고, 그 연구를 바탕으로 '합의와 불합의'에 대하여도 논문을 발표하였고, 박사학위논문인 '착오'에 관하여도 거의 연구를 마쳤기 때문이었다.

나는 동기의 착오에 관하여 '동기의 착오는 민법 제109조에 의하여 고려되지 않는다.'는 의견을 가지고 있었다. 이것이 얼마나 큰 논쟁거리가 될지는 나도 잘 알고 있었다. 그렇지만 나는 그에 대하여 충분히 방어할 수 있다고 생각했고, 그래서 피하지 않았다.

나름의 판례연구 방법을 정립해 가다

판례연구에 관하여 보면, 민사판례연구회의 연구 발표가 있기 전에는 민사판례의 연구가 거의 없었고 또 있었다고 해도 체계적이지 않았다. 그러던 것이 내가 민사판례연구회에 들어갈 무렵에는 「민사판례연구」가 10권이나 발행되기에 이르렀다. 이제 판례연구 방법의 틀이 어느 정도 갖춰진 것이다. 그러한 상태에서 내가 판례연구 발표를 하게 되었다. 나는 판례연구에 관하여 2세대에 해당하는 사람으로 생각한다.

그때까지만 해도 개별적인 판례연구들만 있을 뿐 판례연구 방법의 논의는 없었다. 나는 기존의 연구논문과 민사판례연구회에서의 발표 모습들을 보면서 내 나름의 연구 방법 모델을 세워갔다. 물론 판례의 연구 방법이 구체적인 연구대상 판결에 따라 세부적으로는 달라질 수 있으나 큰 틀에서는 동일한 모범적인 방법이 있어야 한다고 생각했다.

그리하여 먼저 연구대상 판결에 대하여 사실관계 등을 정리하고, 대상 판결 이전의 판례와 학설을 조사·정리하고, 종래 판례가 대상 판결에서 어떻게 달라졌는지, 따라서 대상 판결이 어떤 의미를 갖는지 살펴보고, 그러한 판결의 법리가 과연 타당한지 검토하고, 끝으로 대상 판결 자체가 궁극적인 결론에서 적절한지도 살펴보는 것과 같은 연구 방법을 정립하였다. 그리고 관련된 문제를 누락 없이 논의해야 한다고 믿었다.

이러한 신념 하에 면적의 착오에 관한 대상 판결의 연구에 착수하여, 나로서는 논의해야 할 모든 점에 대하여 빠짐없이 살펴보았다.

당시 민사판례연구회에서의 발표 모습

그 무렵 민사판례연구회의 월례회는 서울시 중구 을지로 5가 국립의료원 내에 있는 스칸디나비안 클럽에서 행해졌다. 그곳에는 환담을 나눌 수 있는 넓은 홀과 간단한 뷔페식 식당, 발표회를 하는 회의실 룸이 있었다. 회원들은 식사 전에 홀에 있는 소파에 삼삼오오 모여 앉아 맥주를 한 잔씩 마시며 대화를 하다가, 일정 시간이 되면 식사를 하고, 이어서 발표회장으로 자리를 옮겨 발표회를 가졌다. 식사비는 회원 각자가 부담하고, 맥주는 회장이신 곽 교수님이 제공하셨다.

드디어 첫 발표를 하다

학자로서 평생 처음으로 발표를 하는 나는 긴장하지 않을 수 없었다. 그것도 지도교수이신 곽 교수님과 뛰어난 회원들 앞에서 하게 되어 더욱 그랬다. 나는 긴장에 입이 말라 간혹 물만 조금씩 마시고, 맥주는 손도 대지 않았다. 다른 회원들과 얘기를 하지도 않았다. 곽 교수님은 핵심 회원들과 맥주를 마시면서 간혹 고개를 돌려 나를 쳐다보셨다.

나는 다른 회원들에 앞서서 발표회장으로 들어갔다. 발표회장은 옆으로 긴 직사각형 형태로 되어 있는데, 대체로 긴 쪽의 중간에 발표자가 앉고 한쪽 끝에는 사회를 보시는 회장님이 앉으셨다. 나는 발표자가 앉는 중간 자리에 앉아 발표문을 넘겨보며 긴장을 이기려 했다. 얼마 후 회원들이 발표회장으로 들어왔다. 다른 때처럼 30여 명이 참석하였다.

곽 교수님이 발표를 시작하라고 하셔서 드디어 발표를 하기 시작하였다. 막상 시작하고 보니 긴장감은 어느새 사라지고 발표 내용에 몰입하게 되었다. 30분 정도 준비한 내용의 발표를 무난하게 마쳤다. 발표를 끝내고 나니 곽 교수님이 환하게 웃으시면서 "내 연구실에 있어서 그런지 말을 잘 한다."고 만족해 하셨다. 나는 동기의 착오에 관하여 곽 교수님과 의견이 달라서 죄송한 마음이었지만, 나의 학술적인 믿음이니 어쩔 수 없었다. 곽 교수님은 사회를 보시면서 개인적인 의견을 말씀하시지 않는다. 나는 그제야 마음이 편안해졌다.

연구대상 판결이 오래된 것이고, 착오는 누구나 일가견이 있는 문제라고 믿어서인지 여러 논의가 이어졌다. 다른 견해를 가진 분이 많았지만, 근본적인 문제 제기나 커다란 비판은 없었다. 내가 걱정했던 실무상 문제의 예상치 못한 질문도 없었다. 나의 첫 발표는 그렇게 지나갔는데, 그 발표는 그 후에도 민사판례연구회의 다른 회원들과 달리 거의 매년 하게 된 여러 발표의 시작일 뿐이었다.

8. "계약당사자 쌍방의 공통의 착오"[「사회과학논집」(이화여대 법정대, 1989), 제9권, 53면-70면]에 대하여

[이 논문의 결론 요약]

쌍방의 공통하는 동기의 착오는 일방적인 동기의 착오와 구별하여 때에 따라서 법적으로 고려해야 한다. 그리고 보면 동기의 착오를 고려하지 않는 민법 제109조는 쌍방의 동기의 착오의 특수성을 전혀 알지 못한 규정이라고 할 수 있으며, 결국 민법에는 그러한 경우에 관한 규정이 없다고 할 수 있다. 규율의 틈이 존재하는 것이다. 이러한 틈은 다른 이론에 의하여 보충되어야 한다. 그러한 이론으로는 여러 가지가 있을 수 있으나, 사견으로는 독일의 행위기초론이 가장 적당할 것으로 생각된다. 그중에서도 행위기초를 주관적인 것과 객관적인 것으로 나누는 이론이 좋을 듯하다. 이렇게 행위기초를 둘로 나눌 때에는 공통의 동기의 착오의 문제는 주관적 행위기초에서만 필요하므로, 우리 민법에서 공통하는 동기의 착오의 해결을 위하여 독일의 주관적 행위기초론의 도입이 필요하다.

쌍방의 공통하는 동기의 착오를 법적으로 고려하는 근거는 민법 제2조 제1항(신의칙)에서 찾을 수 있다. 그러한 이론이 독일의 이른바 주관적 행위기초론이다. 그 이론은 우리 민법에서도 주장될 수 있고 또 주장됨이 타당하다.

주관적 행위기초론에 의하면, 주관적 행위기초를 형성하는 사정에 관한 당사자 쌍방의 공통의 착오만이 법적으로 고려된다. 주관적 행위기초는 당사자들이 행위기초를 형성하는 사정에 관하여 구체적인 관념을 가진 경우에만 존재한다. 쌍방의 공통하는 동기의 착오는 현재의 사정뿐만 아니라 장래의 사정에도 관계할 수 있다. 여기서 주관적 행위기초는 '계약당사자 쌍방이 계약 체결에 있어서 의식적으로 이끌려진 공통하는 관념 또는 확실한 기대'라고 할 수 있다. 그리고 그중에서도 계약당사자 쌍방의 의사표시 모두에 대하여 결정적인 관념 또는 기대만이 주관적 행위기초일 수 있다.

당사자 쌍방의 공통하는 동기의 착오, 보다 정확하게 말하여 주관적 행위기초의 결여 또는 소실의 경우의 법률효과는 다음과 같다. 공통의 동기의 착오에 의하여 불이익하게 계약을 체결한 당사자에게는 계약으로부터 벗어날 권리, 즉 탈퇴권이 부여되어야 한다. 다만, 착오에 의하여 유익하게 된 당사자가 계약을, 당사자 쌍방이 착오가 없었으면 합의하였을 내용으로, 바꾸어 말하면 사실관계에 맞게 수정된 내용으로 효력 있게 하려고 하는 경우에는 상대방의 탈퇴권이 인정되지 않아야 한다. 탈퇴권은 원칙적으로 소급적인 효력이 있는 해제권이나, 계속적인 채권관계에서는 장래에 향하여서만 효력이 있는 해지권이다.

우리 판례 중에는 쌍방의 공통의 착오라는 면에서 다룬 것이 없다. 그런데 사안에 따라서는 공통의 동기의 착오로서 주관적 행위기초론이 적용될 수 있는 것들도 있다. 이 논문에서 그러한 판결을 찾아 주관적 행위기초론의 적용을 시도해보았다.

독일 문헌을 보고 새롭게 알게 된 문제

나는 박사학위논문인 "민법상의 착오에 관한 연구"를 쓰기 위하여 독일 문헌을 보다가 계약당사자 쌍방의 공통의 동기의 착오에 대하여 알게 되었다.

'아! 이러한 착오가 있구나!'

계약의 경우에 계약당사자 쌍방의 공통의 착오가 있을 수 있고, 그것에는 공통의 내용의 착오와 공통의 동기의 착오가 있음은, 그 결과를 보고 나면 논리적으로 충분히 생각해낼 수 있는 문제라는 것을 알 수 있다. 그걸 우리는 모르고 있었고 전혀 생각지 못하고 있었다. 그런데 독일에서는 오래전부터 자세한 논의를 하고 있었다. 이는 법학 수준의 차이를 극명하게 보여주는 한 예이다.

우리의 법학 수준을 빨리 끌어올리는 방법 가운데 하나는 발전한 외국의 법학 이론을 공부하여 필요할 때 우리의 이론으로 받아들이는 것이다.[31] 그럼에 있어서는 먼저 우리 법을 충분히 알고 기초를 단단히 해야 한다. 그래야 우리 법에 맞고 타당한 이론을 세울 수 있기 때문이다.

공통의 착오에 관하여는 특히 법률행위의 해석 이론이 뒷받침되어야 한다. 법률행위의 해석 이론에 의하면 공통하는 내용의 착오는 자연적 해석을 하게 되어 생각한 대로 효력이 인정되며(falsa demonstratio non nocet), 따라서 착오의 문제가 생기지도 않는다. 그에 비하여 공통하는 동기의 착오는 특수한 착오로서 특별히 다루어야 할 필요가 있다.

이 문제에 관하여 내가 연구를 할 당시 우리나라에는 하나의 문헌이 나와 있는 정도였다.[32] 그런데 그 문헌의 논의는 충분하지 않았고, 그리하여 더 자세한 논의가 필요하였다. 그리고 우리의 판례에서 공통의 동기의 착

---

31 가령 공통하는 동기의 착오 문제를 스스로 깨달은 뒤 독창적인 논의를 하게 되는 일은 시간적으로 아주 오래 뒤에나 가능할 것이다.

32 이영준, 민법총칙, 박영사, 1987, 403면·404면이 그것이다.

오에 해당하는 사안을 공통의 동기의 착오로 다룬 것도 전무하였다.

민법에 규율의 틈이 있음을 밝히다

공통의 동기의 착오는 단순하게 생각하면 각각의 당사자의 일방적인 착오로 다룰 수도 있다. 그렇게 되면 거기에 대하여도 민법 제109조가 적용되고, 따라서 민법 착오 규정에 규율의 틈이 없다고 하게 될 것이다. 그런데 공통의 동기의 착오는 문제 상황에 대한 일방당사자의 개별적인 동기의 착오와 근본적으로 다르다. 그리고 일방적인 동기의 착오로 규율하는 것이 결과 면에서 적절하지도 않다. 더 나아가 민법의 입법자가 과연 공통의 동기의 착오에 관하여 인식하고서 그것까지 규율할 생각으로 착오 규정을 두었다고 보기 어렵다.

독일의 문헌들은 그러한 문제점을 파악하고 독일민법상 공통의 동기의 착오 규율이 누락되어 있음을 밝혔다. 그 점은 우리나라도 마찬가지이다. 그러한 독일 문헌을 참고하여 나는 이 논문에서 민법의 착오 규정이 공통의 동기의 착오를 규율할 수는 없고, 공통의 동기의 착오에 관하여는 민법에 규율의 틈이 있음을 지적하였다.

민법에 규율의 틈이 있는지를 판단할 때 나는 무척 세심하게 주의를 기울인다. 특히 외국의 법이론을 수용하기 위하여 틈의 유무를 검토하는 때에 더욱 그렇다. 아무리 유사한 민법을 가지고 있더라도 우리나라와 외국의 민법은 여러 면에서 차이가 있어서 외국의 이론을 무작정 들여와서는 안 된다. 해당하는 법규정뿐만 아니라 관련되는 다른 규정, 그 외에 널리 법체계에 이르기까지 광범위하게 살펴 외국의 이론이 우리 법에 맞는지를 살펴보아야 한다. 다른 한편으로 외국의 이론이 좋아 보인다는 생각에 우리 민법의 명문 규정을 쉽게 무시하는 태도도 경계해야 한다. 기본적으로 우리의 법률 규정을 존중하고서, 그럼에도 불구하고 민법 규정이 적용되지 않아야 하는 특별한 사유가 있을 때 비로소 그 규정과 부합하지 않는 이론이 수용될 수 있다.

이 논문에서 다루는 공통의 동기의 착오에 관하여 볼 때, 문언상 민법 제109조가 거기에도 적용될 여지가 있으므로, 일단 그 규정이 존중되어야 하며, 그런데도 왜 그 규정이 적용될 수 없고, 그리하여 규율의 틈이 있는지를 충분히 논의해야 하는 것이다.

독일의 주관적 행위기초론을 도입하다

외국 이론을 도입할 때 우리 민법상 근거가 있는지를 찾는 일을 소홀히 하지 않아야 한다. 이는 외국 이론이 우리나라에 적합한지를 검토하는 일의 적극적 측면이라고 할 수 있다. 여러 번 강조하지만 선진 이론이기 때문에 아무런 근거도 없이 우리나라에서 당연히 타당할 것이라고 여겨서는 안 된다.

독일에서 공통의 동기의 착오 문제를 해결하려는 이론으로 여러 가지가 주장되고 있다. 행위기초론만 있는 것도 아니고 계약의 해석이나 위험분배의 방법으로 해결하려는 이론도 있다. 행위기초론 자체도 세부적으로 보면 무수히 많은 견해로 세분된다. 그런데 나는 행위기초론, 그중에서도 행위기초를 주관적 행위기초와 객관적 행위기초로 나누고 그 가운데 주관적 행위기초에 관하여 논의하는 견해가 가장 바람직하다고 보았다. 그리고 그 이론의 근거를 우리 민법의 제2조 제1항(신의칙)에서 찾았다. 그 규정이 주관적 행위기초론에 충분한 근거가 될 수 있다고 생각했기 때문이다.

다소 복잡하더라도 타당하다면 감수하는 성향을 보이다

학자에 따라서는 이론이 논리적인 면에서 약간 미흡할지라도 다루기가 쉽거나 간략하면 그 점을 높이 사기도 한다. 다른 이론보다 결론에서 불충분할지라도 간단하면 간단하다는 점 때문에 타당한 이론을 포기하기도 한다.

그런데 나는 논리적으로 흠이 있거나 결론에서 수용하기 어려운 점이 있으면, 간단하거나 설명하기 쉽다는 이유만으로 해당 이론을 선택하지는 않는다. 논리와 결론에서의 타당성을 편리함과 결코 바꾸지 못하는 성격 때문이다.

내가 공통하는 동기의 착오를 해결하는 방법으로 민법 제109조에 의한 취소나 계약의 보충적 해석을 선택하지 않고 주관적 행위기초론을 적용하는 것은 그와 같은 성격의 결과라고 할 수 있다.

이론을 세운 뒤 독일에서 논의되는 대표적인 사건에 적용해보다

독일에서 많은 학자가 공통하는 동기의 착오에 관한 사례로 논의하는 대표적인 사건들이 있다. 대관식 행렬 사건, 고금속古金屬 사건 또는 쇠 부스러기 사건, 루블 사건, 증권시세 사건 등이 그렇다.[33] 나는 이 논문에서 독일의 주관적 행위기초론에 기초하여 공통의 동기의 착오를 해결할 이론을 세운 뒤, 그 이론에 의할 경우 전술한 독일 문헌상의 대표적인 사건이 어떻게 해결될지를 설명하였다. 이는 공통의 동기의 착오의 본질과 나의 이론을 보다 잘 이해하게 하는 데 도움을 줄 것이기 때문이었다.

우리의 법원 판결을 분석하다

앞에서 언급한 바와 같이, 내가 이 논문을 작성할 당시까지 우리의 법원이 구체적인 사안을 공통의 동기의 착오라고 인식하고 판단한 적이 없다. 그런데 공통의 동기의 착오에 해당하는 사안을 착오의 관점에서 판단한 것들은 있었다.

사견에 비추어보면 그러한 판결은 바람직하지 않게 된다. 그리하여 나는 이 논문에서 우리 법원의 그러한 판결을 사견을 적용하여 해결해보려

---

33 이 논문, 55면·56면 참조.

고 하였다. 그러한 판결로는 대법원판결은 적었고 하급심 판결이 다소 많았다. 나는 대법원판결뿐만 아니고 하급심 판결도 기꺼이 분석·검토하였다. 그 부분은 장차 우리나라에 공통의 동기의 착오 사안이 발생했을 때 문제를 해결하는 데 유익할 것이다.

최근의 판례 출현과 학계의 논의에 기대를 가지며

나의 이 논문 발표 후 한동안은 판례상 특별한 변화가 없었다. 오히려 이전과 마찬가지로 공통의 동기의 착오의 문제를 의식하지 못하고 일방적 착오처럼 다루면서 취소를 인정하였다.[34] 그러다가 대판 2016. 11. 23, 2005다13288에 이르러 공통하는 동기의 착오를 인식하고 일방적 동기의 착오와 다르게 해결하였다. 그런데 그 방법은 사견과 같지 않다.[35] 그렇더라도 우리의 대법원이 공통의 동기의 착오 문제를 의식했음은 고무적인 일이다.

한편 학계에서도 나의 이 논문에 대하여 초기에는 곧바로 반응이 나오지 않았다. 그러다가 공통의 동기의 착오에 관한 판례가 나오자 그에 대하여 비교적 활발한 논의가 이어졌다. 그러면서 우리의 학설은 법률행위의 보충적 해석으로 해결하려는 견해와 나와 같이 주관적 행위기초론을 적용해야 한다는 견해로 나뉘었으며, 후자가 다소 우세하였다.[36] 그리고 간간이 공통하는 동기의 착오에 관하여 깊이 연구한 논문이 발표되기도 하였다. 이는 매우 바람직한 현상이다.

그와 같은 연구와 관련하여 내가 한마디 의견을 제시한다면, 논리적으로 우리 법에 적합하면서 타당한 이론을 세우려고 노력해야 하고, 공통하

---

34 그러한 판례에 대하여 송덕수, 민법총칙, 제6판, 2021, [168] 참조.
35 이 판결에 대한 자세한 점은, 송덕수, "공통의 동기의 착오에 관한 판례 연구," 법조 2009. 11, 334면 이하 참조.
36 그러한 논문으로 이상민, "당사자 쌍방의 착오," 민사판례연구, 18권, 67면이 있다.

는 동기의 착오 사안 자체뿐만 아니라 의사와 표시의 불일치 전체, 나아가 법률행위 전체에 부합하도록 해야 한다는 점이다. 아무튼 나는 학자들의 논의를 보면서 밝은 미래를 기대해본다.

9. "사기·강박에 의한 의사표시"[「사회과학논집」(이화여대 법정대, 1990), 제10권, 69면-113면]에 대하여

[이 논문의 결론 요약]

이 논문에서는 먼저 민법 제110조의 연혁 및 입법취지를 살펴본 뒤, 그 밖의 여러 입법례를 정리하고, 사기·강박에 의한 의사표시의 요건과 효과를, 요건은 사기와 강박의 경우로 나누어 검토하고 효과는 한꺼번에 논의하였다. 그러고 나서는 관련 제도를 설명하였다.

사기에 의한 의사표시의 요건은, ① 의사표시의 존재가 인정되어야 하고, ② 사기자에게 고의가 있어야 하며, ③ 기망행위가 있어야 하고, ④ 그 기망행위가 위법하여야 하며, ⑤ 기망행위와 의사표시 사이에 인과관계가 인정되어야 한다. 특기할 점은 다음과 같다. ①의 의사표시에는 법률에 의해 의제된 것도 포함된다. ②의 고의는 2단의 고의 즉 기망의 고의와 동기화 의식으로 충분하다. 그리고 진술의 옳지 않음을 과실로 알지 못한 것만으로는 기망의 고의가 인정되지 않는다. 또 신문의 날조기사(捏造記事)에는 기자에게 동기화 의식이 없으므로 그 날조기사를 믿고 의사표시를 하였더라도 신문사의 사기에 의한 의사표시가 인정되지 않는다. 사기자에게 2단의 고의 외에 불순한 의도가 있을 필요는 없다. ③의 기망행위는 적극적인 행위일 수도 있고 소극적으로 진실한 사실을 은폐하는 것일 수도 있다. 단순한 침묵은 원칙적으로는 기망행위가 아니나, 침묵된 사정에 관하여 행위자에게 설명의무가 있는 경우에만은 기망행위로 된다. ④의 위법성은 허용되지 않는 질문에 대하여 사실과 다르게 대답한 때에는 인정되지 않는다.

강박에 의한 의사표시의 요건은, ① 의사표시가 존재해야 하고, ② 강박자에게 고의가 있어야 하고, ③ 강박행위가 있어야 하고, ④ 그 강박행위가 위법하여야 하고, ⑤ 강박행위와 의사표시 사이에 인과관계가 있어야 한다. ①의 의사표시가 인정되려면 의사표시의 교부에 있어서 필요한 '의사결정의 여지'가 있어야 하며, 절대적 폭력의 경우에는 의사결정의 여지가 없다. ②의 고의도 2단계의 고의로 충분하다. ③의 강박행위는 해악(불이익)을 가하겠다고 위협하여 공포심을 일으키게 하는 행위인데, 해악의 종류나 강박행위의 방법은 제한이 없다. 그런데 해악은 장래에 대한 것이어야 하고, 매질을 하는 등의 현재의 폭력은 그 자체가 강박행위는 아니다. 그리고 기존의 강박상태를 이용하는 것은 원칙적으로 강박행위가 아니다. ④의 강박행위의 위법성은 정확하게는 '강박행위에 의한 의사결정'의 위법성이라고 해야 한다. 그러한 위법성은 수단이 위법한 경우, 목적이 위법한 경우, 수단과 목적의 결합이 부적당한 경우에 인정된다.

사기 또는 강박에 의한 의사표시는 취소할 수 있다. 그런데 그 의사표시가 상대방 있는 것인가 상대방 없는 것인가에 따라 취소할 수 있는 경우가 다르다. 상대방 없는 의사표시는 누가 사기 또는 강박을 행하였는지를 불문하고 언제나 취소할 수 있다. 그에 비하여 상대방 있는 의사표시에 있어서는 ① 상대방의 사기나 강박에 의하여 행하여진 경우에는 — 취소의 다른 요건이 갖추어져 있는 한 — 언제나 취소할 수 있으나, ② 제3자의 사기나 강박에 의하여 행하여진 경우에는 상대방이 그 사실을 알았거나 알 수 있었을 때에 한하여 취소할 수 있다. 한편 민법 제110조 제2항의 제3자는 행위에 가담하지 않은 자, 즉 그의 행위에 대하여 상대방에게 책임을 지울 수 없는 자만을 의미한다고 새겨야 한다.

학술진흥재단에 연구비 지원을 신청했으나 고배를 마시다

내가 경찰대학에 있다가 1988년 9월 1일 자로 이화여대로 오니 학술진흥재단(당시. 현재 한국연구재단)에 연구비를 신청할 수 있었다. 경찰대학은 교육부 관리 대학이 아니어서 그곳에 연구비 신청을 할 수 없었는데 달라진 것이다.

나는 박사학위논문인 착오에 관하여 연구를 거의 다 마친 상태였고, 그 연구를 하면서 인접해있는 법률문제인 사기·강박에 의한 의사표시의 연구가 절실함을 알았기에, 학술진흥재단에 '사기·강박에 의한 의사표시'라는 연구주제로 연구비를 신청하였다. 나의 생애 첫 연구비 신청이었다. 그런데 어이없게도 지원 대상에서 제외되었다. 그 주제가 전형적인 것이어서 그런 듯했다. 좌절감이 무척 컸다. 심사 결과가 이해되는 면이 있으면서도 다른 한편으로 화가 났다. 그 주제는 아무렇게나 선택된 것이 아니었다. 그 주제가 민법총칙에서 매우 중요한 것임에도 불구하고 그에 대한 연구성과와 수준이 너무나도 빈약하였다. 신청서에 그런 점도 적었는데 보기 좋게 탈락한 것이다. 나는 심사자가 과연 그 사실을 알고나 있을지 의심스러웠다.

'아, 그래, 어떻게 신청을 해야 지원을 받을 수 있을지 짐작이 되니 다음에 한번은 그렇게 신청해 보겠다.'고 마음먹었다.

'그리고 그것이 확인되면 더 이상 학술진흥재단에 연구비 신청을 하지 않으리라!'

나는 연구비 지원 여부를 결정할 때, 단순히 주제가 무엇인지보다는 그 주제의 연구 필요성을 제대로 파악한 뒤 신청자의 연구 능력이 어떤지에 중점을 두어야 한다고 생각한다. 학술진흥재단에서도 그렇게 하려고 노력은 했을 것이다. 그러나 나는 불충분하다고 느꼈다.

뒤에 언급하겠지만,[37] 그 후 나는 '이렇게 하면 연구비를 주는 것이 맞는지'를 확인하기 위해 연구비 신청을 했었고, 그 주제로 연구비를 받았다. 그다음에는 내가 정년퇴직을 할 때까지의 30년 가까이 논문 작성을 위한 연구비 지원 신청을 하지 않았다. 그런데도 아이러니하게 학술진흥재단이

---

37 뒤의 113면 참조.

나 한국연구재단에서는 매우 자주 내게 연구비 지원 심사를 의뢰하였다. 나는 의뢰를 무시할까 하다가, 그렇게 된 이유가 내 분야의 PMProgram Manager인 교수가 나를 심사위원으로 선정했을 것이라고 생각하여, 그런 분의 의도를 고려하고, 다른 한편으로 내가 탈락한 경우를 반추하면서 진정으로 지원받아야 할 연구자를 제대로 선정하기 위하여 특별한 사정이 없으면 심사에 참여하였다. 그렇지만 우리의 연구지원사업이 내 이상에 잘 부합하지는 않는 것으로 생각되었다.

교내의 교수연구기금 지원을 받다

이 논문의 연구에 대하여 학술진흥재단의 지원을 받지 못하자, 나는 이화여대 교수연구기금의 지원을 신청하였다. 이는 신진교수에게 지원을 해주는 제도였다. 나는 무난하게 지원을 받게 되었다. 그리고 그 지원 사실을 밝혀 논문을 발표하였다. 나는 이 논문이 큰 의미를 갖고 있다고 느끼기에, 애정이 적은 학술진흥재단보다는 이화여대 교수연구기금의 지원을 받았다고 밝힌 것이 더 좋아 보였다.

연구를 위한 기반을 다지고 연구를 시작하다

내가 이 논문의 주제에 관하여 비교적 의미 있는 연구를 할 수 있다고 생각한 것은 우선 그 이전에 법률행위의 이론적인 기초를 다져왔고, 연구에 꼭 필요한 외국 특히 독일 문헌의 이해를 위한 능력을 길러 왔기 때문이었다. 나는 그동안 법률행위의 해석에 대하여 논문을 발표했고, 착오에 대한 박사학위논문을 거의 완성한 상태였다. 나아가 독일 문헌을 참고하여 논문을 몇 차례 써보았다.

독일 문헌을 읽어보니 사기·강박에 의한 의사표시에 관한 중요사항 중 우리나라에서 아예 논의조차 되지 않은 것들이 부지기수였다. 아주 기본적인 문제인데도 연구가 너무나도 부족했던 것이다. 그런 점에서 보면 우리나라 민법학자들이 공부할 사항은 말 그대로 널려 있는 셈이다.

사기·강박에 의한 의사표시의 여러 논점에 관하여 새로운 의견을 제시하다

이 논문은 사기·강박에 의한 의사표시에 관하여 전체적으로 정리를 해주었다. 그러한 방식은 전형적인 논문에 적합한 것은 아니다. 그렇지만 우리의 문헌들이 그 의사표시 전반에 관하여 깊은 연구를 못 해주고 있어서 그렇게 할 필요가 있었다. 그리하여 그 의사표시의 세부사항 각각에 대하여 의미 있는 논의가 이루어졌다. 특히 의미가 있는 부분은 다음과 같다.

우선 사기에 의한 의사표시가 성립하기 위한 고의, 기망행위, 위법성의 요건에 관한 심층 연구가 그렇다.

그리고 강박에 의한 의사표시의 요건과 관련하여서는 '의사결정의 여지'가 없는 경우는 '강박'이 아니라는 점, 강박행위의 위법성은 정확하게는 '강박행위에 의한 의사결정'의 위법성이고, 그러한 위법성은 수단이 위법한 경우, 목적이 위법한 경우, 수단과 목적의 결합이 부적당한 경우에 인정된다는 점이 두드러진다. 뒤의 이론은 그 후 우리 판례도 채택하였다.[38]

나아가 사기·강박에 의한 의사표시의 효과를 적절하게 설명하였다. 우리의 문헌은 사기·강박에 의한 의사표시의 효과를 상대방의 사기·강박의 경우와 제3자의 사기·강박의 경우로 나누어 설명하고 있다. 그런데 상대방이 없는 의사표시에서는 상대방이나 제3자가 없어서 그와 같은 설명은 적절하지 않다. 그리하여 나는 이 논문에서 먼저 의사표시를 상대방이 없는 것과 상대방이 있는 것으로 나누고, 후자의 경우는 다시 상대방이 사기·강박을 행한 경우와 제3자가 사기·강박을 행한 경우로 세분하여 민법 제110조 각항에 근거하여 효과를 정리·설명하였다.

---

38 대판 2000. 3. 23, 99다64049 등.

그리고 과거에는 민법 제110조 제2항의 '제3자'에 관하여 깊은 논의가 없었다. 그런데 이 논문에서는 거기의 '제3자'가 특수한 문제를 안고 있음을 깨닫고 그 '제3자'로 될 수 있는 자에 대하여 자세한 논의를 하고 있다. 근래에는 우리 판례도 민법 제110조 제2항의 '제3자'에 대하여 특별한 고려를 하고 있다.

10. "타인의 명의를 빌려 체결한 토지분양계약의 효력"[「민사판례연구」(박영사, 1992), 제14권, 71면-111면]에 대하여

[이 논문의 결론 요약]

(1) 대판 1989. 11. 24, 88다카19033은, 원고가 피고 회사의 명의를 빌려 피고 공사와 사이에 이 사건 토지의 분양계약을 체결하고 대금을 모두 지급한 경우에 관하여, 원고와 피고 회사 사이에 명의신탁관계가 성립한다고 하고, 종래 판례의 명의신탁 법리를 적용하였다.

(2) 이 논문에서는 먼저 판례가 타인의 명의를 빌려 토지분양계약을 체결한 경우에 명의신탁의 법리를 적용하고 있는 대상 판결의 문제점을 지적한 뒤, 그에 대하여 자세히 분석해보고 이론 구성에 문제가 있다고 생각되면 그 대안으로서 다른 이론을 제시하겠다고 하였다. 그런데 대상 판결의 사안에서 혹시 분양계약을 '실제로' 체결한 자가 피고 회사라면 해결책이 달라야 하므로, 그런 경우에 대해서도 논의할 것이라고 하였다.[39]

(3) 이 논문은 대상 판결에서 명의신탁의 성립을 인정한 것이 적절한지를 판단하기 위하여 우선 당시까지의 판례를 모두 조사하여 명의신탁에 관한 판례이론을 정리하였다. 그런 뒤에 명의신탁의 유효성 인정 여부에 관한 학설도 설명하고, 그 각각에 대하여 검토하였다. 그 결과 명의신탁은

---

39 대상 판결의 사안에서는 '명의신탁'이라고만 하여 사실관계가 불분명하며, 아마도 원고가 계약을 체결한 듯하나, 피고 회사가 체결했을 가능성을 배제할 수 없어서 후자의 경우에 대해서도 검토를 하려 한 것이다.

허위표시로서 무효라고 해야 하고, 따라서 그에 관한 판례는 시정되어야 한다는 사견을 제시하였다. 나아가 명의신탁 법리의 유효성을 인정하더라도 그 법리의 적용은 최소한도로 제한해야 하고 확대 적용은 피해야 한다고 하였다.

(4) 다음에는, 대상 판결 사안이 원고가 피고 회사 명의를 사용하여 직접 피고 회사와 토지분양계약을 체결한 것으로 보고, 그러한 경우의 해결책을 독일의 '타인의 명의를 사용하여 행한 법률행위' 이론에서 찾으려고 하였다. 그러기 위해 먼저 우리의 판례상 타인의 명의를 사용하여 법률행위를 한 경우 모두를 조사하여 분석하였다. 분석 결과 우리의 판례는 그러한 경우에 관하여 통일적·일반적인 원칙을 세우지 않고 있으며, 크게 세 가지 그룹으로 분류할 수 있었다. ① 명의신탁의 법리를 적용한 경우, ② 대리법의 적용을 문제 삼은 경우, ③ 그 밖에 개별적으로 해결한 경우가 그것이다. 그리고 학설은 대체로 '타인의 명의를 사용하여 행한 법률행위' 일반에 관해서가 아니고 단지 '대리인'이 본인 자신이 하는 것과 같은 외관으로 행위하는 경우에만 깊이는 없이 논의하고 있다고 하였다.

사견은 판례와 학설이 만족스럽지 않아서 독자적인 입장에서 '타인 명의를 사용하여 행한 법률행위'에 관하여 문제되는 점을 검토하고 해결책을 제시하였다. 우선 그러한 행위에 대리에 관한 법률규정이 적용 또는 유추적용되는지에 관하여 그 행위가 행위자의 행위로 인정될 때는 그렇지 않고 명의인의 행위라고 인정되는 경우에만 그러함을 밝혔다. 나아가 후자의 경우 대리 규정이 직접 적용되는지 유추적용되는지에 관하여, 결과에서는 차이가 없으나 이론적으로 직접 적용된다고 함이 적절하다고 하였다. 그리고 그에 의하면 행위자가 본인의 명의를 사용한 경우에 그 행위가 본인의 행위로 인정되어야 하는 때에는 대리행위라고 해야 하며(행위자에게 대리권이 없으면 무권대리로 됨), 따라서 타인 명의를 사용하여 법률행위를 한 경우에 요점은 그 법률행위가 행위자와 명의인 가운데 누구의 것이냐, 즉 당사자가 누구인가를 결정하는 데 있다고 하였다. 그러면서 타인 명의를 사용하여 행한 법률행위에 있어서 누가 행위 당사자로 되는가는 법률행위의 해석에 의하여 결정되어야 한다고 한 뒤, 다음과 같이 구체적인 방법을 제시하였다. 우선 행위자 또는 명의인 가운데 누구를 당사자로 하는 데 대하여 행위자와 상대방의 의사가 일치한 경우에는 falsa demonstratio non nocet(잘못된 표시는 해가 되지 않는다) 원칙에 준하여 그 일치하는 의사대로 행위자의 행위 또는 명의인의 행위로 확정되어야 한다. 만일 그러한 일치하는 의사가 확정될 수 없는 경우에는, 이제 규범적 해석을 하여야 하며, 구체적인 경우의 제반사정 위에서 합리적인 인간으로서 상대방이 행위자의 표시를 어떻게 이해했어야 하는가에 의하여 당사자가 결정되어야 한다.

(5) 이 논문은 대상 판결의 사안에서 피고 회사가 원고를 위하여 토지분양계약을 체결한 경우라면 위에서 설명한 방법으로 해결할 수 없고, 그때에는 독일의 허수아비 이론에 의하여 해결할 것을 제안하였다.

(6) 이 논문은 끝으로 대상 판결을 검토하였다. 그 결과는 다음과 같다.

대상 판결이 그 사안에서 명의신탁의 성립을 인정한 것은 종래의 명의신탁과는 본질적으로 다르고, 명의신탁 법리의 매우 특징적인 확대 적용이다. 그러한 판례의 태도는 지양되어야 한다.

대상 판결의 사안이 원고가 피고 회사 명의를 사용하여 토지분양계약을 체결한 경우라면, 타인 명의를 사용하여 행한 법률행위의 문제로 다루어야 하며, 그리하면 규범적 해석에 의하여 토지분양계약이 피고 공사와 피고 회사 사이에 성립했다고 판단된다. 그리고 거기에는 대리에 관한 규정이 적용되어야 한다. 그리고 대상 판결의 사안에서 피고 공사에 대하여 소유권이전청구권을 가지는 자는 계약당사자로서 피고 회사만이며, 원고는 아니다. 결국 대상 판결은 궁극적인 결과에 있어서는 타당하나, 그에 이르는 이론 구성에 있어서 문제가 있다.

한편 대상 판결의 사안에서 계약을 실제로 체결한 자가 피고 회사인 경우도 최종적인 결과에서는 옳지만 이론 구성에서는 역시 문제가 있다.

민사판례연구회에서 발표한 논문

이 논문은 내가 1991. 11. 18. 민사판례연구회 제146회 월례회에서 판례연구로 발표한 것이다. 발표 장소는 반포유스호스텔이고, 당시 참석회원

수는 26명이었다. 나는 언제나 그랬지만 그 무렵엔 다른 때보다 더 시간에 쫓겨서, 민사판례연구회 상임간사로부터 발표 요청을 받으면 발표 시기를 되도록 뒤쪽으로 해달라고 부탁하여, 월례회로서는 최종 월인 11월에 발표하게 되었다.

상당기간 전에 막연히 발표주제에 대하여 권유받은 것이 발표의 씨앗이 되다

이 논문을 발표하기 1년쯤 전인 어느 월례회 날이었다. 그때는 민사판례연구회의 월례회를 지하철 2호선 선릉역 부근의 샹제리제 센터 지하 홀에서 하고 있었다. 그날 나는 월례회가 시작되기 전에 중진 회원인 이용훈 서울고등법원 부장판사님(당시. 후에 대법관·대법원장 역임), 민사판례연구회 상임간사인 권오곤 판사님(당시. 후에 국제형사재판소 재판관 역임)과 같은 테이블에서 함께 저녁 식사를 하였다. 그 자리에서 이용훈 부장판사님이 "명의신탁 판례에 대해서 누가 비판을 해주어야 하지 않겠느냐."고 말씀하셨다. 그것은 판례가 등기 명의가 아니고 계약당사자 명의의 신탁까지 명의신탁으로 처리하는 데 대하여 못마땅하게 생각하신 것이었다. 나는 그분이 명의신탁에 관한 판례에 부정적인 시각을 갖고 계심을 익히 알고 있었다. 그리고 나도 비슷한 입장이어서 ― 밖으로 말하지는 않았지만 ― 그 말에 전적으로 공감하였다.

'그래! 그래야 할 필요가 있지. 그런데 나는 아니고 누군가 해주겠지.'

나는 그렇게 생각하였다. 그 후 나는 그러한 판례연구가 행해지는지 관심을 가지고 살펴보았다. 그런데 시간이 꽤 지나도록 민사판례연구회의 내부에서도, 외부에서도 명의신탁 특히 계약명의신탁 판례에 대한 비판적인 연구가 나오지 않았다.

'사람들이 뭐 하고 있는 거야! 내가 해야 해?'

생각할수록 연구의 필요성은 더욱 크게 느껴지는데, 아무도 연구 발표를 하지 않으니 조급증이 생겼다.

'그래! 내가 하자.'

민사판례연구회의 상임간사로부터 발표를 의뢰받자, 나는 마치 소명을 받은 듯이 계약명의신탁 판결을 연구대상 판결로 선정하여 발표하기로 하였다.

명의신탁 판결의 연구 발표를 피한 이유

계약명의신탁 판결에 대한 비판이 필요하다고 믿고 있었음에도 내가 그 연구에 선뜻 나서지 않은 이유가 있다. 명의신탁에 관한 판례는 오랜 기간에 걸쳐 형성되었고 확고한 지위를 차지하고 있다. 그러므로 그에 대하여 비판하려면 다른 해결방안을 미리 준비해 놓을 필요가 있었다. 법원 실무자를 생각하면 더욱 그랬다. 판례를 반대하고 비판하면서 정작 다른 방안(대안)을 제시해주지 않으면 실무자로서는 결코 받아들일 수 없기 때문이다.

그 당시 학자가 된 지 얼마 되지 않은 나로서는 그 점에 관하여 자신이 없었다. 전형적인 명의신탁인 이른바 등기명의신탁이라면 몰라도, 계약명의신탁을 판례와 다르게 처리해야 할 때 어떻게 다루어야 할지 특별한 의견을 가지고 있지 못했다. 그래서 나는 훌륭한 이론을 제시해 줄 다른 학자나 법조인의 연구 발표를 기다리면서 관망하고 있었던 것이다. 그런데 다른 사람의 발표가 쉽게 나올 것 같지 않아 어려울 것을 예상하면서도 연구에 나서게 되었다.

명의신탁 판례에 대한 견해들에 아쉬움을 느끼다

명의신탁에 관한 판례는 태생부터 아름답지 못했다. 일제 강점기에 당시의 법상 종중 소유의 부동산에 대하여 등기를 할 수 없자 종중원의 이름으로 등기를 할 수 있게 하였고, 법원이 그것을 명의신탁이라고 하면서, 대내적으로는 신탁자인 종중의 소유이고 대외적으로는 수탁자인 명의인 소유라고 하였다. 그러한 판례의 결과 수많은 분쟁이 발생하였고 일반인 사이에 불법과 편법이 난무하였다.

일제 치하의 법원 판례는 해방 후 우리 대법원에서도 그대로 유지되었다. 그런데 대법원은 명의신탁의 법리를, 등기 명의를 수탁자 앞으로 옮겨둔 것 외에 계약당사자 명의를 수탁자로 한 경우까지 적용하게 된 것이다.

이와 같은 판례를 대하는 학자들의 태도는 명의신탁을 무효라고 하는 견해와 유효라고 하는 견해로 크게 둘로 나뉘었다. 그런데 전자에 해당하는 견해는 곽윤직 교수님의 비판 논문의 틀에서 벗어나지 못하였고, 진전이 거의 없었다. 그리고 후자의 견해는 판례에 근거를 부여하는 데 힘을 쏟았다. 어찌 보면 탁상공론에 지나지 않았다. 게다가 계약당사자의 명의를 수탁자로 해두는 이른바 계약명의신탁에 대해서는 별다른 논의 자체가 없었다. 매우 아쉬운 대목이었다.

'자! 이제 나라도 나서서 뭔가 새로운 해결이론을 세워보자.'

나는 이렇게 다짐하고 연구를 시작하였다.

계약당사자 명의신탁의 처리 이론을 먼저 찾다

판례의 비판은 그 자체만으로도 의미가 없지는 않지만, 그 비판을 피하기 위한 이론을 제시해주지 않으면 가치가 크지 않게 된다. 앞에서 언급한 바와 같이, 무엇보다도 재판을 하는 법원의 입장에서는 해결책이 절실한 것이다. 해결책은 제시하지 않은 채 판례를 비판만 하게 되면, "그러면 어떻게 하란 말인가?"라며 불만을 가질 수밖에 없다.

그래서 나는 이 연구를 하면서 먼저 연구대상 판결의 사안을 해결할 — 명의신탁 법리가 아닌 — 다른 이론을 먼저 구상하였다. 그것을 위하여 독일 문헌을 보던 중에 '타인의 명의를 사용하여 행한 법률행위(Handeln unter fremdem Namen)'라는 개념에 주목하였다. 이는 행위자가 자신의 이름이 아닌 타인의 이름을 자기의 이름처럼 사용하여 행한 행위를 가리킨다. 그것은 대리행위, 즉 '타인의 명의로 하는 행위(Handeln in fremdem Namen)'와는 구별되는 행위이다. 대상 판결 사안이 원고가 피고 회사의 명의를 사용하여 토지분양계약을 체결한 경우라면 '타인 명의 사용행위' 이론을 충분히 적용할 수 있었다. 나는 그에 대한 이론을 보다 구체적으로 세워보기로 했다. 그렇게 된다면 내가 단순히 비판만 하는 비실용적인 교수로 평가받지는 않을 것 같았다.

독일의 '타인 명의 사용행위' 이론의 부실함

이 논문을 보고 내가 이미 보기 좋게 정리된 독일 이론을 참고하여 아주 쉽게, 그게 아니라도 어렵지는 않게 이론을 세웠으리라고 믿는 사람이 있을지 모른다. 곳곳에 독일 문헌을 인용하고 있어서 그것도 무리는 아니다. 그러나 인용된 독일 문헌을 찾아보면 알겠지만, 독일 문헌이 내 이론처럼 법률행위 해석의 체계 위에서 논리 정연하게 설명하고 있지 않다. 독일 문헌들은 모두 개별적인 일부 상황에 대하여 해결방안을 따로따로 적고 있을 뿐이다. 나는 그것(이론 조각들)을 보고 내가 이미 연구하여 체계화한 법률행위의 해석 이론을 바탕으로 새로운 이론을 세운 것이다. 이론의 단순한 도입이 아니고 새로운 이론의 정립이었다. 그러기에 이 이론의 주장은 나로서는 확신에 찬 소신이었지만, 학계와 특히 대법원이 받아들일지는 미지수인 불안감 속에 벌인 모험이었다.

이 논문에서 나는 우선 대법원이 명의신탁의 법리를 확대 적용하는 데 대해 강하게 비판하였다. 그러한 대법원의 태도는 '문제점 확산의 효과 외에 기대할 것이 별로 없다.'고 하고, 대법원이 '명의신탁 신드롬에 걸렸다.'고도 했다. 그리고 나서 나는 명의신탁의 해결책으로 '타인 명의 사용행위' 이론을 적용하기 위해 그동안 우리 판례가 '타인의 명의를 사용하여 법률행위를 한 경우'를 모두 찾아 정리하였다. 그 결과 세 그룹이 있음을 알았다. 그리고 그런 경우의 전부에 대해 새로운 이론을 적용하자고 하였다. 사견에 따르면, '타인 명의 사용행위'에서 요점은 그 법률행위가 행위자와 명의인 가운데 누구의 것이냐, 즉 당사자가 누구인가를 결정하는 데 있으며, 당사자 확정을 위해 자연적 해석을 먼저 하고, 그 뒤에 규범적 해석을 해야 한다고 주장하였다. 이러한 이론은 법률행위 해석에 관한 새로운 이론을 알고 있으면 쉽게 이해될 수 있는 것이다.

놀랍게도 판례가 내 이론을 채용하다

내 논문이 발표된 뒤에 대법원이 일부 경우에 대하여 내 이론을 그대로 채용하는 일이 생겼다. 그 이론이 합리적이라고는 해도 그때까지는 매우 생소한 개념에 독특한 이론을 그대로 받아들이는 일종의 이변異變이 발생한 것이다. 그것이 대판 1995. 9. 29, 94다4912이다. 나는 무척이나 놀랐다. 내 이론이 받아지리라고는 전혀 예상하지 못했기에 더욱 그랬다.

'아! 앞으로는 대법원이 내 견해를 받아들일지 모르니 논문을 쓸 때 무척 조심해야겠다.'고 생각했다.

위의 판결에서 대법원은 '타인의 이름을 임의로 사용하여 계약을 체결한 경우'에 내 이론을 적용하였다. 그 후 대판 1998. 3. 13, 97다22089에서는 '타인의 허락하에' 타인의 이름을 사용한 경우에 관하여 앞의 판결의 법리를 일반화시켜서 적용하였고, 그 후속 판결도 계속 나와서 확고해지고 있다.

판례에서 '행위자,' '명의인'이란 표현

대법원은 새 이론을 적용하면서 '행위자'와 '명의인'이라는 표현을 사용하고 있다. 어느 곳에서는 '행위자,' '명의자'라고도 한다. 이는 내가 이 논문에서 '행위자'와 '명의인'이라는 용어를 사용했기 때문에 앞의 경우처럼 했다가, 때로 '자'를 붙여 통일하기도 한 것으로 생각된다.

그것을 보면서 나는 논문을 쓸 때 '행위자,' '명의자'라고 하거나, '행위인,' '명의인'이라고 할 걸 그랬나 하는 생각도 해보았다. 그런데 나는 발음과 어감도 중요하다고 믿기에, 논문 작성 당시에 여러 번 발음해보고 최종적으로 결정한 '행위자,' '명의인'이라는 표현이 지금도 좋다고 생각한다.

여기의 새 이론에 대한 대법원의 사랑이 때로는 지나쳐

대법원은 '타인 명의 사용행위' 이론을 상당히 선호하는 듯하다. 그리하여 예상보다 여러 곳에 이 이론을 적용하고 있다. 그런데 그 이론에 대한 사랑이 지나쳐, 때로는 적용하지 않아야 할 경우에까지 적용하는 일이 생겼다. 대판 2003. 12. 12, 2003다44059 등은 '대리인이 본인의 명의로' 계약을 체결한 경우, 즉 '현명顯名한 경우'에도 이 이론을 적용하였다. '타인 명의 사용행위' 이론은 그러한 경우에까지 적용될 수 있는 것이 아니다.

민사판례연구회 발표 당시의 모습

민사판례연구회 월례회에서 내가 이 논문을 발표할 때 조금은 특별한 모습을 보였다. 이 연구주제와 발표내용이 워낙 방대하고 어려워서 나는 권장 발표시간 20분을 훨씬 넘기게 되었다. 그런 일은 내게는 드문 것이 아니었다. 그리고 그 당시에는 발표문을 따로 준비하지 않아서 회원들은 연구대상 판결의 판결문만을 보면서 발표를 들어야 했다. 그런데 알다시피 내 주장 내용은 새로운 이론이어서 받아들이기에 앞서 이해하기도 버거웠을 것이다.

그 때문인지 내가 30여 분의 발표를 마치고 사회를 보시던 송상현 회장님이 토론을 하라고 하셨을 때, 상당히 긴 시간 동안 정적이 흘렀다. 오랫동안 아무런 말이 없었다. 내게는 2~3분은 족히 되는 것처럼 느껴졌다. 발표에 지친 나는 회원들을 번갈아 보며 숨을 고르고 있었다. 그렇게 긴 정적은 그전에도 후에도 본 적이 없다.

한참이 지난 뒤에 매우 궁금했다는 듯이 질문과 의견이 이어졌다. 처음 본 이론에 호감을 보이는 견해도 있었고, 큰 의미는 없는 것이었지만 내 논문에 의견을 더하려는 경우도 있었다. 근본적인 문제 제기나 비판은 없었다. 처음 느껴보는 새로운 경험이었다. 인상적이었던 그 밤을 아직도 잊을 수 없다.

11. "착오론의 체계와 법률효과의 착오"[「민사법학」(한국사법행정학회, 1993), 제9·10권, 96면-120면]에 대하여

[이 논문의 결론 요약]

(1) 필자가 착오론을 기술함에 있어서 주의를 기울여 검토하였던 몇 가지 점을 부각시켜 착오론의 흐름을 조망해볼 수 있게 하고, 나아가 사견의 입장에서 법률효과의 착오에 관하여 구체적으로 살펴보려고 한다.

(2) 착오론의 체계

착오론이 타당성을 가지려면 착오에 관한 민법 규정을 명제로 하여 그 정확한 의미를 탐구하여야 한다. 그러기 위해서는 우선 착오 규정의 역사적 배경을 살펴보아야 한다. 그런 뒤에 민법에 합치하는 착오론을 세워야 한다. 그때에는 민법이 착오에 관하여 어떻게 가치판단을 내리고 있는가를 파악하여, 그에 따라서 법률 규정을 해석하고 이론을 정립해야 한다.

착오론의 정립에 있어서 검토하여야 할 문제로는, 착오론 일반에 대한 것으로서 ① 의사표시 이론과의 관계, ② 법률행위의 해석과의 관계, ③ 착오의 의의가 있고, 요건의 논의와 관련되는 것으로서 ① 요건의 기술 방법, ② 착오의 유형화 방법, ③ 동기의 착오의 취급, ④ 계약당사자 쌍방의 공통하는 동기의 착오가 있으며, 고려되는 착오의 효과에 관한 것으로서 ① 취소되는 것이 의사표시인가 법률행위인가, ② 취소가 배제되는 경우, ③ 기타가 있다.

(3) 법률효과의 착오

법률상태에 관한 착오를 법률의 착오라고 한다. 법률의 착오는 표의자가 착오한 법률이 의사표시의 법률효과를 형성하는 경우에는 법률효과의 착오로 되나, 그렇지 않은 경우에는 언제나 고려되지 않는 동기의 착오에 불과하다.

법률행위의 내용의 착오, 즉 행위내용의 착오는 모두 넓은 의미의 법률효과의 착오이다. 그것은 고려되는 착오의 전부이다. 여기서 행위내용의 착오 전부를 살펴보는 것은 적절하지 않으며, 의미의 착오가 문제되는 경우만을 고찰한다.

법률효과의 착오는 공표(公表)의 착오의 형태일 수 있다. 그리고 법률상 또는 보충적인 해석에 의하여 법률행위에 부여되는 법률효과에 관하여 착오하는 경우도 법률효과의 착오에 해당한다. 이러한 법률효과의 착오가 행위내용의 착오인지 문제되는데, 법률행위에 의하여 발생된 법률효과는 예외 없이 법률행위의 내용을 형성하며, 따라서 그것이 의욕된 법률효과와 일치하지 않는 경우에는 모두 행위내용의 착오로 된다고 하여야 한다. 그리고 착오의 결과 의욕된 법률효과와 본질적으로 다른 법률효과가 발생하는 경우는 중요부분의 착오이어서 — 표의자에게 중과실이 없는 한 — 고려된다고 하여야 한다. 그에 비하여 착오가 법률상 또는 보충적인 계약해석에 의하여 법률행위에 부여되는 법률효과에 관하여 존재하는 경우는 중요부분의 착오가 아니어서 고려되지 않는다.

(4) 결어

착오에 관한 우리의 학설·판례는 정도의 차이는 있지만 모두가 구체적인 경우의 타당성만을 생각한 나머지, 착오 규정의 기능적인 측면을 지나치게 강조하고 법학의 전통과 사상적·원리적인 측면은 매우 소홀히 하고 있다. 이러한 학설·판례로부터 민법에 합치하는 착오론으로의 방향 전환이 필요하다.

한국민사법학회에서 박사학위논문의 발표를 의뢰받고

한국민사법학회에서는 정기학술대회 중 연 1회의 전부나 일부를 신진

학자들의 발표로 진행하는 관행이 있다. 발표주제는 항상 동일한 것은 아니나, 대체로 박사학위논문을 요약해서 발표하도록 하는 경우가 많다.

나도 박사학위를 취득한 지 얼마 되지 않았을 때 민사법학회의 학술이사인 김학동 교수님(서울시립대)으로부터 학술대회에서 박사학위논문을 발표해 달라는 부탁을 받았다. 그 시기는 1991년 초였던 것 같다.

나는 김 교수님에게 발표는 하겠으나, 학회에서 발표하기에 적합한 다른 논문이 있으니 그 논문으로 발표를 하고 싶다고 했다. 얼마 전에 「민사판례연구」에 수록된 "타인의 명의를 빌려 체결한 토지분양계약의 효력" 논문에 적용한 '타인 명의를 사용하여 행한 법률행위' 이론을 염두에 둔 것이었다. 내 딴에 그 이론이 획기적인 새 이론이어서 그러한 이론이야말로 전통적인 학회에서 발표하여 토론을 하고 평가를 받는 것이 적절하다고 생각되었다.

김 교수님은 그 논문은 「사법연구」라는 학술지에 싣도록 하고, 이번에는 박사학위논문을 발표하라고 하였다. 나는 아쉬웠지만 어쩔 수가 없어 그렇게 하겠다고 했다.

박사학위논문을 그대로 발표하기가 싫어서

학회에서 박사학위논문을 발표하는 것은 의미가 작지 않다. 박사학위논문은 열심히 공들여서 쓴 것인데, 의외로 심사위원이 아닌 학자들은 접근하기가 어려웠다. 그러므로 학회에서 발표를 하고 발표문을 학회지에 실으면 다른 학자들이 쉽게 접근할 수가 있어서 좋았다. 또한 발표자도 자기 자신은 물론 애써서 쓴 박사학위논문을 널리 알리는 기회를 갖게 되니 나쁠 리 없었다.

그런데 나는 박사학위논문을 그대로 발표하는 것이 무척 싫었다. 우선 박사학위논문의 주제인 '착오'에 관하여 너무나 오랜 기간 공부를 하고 논문을 썼더니, '착오'라는 글자도 보기 싫어졌다. 그리고 박사학위논문의 일부나 전부의 요약으로 발표하는 것도 싫었다. 박사학위논문을 가지고 발표하더라도 다른 시각에서 분석한 것으로 발표하고 싶었다.

내 박사학위논문의 바탕에 있는 핵심적인 뼈대를 알려주기로

나는 내 박사학위논문이 전체적으로 어떤 체계를 가지고 있는지, 그 체계의 핵심적인 내용이 무엇인지를 발표하기로 마음먹었다. 그래서 일단 제목에 '착오론의 체계'를 넣기로 하였다. 그러고 나서 나의 착오론에서 중요한 착오유형인 '법률효과의 착오'에 대하여 덧붙여서 논의하기로 하였다. 그렇게 하면 나의 착오론을 좀 더 정확하게 이해시킬 수 있을 것으로 생각되었기 때문이다.

실제로 나의 박사학위논문을 심사한 분 중 이은영 교수님(외국어대)은 내 논문에서 법률효과의 착오가 중요한 위치를 차지하고 있음을 알고 그 착오에 주목하셨었다.

착오론의 체계 부분에서는 방법론과 주요 논의사항을 설명하고

내가 발표하기로 되어 있는 행사는 1991. 12. 7.(토) 한국학술진흥재단에서 개최된 한국민사법학회 동계학술대회였다. 발표일에 드디어 발표를 시작했다.

나는 착오론의 체계 부분에서는 먼저 나의 그 이론이 어떤 방법론에 기초하여 연구되었는지 밝혔다. 그다음에는 나의 착오 논문에서 중요하게 논의된 사항들이 무엇인지 열거하고, 그 각각에 대하여 어떤 이유로 어떤 결론에 이르렀는지를 설명하였다.

법률효과의 착오 부분에서는 많은 착오 유형 중 그 착오에 관하여 따로 논의하다

법률효과의 착오 부분에서는 법률효과의 착오가 나의 착오론에서 차지하는 위치를 고려하여 그 착오의 의의와 세부적인 종류와 내용에 대하여 비교적 소상하게 살펴보았다. 그럼에 있어서 우리나라에서 법률효과의 착오와 법률의 착오를 거의 구별하지 못하고 있는 현상을 고려하여 먼저 두 착오 사이의 관계를 정리하였다. 그리고 나서 ― 넓은 의미의 법률효과의 착오인 행위내용의 착오는 고려되는 착오의 전부이어서 그것에 대하여 논의하는 것이 부적당하여 ― 좁은 의미의 법률효과의 착오에 대하여 검토를 하였다.

학회에서 발표 시간을 넘기고

그 무렵 나는 민사판례연구회와 민사법학회 등에서 자주 발표를 하였다. 그런데 그것은 내가 원해서 한 것이 아니고, 항상 요청에 의한 것이었다. 평소에 남들 앞에 서거나 널리 유명해지는 것을 바라지 않는 나는, 논문은 쓰고 싶어 했지만, 발표는 꺼렸다. 그런데도 걸핏하면 내게 발표를 의뢰했다.

발표 때마다 나는 제한 시간을 넘기기 일쑤였다. 그 이유는, 첫째로는 주제가 간략하지 않아서였고, 둘째로는 깊이 연구하다 보니 발표내용이 많았기 때문이며, 셋째로는 발표할 내용의 어느 한 부분도 소홀히 해서는 안 될 것 같았기 때문이다. 그래도 발표 시간이 제한되어 있으면 거기에 맞춰야 한다. 그런데 그러지 못한 것이다. 실제의 발표가 연습할 때보다 시간이 더 많이 소요되는 것을 몰랐거나 간과한 탓도 크다.

이번 발표도 제한 시간을 넘기게 되었다. 그것도 '법률효과의 착오' 부분은 아예 들어가지도 못할 정도였다. 내 발표의 사회를 보던 김형배 교수님(고려대)이 시간이 넘었으니 그만하라고 하셨다. 나는 어쩔 수 없이 멈췄다. 그나마 '착오론의 체계'를 좀 더 자세히 설명하게 된 것이 위안이 되었다. 끝까지 발표하지는 못했지만, 내 착오론을 보다 잘 이해하게 했다는 생각에 홀가분하고 자부심마저 생겼다.

토론에서 내 의견을 말하고

발표가 끝난 뒤 질문과 토론이 이어졌다. '착오'가 민법학자라면 누구나 일가견이 있다고 믿는 주제여서 그런지 여러 의견이 제시되었다. 대체로 나와는 다른 의견이었다.

나는 내 의견을 밝히거나 반박을 해야 할 때는 그렇게 했다. 그에 비하여 단순히 토론하는 사람이 자신의 의견을 말하고자 하는 때에는 듣기만 했다. 사실 착오에 관한 한 나는 어떤 의견에도 반박할 준비가 되어 있었다. 논문을 쓰면서 무척 많은 고민과 생각을 했기 때문이다. 그런데 내가 알고 있는 것을 모두 풀어놓는 것만이 능사는 아니었다. 그래서 대답할 필요가 없을 때는 의견을 듣는 청취자로 행동한 것이다.

토론 시간에 사회자인 김형배 교수님이 질문을 하시지 않을까 생각했는데, 묵묵히 사회만 보셔서 그분에게 깊은 인상을 받았다. 왜냐하면 그분이 동기의 착오에 관한 논문을 쓴 적이 있는데 그 논문은 나와 다른 의견이었고, 내가 발표에서 그 의견을 비판하였는데도, 질문이나 의견제시를 하지 않으셨기 때문이다. 중후하고 반듯한 인품이 느껴졌다.

내게 다가와 평가의 말을 전한 분도 기억에 남다

내 발표가 민사법학회 그 학술대회의 마지막 순서였다. 그래서 내 발표가 끝난 뒤 회원들은 삼삼오오 짝을 지어 만찬장으로 이동하였다. 나도 발표 자료를 주섬주섬 챙겨 가방에 넣은 뒤 회원들 틈에 끼어 만찬장 쪽으로 걸어갔다. 그런데 그때 회원 중의 한 분인 윤대성 교수님(창원대)이 내게 다가왔다. 그러더니 항상 그랬듯이 온화한 모습에 웃음을 지으며 "아이, 무시라!"라고 하셨다. 나는 윤 교수님의 그 말뜻을 정확히 알지 못했다. 그렇지만 나쁜 의미는 아니라고 생각했다. 나는 아무 말도 하지 않고 조용히 미소만 지었다.

12. "제3자를 위한 계약"[「사회과학논집」(이화여대 법정대, 1993), 제13권, 45면-72면]에 대하여

[이 논문의 결론 요약]

(1) 제3자를 위한 계약이 유효한 근거가 무엇인가에 관하여 우리의 통설은 계약당사자의 의사에 기하여 효력이 생긴다고 한다. 그러나 우리 민법상 제3자를 위한 계약은 민법 제539조 제1항에 의하여 인정된다고 하여야 한다.

(2) 제3자를 위한 계약의 경우에는 낙약자와 요약자 사이의 관계, 낙약자와 제3자 사이의 관계, 요약자와 제3자 사이의 관계가 있다. 이러한 3자 사이의 법률관계를 우리 문헌들은 '출연의 원인관계'의 문제로 취급하고 있으나, 그러한 시각에서 벗어나서 전체적으로 조명하는 방식으로 살펴보아야 한다.

제3자를 위한 계약의 경우에는 요약자와 낙약자의 계약에 의하여 그들 사이에 채권관계(즉 계약관계)가 성립하게 되는데, 그러한 법률관계를 보통 보상관계라고 한다. 사견으로는 기본관계라고 부르는 것이 좋을 듯하다. 기본관계는 제3자를 위한 계약의 법적 성질을 결정하고, 그럼으로써 제3자의 채권취득의 유효요건도 결정한다.

낙약자와 제3자 사이의 법률관계 즉 실행관계는 독립한 것이기는 하지만 결코 계약관계는 아니다. 그 주된 내용은 제3자의 낙약자에 대한 채권이다. 그런데 실행관계는 하나의 채권만이 존재하는 단순한 관계가 아니다. 그것 역시 채권관계이기 때문에 낙약자와 제3자는 각각 채무자와 채권자의 지위에 기하여 '기타의 행위의무'를 부담하게 된다.

요약자와 제3자 사이의 법률관계는 일반적으로 제3자를 위한 계약의 원인이 된다. 이 법률관계는 보통 대가관계라고 하나, '제3자 수익의 원인관계'라고 하는 것이 적절하다. 제3자 수익의 원인관계의 모습은 매우 다양할 수 있다. 그리고 그 관계는 제3자를 위한 계약 자체와는 아무런 관계도 없고, 따라서 낙약자와 기본관계에 아무런 영향도 미치지 못한다.

(3) 제3자를 위한 계약에 있어서 제3자의 지위에 대하여 본다. 민법 제

539조 제1항은 제3자를 위한 계약의 경우에 제3자는 계약으로부터 곧바로, 즉 '직접' 채권을 취득한다는 취지를 규정하고 있다. 그리고 민법 제539조 제2항에서는 그 경우에 제3자의 권리는 그 제3자가 채무자(낙약자)에 대하여 계약의 이익을 받을 의사를 표시한 때에 생긴다고 한다. 우리의 학설은 민법 제539조 제1항에서의 '직접'이라는 표현을 '제3자의 승낙이나 기타의 협력 없이'라는 의미까지도 포함하고 있다는 견지에 있는데, 그것은 민법의 태도를 잘못 파악한 것이다. 제3자를 위한 계약의 경우에 제3자가 그 계약으로부터 '직접' 채권을 취득하는가와 제3자가 채권을 취득하기 위하여 승낙이나 기타 협력을 하여야 하는가는 별개의 것이다. 전자는 제539조 제1항에서 규정하고, 후자는 제539조 제2항에서 따로 규정하고 있다.

제3자의 수익의 의사표시는 제3자를 위한 계약의 성립요건이나 효력발생요건이 아니고, 제3자가 채권을 취득하기 위한 요건이다. 그리고 요약자와 낙약자가 수익의 의사표시를 기다리지 않고서 제3자가 당연히 채권을 취득한다고 약정한 경우에 그 특약은 강행규정인 민법 제539조 제2항에 반하여 무효라고 하여야 한다. 다만, 법률이 명문으로 수익의 의사표시를 요구하지 않는 경우 등은 예외이다.

제3자는 수익의 의사표시가 있기 이전에도 일방적인 의사표시에 의하여 권리를 취득할 수 있는 지위에 있게 되며, 그것은 일종의 형성권이라고 할 수 있다. 제3자의 그 권리가 일신전속권인가는 기본관계의 해석의 문제인데, 불분명한 경우에는 일신전속권이 아니라고 해야 한다.

수익의 의사표시가 있으면 제3자는 채권을 — 요약자로부터 양도받는 것이 아니고 — 계약으로부터 직접 취득한다. 제3자를 위한 계약에 있어서 수익한 제3자가 낙약자(표의자)에 대하여 사기를 행한 경우에 요약자(상대방)가 선의·무과실인 때, 수익자 아닌 제3자(제4자)가 낙약자(표의자)에 대하여 사기를 행하였고 요약자(상대방)는 이에 대하여 선의·무과실이었으나 수익한 제3자가 악의이거나 선의지만 과실이 있는 때에는, 취소가 인정되지 않는다. 강박의 경우에도 같다.

(4) 요약자의 지위를 본다. 제3자를 위한 계약의 경우에 제3자가 채권을 취득하는 것과는 별도로 요약자도 낙약자에 대하여 제3자에 대한 채무를

이행할 것을 청구할 수 있는지 문제되는데, 그것은 계약의 해석에 의하여 결정될 문제이나 불분명한 경우에는 요약자에게 제3자에의 급부청구권을 인정하여야 한다.

쌍무계약이 제3자를 위한 계약으로 체결된 경우에 제3자에의 급부에 대한 반대급부에 관하여 채무불이행이 발생한 때에는 요약자만이 계약당사자로서 책임을 진다. 이것은 계약이 해제된 때에도 같다.

(5) 낙약자의 지위는 제3자 및 요약자에 대한 것의 반면(反面)을 이룬다.

민법주해에서 '제3자를 위한 계약' 부분의 집필을 의뢰받다

내가 이 논문을 쓰게 된 이유는 「민법주해」(초판. 박영사 발행)의 편집을 맡은 분으로부터 민법 중 제3자를 위한 계약에 해당하는 제539조부터 제542조까지의 집필 요청을 받았기 때문이다. 그에 대한 내용을 충실하게 쓰려면 보다 깊은 연구를 해야겠다고 생각했다. 그리고 내게 그 요청을 한 것은 내가 '제3자 보호효력 있는 계약'에 관하여 논문을 발표했기 때문일 것이다. 제3자를 위한 계약 부분에는 제3자 보호효력 있는 계약도 당연히 들어가야 하는데, 후자에 대하여 연구한 국내 학자는 나밖에 없었기 때문이다.

자세한 국내 문헌은 거의 없어

그 무렵 비단 제3자를 위한 계약 부분에만 그런 것이 아니고 민법 일반에 그러했지만, 유독 제3자를 위한 계약에 관하여 깊이 연구한 국내 문헌은 거의 없었다. 논문이라고 할 수 있는 글이 몇 개 있었으나 교과서 수준을 크게 넘지 못했다. 그런 사정상 국내 문헌에서 도움을 받을 수 없어 나는 주로 독일 문헌을 참고하여 논문을 쓰게 되었다.

우리 민법과 내용이 다른 독일민법이 판단에 크게 도움을 주다

독일민법(제328조)은 — 우리 민법과 달리 — 제3자를 위한 계약의 경우에 '계약의 성립과 더불어' 제3자가 계약으로부터 직접 급부청구권을 취득한다고 규정한다. 그래서 제3자의 가입표시 내지 수익표시는 필요하지 않다. 다만, 제3자가 낙약자에 대하여 계약으로부터 취득한 권리를 거절한 때에는, 그 권리는 취득되지 않았던 것으로 된다(독일민법 제333조). 이와 같이 우리 민법과 동일하지 않은 법 아래서 논의를 하고 있는 독일의 문헌을 보고, 나는 우리 법에서는 어떻게 해석해야 할지 궁리를 해보았다.

이 논문에서 특히 의미가 큰 부분 두 가지 중 하나는 유효근거를 밝힌 곳

이 논문에서 새롭게 이론을 제시하여 큰 의미를 가진 부분은 두 가지이다. 그중 하나는 제3자를 위한 계약의 유효근거를 밝힌 곳이다.[40]

당시 우리의 문헌들은 제3자를 위한 계약은 계약당사자의 의사에 기하여 효력이 생긴다고 하였다. 제3자에게 계약의 효과가 귀속하는 것이 사적 자치 내지 계약자유에 비추어 조금도 이상하지 않다고 하였다. 그리고 거기에 의문을 가지는 견해는 없었다.

그런데 계약의 효과가 당사자 이외의 제3자에게 귀속하는 것은 결코 당연할 수 없다. 더욱이 사적 자치에 비추어 당연히 허용될 수 있는 것도 아니다. 거기에서 사적 자치는 요약자와 낙약자만의 사적 자치일 뿐 효과를 받는 제3자의 사적 자치는 아니기 때문이다. 제3자가 취득하는 것이 권리이기 때문에 허용된다고 볼 수도 없다. 제3자에게 이익이 된다면 원하지 않아도 강요되어야 하는가? 그렇다면, 그것은 폭력이다.

우리 민법상 — 명문의 규정(예: 독일민법 제305조)은 없지만 — 채권은 법률에 특별규정이 없는 한 당사자 사이의 계약에 의해서만 성립할 수 있다. 따라서 계약당사자가 아닌 자는 원칙적으로 타인들이 체결한 계약에 기하여 채권을 취득할 수 없다. 다만, 법률에 특별규정이 있는 경우에는 예외이

---

40 이 논문, 52면-54면.

다. 민법 제539조 제1항이 그러한 특별규정에 해당한다.

제3자를 위한 계약의 경우에 제3자가 수익의 의사표시 없이 계약이 성립한 때에 채권을 취득한다고 규정하고 있는 독일에서도 학자들은 그것이 사적 자치의 당연한 결과라고 하지 않는다. 제3자가 채권을 취득하려면 그의 수익의 의사표시가 필요한 우리 민법에서는 더더욱 그와 같이 새겨야 한다.

이 논문에서 특히 의미가 큰 또 하나의 부분은 제539조를 체계적으로 해석한 곳

이 논문에서 의미가 큰 부분 두 가지 중 다른 하나는 민법 제539조가 법체계상 어떤 의미가 있고, 그 결과 어떻게 해석되어야 하는지를 밝힌 부분이다.[41]

우리의 학자들은 민법 제539조 제1항의 '직접'이라는 표현이 '제3자의 승낙이나 기타의 협력 없이'라는 의미까지도 포함하고 있는 것으로 본다. 그리하여 그 규정상 제3자는 아무런 행위를 하지 않고서도 채권을 취득한다고 한다. 그런데 민법 제539조 제2항에서 제3자의 수익표시를 요구하고 있어서 두 조항이 모순을 보인다고 한다.

그러나 민법 제539조 제1항의 '직접'은 '제3자의 협력 없이'와는 전혀 다르며, 둘은 구별되어야 한다. 거기의 '직접'의 의미는 그 반대어를 생각해 보면 쉽게 이해된다. '직접'의 반대어는 '간접'이고 그 의미는 '전래傳來 내지 양도' 이다. 그러므로 '직접'은 '전래 내지 양도받지 않고,' 즉 '곧바로'(처음부터)라는 뜻이다.

내가 그러한 아이디어를 얻은 것은 독일의 쇠르겔 코멘타Soergel Kommentar 제12판(1990년)의 제3자를 위한 계약 부분(vor §328)을 쓴 하딩

---

41 이 논문, 58면·59면.

Hadding 덕분이다. 그 이론을 보고 나는 감탄을 했었다. 훌륭한 이론은 국내외를 막론하고 칭찬받아 마땅하다.

부적절한 용어를 새롭게 정비하고

이 논문을 쓸 당시 우리 문헌들은 한결같이 요약자·낙약자 사이의 법률관계를 '보상관계'라고 하고, 요약자·수익자(제3자) 사이의 법률관계를 '대가관계'라고 하였다. 그런데 나는 이 논문에서 그러한 용어들의 부적절함을 지적하고, 전자는 '보상관계' 대신 '기본관계'로, 후자는 '제3자 수익의 원인관계'로 부르는 것이 바람직하다고 하였다. 낙약자·수익자 사이의 법률관계는 '실행관계'라고 부르자고 했다.

그 후 우리 판례가 '보상관계'라는 용어 대신 '기본관계'를 사용하고 있다.[42] 그리고 '대가관계'는 '요약자와 수익자 사이의 원인관계'라고 하고 있다. 모두 긍정적인 변화라고 하겠다.

이 연구가 다른 부분의 이해에 큰 도움을 주어

민법상 어떤 특정한 법률관계(예: 병존적 채무인수)가 제3자를 위한 계약에 해당하는지 문제되는 경우가 자주 있다. 그리고 그런 경우 중에는 판단하기 어려운 때도 적지 않다.

그런데 나는 이 논문을 쓰면서 제3자를 위한 계약에 관하여 자세히 연구한 덕분에 그와 같은 법률관계에 관하여 판단하는 데 비교적 어려움이 많지 않았다. 민법의 기본문제를 깊이 연구하면 여러 곳에서 크게 도움을 받는다는 것을 실감하게 된 또 하나의 사례였다.

---

42 대판 2003. 12. 11, 2003다49771에서 처음 그렇게 한 뒤, 다른 판결에서도 그렇게 하고 있다.

13. "타인의 명의를 사용하여 행한 법률행위"[「사법연구」(청림출판, 1994), 제2권, 335면-354면]에 대하여

> ### [이 논문의 결론 요약]
>
> 이 논문은 앞에서 설명한 바 있는 "타인의 명의를 빌려 체결한 토지분양계약의 효력"[43]이라는 판례연구 논문 중에서 타인 명의 사용행위에 관한 이론 부분을 수정·보완·정리하여 발표한 것이다. 그리하여 이 논문의 주요 내용은 전술한 판례연구 논문의 결론 요약 가운데 '(4)'[44]와 거의 같다. 다만, 해당 논문 중 판례 설명 부분을 좀 더 보완하였고, 사견 부분을 고쳐 적기도 하였다.
>
> 한 가지 덧붙이자면, 이 논문은 타인 명의를 사용하여 행한 법률행위에 있어서 행위당사자를 결정하는 데에서 더 나아가. 그 행위가 행위자 자신의 행위로 되는 경우, 명의인의 행위로 되는 경우, 행위자 및 명의인의 행위로 되는 경우 각각에 대하여 그 예와 효과에 대하여도 논의하였다.[45]

학회에서의 발표 대신 「사법연구」에 싣게 되다

앞에서 "착오론의 체계와 법률효과의 착오" 논문을 설명하면서, 내가 한국민사법학회로부터 박사학위논문의 발표 부탁을 받고 박사학위논문 말고 다른 논문을 발표하고 싶다고 말한 적이 있었다고 했다.[46] 그에 대해 발표 부탁을 한 김학동 교수님이 그 논문은 「사법연구」에 실으라고 권유하여, 아쉬웠지만 그 논문을 학회에서 발표하지 않고 「사법연구」에 싣게 되었다. 그때 그 논문이 바로 이 논문이다.

「사법연구」는 청헌晴軒법률문화재단이 발행하는 학술지이다.[47] 청헌법

---

43 앞의 82면 이하 참조.
44 앞의 83면·84면 참조.
45 그러한 부분은 전술한 판례연구 논문에도 있다. 그런데 이 논문에서 좀 더 보완해서 기술하였다.
46 앞의 93면 참조.
47 「사법연구」는 2004년에 제9권까지 발간되었고, 현재는 발행되지 않고 있는 것으로 보인다.

률문화재단은 작고하신 청헌 김증한 교수님(서울대 법대 정년퇴직)이 출연하여 만든 재단이다. 그리고 그 재단의 운영에 청헌 선생님의 자제이신 김학동 교수님이 관여하셨을 것이다. 그러한 김학동 교수님이 학회 발표를 원하는 내 논문을 그 학술지에 실었으면 좋겠다고 한 것이다.

나는 대학과 대학원 시절에 청헌 선생님께 강의를 들었고, 청헌 선생님은 내게 여러 중요한 일을 맡기시기도 하였다. 나는 청헌 선생님과도 그러한 각별한 인연이 있었기에 아쉬움을 누르고 기꺼이 「사법연구」에 논문을 실었다.

나 스스로 이 논문의 가치를 어렴풋이 짐작하다

이 논문은 단순히 외국 이론을 받아들인 것이 아니고 독일의 여러 조각 이론을 참고하여 나의 새로운 법률행위 이론을 기반으로 독창적인 이론을 세운 것이다. 그리하여 나 스스로는 자부심을 갖고 있었다. 그렇지만 '타인의 이름을 사용하여 행한 법률행위'라는 우리나라에서는 완전히 처음 보는 문제에 관하여 못 보던 이론을 제시한 것이어서, 그 이론이 널리 받아들여지리라고 기대하지는 않았다.

그런데 의외로 얼마 후에 우리의 대법원이 일부 경우에 그 이론을 받아들이고, 그 뒤에는 적용되는 범위를 더 넓혀 갔다. 내 예상을 크게 벗어난 것이었다. 우리 법원이 많이 달라졌다고 느꼈다. 그 이후 나는 논문을 쓸 때, 되도록 신중하게 의견을 제시하고 최대한 정제된 표현을 사용하려고 노력했다.

내 이론에 대한 학계의 논의는 생략된 느낌!

판례가 내 이론을 받아들이게 되자, 내 이론의 타당성 여부에 대한 학자들의 논의는 판례의 연구와 수용에 묻혀 보이지 않았다. 판례만을 보고, 그 이론이 어떤 경우를 해결하기 위해 누구에 의하여 세워졌는지는 크게 관심을 가지지 않는 학자도 많았다. 학문 연구의 측면에서 보면 바람직하지 않은 모습이었다.

세간에서 어떤 사람은 나의 이 이론이 '법률행위 이론의 패러다임을 바꿨다.'라고까지 평하는 모양이다. 그러나 나는 그렇게까지 높이 평가받을 것은 아니라고 생각한다. 내가 이제까지 몰랐던 새로운 문제에 관하여 국내는 물론 외국에도 그 모습 그대로 존재하지 않는 새로운 이론을 정립한 것이기는 하지만, 이러한 이론에 의하여 법률행위 이론 전체의 근본이 뒤바뀌지는 않기 때문이다. 다만, 이 이론과 그에 선행하는 새로운 법률행위 해석 이론이 합해지면, 적어도 과거의 법률행위 이론이 환골탈태한 것으로 볼 수는 있겠다.

이 이론의 정확한 이해와 올바른 적용을 기대한다

앞에서 언급한 바와 같이,[48] 우리 대법원은 대리인이 현명顯名한 경우에까지 나의 이 이론을 적용하는 일이 생겼다.[49] 그 이론은 대리인이 '본인의 이름을 사용하여,' 즉 본인 이름이 자신의 이름인 것처럼 하여 법률행위를 한 경우에는 적용될 수 있어도, 대리인이 '본인의 명의로', 즉 현명하여 대리행위를 한 경우에는 적용될 수 없다. 그 판례는 내 이론을 부정확하게 이해하고 잘못 적용한 것이다.

이러한 일은 학자들의 주장에서도 간혹 나타난다. 특히 새로운 이론을 정립하거나 소개한 경우에, 나름의 상상력으로 그 이론을 오해하여 그에 기반하여 더 나아간 주장을 하는 것이다. 그것이 부적절함은 물론이다. 법원이나 학자들은 새로운 이론을 정확하게 이해하고 올바르게 적용하여 오용과 남용을 피해야 한다.

---

48 앞의 90면 참조.
49 대판 2003. 12. 12, 2003다44059.

14. "불법원인급여"[후암 곽윤직 선생 고희기념 「민법학논총·제2」(박영사, 1995), 423면-454면]에 대하여

[이 논문의 결론 요약]

(1) 이 논문에서는 먼저 불법원인급여 제도의 특수성을 살펴보고, 이어서 민법 제746조의 입법취지를 정리한 뒤에, 불법원인급여에 관한 개별적인 문제를 검토한다.

(2) 불법원인급여는 한편으로는 소극적으로 정의를 실현하면서 다른 한편으로 불법한 결과를 묵인·방치하게 된다. 그리고 불법원인급여의 반환청구에 있어서는 당해 급부가 불법원인급여에 해당한다는 것을 원고가 주장하지 않고 오히려 피고가 항변으로 그러한 주장을 한다. 불법원인급여에 관한 전통적인 견해는 회의적이므로, 전술한 불법원인급여 제도의 특수성과 민법 제746조의 입법취지에 맞추어 가장 타당한 결과를 도출할 수 있는 새로운 이론이 필요하다.

(3) 민법 제746조는 스스로 불법한 행위를 한 자가 그 복구를 꾀하려고 하는 경우에 법적 보호를 거절한다는 취지의 것으로 이해해야 한다. 그런데 법적 보호의 거절은, 최소한의 도덕률인 선량한 풍속을 유지하기 위한 범위에 한정되어야 한다.

(4) 불법원인급여의 요건은 ① 불법, ② '급부원인'의 불법, ③ 급부의 세 가지이다.

민법 제746조의 불법은, 불법원인급여 제도의 특수성에 비추어 볼 때, 동조의 취지를 유지하는 한에서 최소한의 범위에서만 인정되어야 한다. 구체적으로는, 사회질서 가운데에서 모든 국민에게 지킬 것이 요구되는 최소한도의 도덕률인 '선량한 풍속'을 위반한 것이 불법하다고 평가되어야 한다. 이렇게 이해하면, 급부자가 불법을 인식했을 필요는 없다.

불법원인급여가 되려면 급부가 불법의 원인으로 인하여 행해졌어야 한다. 급부의 원인이 불법인가 여부를 판단하는 표준은 법률행위의 목적이 사회질서에 위반하는가 여부를 판단할 때와 마찬가지이다.

불법원인급여가 성립하려면 불법의 원인으로 '재산을 급여하거나 노무를 제공'하였어야 한다. 즉 급부를 하였어야 한다.

(5) 어떤 급부가 불법원인급여인 경우에는 급부자는 원칙적으로 그 이익의 반환을 청구하지 못한다(제746조 본문). 그리고 이익의 반환을 청구하지 못하는 것은 급부자 자신은 물론이고 그의 상속인과 같은 권리승계인도 마찬가지이다. 불법한 계약에 기하여 물건의 소유권을 이전한 경우에 그 소유권의 귀속은 물권행위의 무인성을 인정하느냐에 따라 달라진다.

불법원인급여라 할지라도 '불법원인이 수익자에게만 있는 때'에는 예외적으로 급부한 것의 반환을 청구할 수 있다(제746조 단서). 한편 근래 몇몇 문헌에서 이른바 불법성 비교론을 주장하고 있고, 최근에는 우리 대법원까지도 그 이론을 채용하기에 이르렀다. 그런데 불법성 비교론은 어떤 모습의 것이든 인정되지 않아야 한다.

(6) 불법한 원인으로 소유권을 이전한 경우에 급부자는 부당이득을 이유로 급부의 반환을 청구할 수는 없다. 그런데 그가 소유권에 기하여 반환을 청구할 수 있는지가 문제된다. 생각건대 물권적 청구권에도 제746조가 적용되어야 하므로, 소유권에 기해서도 반환청구를 할 수 없다고 해야 한다.

불법의 원인으로 인하여 급부한 자가 계약을 이유로 또는 계약의 해제를 이유로 급부의 반환을 청구할 수도 없다.

불법한 원인으로 급부한 경우에 불법행위를 이유로 손해배상을 청구하지 못한다.

불법한 쌍무계약에 있어서 당사자 일방만이 자신의 의무를 먼저 이행한 경우에도 제746조가 적용되어야 하며, 그 결과 불법원인급여임이 인정되면 반환청구를 할 수 없다고 하여야 한다.

불법원인급여에 있어서 '불법'을 '선량한 풍속 위반'이라고 이해하는 사견의 입장에서는, 판례가 사회질서에 반하여 무효라고 하는 이중매매는 사회질서에는 반할지 몰라도 선량한 풍속에 반하지는 않아서 매도인은 — 무효를 알지 못하고 있었다면 — 제742조에 의하여 반환청구권을 가지게 되고, 그 결과 제1매수인이 매도인의 등기말소청구권을 대위행사할 수 있게 된다.

> 계약이 불법하여 무효이고, 그리하여 채무가 존재하지 않는다는 사실을 알면서 급부를 한 경우에는, 그 급부는 제746조의 불법원인급여인 동시에 다른 한편으로 제742조의 비채변제가 되기도 한다. 이와 같이 제746조와 제742조를 모두 적용할 수 있는 경우에는 제746조만 적용해야 한다.

곽윤직 교수님의 고희기념 논문집 수록 논문으로 준비하다

이 논문은 1995년 12월에 발간된 곽윤직 교수님의 고희기념 논문집에 수록하기 위해 작성된 것이다.

그 논문집은 내가 실질적으로 주도하여 만들었다. 곽 교수님의 고희(古稀, 70세)가 가까워져서 나는 고희기념 논문집을 만들 생각으로 먼저 서민 교수님(충남대)에게 연락하여 계획을 말씀드렸고, 그 후 서 교수님과 함께 서울대 양창수 교수님 연구실에서 모여 논문집 발간에 대해 의논하였다. 거기에 가면서 나는 원고 청탁서 초고를 만들어 지참하였다.

그 자리에서 논문집 발간에 대한 각자의 적극적 또는 소극적인 의견 교환이 있었지만, 결국 고희기념 논문집까지는 만들기로 했다. 그리고 내가 가져간 원고 청탁서의 내용에 대하여 수정의견이 일부 제기되어 그 내용을 약간 수정한 뒤 원고청탁을 하기로 했다. 원고청탁 대상은 곽 교수님과 인연이 있는 분들에 한정하기로 하였고, 구체적인 대상 선정과 청탁서 송부는 내가 맡았다. 그 결과 집필자는 대부분 곽 교수님의 제자였다. 물론 그 이후의 진행도 실질적으로 내가 주도하였다.

나도 그 논문집에 실을 논문을 써야 했다. 그러한 논문은 무게가 있는 것이어야 했다. 나는 그 무렵 우리 판례가 이른바 불법성 비교론을 채용한 것을 보고, 그러한 판례가 타당하고 바람직한지 검토해 보려고 했고, 그것을 포함하여 불법원인급여 제도 전체에 관하여 깊이 연구를 해보고 싶었다. 그리고 그 논문을 곽 교수님의 고희기념 논문집에 싣기로 했다.

불법성 비교론을 채용한 판례에 대해 회의감懷疑感이 들다

대판 1993. 12. 10, 93다12947에서 대법원은, 명의신탁된 토지를 신탁자로부터 매수할 수 없게 되자 명의신탁 사실을 알면서도 신탁자 모르게 수탁자[50]로부터 매수한 경우에 관하여, 매도인인 명의수탁자의 불법성이 매수인의 불법성보다 더욱 크다는 이유로 매매대금의 반환을 인정하였다. 이와 같이 판례는 불법성 비교론을 채용하였다.

그런데 그 이론은 여러 면에서 문제가 많고, 따라서 채용하지 않았어야한다. 위 판결의 사안에서는 더욱 그렇다. 그 판결 사안에서 매수인(원고)은 서울특별시이다. 개인이 아니고 지방자치단체인 서울특별시가 일종의 꼼수를 써서 토지를 매수한 것이다. 그러한 경우에 서울특별시가 과연 매도인보다 도덕적으로 우위에 있다고 할 수 있겠는가?[51] 불법성 비교론은 판례가 취한 모습의 것뿐만 아니라 다른 모습의 것도 모두 크고 작은 문제점을 지니고 있다. 그래서 나는 그 이론에 반대한다.

그러면 사견에 의할 때 위의 판결 사안에서 매도인(수탁자)은 매매대금을 반환하지 않아도 되는가? 그렇지는 않다. 사견은 ― 뒤에 보는 바와 같이 ― 불법원인급여의 요건 중 하나인 '불법'을 '선량한 풍속 위반'으로 좁게 해석하므로, 그 사안의 경우는 그 매매가 사회질서에는 반할지언정 선량한 풍속에 반하지는 않아서 민법 제746조가 적용되지 않는다. 그리하여 매수인(원고)은 민법 제742조에 따라 매매대금의 반환을 청구할 수 있다.

불법원인급여 제도를 논의할 때는 먼저 그 제도의 특수성을 파악해야

불법원인급여 제도는 일반적인 제도들과 다른 특수성을 지니고 있다.

---

50 이 수탁자는, 명의신탁 해지를 원인으로 한 소유권이전등기의 소에 패소했지만 아직 등기를 옮기지 않아서, 등기 명의를 가지고 있었다.

51 이 판결의 상세한 문제점에 대해서는 다른 논문인 송덕수, "민법 제746조의 적용에 있어서 불법성의 비교 ― 대법원 1993. 12. 10. 선고 93다12947 판결 ― ,"「민사판례연구」(박영사, 1996), 제18권, 316면 이하 참조.

우선 그 제도는 한편으로 불법한 급여자에게 반환청구권을 인정하지 않는 방법으로 정의를 실현하지만, 반환청구가 부인됨으로써 불법한 결과가 묵인·방치되게 된다. 법이 불법한 급여자의 반환청구를 도와주지 않음으로써 불법한 결과를 법적으로 인정해 주는 꼴이 되는 것이다.

이러한 특수성을 생각하면 불법원인급여 제도를 널리 적용하는 것이 매우 부정의不正義한 것임을 알 수 있다. 그렇다고 불법한 결과를 묵인하지 않기 위해 불법원인급여에 대해 항상 반환청구할 수 있다고 하게 되면, 그 자체가 부정의함은 물론이고, 불법원인급여가 널리 행해질 위험성이 생기게 된다. 여기서 불법원인급여의 반환금지가 제한적으로 행해져야 함을 알 수 있다. 실제로 로마법에서는 그러했다고 한다.

불법원인급여 제도의 취지도 고려되어야

불법원인급여 제도의 취지에 대해서는 여러 의견이 주장되고 있다. 그 제도를 논의할 때 그 제도의 취지를 고려하는 것은 당연한 일이다. 불법원인급여의 요건을 해석할 때도 그렇다.

사견은 민법 제746조의 취지는 스스로 불법한 행위를 한 자가 그 복구를 꾀하려고 하는 경우에 법적 보호를 거절한다는 데 있다고 이해한다. 이른바 법적 보호의 거절에 그 취지가 있다고 하는 것이다.

그런데 과연 어떤 범위에서 법적 보호를 거절할지는 전술한 불법원인급여 제도의 특수성을 충분히 참작하여 해석해야 한다. 단순히 불법원인급여 제도가 중요한 제도라는 이유로 널리 적용되어야 한다고 생각해서는 안 된다. 오히려 불법한 결과의 묵인·방치가 되더라도 반환청구를 금지해야 하는 경우에 한하여 반환청구를 금지해야 한다.

사견으로는 모든 국민에게 지킬 것이 요구되는 최소한도의 도덕률인 '선량한 풍속을 위반한 경우'에만 반환청구를 부정하는 것이 적절하다고 생각한다. 그래서 나는 불법원인급여의 요건 중 하나인 제746조의 '불법'

을 '선량한 풍속 위반'이라고 새기는 것이다.

불법성 비교론을 대하는 다수 학자의 태도에 아쉬움이 남아

이른바 불법성 비교론은 일본에서 처음 주장된 후, 일본 최고재판소가 그 이론을 채용하자 일본의 통설로 되었다.

그 영향으로 우리의 대법원이 불법성 비교론을 채용하기 전부터 우리나라의 문헌에서도 그 이론에 동조하는 경우가 적지 않았다. 그 이론이 대법원 판례로 된 뒤에는 그러한 경향이 더욱 심화되고 있는 듯하다. 그럼에 있어서 문헌들이 그 이론이 우리 민법에서 인정될 때 문제는 없는가, 우리의 법체계상 적합한가, 법적 근거는 충분한가 등에 관하여 면밀하게 검토하였는지 의문이 든다. 구체적인 경우에 반환청구를 인정해 주어야 하겠는데 제746조의 규정상 반환청구를 인정할 수 없는 질곡을 벗어나게 해주는 구세주 같은 이론이라고 무작정 환영하고 있는 것은 아닌지 모르겠다.

법이론이 구체적 타당성을 추구해야 함은 이견이 있을 수 없지만, 그것은 법적으로 가능한 경우에만 그래야 한다. 그렇지 않다면 민법학이 논리적인 학문의 특성을 잃어버릴 것이기 때문이다.

내가 보기에는 불법성 비교론은 우선 제746조에 어긋나고, 불안정한 이론이며, 그 이론이 없어도 동일한 결론에 도달할 수 있다. 내가 그런 시각을 가지고 있어서, 불법성 비교론을 수용한 문헌들이 그 이론을 너무 쉽게 받아들인 것으로 섣부르게 판단한 것일까?

15. "호의관계의 법률문제"[「민사법학」(한국사법행정학회, 1997), 제15권, 420면-442면]에 대하여

[이 논문의 결론 요약]

(1) 호의관계와 법률관계는 이론상으로는 쉽게 구별된다. 그러나 실제에 있어서는 구별이 어려운 경우가 많다. 호의관계와 법률관계의 구별표준에 관한 학설로 여러 견해가 있으나, 사견은, 행위자의 상대방이 제반사정 하에서 적절한 주의를 베풀었으면 어떻게 이해했어야 하느냐의 관점에서 호의관계인지 여부를 결정해야 한다는 입장이다.

법률관계와 호의관계를 구별하는 구체적 표준으로는 무상성 또는 비자익성非自益性, 호의의 종류·원인·목적, 경제적 및 법적 의미, 호의행위가 행하여진 경우의 사정 등을 들 수 있다.

(2) 호의행위자의 의무에 관하여 보자면, 순수한 호의관계의 경우에는 주된 급부의무뿐만 아니라 '기타의 행위의무'도 전혀 인정되지 않는다. 그러나 때에 따라서는 주된 급부의무는 없지만 '기타의 행위의무'는 존재하는 경우가 있다. 호의관계에 있어서도 사정에 따라서는 당사자 사이의 사회적 접촉에 의하여 계약에 유사한 신뢰관계가 성립한다고 해야 한다.

(3) 호의행위자는 행위를 하지 않거나 하다가 중단하더라도 채무불이행 책임을 지지 않는다. 그러나 호의행위자가 행위를 하다가 손해를 발생시킨 경우에는, 불법행위로 인한 책임이 문제된다. 그리고 순수한 호의관계에 있어서와는 달리 '기타의 행위의무' 있는 호의관계의 경우에는 불완전이행 책임에 유사한 책임이 인정될 수 있다.

호의행위자가 가해한 경우는 보통의 손해발생의 경우와는 달리 호의관계의 특수한 면을 고려하여야 한다. 그런데 어떠한 방법으로 호의관계의 특수성을 고려할 것인가가 문제된다. 그에 관하여 우리나라에서는 불분명한 견해만이 주장되고 있고, 매우 다양한 독일의 학설들도 우리 민법에 적합하지 않다. 따라서 우리 민법에 맞는 새로운 이론이 정립되어야 한다. 그러한 이론으로는 무상수치인의 주의의무에 관한 민법 제695조를 호의관계에 있어서의 책임에 유추적용하는 것이 어떨까 한다. 즉 주의의무에 관하여 개인의 능력 차를 고려하여 구체적 과실이 있는 경우에만 책임을 인정하자는 것이다. 다만, 호의동승은 책임보험이 존재하는 한 다르게 다루어져야 할 것이다.

학술진흥재단의 연구비를 받기 위해 찾아낸 연구주제

앞에서 "사기·강박에 의한 의사표시" 논문에 관하여 설명할 때, 그 연구주제로 학술진흥재단(현 한국연구재단)에 연구비 지원을 신청했으나 지원을 받지 못했다고 했다.[52] 그 후 그 재단으로부터 연구비 지원을 받는 쉬운 방법을 내가 모르는 게 아님을 증명하기 위해, 오기로 연구비 지원을 받기 쉬운 주제를 찾아 신청하려고 했다. 그렇게 찾은 연구주제가 바로 이 논문이다. 나는 그 무렵 강의로 인해 친밀한 분야인 채권법총론의 문헌들을 살펴 우리나라에서 연구가 되어 있지 않은 '호의관계'라는 논점을 발견하였다. 그래서 그 연구주제로 연구비 신청을 하였다.

연구비 지원을 받게 되었으나 연구비를 받지 않으려고 하다

아니나 다를까! 재직 학교의 연구비 관리부처를 통하여 내가 신청한 연구주제에 대하여 연구비 지원이 결정되었다는 통지가 왔다. 나는 시큰둥했다. 우리 민법학의 상황으로 보면 '호의관계의 법률문제'보다는 '사기·강박에 의한 의사표시'의 깊은 연구가 더 시급하고 중요하다고 느껴졌는데, 우리나라에서 전자가 더 생소하여 ─ 후자에 대하여와는 달리 ─ 지원을 해주기로 한 것으로 보였기 때문이다. 물론 두 주제의 심사자와 경쟁주제가 달랐지만, 지원이 꼭 필요한 주제를 제대로 찾아내는지 의구심이 들었다.

그런 마당에 재미있는 얘기가 덧붙여 왔다. 내가 신청한 연구비가 감액되어 결정되었다는 것이다. 나의 실망감은 더 컸다. 내게 절실하게 연구비

---

52 앞의 78면·79면 참조.

가 필요했던 것도 아니고 그 연구주제에 대하여 꼭 연구해보고 싶었던 것
도 아닌데, 많지도 않은 금액을 삭감했기 때문이다. 나는 연구비 관리부처
에 "연구비를 받지 않겠으니 학술진흥재단에 그렇게 알려주라."고 했다.
진실로 연구비를 받고 싶지 않았다. 그랬더니 그 부처에서 내게, 연구비가
이미 학교 계좌로 들어왔고 반납하려면 절차가 매우 복잡하니 수령해 달
라고 간청하였다. 나는 싫었지만 내 기분 때문에 관련자들이 수고하게 될
것이 마음에 걸려, 연구비를 수령하기로 했고 연구도 진행하였다.

내가 만약 그 연구비를 끝까지 수령하지 않았으면 이 논문은 작성되지
않았거나 먼 훗날 연구비의 지원을 받지 않고서 작성하였을 것이다. 그 연
구비는 내가 학술진흥재단과 한국연구재단에서 지원받은 최초이자 최후
의 지원금이었다. 연구비 지원에 관하여 학술진흥재단의 결정에 실망한
나는 그 뒤에는 한 번도 연구비 신청을 하지 않았다. 그리고 나의 재원으
로 — 연구비 지원을 받기 위하여 억지로 연구주제를 찾는 일 같은 것도 하
지 않고 — 내가 쓰고 싶은 연구주제를 마음대로 골라 연구하였다.

호의관계에 관한 개척적인 연구가 되다

앞에서 언급한 바와 같이, 이 논문을 쓸 당시 호의관계에 관하여 국내에
는 깊은 연구가 전혀 없었다. 교과서에 겨우 개념만 소개되어 있을 뿐이었
다. 그러니 그 연구가 쉬울 리 없었다. 우선 연구 방향에 직접 도움을 줄 문
헌이 없었기에, 각 부분 하나하나를 새로이 개척해가는 상황이었다. 내가
들고 있는 예나 판단 내용이 적절한지 불안하기도 했다. 그렇지만 내가 길
을 만들어간다는 생각에 자부심이 생겼다. 그리고 호의관계와 법률관계
사이의 경계에 서 있는 여러 사례를 살필 때는 재미도 있었다.

호의동승의 연구를 위한 사전 연구로서 의미를 가지다

호의관계의 개별적인 논점으로 연구되어야 할 사항이 많이 있다. 그중

에 대표적인 것이 호의동승이다. 그런데 호의동승을 비롯한 개별적인 호의관계를 제대로 연구하려면, 먼저 호의관계 전반에 관하여 깊은 지식을 가지고 있어야 한다. 그런데 이 논문이 바로 그러한 지식을 제공해 줄 수 있다. 이 논문은 호의관계 자체의 깊은 연구로서뿐만 아니라 개별적인 호의관계 연구의 필수적인 사전 연구로서 가치도 가지고 있는 것이다.

16. "취득시효와 대상청구권"[「저스티스」(한국법학원, 1997), 제30권 제2호, 234면-257면]에 대하여

[이 논문의 결론 요약]

대판 1996. 12. 10, 94다43825는 "점유로 인한 부동산 소유권 취득기간 만료를 원인으로 한 등기청구권이 이행불능으로 되었다고 하여 대상청구권을 행사하기 위하여는 그 이행불능 전에 등기명의자에 대하여 점유로 인한 부동산 소유권 취득기간이 만료되었음을 이유로 그 권리를 주장하였거나 그 취득기간 만료를 원인으로 한 등기청구권을 행사하였어야 하고, 그 이행불능 전에 위와 같은 권리의 주장이나 행사에 이르지 않았다면 대상청구권을 행사할 수 없다."고 한다.

취득시효의 효과에 관하여 사견은 취득시효의 다른 요건이 갖추어진 한 등기 없이도 사실상 소유권을 취득한다는 입장이다. 그러한 사견에 의하면, 판례가 취득시효의 경우에 대상청구권 행사를 인정한 것은 부당하다. 취득시효 완성자는 등기청구권이라는 채권이 아니고 소유권을 취득하는 것이며, 따라서 대상청구권이 인정될 여지가 없다. 그리고 이때의 수용보상금은 바로 소유권의 대가이므로 당연히 시효취득자가 취득하여야 한다.

그에 비하여 취득시효 완성의 효과에 관한 판례의 태도에 따르면 다르게 된다. 취득시효 완성자는 등기청구권이라는 채권의 채권자로 되고, 그 결과 수용으로 인하여 채무자가 등기의무를 이행할 수 없게 되면, 마땅히 수용보상금이라는 대체이익을 채권자에게 반환해야 한다. 그런데 그렇게 해석하면 다른 한편으로 취득시효 완성 후의 처분이 유효하다고 하는 판례와 모순을 보이게 되어 문제이다. 시효완성 후의 처분에 관한 판례에 맞게 하려면, 오히려 취득시효 완성자의 대상청구권을 인정해서는 안 된다. 여기서 두 가지 해석 중 하나를 선택해야 한다. 그때에는 시효완성 후의 처분에 관한 판례가 더 중요하기 때문에 후자에 따라야 한다. 결국 판례의 견지에서 보아도 취득시효 완성자의 대상청구권은 인정되지 않아야 한다. 다만, 시효완성 후의 처분이라도 처분금지 가처분 결정이 내린 뒤에는 무효로 되므로, 처분금지 가처분 결정 후에 받은 수용보상금은 시효취득자가 취득할 수 있게 될 것이다. 그러나 이는 가처분 결정에 의하여 처분이 금지된 상태에서 취득시효에 의하여 소유권을 취득하기 때문에 생긴 결과이며, 결코 대상청구권의 문제가 아니다.

그런데 연구대상 판결은 위와 같이 판단하지 않고, 취득시효 완성 후의 처분이 불법행위로 될 수 있는 경우와 유사한 모습으로 추가요건을 요구하면서 대상청구권을 인정하고 있다. 그러한 방법으로 시효취득자와 소유자의 이해를 조절하려고 한다. 그러나 연구대상 판결의 사안을 대상청구권의 문제로 파악하더라도 판례가 요구하는 요건의 내용은 타당하지 않다.

연구대상 판결이 주목할 만한 내용을 지니다

대법원이 1992. 5. 12.에 대상청구권을 인정하는 판결을 처음 선고한 뒤 그에 관한 판결이 계속 이어졌다. 그리고 이 연구의 대상 판결은 대법원이 대상청구에 관하여 10건의 판결을 선고한 후에 나온 것이다. 그 10건의 판결 가운데에는 취득시효의 경우에 대상청구권에 대하여 판단한 것도 4건이나 있고, 그중 하나는 분명하게 대상청구권을 인정하였다. 그런데 이전의 4개의 판결에서는 취득시효 완성자가 대상청구권을 가지기 위하여 추가적으로 요구되는 요건에 관하여는 판시한 적이 없다. 이 논문의 연구대상 판결에서 처음으로 추가요건을 요구한 것이다. 그러면서 대법원은 취득시효 완성 후의 처분이 불법행위로 되는 경우에 관한 판례와 유사하게 판단하였다.

이 연구주제에 대하여 비교법실무연구회에서 논의되었고

연구대상 판결에서 문제된 논점에 관하여는 1996. 9. 19.에 비교법실무연구회에서 발표·토론이 된 바 있다.

비교법실무연구회는 대법원 재판연구관을 비롯한 대법원의 판사들과 소수의 교수를 회원으로 하고 있으며, 판단하기 어려운 주제를 가지고 여러 중요한 외국법을 연구하여 발표하고 토론한다.

여기의 연구주제에 관하여 나는 독일민법상의 대상청구권을 소개하고, 우리나라에서 취득시효 완성자에게 대상청구권이 인정되어야 하는지에 대하여 발표를 하고 질문에 답하였다. 그리고 그때의 발표에서 나는 연구대상 판결의 사안은 취득시효의 문제이지 대상청구권의 문제가 아니고, 따라서 그 사안에서 보상금의 지급청구 여부는 취득시효의 관점에서 판단되어야 한다고 하였다. 그 결과 원고의 보상금 지급청구는 부정되어야 하며, 이를 굳이 대상청구권 개념을 사용하여 말한다면, 원고의 대상청구권은 부인되어야 한다고 하였다.[53] 그때 나는 우리 대법원이 대상청구권을 너무 좋아하여 널리 인정하는 '대상청구권 신드롬에 걸렸다.'고 표현하기도 했다.

비교법실무연구회 회원들 전원의 의견을 묻다

이 연구주제에 관한 비교법실무연구회의 토론회에서 회장인 이용훈 대법관님(당시. 후에 대법원장 역임)은 토론이 모두 끝난 뒤 40~50명의 참석회원 전원에게 개별적으로 의견을 물으셨다. 그 결과 회원의 거의 전부가 내

---

53 비교법실무연구회 편, 판례실무연구[I], 박영사, 1997, 445면·446면.

의견이 타당하다고 하였다. 그러자 이 대법관님은 "송 교수는 좋겠다."라고 하며 웃으셨다.

연구대상 판결이 다른 결론을 취하고

그런데 연구대상 판결이 앞에서 본 것처럼 전혀 다르게 판단하였다. 종래 대법원이 취득시효가 완성된 후 등기명의인의 처분이 취득시효 완성자에게 불법행위로 되기 위해서는 시효취득을 주장하는 권리자가 취득시효를 주장하거나 소유권이전등기의 청구소송을 제기한 뒤에 제3자에게 처분하여 소유권이전등기 의무가 이행불능으로 되었어야 한다고 하였는데,[54] 취득시효 완성자에게 대상청구권이 인정되기 위해서도 그와 비슷한 추가 요건을 요구한 것이다. 그러한 판결을 보고 나는 상당히 놀랐다. 당연히 나와 같은 결론이 나올 것으로 기대했었기 때문이다.

'아! 나는 학술회의에서 회원들의 마음만 잘 설득할 수 있는 모양이구나.'

취득시효에 관한 판례는 근본적으로 바뀌어야

내가 여러 곳에서 지적한 바 있지만, 취득시효에 관한 우리의 판례는 근본적으로 문제가 있다. 그런가 하면 세부적인 내용에서 논리적으로나 타당성 면에서도 비판받을 점이 많이 있다. 그것들을 완전히 해결하려면 적절하게 민법을 개정해야 한다. 설사 민법을 개정하지 못하더라도 문제가 있는 판례를 최대한 바꾸어나가야 한다.

연구대상 판결도 수정되어야

앞서 지적한 것처럼, 이 연구의 대상 판결도 논리적으로 타당하지 않다, 이 판결은 대상청구권에 관한 이해가 불충분한 기초 위에 서 있다. 대상청

---

54 대판 1993. 2. 9, 92다47892 등.

구권은 그것이 유용하다고 하여 여기저기 무작정 쓰여서는 안 된다. 연구대상 판결 사안은 대상청구권이 쓰일 수 있는 그런 경우가 아닌 것이다. 그러므로 연구대상 판결도 조속히 시정되어야 한다. 이 판결을 보면서 새로운 주장과 제도에 관한 올바른 이해와 적절한 적용이 중요함을 다시금 느끼게 된다.

17. "악의의 무단점유와 취득시효"[『판례실무연구』(박영사, 1997), 제1권, 238면-267면]에 대하여

[이 논문의 결론 요약]

(1) 악의의 무단점유자도 취득시효에 의하여 부동산의 소유권을 취득할 수 있는지 문제된다. 이를 해결하기 위하여 먼저 자주점유가 무엇인가를 살펴보고, 이어서 무단점유가 자주점유와 어떤 관계에 있는지를 본 뒤에, 마지막으로 악의의 무단점유의 경우에도 취득시효의 요건이 갖추어질 수 있는지를 검토해 보기로 한다. 그리고 구체적인 논의에 앞서서 프랑스, 독일, 스위스, 오스트리아 등 여러 나라 민법에서의 취득시효와 자주점유에 대하여 정리해보기로 한다.

(2) (외국법은 생략)

(3) 자주점유는 물건을 소유자처럼 지배할 의사로써, 달리 말하면 자신을 위하여 배타적으로 지배할 의사로써 점유하는 것이다. 따라서 자주점유가 성립하기 위하여 정당한 권원(본래의 의미)이 필요하지도 않고, 또 권원이 있다고 믿고 있었어야 하는 것도 아니다.

자주점유에 있어서 소유의 의사 유무는 객관적으로 드러난 의사 지향에 의하여 판단되어야 하며, 그것을 판단하는 중요한 자료로서 점유를 취득하게 된 원인, 특히 권원(본래의 의미)이 사용될 수 있을 것이다. 다만, 우리 민법에는 자주점유의 추정규정(제197조 제1항)이 두어져 있어서 점유가 모두 자주점유로 추정되어야 하는 만큼, 자주점유의 판단보다는 오히려 반대입증의 문제로 돌아가게 된다.

(4) 악의의 무단점유자도 자주점유자일 수 있다. 즉 권원 없는 점유, 악의점유도 소유의 의사로써 하는 점유에 해당할 수 있고, 그러한 때에는 자주점유에 속하게 될 것이다.

(5) 전술한 바에 의하면, 악의의 무단점유도 자주점유일 수 있고 또 거기에도 자주점유 추정이 인정된다. 그 결과, 다른 고려를 하지 않으면 악의의 무단점유자도 부동산을 시효취득할 수 있게 될 것이다. 그러나 이를 법률과 법원이 도와서는 안 될 것이다.

우리의 일부 학설과 판례는 자주점유의 개념을 매개로 하여 그 목적을 달성하려고 한다. 사견은, 민법 제245조 제1항의 취지와 민법의 근본 입장에 비추어, 보호되지 않아야 하는 비교적 극단적인 경우는 배제될 수 있다고 생각한다. 권원(본래의 의미)이 없고 또 그에 관하여 악의인 경우(의심을 품는 경우 포함)만은 시효취득을 배제하여야 할 것이다. 그런데 이는 취득시효의 요건이 갖추어진 경우에 있어서 예외에 해당하기 때문에, 그 요건은 시효취득을 다투는 상대방이 입증하여야 한다. 이때 그 요건(권원 없음 및 선의)의 입증은 완화시켜 개연성의 입증으로 충분하다고 할 것이다. 특히 타인의 명의로 등기되어 있는 경우에 더욱 그렇다.

결국 악의의 무단점유자도 자주점유의 요건을 갖출 수 있고, 일단 민법 제197조 제1항에 의하여 자주점유로 추정된다. 그러나 상대방이 점유자가 권원 없는 악의의 점유자임을 입증하면 시효취득을 할 수 없게 된다.

만약 기존 판례의 입장처럼 자주점유의 개념을 매개로 하여 해결책을 찾아야 한다면, 우선 자주점유 추정을 인정하되, 그 추정을 쉽게 번복할 수 있게 하여야 한다. 그리고 정당한 권원(본래의 의미)이 없고 또 그에 관하여 악의인 경우만은 부득이 자주점유에서 배제하여야 한다. 그러한 점유임이 명백히 드러나는 경우에까지 민법이 보호를 의도하였다고는 볼 수 없기 때문이다.

비교법실무연구회의 요청으로 작성한 논문

이 논문은 비교법실무연구회 제3회 세미나(1996. 7. 19.)에서 내가 발표한 것이다.

비교법실무연구회는 비교법 연구를 위한 연구모임이다. 처음에는 독일법과 프랑스법을 연구하는 독·불법연구회로 시작했는데, 후에 영미법도 추가하였고, 명칭도 비교법실무연구회로 바꾸었다. 비교법실무연구회에서 내게는 독일 법권法圈 국가들 전부의 법제를 조사하여 발표하는 일이 맡겨졌다. 독일·스위스·오스트리아의 법을 조사하여 발표하도록 한 것이다. 그리하여 시간과 노력이 무척 많이 요구되었다.

이날 세미나에서 다루어진 주제는 당시에 매우 시급했던 부동산의 취득시효 문제였다. 그 얼마 전 헌법재판소는 국유재산이나 공유재산의 시효취득을 금지하는 법률규정(개정 전 국유재산법 제5조 제2항, 지방재정법 제74조 제2항)에 대하여 위헌결정을 하여, 상대적으로 관리가 허술한 국·공유지의 잠식이 눈앞에 현실로 다가왔다. 수많은 취득시효 사건이 법원 판단을 기다리고 있었던 것이다.

그리하여 그 주제에 대하여 비교법실무연구회에서 비교법적으로, 법제사적으로 발표와 토론을 하게 되었다. 구체적으로는 국유지(또는 공유지)임을 알면서도 무단으로 점유한 자까지 점유 취득시효(민법 제245조 제1항)에 의하여 소유권을 취득할 수 있는지에 대하여 심도 있게 검토하도록 했다.

거기에서 나는 독일 법권의 국가들에서 악의의 무단점유자가 시효취득을 할 수 있는지, 그리고 우리 법 아래서는 어떻게 해야 하는지를 발표하게 되었다. 그런데 우리의 취득시효 제도가 프랑스법과 유사하여 ─ 독일·스위스·오스트리아 법 외에 ─ 프랑스법도 조사하여 발표하였다.

비교법실무연구회의 발표·토론은 즐겁고 흥미로워

비교법실무연구회에서는 동일한 주제에 관하여 우선 여러 외국의 법을 조사하여 발표하게 한다. 그런데 이번 세미나의 경우에는 한국의 과거의 법과 로마법도 발표하게 했다. 거기에 회원들이 의견을 정리하여 제출하기도 했다. 발표에 이어서 난상토론이 이어진다. 여러 발표자와 회원들이 깊이 있게 연구하여 잘 알고 있는 상태에서 토론을 하는 모습은 매우 흥미진진하고 생동감이 넘친다. 그래서 재미도 있다. 나 자신이 토론에 참가하여 발언할 때뿐만 아니라 다른 회원들의 토론을 들을 때도 마찬가지이다. 이번 세미나처럼 발표자와 의견 제시자가 아주 많은 경우에는 더욱 즐겁고 재미가 있었다.

악의의 무단점유자의 취득시효를 막아라!

세미나에서 발표자의 다수는 악의의 무단점유자의 시효취득을 인정하지 않는 쪽에 서 있었다. 그런데 비록 소수이기는 하지만 우리 법상 시효취득을 허용해야 한다는 주장도 있었다. 그것이 우리의 과거의 법이나 외국법에 비추어 반드시 부당한 것은 아니라고도 했다. 토론이 점점 열기를 띠면서 그 소수 의견이 더 살아나려는 듯했다.

사실 도덕적으로는 악의의 무단점유자가 보호되지 않아야 할 것이나, 민법 규정이나 법이론상 그러한 자에 대한 법적 보호가 당연히 거절될 수 있는 것은 아니었다. 게다가 소수 의견 쪽에서는 악의의 무단점유자에 비해서 소유자를 더 보호해줄 필요가 있는가 하는 문제 제기도 했다. 토론이 반드시 바람직한 방향으로 가리라는 보장이 없었다. 나는 내심 걱정스러웠다.

'이러다가 악의의 무단점유자의 시효취득이 인정되면 어쩌지?'

그래서 나는 즉시 다음과 같이 시작하는 토론을 길게 하였다.

"법 논리야 어떻든 악의의 무단점유자에게는 취득시효를 인정하지 말아야 한다는 것이 제 솔직한 심정입니다."[55]

내가 법에 관한 토론에서 이렇게 결과를 먼저 생각하고 논거를 그 뒤에 두자고 한 경우는 이때가 처음이다. 그리고 그 후에도 그렇게 한 적이 없

---

[55] 이 토론에 관하여 앞의 판례실무연구[I], 419면 참조.

다. 처음이자 마지막으로, 비논리적이더라도 바람직하고 타당한 결과를 달성해야 한다고 주장한 것이다. 다행히 그 후에 대법원은 악의의 무단점유자에게 사실상 시효취득을 부정하는 판단을 했다. 내가 그렇게 호소한 것이 직접적으로 효과를 발휘했는지는 알 수 없지만, 적어도 헛된 노력은 아니었던 것 같다.

대법원이 의미가 큰 판결을 하다

이 세미나 후 대법원은 세미나의 발표와 토론을 참조하여 의미가 큰 판례를 내놓았다. 그것이 대판(전원) 1997. 8. 21, 95다28625이다.[56] 그 판결에서는 세미나에서 제기된 중요문제들 모두에 대하여 판단을 하였다. 그리하여 자주점유인지 타주점유인지 결정하는 방법, 그러면서 '권원'의 의미를 올바르게 사용한 점, 자주점유 추정이 번복되는 경우에 대하여도 입장을 밝혔다. 그리고 가장 중요한 논점인 악의의 무단점유에 관하여 악의의 무단점유임이 입증된 경우에도 자주점유의 추정이 깨어졌다고 한 뒤, 그와 다른 취지의 과거의 판례를 변경하였다.

이러한 대법원판결의 결과 악의의 무단점유인 것이 입증된 경우에는, 자주점유의 추정이 깨어지고, 새롭게 자주점유를 증명할 수는 없어서 사실상 시효취득이 불가능하게 되었다. 드디어 내가 염원하던 목표가 달성되었다. 이 대법원판결의 주심 대법관은 비교법실무연구회 회장인 이용훈 대법관님이셨다.

내 주장 중 차선책을 택하다

사실 '악의의 무단점유'는 엄격하게 말하면 그 자체가 법률의 전문용어

---

[56] 이 판결에 대하여 내가 자세하게 연구한 논문으로 송덕수, "부동산 점유 취득시효의 요건으로서의 자주점유와 악의의 무단점유 — 대상판결: 대법원 1997. 8. 21. 선고 95다28625 전원합의체 판결 — ,"「민사법학」(한국사법행정학회, 1998), 271면 이하가 있다.

인 것은 아니다. 그것은 '악의점유'일 뿐이다. 그리고 악의점유는 선의점유와 대비되는 것으로서 자주점유·타주점유와는 존재하는 평면이 다르다. 그 점은 민법 제202조 제2문에 비추어 보아도 분명하다. 또한 악의의 무단점유야말로 아주 강력한 자주점유이다. 따라서 악의의 무단점유의 경우에도 자주점유의 추정(제197조 제1항)이 당연히 인정되어야 한다.

그리하여 나는 '자주점유'를 매개로 하여 악의의 무단점유자에게 시효취득을 부정하는 방법은 이론상 적절하지 않다고 하였다. 그러면서 그 결과를 민법 제245조 제1항의 취지와 민법의 근본 입장에서 찾을 것을 제안하였다. 그런데 만약 이와 같은 이론을 취하지 않으려 한다면 — 악의의 무단점유자의 시효취득을 반드시 막아야 하기 때문에 — 비록 이론적으로는 문제가 있지만, 자주점유의 추정을 번복하는 방법을 취할 수밖에 없다고 하였다.

위의 대법원판결은 나의 주장 중 이상적인 방법에 눈을 가리고 차선책을 택한 것이다.

대법원이 이상적인 이론을 꺼리지 않는 시절이 왔으면

대법원이 왜 내가 이상적이라고 생각하는 방법을 택하지 않았는지는 쉽게 짐작할 수 있다. 법원 실무는 민법의 근본이념이나 신의칙과 같은 일반규정의 적용을 극히 꺼린다. '일반조항으로의 도피'라는 비난, 혹은 자의적으로 재판을 한다는 비판을 피하려는 데 그 이유가 있다.

엄격하게 근거를 제시하려는 법원의 그러한 태도는 바람직한 면이 있다. 그러나 비난이 두려워 엄연히 두어져 있는 일반조항을 피할 것은 아니다. 그것은 법의 올바른 적용이 아니다. 또한 법 해석상 민법의 근본 입장 내지 기본이념으로 해결할 수 있는 경우에는, 무리하게 거리가 먼 법규정을 적용하기보다 그 방법을 택하는 것이 바람직하다. 우리 법원이 자신감을 가지고 법의 근본 입장 등을 적용할 날이 빨리 오기를 기다려본다.

절실한 마음으로 세미나 토론을 마무리하다

내가 절박한 심정으로 토론을 한 부분은 「비교법실무연구[I]」에 수록되어 있으며, 그 양은 3면에 이른다. 그 토론을 마무리하면서 내가 한 발언을 여기에 인용해본다.

> "이 토론의 첫 부분에서 이미 말씀드린 바와 같이, 우리 민법상 단순히 장기간 점유한 사실만으로 소유권을 취득할 수는 없다고 생각합니다. 적어도 법원과 법률이 그것을 도와서는 안 될 것입니다. 따라서 법률의 형식논리와 연혁만을 앞세워 무단점유자의 시효취득을 인정하려는 시도는 허용되지 않아야 합니다.
>
> 그런가 하면 악의의 무단점유자의 시효취득을 배제하여야 한다는 타당한 결과를 염원한 나머지 본래의 법개념 및 법이론에서 지나치게 멀어지게 되는 것도 경계하여야 합니다. 특히 자주점유 유무의 판단에 관한 판례를 금과옥조로 하여 그 바탕 위에서 무리하게 해결책을 찾는 이론은, 결과에 있어서의 타당성은 긍정되지만, 결코 바람직한 견해라고 하기 어렵습니다."[57]

18. "호의동승"[「민사법학」(한국사법행정학회, 2000), 제18권, 578면-628면]에 대하여

[이 논문의 결론 요약]

(1) 호의동승에 있어서의 책임의 문제에 접근하려면 먼저 호의관계 전반에 있어서 호의행위자의 책임이 어떠한지를 검토하여야 한다. 그러고 나서 호의동승이 다른 호의관계와 구별되는 특징이 있다면 그에 대한 고

---

[57] 앞의 판례실무연구[I], 421면.

려를 반영하여야 한다.

(2) 호의동승이란 계약이 없이 순수한 호의에서 무상으로 타인을 자신이 운전하는(또는 자신의) 차에 태워주는 것을 말한다. 호의동승은 언제나 대가를 지급하지 않는 이른바 무상동승이다. 그러나 무상동승이라고 하여 항상 호의동승은 아니다. 무상동승 가운데에는 잠입동승이나 강요동승도 있기 때문이다.

호의동승은 호의관계의 전형적인 한 경우이다. 그런데 다른 호의관계와는 달리 호의동승에는「자동차손해배상 보장법」(자배법)이라는 특별법이 있고, 거기에서 운전자와 다른 운행자의 엄격한 책임이 규정되어 있다. 그 결과 운전자와 운행자가 다른 경우에는 양자의 책임을 검토해야 한다.

호의동승은 먼저 ① 운전자와 운행자가 동일한 경우와 ② 그 둘이 동일하지 않은 경우를 나누고, ②를 다시 무단운전의 경우와 무단운전이 아닌 경우로 나누어 살펴보아야 한다.

(3) 호의동승에 있어서 운행자의 책임을 본다. 그에 대하여는 여러 학설이 대립하고 있다. 그리고 대법원은 무단운전의 경우와 무단운전이 아닌 경우 각각에 관하여 여러 차례 판단을 내린 바 있다.

그런데 학설은 모두 만족스럽지 않다. 사견으로는 구체적 과실이 있는 때에만 배상책임을 인정해야 한다는 구체적 과실설이 기초이론이 되어야 한다. 그러나 그 이론은 여기서는 그대로는 관철되지 않아야 한다. 그 이론은 자배법의 취지를 고려한 것이 되지 못하기 때문이다. 자배법의 취지를 고려하면, 호의동승의 경우에도 책임보험이 있는 한 그 범위에서는 자배법 제3조에 의하여 운행자는 책임을 진다고 하여야 한다. 그에 비하여 책임보험금을 넘는 손해에 대하여는 설사 임의보험에 가입되어 있더라도 거기에는 구체적 과실의 원칙을 적용하여야 한다.

운행자와 운전자가 동일하지 않고 운행자에 대하여만 호의동승인 경우에는 자배법 제3조의 적용에 있어서 운행자에 대하여만 위의 이론을 적용하면 된다. 그리하여 운행자책임에 관하여는 책임보험금의 범위에서는 운행자(및 운전자)에게 추상적 과실이 있으면 배상책임을 지나, 책임보험금을 넘는 손해에 대하여는 운행자에게 구체적 과실이 없는 한 운행자는 책임을 면한다. 물론 이때 운전자의 과실은 여전히 추상적 과실이다.

우리 판례 중 무단운전의 경우에 관한 것은 무난하다. 그러나 무단운전이 아닌 경우에 관한 것은 책임제한 부정설과 같은 견지에 있고, 그러한 태도는 적절하지 않다.

(4) 호의동승에 있어서 운전자책임이 따로 문제되는 것은 운행자와 운전자가 일치하지 않는 경우이다. 운전자책임은 자배법의 적용을 받지 않고 민법에 의하여 인정된다. 그 결과 그 경우에는 호의관계의 일반이론이 그대로 적용되어야 한다. 즉 운전자는 구체적 과실이 있는 경우에만 손해를 배상하면 충분하다.

(5) 호의동승 이외의 무상동승 중 잠입동승의 경우에는 '자신의 위험에 기한 행위' 이론이 적용되어야 한다. 그리하여 운행자책임도 발생시키지 않고, 또 일반 불법행위 책임도 발생하지 않는다.

강요동승의 경우에는 운행자책임은 성립하지 않는다. 그런데 운전자책임은 언제나 발생하지 않는다고는 할 수 없다. 일반 불법행위의 요건을 갖추는 경우에는 책임을 져야 할 경우도 있다. 그러나 운전자에게 고의가 없는 한 배상책임을 인정하기가 어려울 것이다.

마음의 여유를 가지고 호기롭게 연구를 시작하다

앞에서 본 바와 같이,[58] 그 당시 이미 나는 호의관계 일반에 관하여 깊이 연구를 한 상태에 있었다. 그리고 호의동승에 대하여는 국내에도 연구논문이 여럿 나와 있었다. 이렇게 나 자신이 호의동승의 연구를 위한 기초를 충분히 다지고 있었고, 게다가 선행연구들이 있어서 내가 새로 개척해 나가야 할 필요도 없었으니, 나는 마음이 더없이 편안하였다. 그래서 자신감을 가지고 호기롭게 연구를 시작하였다. 난생 처음이었다.

'이제 문헌을 읽고 판례를 분석한 뒤 내 판단만을 믿고 쓰면 된다.'

---

58 앞의 112면 이하 참조.

식탁에 앉아 즐겁게 연구해 가다

호의동승은 호의관계의 개별적인 사항 중 하나이지만, 실제 사회에서 다툼이 자주 발생하고 판례도 대단히 많은 중요한 논점이다. 그리고 호의동승의 경우의 책임에 관하여 학설도 여럿으로 나뉘어 대립하고 있다. 그리하여 판례를 조사·분석하고 정리하는 일이나 학설을 정리하고 검토하는 일은 큰 노력을 필요로 했다. 그렇지만 나는 그것은 모두 시간문제일 뿐이라고 생각했다. 품이 많이 들 뿐 어려움은 크지 않을 테니, 정리와 체계화에 기쁨을 느끼는 내게는 오히려 즐거운 일이었다. 다른 논문을 쓸 때와 달리 이번에는 낮은 책상이 아니고 식탁에서 작업을 했다. 식탁을 책상으로 쓴 것이다. 한 부분 한 부분 써 내려가는 데 거칠 것이 없었다.

갑자기 절망에 빠지다

서론을 쓰고, 호의동승의 의의와 특수성을 적고, 호의동승 논의에 필요한 범위에서 호의관계 일반에 대하여 정리하고, 호의동승에 있어서 호의운행자의 책임에 관하여 우리의 학설·판례에 대하여 정리할 때까지만 해도 모든 게 순조로웠다. 기분도 그대로였다.

그런데 그 후 학설을 검토하다가 갑자기 '내가 무슨 가치 있는 주장을 할 수 있지?' 하는 생각이 들었다. 내가 특별히 새롭게 주장할 내용이 없을 것 같았다. 논문이라면 기존의 연구와 다른 가치 있는 문장이 하나라도 있어야 할 텐데 과연 그럴지 의문이었다.

'이런 상태라면 기존의 학설·판례를 정리해 주는 것에 불과할 뿐이다.'

나는 창밖으로 멀리 하늘을 바라보았다. 다수의 여러 학설을 조사하고 분류하던 일, 수많은 판례를 모두 조사하고 분석한 뒤 같은 부류로 나누고 논평까지 한 일이 모두 쓸데없는 것 같았다.

'이 논문작성을 중단할까?'

그때 내가 내 모습을 보지는 못했지만, 아마도 내 눈은 서글픔에 휩싸여 있었을 것이다. 호기롭게 연구를 시작했을 때의 기분은 온데간데 없었다. 그동안의 노력이 아깝다는 생각은 할 여지도 없었다. 그걸 모르고 연구를 시작한 것이 한스러울 뿐이었다.

'아! 정말 이대로 이 논문은 포기하여야 하는가?'

책임보험과 연계한 해석에서 새로운 아이디어를 얻다

나는 한동안 멍하니 있었다. 그러다가 힘을 내 한 번만 다시 살펴보고 최종적으로 결정을 하기로 했다. 그리고 독일 문헌을 하나씩 자세히 읽어보았다. 그러던 중 독일의 여러 학자가 호의동승의 경우에 책임보험을 고려하여 해석을 하고 있음을 발견하였다.

'아! 이건 우리나라에서도 적용될 수 있는 바람직한 이론이다. 왜, 내가 그 생각을 미리 하지 못했을까?'

좌절이 희열로 바뀌는 순간이었다. 나는 다시 힘을 얻어 논문작성을 이어 갔다. 이 논문은 이런 과정을 거쳐 탄생한 것이며, 내가 좌절했을 때 다시 생각해보지 않고 중단해버렸으면 세상에 나오지 않았을 것이다.

무상동승과 호의동승, 운행자책임과 운전자책임을 구별하고

우리의 많은 문헌은 무상동승을 호의동승의 의미로 사용하고 있다. 그러나 엄격하게 보면 무상동승과 호의동승은 다르다. 무상동승이라도 법률관계인 경우가 있고, 잠입동승이나 강요동승은 무상동승이지만 호의동승은 아니다. 이 논문에서는 이러한 점을 지적하고, 순수한 호의동승 이외의 무상동승에 대하여 따로 설명하였다.

그리고 자동차의 운행자와 운전자가 다른 경우에는, 운행자책임과 운전자책임이 분리되고, 그 내용이 다를 수도 있다. 그럼에도 불구하고 우리 문헌들은 운행자책임에 대하여만 논의하고 운전자책임에 대하여는 전혀 논의하고 있지 않다. 그런데 이 논문에서는 운전자책임에 대하여 따로 검토하였다.

이 논문의 뒷부분에 있는 이들 논의는 즐거운 마무리였다.

19. "연대채무 및 보증채무에 있어서 면책행위자가 통지를 하지 않은 경우의 효과"[심당 송상현 선생 화갑기념 논문집 「21세기 한국민사법학의 과제와 전망」(박영사, 2002), 358면-383면]에 대하여

[이 논문의 결론 요약]

(1) 우리의 통설은 민법 제426조의 해석과 관련하여 '제1의 면책행위자가 사후통지를 하지 않고 제2의 면책행위자는 사전통지를 하지 않은 경우'(이하 '문제되는 경우'라고 함)는 제426조에 규정되어 있지 않으므로 해석으로 결정되어야 하며, 그때에는 일반원칙에 따라 제1의 출재행위만이 유효하다고 한다. 이러한 문제는 보증채무에서도 유사하게 발생한다. 그리고 대법원은 주채무자가 사후통지를 하지 않은 동안에 수탁보증인이 사전통지 없이 변제한 경우에 대하여, 연대채무에 관한 우리의 통설과 같은 결과를 처음으로 인정하였다.[59] 그런데 연대채무와 보증채무에 관한 우리의 통설 및 판례에 대해서는 의문이 있다.

(2) 연대채무에 있어서 '문제되는 경우'에 대한 사견은 다음과 같다.

통지가 필요한 경우는 모두 제426조의 범위로 끌어들여야 한다. 그리고 제426조의 중점은 면책행위자의 사후통지에 있다. 따라서 '문제되는 경우'는 사후통지가 없는 경우로서 사전통지가 있었는가를 묻지 않고 제426조 제2항을 적용하여야 한다. 그 결과 제2면책행위자는 그가 선의인 때에는 제1면책행위자에 대하여 자기의 면책행위의 유효를 주장할 수 있다. 그에 비하여 제1면책행위자의 사후통지가 있었으면 아무리 제2면책행위자가 선의라고 하더라도 구상권은 제한되지 않는다.

---

59 이 논문에서는 '주채무자'와 '수탁보증인'을 바꾸어 적었다. 바로 잡는다.

제426조 제1항에 관하여 통설은, 동 조항은 면책행위자가 면책행위를 하기 전에 언제나 미리 통지를 하여야 함을 규정한 것이라고 한다. 그러나 동 조항은 어느 연대채무자에게 채권자에 대한 일정한 대항사유가 있었을 때에 한하여 예외적으로 면책행위자의 사전통지를 요구한 것으로 보아야 하며, 따라서 그때에만 사전통지가 없는 면책행위자의 구상권이 제한된다고 해석하여야 한다. 그리고 제426조 제1항의 대항사유는 면책행위와 관계없는, 절대적 효력이 없는 사유만이다. 변제·대물변제 등과 같이 절대적 효력이 있는 사유는 여기의 대항사유가 아니다.

제426조 제2항의 요건이 갖추어진 경우에는, 제2면책행위자는 제1면책행위자에 대하여 자기의 면책행위의 유효를 주장할 수 있다. 그런데 문제는 제2면책행위자가 자기의 면책행위의 유효를 주장한 경우에 그 효과가 어떤 범위의 자에게 미치는가이다. 이에 대하여는 절대적 효과설과 상대적 효과설이 대립하고 있는데, 상대적 효과설이 타당하다.

(3) 제426조와 제445조·제446조는 같은 곳에 뿌리를 두고 있다. 그리고 실질적으로도 같은 원리가 적용되는 것이 마땅하다. 따라서 연대채무에 관한 법리는 보증채무에도 그대로 인정되어야 한다.

제426조의 해석에서 본 것처럼 제445조에 있어서 중요한 것은 사전의 통지가 아니고 사후의 통지이다. 그리고 변제 등 보증채무까지 소멸시키는 사유는 제445조 제1항의 대항사유에 해당하지 않으며, 그 밖의 일정한 사유가 있는 경우에 예외적으로 면책행위를 한 보증인에게 사전의 통지를 요구하고 있다. 또한 면책행위를 한 보증인이 사후의 통지를 하지 않은 경우에는 주채무자가 선의로 면책행위를 하기만 하면, 그가 사전의 통지를 하였는지에 관계없이 제445조 제2항에 의하여 자기의 면책행위의 유효를 주장할 수 있다. 이때 보증인이 수탁보증인인가는 묻지 않는다.

한편 민법은 제446조에서 보증인이 주채무자의 부탁을 받고 보증인이 된 경우에만은 주채무자로 하여금 면책행위 후에 그 사실을 통지하도록 하고 있다. 그런데 그 경우의 법률효과는 제445조 제2항에 있어서와 동일하다. 따라서 주채무자가 면책행위 후에 통지를 하지 않은 경우에, 수탁보증인이 선의로 면책행위를 한 때에는 그가 사전통지를 하지 않았더라도

제446조에 의하여 자기의 면책행위의 유효를 주장할 수 있다. 이러한 견지에서 볼 때, 우리의 일부 문헌과 판례가 연대채무에 관한 통설과 같은 결론을 취한 것은 옳지 못하다.

(4) 채무의 독립성이 매우 강하고 부종성·보충성이 없는 연대채무에서는 통지의무가 인정되지 않음이 정당하다. 그리고 통지의무도 사후통지 위주로 규율되었어야 한다. 입법론으로서 고려할 일이다.

민법 제426조의 해석에 관하여 오래전부터 의문을 가져

과거부터 현재까지 우리의 통설은 민법 제426조에 관하여 제1항은 면책행위자의 사전의 통지만 없었던 경우에만, 제2항은 면책행위자(제1면책행위자)의 사후의 통지만 없었던 경우에만 적용되고, 한 채무자(제1면책행위자)가 사후의 통지를 게을리하고 다른 채무자(제2면책행위자)가 사전의 통지를 게을리한 때에 대하여는 민법에 규정이 없기 때문에 해석으로 결정할 수밖에 없으며, 그 경우에는 일반원칙에 따라 제1의 출재행위만이 유효한 것으로 새길 것이라고 한다.

나는 대학원 재학 시절부터 ― 당시의 통설에 의한 ― 위와 같은 해석에 강한 의문을 품고 있었다.

'변제 등의 면책행위를 한 자가 면책 후 통지를 하거나, 어떤 자의 면책행위가 있었지만 사후통지를 하지 않고 있었더라도 다음에 면책행위를 하려는 자가 사전에 통지를 하는 경우에는, 소통이 되어 2중의 면책행위가 행해질 가능성이 무척 적을 것이다. 그래서 2중의 면책행위가 행해진다면 그것은 대부분 제1면책행위자의 사후통지도, 제2면책행위자의 사전통지도 없는 경우일 가능성이 크다. 그런데도 통설처럼 해석한다면 제426조 제2항은 사실상 사문화된다. 입법자가 과연 그러한 취지로 입법을 했을까? 설사 입법자의 명백한 의도가 확인되지 않는다고 하더라도 대부분의 중요한 경우를 제426조의 적용범위에서 배제하는 것이 바람직한 것일까? 그와 같은 방식의 입법이 적절한가?'

누군가가 내 의문을 풀어주기를 고대하고

내가 위와 같은 의문을 강하게 가지고 있었지만, 나 자신이 그 의문을 풀기 위한 연구에 선뜻 나서지 못하였다. 그 이유는 제426조의 기원이 프랑스민법에 있는데, 나는 주로 독일 문헌을 참고하여 연구하고 프랑스민법이 전문이 아니었기 때문이다. 그리하여 특히 프랑스민법을 잘 아는 누군가가 연구해 주기를 바랐다.

그러면서 그 후 20여 년간 각종의 연구물이 나올 때마다 연대채무에 관한 글이 있는지 살펴보고, 글이 나오면 그것이 제426조에 관한 내 의문을 풀어주는 것인지 매번 찾아서 읽어보았다. 연대채무에 관한 글은 드물지 않게 나왔다. 깊이가 있는 것도, 얕은 것도 있었다. 그런데 그 글들을 애써 찾아 읽은 내 노력에도 불구하고 거기에는 내 의문을 풀 수 있는 실마리를 주는 것조차 없었다. 그렇게 헛되이 시간만 보내고 있었다.

급기야 보증채무에 관하여 위의 통설과 같은 판례가 나와

민법은 제445조에서 보증인이 주채무자에게 사전통지 또는 사후통지를 하지 않은 경우에 관하여 제426조와 같은 취지를 규정하고 있다. 그리고 제446조에서는 주채무자가 면책행위를 한 뒤 수탁보증인에게 사후의 통지를 하지 않은 경우에 관하여 제426조 제2항과 같은 취지를 규정하고 있다. 그 결과 제445조·제446조에 관하여는 제426조에 관한 해석이 그대로 적용될 수 있다. 이 논문 작성 당시 우리 문헌은 대부분 여기에 관하여는 조문만 인용할 뿐 설명을 하지 않고 있었고, 일부 문헌만 제426조에 관한 통설의 결과를 인정하였다.

그런 상황에서 1997년에 대법원이 — 제446조의 해석과 관련하여 — 주채무자가 사후통지를 하지 않은 동안에 수탁보증인이 사전통지 없이 변제한 경우에 관하여, 보증인은 주채무자에 대하여 제446조에 의하여 자기의 면책행위의 유효를 주장할 수 없다고 한 뒤, 이 경우에는 이중변제의 기본

원칙으로 돌아가 먼저 이루어진 주채무자의 면책행위가 유효하고 나중에 이루어진 보증인의 면책행위는 무효로 보아야 할 것이므로 보증인은 제446조에 기하여 주채무자에게 구상권을 행사할 수 없다고 하였다.[60] 이는 내가 오래전부터 의문을 품고 있었던 제426조에 관한 통설을 보증채무에 관하여 그대로 적용해버린 것이다.

'아뿔싸, 늦어버렸구나!'

내가 글을 쓰기는 어려워 다른 사람의 연구로 의문이 해소될 날을 손꼽아 기다리고 있었는데, 이제 판례까지 나와버렸으니 통설이 더 굳어질 판이었다.

'내가 기다리고만 있지 않았어야 했다. 그런데 그때까지만 해도 사건이 없어서 그냥 이론적인 문제이겠거니 했는데 이렇게 다툼이 생길 줄이야….'

내가 직접 나서자!

상황이 이렇게까지 되니 내가 더 이상 그대로 보고 있을 수만은 없었다.

'나라도 나서서 내 의문이 근거가 없고 오해한 것인지, 그리고 통설과 판례가 과연 올바른지를 이제라도 밝혀보자.'

그런데 만약 판례가 나오기 전에 내가 내 의문에 근거가 있고 통설에 문제가 있음을 밝혔더라면, 판례가 다른 모습으로 형성되었을지 모르고 적어도 그에 대하여 다른 입장을 진지하고도 충분하게 검토했을 것이라고 생각하니, 아쉬움이 이루 말할 수 없었다. 연구에 필요한 프랑스 문헌은 타인의 도움을 받아서 보아야 했다. 그런데 마침 나와 같은 학교에 재직하고 있는 정태윤 교수가 기꺼이 그 일을 도와주었다. 오랫동안 기다렸던 제426

---

60 대판 1997. 10. 10, 95다46265. 나는 이 판결에 대하여 비판적으로 자세하게 연구하여 발표한 바 있다. 송덕수, "수탁보증인이 사전통지 없이 2중의 면책행위를 한 경우의 구상관계," 「민사판례연구」(박영사, 2002), 제24권, 250면 이하 참조.

조에 관한 연구는 결국 나 자신에 의해 행해졌다.

내가 꼭 필요하다는 연구는 왜 내가 해야만 하는가

앞에서 명의신탁에 관한 비판적인 연구가 필요하다고 생각한 뒤, 결국 그 연구를 내가 했음을 본 바 있다.[61] 그런데 제426조에 관하여도 또 똑같이 내가 연구를 하게 되었다.

'왜 내가 꼭 필요하다고 생각하는 연구를 타인이 해주는 일이 없을까? 이 논문의 주제처럼 나보다 더 잘할 수 있는 연구자가 있을 때도 왜 그럴까? 나와 같은 문제의식을 갖는 일이 없는 것일까? 왜 나만 해야 하나?'

타인이 연구를 더 잘할 수 있는 문제에 관하여는 나는 진실로 타인의 연구를 바라고 기다린다. 그런데 내 기대가 충족된 경우는 한 번도 없었다. 그러니 많은 연구주제는 내가 연구하지 않으면 결국 연구가 영영 되지 않을 것이라고 생각되었다.

'내가 하는 연구는 나만이 하는 유일한 것이고, 나는 그런 일을 하는 사람이다.'라고 하면, 특히 내 아내는 왕자병이라고 할 것이다. 그런데 실제로 내가 연구하려다가 하지 않은 것에 대하여는 다른 누구에 의해서도 연구되지 않는 일이 비일비재하여, 내 연구의 가치와는 무관하게, 내가 '세상에 없을 연구를 하는 사람'임은 크게 틀리지 않는다. 이는 내게는 자부심이기도 하지만 부담이기도 했다. 문제의식을 가지면 연구를 해야 한다는 압박감이 생기는 것이다.

민법 제426조는 적절한 입법이었을까?

우리 민법 제426조의 기원은 보증채무에 관한 프랑스민법 제2031조라고 생각된다. 프랑스민법의 그 규정은 보증계약의 경우에 변제한 보증인

---

61 앞의 85면·86면 참조.

이 통지를 하지 않은 경우에 관하여 우리 민법 제426조와 유사한 내용을 정하고 있다. 그 후 일본은 그들의 구민법(부아쏘나드 민법)을 제정할 때 보증채무에 관하여 프랑스민법 제2031조에 해당하는 규정을 두고(동법 제32조·제33조), 그와 비슷한 내용을 연대채무에도 규정했다. 그리고 이들 규정의 문구가 수정되어 현행 일본민법으로 되었다(동법 제443조·제463조). 한편 만주민법은 일본민법의 규정들을 약간 수정하여 유사한 내용으로 규정하였다(동법 제414조·제434조). 우리 민법 제426조와 제445조·제446조는 일본민법과 만주민법, 그중에서도 만주민법의 해당 규정과 아주 비슷하게 규정되었다.

프랑스민법은 보증채무가 부종성과 보충성이 있기 때문에 채무는 주채무자에 의하여 변제되는 것이 정상이고, 그리하여 동법 제2031조 제1항·제2항에서 그 두 가지 경우에 보증인의 구상권을 소멸시키고 있다. 그런데 일본이 구민법을 만들면서 부아쏘나드의 오해가 곁들였는지, 아니면 소신이 그랬는지 동일한 내용을 부종성·보충성이 없고 독립성이 강한 연대채무에도 규정하였고, 그러한 태도가 현행 일본민법, 나아가 만주민법에까지 이어졌다. 그런가 하면 프랑스민법 제2031조는 제1항에서 사후통지를 게을리한 경우를, 제2항에서 사전통지를 게을리한 경우를 규정하고 있었는데, 일본에 와서는 제1항에서 사전통지를 게을리한 경우를, 제2항에서 사후통지를 게을리한 경우를 규정하였고, 그러한 태도가 만주민법을 거쳐 우리 민법에도 이어졌다.

통지의 유무에 의해 구상권이 제한되는 것은 부종성과 보충성이 있는 보증채무에서는 적절할 수 있다. 그에 비하여 부종성과 보충성이 없는, 그리고 독립성이 강한 연대채무의 경우에는 적절한지 의문이다. 프랑스민법은 그와 같은 견지에서 규정하였다. 그리고 통지를 요구할 경우에는 사후통지를 중심으로 규정하는 것이 바람직하다. 연대채무자나 보증인이 채권자로부터 청구를 당할 때에는, 아마도 채권자가 이전에 변제받지 못했을 것이고, 그렇다면 연대채무자 등은 일단 변제를 한 뒤 사후통지를 하는 것이 합리적이기 때문이다. 그리고 면책행위자를 기준으로 보면 제1면책행위자의 사후통지가 제2면책행위자의 사전통지보다 시점에서 더 빠르다.

아마도 프랑스민법은 이런 점들을 고려하여 보증인에 대하여 그런 모습으로 규정한 것으로 보인다. 그런데 일본민법과 — 그것을 참고한 — 우리 민법은 우선 보증채무 외에 연대채무에 관하여도 프랑스민법 제2031조와 같은 내용을 규정하였다. 게다가 사전통지가 시점에서 더 이른 것으로 오해했는지, 프랑스민법 제2031조의 제1항과 제2항을 뒤집어 제1항에서 사전통지에 대하여, 제2항에서 사후통지에 대하여 규정하였다. 그리고 일본의 통설과 판례는 연대채무에 관한 우리의 통설과 동일하게 해석하고 있다.

입법의 측면에서 볼 때, 보증채무에 관해서만 규정하고 또 제1항에서 사후통지를 규정하여 그 통지를 원칙으로 삼은 프랑스민법의 태도가 뛰어나다고 생각한다. 연대채무에 관한 우리의 통설과 보증채무에 관한 우리의 판례가 사후통지·사전통지가 모두 없는 경우에 대하여 민법에 규정이 없다고 하면서 일반원칙에 따라 제1의 면책행위가 유효하다고 해석하기에 더욱 그렇다. 프랑스민법처럼 규정하였으면 적어도 연대채무에 관하여는 통설과 같은 해석은 하지 않았을 것이고, 통지를 규정한 보증채무의 경우에도 사후통지가 없는 경우를 중심으로 해석했을 가능성이 크기 때문이다.

나는 지금도 일본민법의 입법자와 우리 민법의 입법자가 해당 규정의 의미를 정확하게 이해하고 있었을지 자못 궁금하다.

일본의 이론에 너무 길들여지지 않기를

나는 제426조에 관한 우리의 통설이 상당한 정도로 일본민법의 입법자 및 통설의 오해의 연장선상에 있는 것이 아닐까 생각한다. 보증채무에 관한 우리 판례도 마찬가지이다.

여기서 우리의 학설·판례가 지나치게 일본의 이론에 길들여져 있는 것은 아닌가 걱정이 된다. 그것은 단지 우리의 학설이나 판례가 일본의 것과 유사한 경우가 많기 때문만은 아니다. 일본의 이론 중 훌륭한 것도 많고, 그러한 이론을 받아들이는 것은 결코 탓할 일이 아니다. 그러나 간혹 크게 논쟁이 없는 일본의 통설을 깊은 검토 없이 수용한 뒤 더 이상 논의를 하지 않는 경우를 보게 된다. 물론 그중에는 누가 봐도 의문이 없는 때도 있을 것이다. 그러나 대부분은 좀 더 생각해보면 반드시 의문이 생기게 된다. 그런데도 숙고의 여지가 없는 것으로 치부해버리는 때가 많은 것이다. 그렇게 되면 우리의 독자적인 이론의 개발은커녕 기존 이론의 세밀화도 달성하지 못하게 된다. 일본의 이론, 특히 일본의 통설에 길들여지지 않고, 우리의 독자적인 이론이 널리 개발되기를 바라는 마음 간절하다.

나는 대학원 시절 은사이신 곽윤직 교수님과 김중한 교수님으로부터 일본 문헌을 보지 말라고 배웠다. 그래서 착실하게 독일 문헌을 가지고 공부하고 연구해왔다. 그러다 보니 나의 이론 중에는 일본에는 어쩌면 생소한 것도 자주 있는 모양이다. 내가 일본 문헌을 잘 보지 않아서 내가 직접 확인하지는 못했지만, 다른 민법 교수가 전해준 바로는, 일본 민상법 잡지에 실린 일본 교수의 논문에 내 글이 인용된 것을 몇 차례 보았다고 한다. 어떤 일본 학자는 한국을 방문했을 때 내게 찾아와 자신이 쓰는 논문의 주제에 관하여 내게 의견을 구하기도 했다. 일본 문헌을 보지 않았더니 일본에서 더 관심을 가지게 된 모양이다. 모든 한국의 학자가, 설사 일본의 이론을 참고하더라도, 일본에서 존중받게 되기를 기원한다.

20. "채권양도가 해제된 경우에 있어서 채무자의 보호"[「민사판례연구」(박영사, 2005), 제27권, 209면-232면]에 대하여

> **[이 논문의 결론 요약]**
>
> 대판 1993. 8. 27, 93다17379는 지명채권의 양도통지를 한 후 그 양도계약이 해제된 경우에 양도인이 그 해제를 이유로 다시 원래의 채무자에 대하여 양도채권으로 대항하려면 양수인이 채무자에게 해제사실을 통지하여야 할 것이라고 한다. 이는 채권양도의 해제를 새로운 채권의 양도로 보고 거기에 민법 제450조를 적용한 것이다.
>
> 그러나 채권양도의 해제는 결코 채권의 새로운 양도가 아니므로 이는 옳지 않다. 그리고 그러한 경우에는 양수인의 통지를 기대할 수도 없다. 채권양도의 해제의 경우에는 곧바로 해제의 효과가 생기되 어떤 방법으로 채무자가 보호된다고 하여야 한다.
>
> 그리하여 거기에 제452조 제1항만 유추적용되어 선의의 채무자는 양수인에게 대항할 수 있는 사유로 양도인에게 대항할 수 있다고 하여야 한다. 그리고 이러한 점은 계약의 일방적 해제 외에 합의해제 또는 취소에 있어서도 인정되어야 한다.

민사판례연구회에서 발표한 논문

이 논문은 2004. 11. 22.에 있은 민사판례연구회 제276회 월례회에서 발표한 것이다. 나는 평소에 우리의 대법원이, 지명채권양도가 해제된 경우에 양도인이 채무자에게 대항하려면 양수인이 채무자에게 해제 사실을 통지해야 한다고 해석하는 데 대하여 의문을 품고 있었다.

'계약해제가 채권의 재양도가 아닌데, 왜, 마치 다시 양도받은 경우처럼 양수인이 통지를 해야 한다고 할까?'

그러던 차에 민사판례연구회에서 연구발표를 하라고 하여, 연구대상 판결을 선택하여 판례를 비판하고, 바람직한 다른 방안을 제시하였다.

판례의 문제점을 지적하고

대상 판결은 채권양도의 해제가 채권의 새로운 양도라고 밝히고 있지는 않다. 그러나 대상 판결 이전의 대법원판결인 대판 1962. 4. 26, 62다10은 지명채권의 양도계약이 해제된 경우에 채권양도인이 그 해제의 사유를 채무자에게 대항하려면 채권양수인이 채무자에게 통지하여야 하고 채권양도인이 통지할 수는 없다고 한 뒤, "왜냐하면 양도계약의 해제로 말미암아 채권양수인이었던 사람은 이를테면 지명채권을 새로 양도하는 사람의 지위에 놓이기 때문"이라고 한다. 대상 판결도 이와 같은 견지에 있는 것으로 생각된다.

널리 아는 바와 같이, 채권양도의 해제는 이미 발생한 채권양도를 뒤집는 것이며 새로운 채권양도가 아니다. 따라서 채권양도가 해제된 경우의 효과는 채권양도의 대항요건 문제가 아니고 해제의 효과 문제이다. 그 결과 해제의 효과에 관한 직접효과설과 아울러 물권적 효과설을 취하는 경우에는, 처음의 채권양도가 무효로 되고 양도된 채권은 양도인에게 당연 복귀하게 된다. 해제의 효과에 관하여 판례가 바로 그런 입장에 있기 때문에, 여기서도 채권양도가 해제되면 채권이 복귀하고, 그 경우에 채무자의 보호에 관하여 따로 논의해야 한다.

그런데 대상 판결을 포함하여 우리 판례는 대항요건 문제로 접근하고 있다. 참고로 말하면, 해제의 효과에 관하여 소급효를 인정하지 않는 직접효과설·채권적 효과설, 청산관계설을 취하더라도 대상 판결처럼 되어야 하는 것이 아니다. 그런 입장에 있다고 해서 채권양도의 해제가 새로운 양도로 되지는 않기 때문이다.

그리고 대상 판결과 같은 태도를 취하면, 채권양도가 양수인의 이행지체 등의 사유로 해제된 경우(아마도 이것이 대다수일 것임)에는, 양수인이 기꺼이 나서서 통지를 해줄 가능성이 희박하기 때문에도 문제이다. 양도인은 양수인의 선처(?)를 간청하거나 — 혹시 가능하다면 — 양수인의 통지를 소구하는 번거로운 일을 감수해야 한다.

우리의 다수설도 판례와 같아

적어도 이 논문을 발표할 당시 우리의 학자들은 거의 전부가 대상 판결과 동일한 입장에 있었다. 그리고 별로 의문이 없다는 듯 크게 논의를 하지도 않았다. 아쉬움이 많이 묻어나는 지점이다. 다수설은 단지 한 가지에 대해서만 바른 태도를 취하였다. 채권양도가 취소된 경우를 해제된 경우와 동일하게 다루는 점이 그렇다. 그런데 취소의 경우도 양수인의 통지가 필요하다는 결론에서는 마찬가지로 잘못된 견지에 있었다.

판례와 다수설에 영향을 준 것은 무엇일까?

우리의 판례와 다수설은 일본의 판례·학설에 영향을 받은 것으로 보인다. 이것도 일본 이론에 길들여진 결과가 아닌지 모르겠다. '채권양도의 해제'와 '채권의 새로운 양도'가 개념상으로나 실질적으로나 판이하게 구별되는 현상임에도 별다른 논의가 없기에 그렇다. 채권양도 해제를 재양도로(또는 재양도처럼) 다루려면 그에 합당한 이유라도 생각해 보아야 하지 않을까?

나는 민법 제452조 제1항의 유추적용을 제안하다

채권양도가 해제된 경우에는 해제의 효과 이론(직접효과설·물권적 효과설)에 의하여 채권의 이전은 없었던 것으로 되고 채권은 양도인에게 복귀하게 된다. 그런데 이때 해제된 사실을 모르는 채무자를 보호해야 하는 문제가 생긴다. 그 방법으로 나는 이 논문에서, '채권양도가 해제된 경우'가 제452조 제1항이 규정한 '양도통지를 했지만 아직 양도하지 않았거나 그 양도가 무효인 경우'와 흡사하므로, 그 규정을 여기에 유추적용하는 것이 좋겠다고 제안하였다. 채권양도가 해제된 경우는 제452조 제1항이 규율하는 경우에 해당하지는 않으므로 그 규정을 직접 적용할 수는 없다.

제452조는 우리 민법이 독일민법 제409조를 수정하여 받아들인 것이고, 일본민법(의용민법)에는 그에 해당하는 규정이 없다. 그 결과 일본에는 우리 민법 제452조와 같은 규정을 활용한 학설이나 판례가 없다. 그러한 상황이 종래의 우리의 학설·판례로 하여금 제452조를 주목하지 않게 했을 가능성이 있다. 그런데 우리나라에는 그 규정이 있고, 또 그 규정 중 제1항의 내용이 채권양도가 해제된 경우를 규율하기에 적당하여 나는 그 규정의 유추적용을 주장한 것이다.

제452조 제1항을 채권양도가 해제된 경우에 유추적용하면, 양수인의 통지가 반드시 필요하지는 않게 되고, 양도인이 통지하였더라도 또는 통지가 없었더라도, 양도인은 채무자에게 채권을 행사할 수 있게 된다. 그리고 채무자는 그가 선의이면, 즉 채권양도가 해제된 것을 몰랐으면, 양수인에게 대항할 수 있는 사유로 양도인에게 대항할 수 있다. 채무자의 보호는 이것으로 충분하다. 그러한 해석이 이론적으로도 타당하고, 실질적으로도 그렇다.

채권양도가 해제된 경우에 관한 이와 같은 결과는 채권양도가 취소된 경우와 채권양도가 합의해제된 경우에도 동일하게 인정되어야 한다. 그 경우들은 채권양도가 일방적으로 해제된 경우와 유사하고, 따라서 똑같이 다루어지는 것이 바람직하기 때문이다.

내 주장이 있은 후 판례에 변화가 나타나고

나의 이 논문이 발표된 뒤 우리 판례에 변화가 나타나고 있다. 한 번은, 채권양도의 해제·합의해제의 경우에 제452조를 유추적용할 수 있다고 하였다.[62] 이 판결은 부정확한 부분이 있으나, 일단 기존의 판례에서 올바른

---

62 대판 2012. 11. 29, 2011다17953.

방향으로 나아간 점에서 의미를 찾을 수 있다.[63] 그리고 다른 한 번은, 질권설정계약이 해지된 경우에 제452조 제1항을 유추적용하는 등의 판시를 하였다.[64] 이 판결에도 적절한 점, 부적절한 점이 혼재해 있지만, 지명채권 양도가 해제에 관한 법리를 질권설정계약의 해지에까지 넓혀 판시한 점에서 의미가 작지 않다.[65] 참고하라고 이 두 판결에 대한 연구논문의 결론을 요약하여 아래에 붙이려고 한다.

나의 이 논문이 널리 소개되고 논쟁의 기초로 되기도 하다

근래 나의 이 논문과 새로이 변화된 판결에 대한 나의 다른 연구논문들이 주석서 등 문헌에 의미 있게 소개되어 있는 것을 보았다. 그리고 나의 주장에 기초하여 논쟁이 일어나기도 하였다. 또한 내가 이 논문에서 연구한 주제나 거기에서 더 나아간 주제에 관하여 연구논문들도 나오고 있다. 그러한 모습들을 보니, 본격적으로는 어쩌면 처음으로 문제를 제기한 나로서는 반갑고 기쁘기 그지없다. 그리고 우리 민법학의 희망을 보는 것 같다.

[참고논문1의 요약]
"채권양도가 해제 또는 합의해제된 경우의 민법 제452조의 유추적용
― 대상판결 : 대법원 2012. 11. 29. 선고 2011다17953 판결 ― "
[「법학논집」(이화여대 법학연구소, 2013), 제17권 제3호, 421면-452면]

대법원은 연구대상 판결(아래에서는 '본 판결'이라 한다) 이전에는 채권양도가 해제 또는 합의해제된 경우에 양도인이 채무자에게 원래의 채권

---

63 이 판결에 대하여 내가 자세히 연구를 한 바 있다. 송덕수, "채권양도가 해제 또는 합의해제된 경우의 민법 제452조의 유추적용 ― 대상 판결: 대법원 2012. 11. 29. 선고 2011다17953판결 ― ," 「법학논집」(이화여대 법학연구소, 2013), 제17권 제3호, 421면 이하 참조.

64 대판 2014. 4. 10, 2013다76192.

65 이 판결의 자세한 점에 관하여는 송덕수, "이른바 질권설정계약의 합의해지와 제3채무자 보호 ― 대상 판결: 대법원 2014. 4. 10. 선고 2013다76192 판결 ― ," 「법학논집」(이화여대 법학연구소, 2015), 제20권 제1호, 299면 이하 참조.

으로 대항하려면 양수인이 채무자에게 해제·합의해제 사실을 통지하여야 한다고 하였다. 그런데 대법원 2012. 11. 29. 선고 2011다17953 판결이 과거의 판결과는 다른 새로운 법리를 제시하고 있다. 본 판례연구는 이 새로운 판결의 의미를 탐구하고, 그 판결의 문제점을 검토한 것이다.

본 판결은 채권양도의 해제·합의해제의 경우에 제452조를 유추적용할 수 있다고 한다. 여기서 대법원이 제452조의 유추적용을 인정하는 기본적인 입장은 타당하다. 다만, 유추적용은 반드시 인정되어야 하는 것이기 때문에 "유추적용할 수 있다"고 표현한 것은 부적절하다.

본 판결은 제452조의 유추적용의 결과로서 양도인이 채무자에 대하여 양도채권으로 대항하기 위해서 그가 양수인의 동의를 받거나 양수인이 채무자에게 해제 등의 사실을 통지해야 한다고 한다. 그런데 '제452조의 유추적용'과 '양수인의 통지와 같은 채무자에 대한 대항요건'은 병존해서 인정될 수 없는 것이다. 따라서 본 판결의 이 부분은 옳지 않다. 채권양도가 해제·합의해제된 경우에는 그 효과가 즉시 발생하고, 그 결과 양도인은 채무자에게 해제 등을 주장할 수 있다. 다만, 거기에 제452조가 유추적용되기 때문에 채무자는 양도인이 채권을 행사할 당시에 선의인 한 양수인에게 생긴 사유로 양도인에 대항할 수 있게 된다.

본 판결은 대항요건이 갖추어질 때까지 선의인 채무자는 해제 등의 통지가 있은 다음에도 양수인에 대한 반대채권의 상계로써 양도인에게 대항할 수 있다고 한다. 본 판결이 상계사유에 대하여 특별한 고려를 하는 것은 인정할 수 있으며, 본 판결은 그 점에서는 타당하다. 그런데 상계에 대하여 특별고려를 하는 경우에는, 해제 등의 당시에 채무자가 양수인에 대하여 반대채권을 취득하고 있었으면 채무자는 그가 선의인지에 관계없이 양수인에 대한 상계로써 양도인에게 대항할 수 있다고 하여야 한다. 그럼에도 불구하고 본 판결은 대항요건이 갖추어질 때까지 선의인 채무자만 대항할 수 있다고 하고 있는데, 본 판결의 그 부분은 받아들일 수 없다.

한편 본 판결은 그것이 들고 있는 이유에서는 부적절한 점이 적지 않으나, 그 사안의 경우에 채무자가 양수인에 대한 채권의 상계로써 양도인에게 대항할 수 있도록 한 최종적인 결론에서는 타당하다.

[참고논문2의 요약]
"이른바 질권설정계약의 합의해지와 제3채무자 보호
 — 대상판결 : 대법원 2014. 4. 10. 선고 2013다76192 판결 — "
[「법학논집」(이화여대 법학연구소, 2015), 제20권 제1호, 299면-330면]

(1) 대법원은 연구대상 판결(아래에서는 '본 판결'이라 한다)에서 지명채권 양도가 해제·합의해제된 경우의 법리를 질권설정계약이 합의해지된 경우 또는 해지되지는 않았으나 질권자가 해지통지를 한 경우에 관하여 처음으로 중요한 판단을 하였다. 대법원이 본 판결에서 판시한 여러 법리 가운데에는 바람직한 것도 많다. 그리고 본 판결 사안에서의 최종결론도 타당하다. 그런데 부분적으로는 부적당한 점도 있다.

(2) 본 판결은 제452조 제1항이 지명채권질권의 설정의 경우에 유추적용된다고 하는데, 그 부분은 타당하다.

(3) 본 판결은 채권양도계약이 해제·합의해제된 경우에 채권양도인이 원래의 채무자에게 대항하려면 채권양수인이 해제 등 사실을 통지해야 한다고 한다. 본 판결의 그 부분은 기존의 판례를 반복한 것인데 그 내용은 타당하지 않다.

본 판결은 지명채권 양도가 해제·합의해제된 경우의 법리를 질권설정계약이 해제·합의해제된 경우에도 동일하게 인정하고 있다. 본 판결의 그러한 태도 자체는 타당하다. 그런데 그 법리의 내용이 바람직하지 않아서 문제이다.

본 판결은 지명채권 양도가 해제·합의해제된 경우의 법리를 이른바 '질권설정계약이 합의해지된 경우'에도 인정하고 있다. 여기서는 우선 '질권설정계약의 합의해지'라는 표현 자체가 올바르지 않다. 그런데 본 판결의 태도 자체는 타당하다. 다만, 본 판결에서의 그 법리는 지명채권질권에만 인정될 수 있는데, 본 판결은 모든 질권에 일반적으로 적용될 수 있는 것처럼 표현되어 있어서 부적절하다. 그러한 점들은 일방적 해지의 경우에도 마찬가지이다.

본 판결은 이른바 '질권설정계약이 합의해지된 경우'에 질권설정자가 제3채무자에게 원래의 채권으로 대항하려면 질권자가 해지 사실을 통지해야 한다고 한다. 그러나 이는 옳지 않고 오히려 제452조 제1항(후단)을 유추적용하는 것이 바람직하다.

(4) 본 판결은 질권자가 제3채무자에게 질권설정계약의 해지 사실을 통지하였으면 설사 해지가 되지 않았더라도 선의의 제3채무자는 질권설정자에게 대항할 수 있는 사유로 질권자에게 대항할 수 있다고 한다. 이는 이른바 '질권설정계약이 해지된 경우'에 제452조 제1항 전체를 유추적용한 것이다. 본 판결의 그 부분은 — 표현상으로는 문제가 있지만 — 타당하다.

그리고 본 판결은 질권자가 질권설정계약의 해지 사실을 통지하였으면 제3채무자의 선의가 추정된다고 한다. 본 판결의 그 부분은 — 표현상으로는 문제가 있으나 — 적절하다.

21. "명의신탁된 부동산을 명의수탁자가 처분한 경우의 법률관계 — 명의신탁의 유형에 관한 논의를 포함하여 — "[「법학논집」(이화여대 법학연구소, 2014), 제19권 제1호, 1면-49면]에 대하여

[이 논문의 결론 요약]

1. 부동산실명법상 명의신탁의 유형에는 전형적인 명의신탁, 중간생략 명의신탁, 계약명의신탁의 세 가지가 있다. 다수의 문헌은 이 중에 전형적인 명의신탁을 2자간의 등기명의신탁이라고 하고, 중간생략 명의신탁을 3자간의 등기명의신탁이라고 하나, 그런 명칭은 바람직하지 않다.

명의신탁의 유형으로 위의 세 가지 외에 다른 것을 별도로 인정할 필요가 없다. 가령 전형적인 명의신탁의 한 가지로 '수탁자 재산에 대한 명의신탁'을 인정할 필요가 없고, 장기 미등기의 경우나 소유권보존등기를 한 경우도 독립한 유형이 아니다. 그리고 '세 유형 중 둘 이상이 혼합된 경우'나 '3자 합의에 의한 명의신탁'을 따로 인정할 필요도 없다.

2. 명의신탁의 유형별로 수탁자가 처분한 경우의 법률관계는 다음과 같다.

1) 전형적인 명의신탁의 경우를 본다.

명의신탁된 부동산을 수탁자가 임의로 처분하면 그 처분은 신탁자에 대하여 불법행위가 된다. 그리고 신탁자는 수탁자에 대하여 부당이득 반환청구권을 가진다. 그러나 수탁자가 신탁자에게 채무불이행 책임은 지지 않는다.

2) 중간생략 명의신탁의 경우를 본다.

이 경우에 수탁자가 매도인에 대하여 불법행위 책임을 지는지가 문제된다. 판례는 대금을 받은 때에는 손해가 없다고 한다. 그러나 수탁자가 처분한 경우에는 불법행위가 성립하고, 매매대금을 받은 때에도 시가와 대금의 차액만큼 손해가 존재한다고 해야 한다.

이 경우에 신탁자와 매도인 사이의 매매계약은 유효하나, 수탁자의 처분으로 매도인의 소유권이전채무가 이행불능이 된다. 이때 매도인에게는 유책사유가 없다. 그러나 신탁자에게는 유책사유가 있다고 해야 하며, 따라서 매도인은 매매대금을 청구할 수 있다.

수탁자는 신탁자에게 채무불이행 책임을 지지 않는다. 그러나 수탁자의 처분은 제3자에 의한 채권침해로서 불법행위가 된다. 그리고 수탁자는 받은 대금을 부당이득으로 반환해야 한다.

3) 계약명의신탁의 경우를 본다.

(1) 매도인이 선의인 때에는 수탁자는 신탁자에게 채무불이행 책임을 지지 않는다. 그리고 불법행위 책임도 지지 않는다. 그러나 신탁자로부터 받은 대금이 부당이득이어서 부당이득 반환의무는 있다.

(2) 매도인이 악의인 때에는 다음과 같이 된다.

수탁자의 처분이 매도인에 대하여 불법행위가 되는가에 관하여, 학설과 판례는 위법행위이기는 하지만 대금을 받은 경우에는 대금반환청구가 인정되지 않을 것이어서 손해가 없다고 한다. 그러나 이러한 학설·판례는 옳지 않다. 일반적으로 불법행위의 성립을 인정하되, 사정에 따라서 일정한 경우, 가령 시가와 매매대금이 동일한 경우에는 손해배상청구가 부정될 수 있다고 해야 한다.

수탁자는 신탁자에게 채무불이행 책임을 지지 않는다. 그리고 불법행위 책임도 지지 않는다. 그러나 신탁자로부터 받은 대금이 부당이득이어서 부당이득 반환의무는 있다.

수탁자의 처분에 관한 판례 내용이 못마땅하여

나는 「부동산 실권리자 명의 등기에 관한 법률」('부동산실명법'이라고 약칭함)이 제정되기 전에 비록 작은 것이지만 명의신탁에 관하여 글을 쓴 적이 있다.[66] 그때까지 명의신탁에 관한 논문이나 기타의 저술은 곽윤직 교수님이 이전에 쓰신 명의신탁 논문의 범주에서 벗어나지 못하고 있었다. 그래서 나는 전술한 글에서 판례의 태도를 최근의 것까지 정리하고, 좀 더 진전된 주장을 펼쳤다. 그리고 그 얼마 전에는 우리 대법원이 계약당사자의 명의를 빌려 계약을 체결한 경우에 기존의 명의신탁 법리를 적용한 데 대하여 비판하면서, 그 경우의 대안으로 '타인의 명의를 사용하여 행한 법률행위' 이론을 제시하였다.[67]

그 후에도 나는 명의신탁에 관하여 지속적으로 관심을 가지고 있었다. 그러던 중 1995년에 부동산실명법이 제정·시행되었고, 그리하여 이제는 그 법의 해석·적용에 관한 판례에 특히 주의를 기울였다. 우선 교과서를 쓰면서 부동산실명법에 관한 이론을 체계화하였다.

그 시기에는 새로운 판례가 대거 출현하였다. 그러한 판례 가운데 눈에 띄는 것이 보였다. 중간생략 명의신탁의 수탁자가 신탁된 부동산을 처분한 경우의 매도인의 손해배상청구에 관한 것이었다.[68] 부동산실명법 시행 전에는 무척 많았던 그런 사건이 그 법 시행 후에는 법원에서 다투어진 적

---

66 송덕수, "명의신탁," 「고시연구」(고시연구사, 1993), 1993년 1월호, 107면-126면이 그것이다.
67 그 논문에 관하여는 앞의 82면 이하 참조.
68 대판 2002. 3. 15, 2001다61654가 그것이다.

이 없었고, 공간公刊된 것으로는 처음이었다. 나는 그 판결의 논리와 결론이 못마땅했다. 그런데 2013년에 이제는 계약명의신탁의 수탁자가 신탁된 부동산을 처분한 경우에 관하여 같은 취지의 판결이 선고되었다.[69] 판례가 굳어지는 순간이었다.

그래서 그와 같은 판례에 대하여 비판적인 연구를 해야겠다고 마음먹었다.

'좀 더 일찍 했으면 좋았으련만! 그렇지만 늦게라도 하는 것이 나으리라.'

명의신탁 유형에 관한 검토도 포함하기로 하고

부동산실명법이 시행되면서 명의신탁 유형의 명칭이 갑자기 기존의 것과 많이 다르게 널리 쓰이는 모습을 보였다. '2자간 등기명의신탁,' '3자간 등기명의신탁,' '계약명의신탁'이 그것이다. 그러한 유형의 명의신탁은 예전부터 인정되던 것이었는데, 명칭을 다르게 쓴 것이다. 그 무렵 재정경제부가 펴낸 「부동산실명법 해설」(1999)이 그 계기가 된 것이 아닌가 추측된다.

나는 그러한 명칭 대신 '전형적인 명의신탁,' '중간생략 명의신탁,' '계약명의신탁'이라고 하고 있었다.[70] 그리하여 새롭게 널리 사용하고 있는 명칭들이 과연 적절한지 나 스스로도 자세히 연구해보고 싶었다. 게다가 일부 문헌은 그 외의 유형을 나열하기도 해서 그 다른 유형을 인정할 필요가 있는지도 검증해 보고자 했다. 한편 이 논문에서 주로 문제삼는 '수탁자가 처분한 경우의 법률관계'는 명의신탁의 유형에 따라 모습은 물론 결론까지 달라질 수도 있어서, 그 법률관계를 검토하기 전에 먼저 명의신탁의 유형을 살펴보아야 할 필요도 있었다.

---

69 대판 2013. 9. 12, 2010다95185가 그렇다.
70 그 점은 지금도 같다.

이러한 이유로 이 논문의 앞부분에서 우선 부동산 명의신탁의 유형을 살펴보게 된 것이다.

정리하는 즐거움도 생길 것 같고

나는 무수한 대상들이 널려 있을 때 그것들에서 유사성이나 규칙을 찾고 그에 따라 대상들을 분류하여 정리하는 일에 쾌감을 느낀다. 그 대상이 다수의 판례나 학설일 때도 마찬가지이다. 그리고 그런 면에 약간의 재주도 있는 듯하다. 나는 이 논문을 쓰면서 명의신탁 유형에 관한 여러 주장들을 정리하고 결론을 도출해갈 일이 즐겁게 느껴졌다. 수탁자가 처분한 경우의 법률관계를 각각의 명의신탁 유형별로 하나씩 검토해 갈 것도 마찬가지였다. 그렇게 하여 전체를 종합적으로 정리한 모습을 미리 상상해 보는 것도 나쁘지 않았다.

'아! 이제 정리하는 소소한 기쁨도 누려보겠구나.'

수탁자 처분 시의 법률관계에 관한 논문은 아주 적어

부동산실명법 시행 후 명의신탁에 관한 연구논문들이 쏟아져 나왔다. 그런데 그 논문들은 주로 명의신탁의 효력에 관한 것이었고, 나의 이 논문에서의 연구주제에 관한 것은 극히 적었다. 그리고 적으나마 발표된 논문들은 모두가 판례와 결론을 같이했다. 나와 같은 견해는 없었다. 나는 무척 아쉬운 생각이 들었다. 이론의 발전을 위해 다른 학자가 연구한 주제에 대하여 또 연구하는 것도 필요하지만, 새로운 연구주제를 찾는 노력도 게을리하지 않았으면 하는 생각이 들었다.

'이 연구주제에 관하여 연구가 매우 적으니, 내가 꼭 연구를 해야겠구나.'

나는 마치 소명을 받은 듯 연구를 시작하였다.

명의신탁의 유형은 세 가지만 인정하면 충분하고

일부 문헌은 명의신탁의 유형에 관하여 일반적으로 인정되는 세 가지 외에 다른 것들도 유형으로 추가하려고 한다. 수탁자 재산에 의한 명의신탁, 장기 미등기자의 경우, 수탁자 명의로 소유권보존등기를 한 경우, 세 가지 유형 중 둘 이상이 합해져 있는 경우, 원권리자·신탁자·수탁자의 3자 간 합의를 원인으로 이루어지는 경우 등이 그것이다.

그런데 장기 미등기자의 경우는 규제할 필요가 있어서 부동산실명법에 규정이 두어져 있는 것일 뿐이므로 그 규정대로 규율하면 충분하다. 그리하여 별도의 유형으로 볼 필요가 없다. 그리고 마지막 경우는 수탁자에게 권리를 취득시키려고 하는 경우와 신탁자에게 권리를 취득시키려고 하는 경우로 세분되어야 하고, 그중 전자는 명의신탁이 아니며, 후자는 명의신탁인데 세부적으로 누가 계약당사자인지에 따라 중간생략 명의신탁이나 계약명의신탁으로 된다. 나머지는 모두 세 가지 유형 중 어느 하나에 해당할 뿐이다. 따라서 어느 경우든 별도의 유형으로 새로 추가할 것이 아니다.

논자 중에는 성향상 특수성이 조금만이라도 보이면 별개의 유형으로 다루고 싶어 하는 사람이 있다. 여러 경우가 서로 중복되는 면이 많음에도 불구하고 그 각각을 쭉 늘어놓고 개별적으로 논의하는 것을 선호하는 사람도 있다. 그런데 나는 이론은 추상화·단순화·체계화되는 것이 바람직하다고 여겨서 불필요한 나열을 좋아하지 않는다. 쭉 늘어놓으면 마치 정리나 청소가 되지 않은 것처럼 느껴진다. 유사한 경우는 원칙적인 분류에 의한 유형 중 하나에 포함시키고, 필요하면 그 내부에서 설명을 추가하는 방식으로 처리하면 될 것이다.

명의신탁의 명칭에 관한 내 소신은 변함이 없어

나는 이 논문에서 명의신탁 유형의 명칭으로 요즈음 널리 사용되는 세 가지에 대하여 깊이 검토해 보았다.

그 결과 우선 '3자간 등기명의신탁'이라는 명칭이 부적당함을 알았다. 그 이유는 다음과 같다. 부동산실명법상 계약명의신탁의 경우도 수탁자 명의로 등기까지 되었어야 한다. 그리고 계약당사자의 명의만 빌려 계약만 체결하고 등기를 하지 않았으면, 그 법상 계약명의신탁으로 되지 않는다. 즉 계약명의신탁도 문자 그대로 3자 사이의 등기된 명의신탁인 것이다. 따라서 중간생략 명의신탁만을 '3자간 등기명의신탁'이라고 하면, 계약명의신탁은 계약당사자 명의만을 빌려 계약을 하였을 뿐 수탁자 명의로 등기하지는 않은 경우로 오해하게 한다.

계약명의신탁은 본래(즉 부동산실명법 이전의 판례에 의할 때) 명의신탁에 해당하지 않는다. 그래서 나는 거기에는 명의신탁이라는 표현을 쓰지 말자고 했다. 그리고 그 경우는 구체적인 행위를 수탁자가 했는지, 신탁자가 수탁자의 명의를 빌려서 했는지에 따라 — 명의신탁으로서가 아니고 별도로 — 적절하고 필요한 규제를 해야 한다고 생각하였다. 그런데 부동산실명법은, 명시적으로 계약명의신탁이라는 용어를 사용하지는 않았지만, 그에 해당하는 경우를 명의신탁약정에 포함시키고 다른 명의신탁처럼 함께 규정하였다. 그리하여 계약명의신탁의 경우도 명의신탁으로 다루어질 수밖에 없게 되었다. 그러면 명칭을 어떻게 할 것인가? 계약명의신탁이라는 용어가 바람직하지는 않지만, 그 명칭을 쓰면 그에 해당하는 경우를 쉽게 파악할 수 있다. 그 점에서 차선책으로 계약명의신탁이라는 명칭을 쓰는 것이 좋다고 생각한다.

그 외에 '2자간 등기명의신탁'을 나는 '전형적인 명의신탁'이라고 하는데, 여전히 나의 명칭이 더 나으며, 그 명칭을 다르게 바꾸어 본다면 '기본형 명의신탁'이라고 할 수도 있겠다.

결국 근래 널리 확산되어 사용되는 '2자간 등기명의신탁,' '3자간 등기명의신탁,' '계약명의신탁'이라는 명칭은 이상적이지 않고, '전형적인 명의신탁(기본형 명의신탁),' '중간생략 명의신탁,' '계약명의신탁'이 더 좋다. 면밀하게 검토해 보아도 명의신탁 유형의 명칭에 대한 내 기호와 소신은 그대로이다.

중간생략 명의신탁의 수탁자가 신탁재산을 처분한 경우에, 정말 매도인에게 손해가 없을까?

대법원은 앞에서 언급한 판결에서, 중간생략 명의신탁의 수탁자가 신탁자의 요구에 따라 신탁된 부동산을 타인에게 처분한 경우에 관하여, 매도인은 수탁자로부터 그 소유 명의를 회복하기 전까지는 신탁자에 대하여 신의칙 내지 민법 제536조 제1항 본문의 규정에 의하여 이와 동시이행의 관계에 있는 매매대금 반환의무의 이행을 거절할 수 있고, 한편 신탁자의 소유권이전등기 청구도 허용되지 않으므로, 결국 매도인으로서는 수탁자의 처분행위로 인하여 손해를 입은 바가 없다고 하였다.[71]

이 판결이 앞에서 내가 못마땅하다고 말한 바로 그것이다. 이 판결은 위의 경우에 매도인에게 손해가 없다고 하였다. 그러나 처음의 매매대금이 부동산의 시가보다 작은 경우에는 매도인은 그 둘의 차액만큼 손해를 입게 된다. 그리고 이 차액을 손해배상으로 청구하는 경우에 동시이행의 항변권을 행사하여 이행을 거절할 수도 없다. 무엇보다도 동시이행관계에 있어서 손해가 없다는 주장 자체가 올바르지 않다.

이 판결 당시 이 문제에 대하여 학자들의 논의는 아주 적었는데, 대법원은 그중 어느 한 문헌의 이론에 따라 판결을 한 것으로 보인다. 좀 더 세심한 검토를 했어야 하는 아쉬움이 있다.

계약명의신탁의 수탁자가 처분한 경우에도 손해가 없을까?

우리 대법원은 전술한 판결을 한 지 10여 년이 지났을 무렵에, 이번에는

---

[71] 대판 2002. 3. 15, 2001다61654.

계약명의신탁의 수탁자가 신탁부동산을 제3자에게 처분한 경우에 관하여, 그 처분은 매도인의 소유권침해행위로서 불법행위가 된다고 한 뒤, 전술한 중간생략 명의신탁 판결에서와 실질적으로 같은 이유[72]를 들어 결국 소유자인 매도인으로서는 특별한 사정이 없는 한 수탁자의 처분행위로 인하여 어떠한 손해도 입은 바가 없다고 하였다.[73] 이 판결이 앞에서 '못마땅한 판례가 굳어졌다.'는 그것이다.

이 판결도 중간생략 명의신탁의 경우에 관한 판결과 마찬가지로 문제가 있다. 우선 손해가 있는지는 규범적으로 검토해야 하는데, 현실적으로 매도인에 대한 청구의 인용 가능성이 없다는 이유로 손해가 없다고 하는 점에서 옳지 않다. 그리고 처분된 신탁부동산의 시가와 대금이 동일하지 않은 경우에는 동시이행관계를 인정하는 입장에서도 그 차액만큼 손해가 있다고 해야 한다. 그리고 이렇게 차액이 있는 경우에 그 차액은 수탁자가 아니고 매도인에게 귀속시켜야 한다. 나아가 이 판결은 불법행위는 성립하지만 손해가 없다고 하는데, 손해가 있어야 불법행위가 성립하므로 판결의 그 부분도 부적절하다.

이러한 비판은 당시 우리의 학설에도 그대로 적용된다. 그때의 학설도 이 판결과 같은 입장에 있었기 때문이다.

아쉬움에 덧붙인다면

앞으로 기회가 되면 대법원이 앞에서 본 두 판결을 변경했으면 한다. 그 판결은 결론이 타당하지도 않고 이유가 논리적이지도 않다.

그리고 가능성은 거의 없어 보이지만, 가능하다면 부동산실명법을 개정

---

72 즉 매도인은 그가 그 부동산의 소유 명의를 회복하기 전까지는 수탁자에 대하여 동시이행관계에 있는 매매대금 반환의무를 이행할 여지가 없고, 또 신탁자가 소유자에 대하여 소유권이전등기 청구도 할 수 없다는 것.

73 대판 2013. 9. 12, 2010다95185.

하여 계약명의신탁이라는 용어를 쓰지 않도록 그것에 해당하는 경우를 '명의신탁'에서 빼서 세분한 각각의 실질적인 경우들에 대하여 적절하게 규정을 했으면 한다. 사실 문헌에서조차 '계약명의신탁'이라는 명칭을 쓰지 않아야 한다고 믿고 있는 나로서는 그 경우를 명의신탁의 문제로 규율하는 것만으로도 매우 불편하게 느끼기 때문이다.

22. "사정변경의 원칙에 관한 현안의 정리 및 검토"[「법학논집」 (이화여대 법학연구소, 2018), 제23권 제1호, 87면-131면]에 대하여

[이 논문의 결론 요약]

이 논문은 우리나라에서 사정변경의 원칙에 관하여 지금까지 발표된 수많은 연구 문헌을 읽고 판례와 외국법도 참고하여 사정변경 원칙에 관한 현안을 모두 추출·정리하고 그 각각에 대하여 검토를 한 것이다. 그 결과를 요약하면 다음과 같다.

(1) 해석론에서의 문제

사정변경 원칙을 인정하여야 하는가에 관하여는 긍정하여야 하며, 그 근거는 신의칙에서 찾아야 한다. 판례가 사정변경 원칙을 인정하고 있는가에 대하여는, 우리 판례가 계속적 보증계약의 경우에는 물론이고 일반적으로도 사정변경 원칙의 법리는 확실하게 인정하고 있다고 이해해야 한다.

사정변경 원칙의 요건에 관하여는 학설이 나뉘고, 판례도 대법원 2007. 3. 29. 선고 2004다31302 판결([제1판결]이라 함)과 대법원 2017. 6. 8. 선고 2016다249557 판결([제2판결]이라 함)이 차이를 보인다. 소수설은 사정변경 원칙의 적용범위를 제한하려고 하는데, 통설처럼 부정해야 한다. 그리고 요건으로서 '해제권 취득자에게 유책사유가 없을 것'은 필요하다고 해야 한다. 사정변경 원칙에서 '사정'은 객관적 사정만을 가리킨다고 해야 한다. 이행불능과 사정변경은 구별되어야 하는데 그에 관한 이론으로 우리나라에서 주장되고 있는 학설은 받아들일 만하다. 그리고 이행불능과 사정변경 원칙 사이에 경합이 생긴다면 이행불능의 법리를 우선시켜야 한다. 위험을 인수한 경우와 사정변경을 구별할 때에는 모든 사정을 종합하여 판단해야 한다. 사정변경 원칙의 요건으로 '중대한 불균형을 초래하거나 계약목적을 달성할 수 없는 경우'를 드는 것보다는 '신의칙에 반할 것'을 드는 것이 낫다.

사정변경 원칙의 일반적 효과로서는 계약의 해제·해지와 계약의 수정이 모두 인정되어야 한다. 그런데 그 효과 각각이 발생하는 경우를 일정한 경우에 한정시키는 것은 적절하지 않다. 그리고 계약수정을 계약해제·해지에 우선시킬 것도 아니다. 또한 재교섭의무도 인정되지 않는다고 해야한다.

(2) 입법론에서의 문제

사정변경 원칙의 입법이 필요한지에 관하여는 견해가 나뉘는데, 찬성해야 한다. 2004년 개정안에 대하여는 전체적으로 또는 부분적으로 비판적인 의견이 많다. 2014년 개정안에 대하여는 부분적으로 비판하고 있는 문헌들이 약간 존재한다.

입법내용과 관련하여 우선 사정변경 원칙 규정의 위치에 대하여는 2014년 개정안처럼 '계약의 효력'의 관에 두는 것이 바람직하다. 사정변경 원칙의 요건을 입법할 때에는 통설 및 [제1판결]에 따르는 것이 좋다. 사정변경 원칙의 효과로서 재교섭의무나 재교섭청구권은 규정하지 않아야 한다. 그리고 계약해제·해지와 계약수정은 법원의 권한으로 할 것이 아니고 당사자의 권한으로 규정하는 것이 바람직하다. 계약해제·해지와 계약수정은 병렬적으로 규정해야 하고, 계약수정을 우선시킬 것이 아니다. 계약준수의 원칙은 합리적으로 생각한다면 명문화하지 않는 것이 민법의 체제에 맞지만, 사정변경 원칙의 남용이 우려된다면 명문화를 고려할 수도 있다.

(3) 공통의 동기의 착오는 해석이나 입법의 둘 모두의 경우에 사정변경 원칙의 법에서보다는 착오법에서 해결하는 것이 더 바람직하다.

2018년 동아시아 민사법 국제학술대회의 발표문 준비를 위하여 쓰게 된 논문

나는 2018. 9. 14.부터 9. 17.까지 대만에서 개최될 2018년 동아시아 민사법 국제학술대회에서 한국의 사정변경의 원칙에 대하여 발표하기로 예정되어 있었다. 그 학술대회에서는 몇 가지 공통적인 질문에 간략하게 답을 하는 형식으로 발표하면 충분하였다. 그래서 광범위하게 문헌을 조사하고 정리할 필요는 없었다.

그런데 나는 사정변경의 원칙에 관하여 충분한 조사와 연구·검토를 한 뒤에 그 학술대회의 발표문을 준비하고 싶었다. 우선 몇몇 문헌과 판례만으로 발표문을 준비하는 것은 내 성향에 맞지 않았다. 우리나라의 모든 문헌과 판례를 모조리 조사하여 미심쩍은 부분이 전혀 남지 않아야 했다. 그것은 학술대회에서 혹시 있을지 모를 비집필非執筆 사항에 관한 질문이나 토론에 대비하는 일이기도 했다. 또한 한국의 학자로서 모든 면에서 빈틈을 보이지 않도록 하기 위해서도 그럴 필요가 있었다.

우리의 모든 문헌과 판례를 보고 현안을 빠짐없이 추려서 정리하기로 하고

나는 동아시아 국제학술대회의 발표문에 기재되어야 할 사항에 한정하지 않고 사정변경 원칙에 관하여 우리나라에서 논의되고 있는(또는 논의되어야 하는) 사항을 모두 추려 그 각각에 대하여 정리·검토하기로 했다. 그러기 위하여 먼저 우리의 모든 문헌과 판례를 빠짐없이 조사하여 분석하였다.

그 과정에서 사정변경 원칙에 관한 우리 문헌이 엄청나게 많은 것을 보고 깜짝 놀랐다. 내 예상을 훨씬 뛰어넘었다. 문헌 중에는 해석론을 중심으로 하는 것뿐만 아니라 입법론에 관한 것도 많았다. 그리고 후자는 최근에 쓰인 것이 대부분이었다.

판례도 근래 사정변경 원칙에 관하여 새로운 내용으로 본격적으로 판시된 것이 여러 개 있고, 또 그 내용에도 변화가 있어서, 현안의 정리와 검토에 유용할 듯이 보였다.

정리·검토할 현안을 크게 해석론, 입법론, 공통의 동기의 착오로 나누기로 하고

정리·검토할 현안은 크게 해석론과 입법론으로 나눌 수 있었다. 그런데 나는 그 두 가지 외에 관련문제로 공통의 동기의 착오를 추가하기로 했다. 왜냐하면 공통의 동기의 착오는 이론에 따라서는 사정변경의 원칙과 함께 다룰 수도 있고,[74] 독일민법처럼 행위기초의 법률규정에서 함께 규율할 수도 있기 때문이다.

그리고 해석론과 입법론의 내부에서 세부사항들을 열거하여 하나씩 검토하기로 했다. 한편 그러한 세부사항을 정할 때에는 모든 문헌을 면밀히 살핀 후 검토사항으로 추릴 가치가 있는지를 개별적으로 판단하였다. 그 결과 논점에 따라서는 겨우 한두 문헌이 다루고 있을지라도 검토의 가치가 있다고 인정되어 추려진 것도 있다.

정리의 기쁨이 매우 컸을까?

나는 앞에서 무수한 개별적인 사항을 분석·정리하는 일이 즐겁다고 한 적이 있다.[75] 그 즐거움을 이 논문을 쓰면서도 크게 누렸을까?

정리·검토를 모두 마친 뒤에는 그러기는 했다. 그런데 너무나 많은 문헌 때문에, 즉 모든 문헌을 빠짐없이 보고 어딘가에 분류해 넣어야 했기 때문에, 고생을 아주 많이 했다. 눈과 머리가 무척 늙어버린 기분이다. 그래도 끝은 왔고, 기쁨이 적지는 않았다.

---

[74] 행위기초론을 주관적 행위기초론과 객관적 행위기초론으로 나누지 않는 경우 등에 그렇다.
[75] 앞의 150면 참조.

해석론에서 특기사항을 열거해보면

우리 판례가 사정변경의 원칙을 법리로서 인정하는지에 관하여는 학설이 일치하지 않는다. 압도적인 다수설은 이를 긍정하나, 부정하는 소수설도 있다. 사정변경의 사안에서 대법원은 계속적 보증계약의 경우 외에는, 실제로 사정변경 원칙의 요건이 구비되었다고 하면서 계약해제를 인정한 적은 없다. 그렇지만 대법원이 사정변경 원칙을 법리로 인정하고 있음은 분명하다. 실제 사안에서 요건이 갖추어지지 않았다고 보아 그 원칙의 효과를 인정하지 않았다고 하여, 판례가 그 원칙 자체를 부정하고 있다고 보아서는 안 된다.

사정변경 원칙의 요건에 관한 판례는 두 가지 모습의 것이 있다. 대판 2007. 3. 29, 2004다31302([제1판결]이라 함)와 대판 2017. 6. 8, 2016다 249557([제2판결]이라 함)이 그것이다. [제1판결]의 요건은 통설의 그것과 같고, [제2판결]의 요건은 법무부 2014년 민법개정안 제538조의 2 요건과 같다. 특히 [제2판결]에서 중대한 불균형의 초래와 계약목적 달성의 불가능을 요구하는 점에서 독특하다. 참고로 말하면, [제2판결]의 주심이었던 김재형 전 대법관은 법무부 민법개정위원회의 사정변경 원칙 관련 분과위원회의 위원이었다.[76] 그 점이 판결에 영향을 준 것으로 보인다. 그런데 이 논문에서 검토해 보니 [제1판결]의 요건이 더 나은 것으로 생각되었다.

사정변경 원칙의 요건이 구비된 경우의 효과에 관해서는 학설들의 논의가 많다. 그리고 판례는 해제·해지에 대하여 인정하거나 부정하였다. 그런데 그렇다고 하여 판례가 계약의 수정을 아예 배제했다고 볼 것은 아니며, 미정인 상태라고 보아야 한다. 한편 사정변경 원칙의 효과로 해제·해지와 함께 계약의 수정도 인정할지, 둘 모두를 인정할 경우에 어느 것, 가령 계약의 수정을 우선시해야 하는지에 관하여는 논란이 있으나, 사견은

---

76 나는 당시 그 분과위원회의 위원장이었다.

둘 모두를 인정하여야 하고 그들 중 어느 하나를 우선시할 것이 아니고 병렬적으로 인정하여야 한다는 입장에 있다. 나는 그 점을 이 논문에서 몇 가지 사례를 들어 보여주었다.

입법론은 2014년 민법개정안과 약간 달라

나는 사정변경 원칙에 관한 2014년 민법개정안의 성안 당시 법무부 민법개정위원회 해당 분과의 분과위원장이었다. 그래서 사정변경 원칙에 관한 입법안인 2014년 민법개정안 제538조의 2의 내용에 대체로 찬성한다.[77] 그런데 사정변경 원칙의 요건으로 '중대한 불균형의 초래와 계약목적 달성 불가능'을 요구하는 것은 적절하지 않고, 그것 대신에 [제1판결]에 따라 입법하는 것이 좋다. 그에 비하여 사정변경 원칙의 효과는 2014년의 개정안처럼 계약해제·해지와 계약수정을 병렬적으로 규정하는 것이 바람직하다.

공통의 동기의 착오는 착오 부분에서 규정해야

앞에서 언급한 바와 같이, 독일민법은 공통의 동기의 착오를 행위기초론으로 함께 규율하고 있다. 그런데 나는 그렇게 하기보다는 착오 규정으로 규율하는 것이 더 낫다고 생각한다. 공통의 동기의 착오는 사정(객관적 사정을 가리킨다고 보아야 함) 변경의 경우와 다르고, 그러므로 효과의 면에서도 사정변경 원칙이 적용되는 경우와 다르게 규율하는 것이 더 좋다는 이유에서다. 나의 이러한 의견이 정당한지 앞으로 연구가 더 이어지기를 기대해본다.

---

[77] 사정변경 원칙에 관한 2014년 민법개정안의 성안경과와 내용에 관하여는 송덕수, "계약의 해제·해지와 사정변경의 원칙에 관한 2012년 민법개정안의 성안경과와 내용," 「법학논집」(이화여대 법학연구소, 2012), 제17권 제1호, 27면 이하, 특히 47면-49면 참조.

23. "점유권 양도의 허구성과 민법 제196조의 개정제안"[「민사법학」(한국사법행정학회, 2020), 제91권, 3면-37면]에 대하여

[이 논문의 결론 요약]

우리 민법의 입법자는 점유권을 권리로 이해하고 점유권의 양도를 인정하였다. 그에 대한 규정이 바로 민법 제196조이다. 그러나 점유권은 그것이 직접점유에 의한 것이든 간접점유에 의한 것이든 동일성을 유지하면서 양수인에게 이전되는 경우가 없다. 우리 민법상 본래의 의미의 점유권의 양도는 인정되지 않는 것이다.

민법이 규정하고 있는 '점유권'의 실체는 직접점유에서든 간접점유에서든 '점유'(간접점유의 경우에는 '간접점유')이다. 그리고 민법이 규정하고 있는 '점유권의 양도'의 실체는 직접점유의 경우에는 '직접점유의 이전'이고, 간접점유의 경우에는 '간접점유의 이전'이다.

직접점유의 이전은 현실의 인도에 의하여 행해지는데, 현실의 인도의 법적 성질은 사실행위라고 해야 한다. 그리고 직접점유가 이전된 경우에 전 점유자의 점유가 동일성을 유지하면서 신 점유자에게 이전되는 것이 아니고, 신 점유자가 새로운 점유를 취득하게 된다. 한편 우리 민법상 간접점유의 이전은 목적물반환청구권의 양도에 의하여 행해지는데, 그 양도의 법적 성질은 법률행위(계약)이다. 그리고 목적물반환청구권의 양도가 있으면 그 반환청구권은 동일성을 유지하면서 양수인에게 이전된다. 그런데 간접점유가 이전된 경우에 전 점유자의 점유가 동일성을 유지하면서 신 점유자에게 이전되는 것은 아니다.

민법이 점유권이라고 규정한 점유는 ─ 직접점유든 간접점유든 모두 ─ 권리가 아니고 법률효과가 부여되어 있는 사실관계에 지나지 않는다.

민법 제196조에는 여러 문제점이 있어서 개정해야 한다. 개정방법으로는 민법 제196조를 삭제하는 방법과 그 규정의 내용을 수정하는 방법이 있는데, 후자가 더 바람직하다. 그 경우에는 제목을 '점유의 이전'이라고 하고, 그 제1항에서 직접점유의 이전을, 제2항에서 간접점유의 이전을 규정하여야 한다.

이 논문의 핵심 아이디어는 이미 「민법강의(상)」에서 밝혀

나는 법과대학 학생들의 교육을 위한 강의서로 「민법강의(상)」을 2004년에 처음 펴냈다. 그 책에서 나는 "점유권은 점유가 있으면 항상 인정되는 빈 껍질의 권리이고 민법 제196조의 '점유권의 양도'는 허구虛構의 규정"이라고 하였다.[78] 당시는 '점유권의 양도'에 의심을 품는 견해가 전혀 없는 상태였기에 폭탄 같은 주장이었다.

나의 그 주장은 그 후 몇몇 문헌의 지지를 받고,[79] 점유에 관한 입법론의 논의를 위한 기초이론으로 소개되기도 했다.[80] 내가 논문을 발표한 많은 경우와 달리 약간은 반향이 생긴 것이다. 그렇지만 내가 제기한 문제를 충분히 검증받지는 못했다. 나는 그 점이 무척 아쉬웠다. 그래서 내가 나서서라도 그 주장이 정당한지를 자세히 검토해 보기로 하였다.

민법 제196조의 입법은 일본의 영향을 받아

민법 제196조는 일본민법(의용민법) 및 일본 통설의 영향을 받아 만들어졌다. 제196조에 해당하는 정부제출 민법안 제185조는 제1항·제2항 모두 일본민법 제182조의 제1항·제2항을 물권변동에 관한 성립요건주의(형식주의)에 맞추어 수정한 것에 지나지 않는다. 그리고 그것은 바로 우리 민법의 정부안과 같은 입장에 있던 만주민법 제177조·제188조와 동일하다. 정부안과 일본민법의 차이는, 일본민법 제182조는 조문의 제목을 '현실인도 및 간이인도'라고 한 데 비하여, 우리 정부안의 제목은 '점유권의 양도'라고 한 데에 있다. 그런데 이는 제목 상의 차이일 뿐이며, 두 민법 모두 제1항에서 '점유권의 양도'를 규정하고 있는 점에서 같다.

---

78 송덕수, 「민법강의(상)」(박영사, 2004), 497면.
79 홍성재, 「물권법」(동방문화사, 2014), 65면 등이 그렇다.
80 정병호, "점유권 개념에 관한 입법론적 고찰," 「서울법학」(서울시립대, 2014), 제22권 제2호(1), 350면이 그렇다.

국회 심의 결과 제2항의 내용이 변경되다

정부제출 민법안 제185조(현행민법 제196조)와 관련하여, 국회 법제사법위원회 민법안심의소위원회에서는 그 제2항에 관하여 수정이 필요하다고 하였다. 물권양도의 효력이 발생하는 경우로 현실인도 외에 간이인도, 점유개정, 반환청구권 양도를 규정했음에도 불구하고 점유권의 양도에는 민법안 제185조만을 규정한 것은 체제상 균형을 잃었다고 하면서, 민법안 제185조 제2항을 "전항의 점유권의 양도에는 제179조 제2항 제180조 제181조의 규정을 준용한다."고 수정하였다.[81]

이는 아마도 점유권을 물권이라고 보고, 민법안 제185조 제1항이 '점유권의 양도'를 규정하고 있으니,[82] 물권의 양도라면 동산 물권변동에 규정된 '인도'처럼 간이인도, 점유개정, 목적물반환청구권의 양도의 세 가지도 똑같이 적용되어야 마땅하다고 이해한 듯하다.

그러나 이 논문의 검증에서 드러난 것처럼, 점유권은 물권이 아닐뿐더러 그것을 설사 물권이라고 보더라도 점유권의 양도는 본래의 물권의 양도가 아니고 단지 점유(또는 간접점유)의 이전에 지나지 않으며, 따라서 간이인도에서는 인수인이 이미 점유를 하고 있으므로 점유의 이전이 문제되지 않고 또 점유개정의 경우 양수인의 간접점유는 점유매개관계에 기하여 새로 성립하는 것이므로 점유권의 양도(정확하게 말하면 점유의 이전)에 간이인도·점유개정 규정의 준용은 필요하지 않다.

그렇게 보면 민법안 제185조 제2항에 대한 민법안심의소위원회의 수정은 오해에 기인하여 잘못한 것이다. 그러한 오해는 민법안을 연구한 당시 민법학자들도 마찬가지였던 것 같다.[83]

---

[81] 민법안 제179조 제2항은 간이인도, 제180조는 점유개정, 제181조는 목적물반환청구권 양도에 관한 규정이다.

[82] 참고로 말하면, 민법안 제185조의 제목 '점유권의 양도'는 민법안 기초자가 붙인 것이 아니고, 나중에 법제사법위원회에서 붙인 것이다.

[83] 이 논문의 각주 14 참조.

민법 제196조 제2항(및 민법안 제185조 제2항)은 점유권의 양도에 제190조 (목적물반환청구권의 양도)도 준용하고 있다. 이 부분은, 이해하기가 좀 어렵지만, 의미가 있고 필요하다. 그러므로 그 부분은 민법전에 두어야 한다. 그리고 보면 일본민법 제182조와 정부제출 민법안 제185조가 우리 민법 제196조보다는 낫다. 민법안심의소위원회가 오히려 민법을 더 나쁘게 만들어버린 것이다.

점유권은 '양도'되는 것이 아니다

민법 제196조는 점유권이 양도된다는 전제에서 그 요건을 규정하고 있다. 그러면서 점유권을 본권처럼 다루어 제1항에서 현실인도를, 제2항에서 세 가지의 간편한 인도방법을 통하여 양도할 수 있음을 정한다. 그런데 ─ 뒤에 보는 바와 같이 ─ 점유권은 물권이 아니지만, 설사 물권이라고 하더라도 점유권의 양도에 의하여 점유권이 동일성을 유지하면서 양수인에게 이전되는 것이 아니다. 그리하여 본래 의미의 점유권의 양도는 존재하지 않는다. 그 점은 양도되는 점유권이 직접점유권이든 간접점유권이든 차이가 없다.

그러면 '점유권'과 '점유권의 양도'는 실질이 과연 무엇인가?

민법 제192조 제1항·제2항에 따르면, 물건에 대한 사실상의 지배가 있으면 점유권을 취득하고 사실상의 지배를 상실하면 점유권을 잃는다. 그리고 우리의 통설·판례는 물건에 대한 사실상의 지배가 있으면 점유가 성립하고 사실상의 지배를 상실하면 점유도 잃는다고 한다.

이들을 종합하면 물건에 대한 사실상의 지배가 바로 점유이고 점유가 있으면 점유권도 인정되는 결과로 된다. 그리고 점유권에서 사실상의 지배 즉 점유를 빼면 아무것도 남지 않는다. 그래서 내가 점유권은 빈 껍질의 권리라고 한 것이다. 여기서 점유권의 실질이 점유임을 알 수 있다. 이는 간접점유의 경우에도 같다. 간접점유에서의 점유권의 실질도 점유(간접점유)이다.

더 나아가 보면 제196조가 규정한 '점유권의 양도'는 실질에 있어서는 점유권이라는 권리의 양도가 아니고 '점유의 이전'이다. 이 점도 직접점유의 경우든 간접점유의 경우든 동일하다. 간접점유의 경우의 점유권의 양도는 실질에 있어서 '간접점유의 이전'인 것이다.

점유의 성격은 사실관계일 뿐

점유권의 실질 내지 실체가 점유라면, 그 점유의 성질이 무엇일까? 이 문제는 권리 또는 물권의 의의·성질에 비추어 검토해야 할 문제이다. 민법상 점유자에게 여러 법률효과가 부여되어 있어서 점유가 하나의 법적 지위임은 의심할 여지가 없다. 그런데 점유자는 물건의 가치 중 어느 것도 지배하지 못한다. 따라서 결코 물권이라고 할 수 없다. 그런가 하면 물건에 대한 것이 아닌 다른 어떤 이익을 점유자에게 주고 있지도 않다. 그러므로 — 권리법력설(통설)에 의할 때 — 물권이 아닌 다른 권리도 아니다. 나는 점유는 법률효과가 부여되어 있는 사실관계에 불과하다고 본다. 그 점은 간접점유도 같다.

점유자를 보호해야 하는 근거는 무엇일까?

이 논문을 쓰면서 나는, 점유를 권리라고 파악하지 않는 견해를 취할 경우에 권리자가 아닌 점유자를 민법이 왜 보호해 주어야 하는지도 살펴보아야 한다고 생각하였다. 그런데 그것까지 논의하는 것은 이 논문의 연구범위를 넘고 또 연구내용에서도 다른 부분과 질적으로 차이가 있어서, 이 논문에서는 자세한 논의는 하지 않고 독일 학자 빌링Wieling의 동의할 만한 의견을 참고하여 현 단계에서의 사견만 간략하게 적었다. 그 요점을 여기서 적는다면, 점유를 보호하는 근거는 '인격 발현의 보호'라고 할 수

있다.[84]

민법 제196조는 개정되어야 해

이 논문에서는 제196조가 가지고 있는 여러 문제점을 지적하였다. 그 규정은 단순히 '점유'를 '점유권'으로 규정한 잘못만 있는 것이 아니고, 특히 그 제2항에는 틀린 내용이 규정되어 있기도 하다. 그러므로 그 규정은 조속히 개정되어야 한다. 나는 이 논문에서 그 규정의 개정방법과 내용도 제시하였다.

나중에는 전체적으로 '점유권'을 '점유'로 개정해야 해

앞에서 특히 제196조 제2항의 규정 잘못이 아마도 오해에서 비롯되었을 것이라고 추측했다. 그런데 그 추측이 맞는다면, 그 오해의 씨앗은 '점유'를 권리로 인식하거나 권리로 표현하기 위하여 '점유권'이라고 규정한 데 있다고 생각한다. '점유'를 '점유권'이라고 하고 보니 그것도 하나의 물권일 것 같고, 그렇다면 양도도 가능할 것이고, 양도의 방법으로 간이인도·점유개정도 쓰일 수 있어야 한다고 여겼을 법하다.

그런데 앞에서 본 것처럼, '점유권'이라는 '권리'는 본래 없고, 그것은 '점유'를 권리라는 형식으로 표현한 것일 뿐이다. '점유권'을 실질에 맞게 '점유'라고 올바르게 이해하면, 오해의 소지가 근본적으로 차단된다. 그리고 점유의 실질에 맞는 해석과 입법이 행해질 수 있다. 그러므로 앞으로 민법을 개정하여 '점유권'이라는 표현을 모두 '점유'라고 고쳐야 한다. 그런 날이 곧 오기를 기대해본다.

---

84 좀 더 자세한 사항은 이 논문, 25면 주 79 참조.

제2장
나의 책 이야기

1. 서설

나의 저서 모두 104권에 이르다

현재(2022. 11. 15)를 기준으로 나의 저서는 단독저서 외에 공저와 개정판을 포함하여 모두 104권이다. 그중 단독저서는 83권이고, 공저는 21권이다. 그리고 단독저서의 초판은 26권이다.

나의 저서가 전부 민법학이라는 전문 분야의 도서임을 생각할 때 대단히 많은 편이다. 더욱이 여러 종류의 저서가 짧은 주기로 개정되고 있는데, 그것은 독자들이 꾸준히 찾고 있는 덕분이다.

내가 50대에 저서를 낼 역량이 갖춰져

내 저서는 내가 50대일 때부터 출간이 많아졌다. 그 이전에는 학술 논문과 작은 논설 등에 집중하였고, 또 넓은 분야를 아우르는 저서를 낼 정도로 연구의 양이 축적되지 않았다. 그런데 내가 50세에 이를 무렵에는 연구된 양도 어느 정도 쌓이고 또 연구능력도 상당히 길러져서, 넓고 다양한 분야의 저서도 낼 수 있는 조건이 갖추어졌다.

외부에서 내 저서의 출간 요청이 늘어나

그 무렵 외부에서, 특히 당시 사법시험 준비생들이 몇 가지 소재로 내 글을 접하고서 내 저서를 고대하고 있기도 했다. 수험생들이 내 글 중 맨 먼저 접한 것은 고시연구나 고시계 등 고시 잡지에 실린 내 작은 논문이었다. 고시 잡지에 실린 교수 논문은 대체로 사법시험 등 국가고시 준비에 적합한 가벼운 내용의 것이었다. 그런데 나는 내가 쓰고 싶은 내용과 수준의 글을 써야 직성이 풀리기 때문에 대부분은 깊이가 있는 내용으로 썼다. 다만, 처음부터 수험생을 위해서 쓴 사례 문제의 해설 등은 예외였다. 수험생들은 나의 그러한 글을 보고 — 좋게 표현한다면 — 다른 책에는 없는, 내용이 있는 글이라고 생각했을지 모른다.

수험생들이 나를 더 잘 알게 된 글은 오히려 고시 잡지에 매월 실린 사법시험 모범답안에 대한 나의 강평이었다. 고시 잡지에서는 사법연수원생을 필진으로 하여 사법시험 모의시험 문제의 모범답안을 작성하게 하고, 그것을 내게 보내 강평을 하게 한 뒤, 그것을 잡지에 게재하였다. 강평할 때 나는 대강 보고 의견을 주는 정도로 하지 않았다. 내가 가진 지식을 총동원하여 답안을 철저하게 분석한 뒤 내용이나 형식상 다소의 문제라도 있으면 지적하였다. 그 일을 하면서 때로는 '내가 모범답안을 이렇게 열심히 들여다보는 것이 적절한가?' 하는 회의가 생기기도 했으나, 내가 일을 맡은 만큼 철저히 하지 않을 수 없었다. 그와 같은 강평에 내가 소질도 있었던 것 같다. 그리고 그러한 강평을 수험생들이 열심히 본 모양이었다. 훗날 나는 대학 제자인 태지영 변호사(법무법인 광장)로부터 "모범답안 강평을 줄을 그어가며 보는 것은 송 교수님 것밖에 없다."는 얘기를 들었다. 수험생들이 내 강평에 관심을 많이 갖게 되니 일부에서 그것들을 복사해 묶어서 판다는 얘기도 들렸다.

그 외에 내가 고시 잡지에 실은 사례문제 해설도 수험생들이 즐겨보았나 보다. 그래서인지 고시 잡지의 편집을 맡은 분들은 내게 사례문제의 해설 원고를 자주 받으려고 했다. 나도 학생들의 교육에 도움이 되기도 하여 여건이 되는 대로 원고를 써줬다. 그 사례문제 해설도 숫자가 늘어나자, 수험생들이 세월이 지난 잡지에 실린 것까지 구해서 보았다고 한다. 그 뒤 신림동 고시촌에서 나의 사례문제 해설들을 복사해서 팔고 있다는 얘기도 들려왔다.

다른 한편으로 유수한 여러 대학의 고시반에서 고시 특강을 해달라는 요청이 쇄도했다. 나는 성대(聲帶)가 약한 편이어서 강의하는 것을 즐기지 않는다. 그리고 일단 특강을 하면 최선을 다해야 하니 무척 힘이 들어서도 되도록 피했다. 그래서 외부에서 나를 보기는 쉽지 않았다. 그런데 많은 경우 내가 거절할 수 없는 분들이 고시반 지도교수로서, 혹은 지도교수의 부탁을 받고서 간곡히 특강 부탁을 했다. 그런 경우에만은 가지 않을 수 없었고, 그런 경우에만 했는데도 결과적으로 상당히 많은 대학에 가서 특강을 했다. 숭실대에서 특강을 할 때는 신림동에서 수많은 수험생이 택시를 타고 와서 강의실을 메웠다는 얘기도 들었다. 그리고 그 얼마 뒤에는 내 특강 내용이 녹음되어 테이프로 팔리고 있다고도 했다. 내가 특강을 그만둔 것은 그때부터다.

이러한 여러 요인으로 법학 전공생, 특히 사법시험 수험생들이 내 책을 보고 싶어 했다. 그래도 나는 여러 이유로 책을 쓸 수 없었다. 은사이신 곽윤직 교수님의 책이 있어서도 그랬다. 나는 여러 출판사로부터 많은 요청을 받았지만, 모두 거절하였다. 어떤 출판사 사장은 나의 거절에도 포기하지 않고 내 연구실로 여러 번 찾아오기도 했다.

한번은 이런 일도 있었다. 법과대학 시절에 채권법각론 강의를 하러 강의실에 가니, 대형강의실 뒤편에 녹화 카메라를 대놓고 2~3명이 기다리고 있었다. 내가 무슨 일이냐고 했더니, 내가 책을 쓸 필요 없이 내 강의를 자기들이 녹화하여 풀어 책으로 만들겠다고 했다. 그렇게 나오면 내가 허락할 줄 알았는지 단단히 마음먹고 나온 듯했다. 어림없는 일이었다. 나는 당장 카메라를 가지고 가고, 여기에 얼씬도 하지 말라고 했다. 그 뒤부터는 내 강의를 누가 녹음하거나 녹화하지 않는지 무척이나 신경이 쓰였다.

언젠가는 책을 써야 할 것이라고 생각하다

주변에서 내 책에 대한 기대감도 커져 있어서 나는 속으로 '언젠가는 본격적으로 책을 써야 할 것 같다.'고 생각하였다. 그렇지만 막연하게 그 시기는 아주 먼 훗날에나 오리라고 추측하였다. 그래서 책을 쓰기 위한 준비는 별로 하지 않았다. 다만, 사례문제의 해설은 원고가 상당히 있어서 사례문제 책의 발간은 이른 시기에도 가능할 것 같았다. 그런데, 뒤에 보는 것처럼, 예상치 못한 때에 강의서의 집필을 시작하게 되었고, 그 후에 저서 집필이 이어졌다.

'나의 책 이야기'를 어떻게 쓸 것인가?

나는 나의 책에 관하여 단독저서와 공동저서(공저)로 구분하여 적으려고 한다. 그리고 저서 모두가 아니고, 의미가 있는 저서 즉 주요저서를 골라서 적을 것이다. 그리고 추려진 각 저서에 대하여는 어떻게 하여 집필을 하게 되었는지, 내 생각은 어땠는지, 내용적인 특징은 무엇인지 등 여러 사항을 기술하려고 한다. 그럼에 있어서 동일한 체제로 쓰지는 않을 것이다.

한 가지 미리 언급할 것이 있다. 이 책의 제3장에는, 내가 민법의 낱권 교과서를 완간한 뒤 제자들의 요청으로 제자들에게 들려준 이야기가 있는데 그 이야기를, 내가 했던 그대로 실을 것이다. 그리고 거기에는 당연히 책 이야기가 들어가 있다. 그 결과 여기(제2장)에서 설명하는 내용이 제3장에서 다시 나올 수밖에 없게 되었다. 낱권 교과서들의 이야기에서 특히 더 그렇다. 그렇지만 제3장은 그 나름대로 의미가 있어서, 중복되는 내용을 피할 목적으로 억지로 바꾸지 않고 그대로 두려고 한다. 위와 같은 이유로 불가피하게 일부 내용이 중복되게 되었다. 독자들의 양해를 구한다.

2. 단독 저서

(1) 「객관식 고시 민법총칙」(고시원, 1985)

나의 생애 첫 저서

이 책은 내가 평생 처음으로 펴낸 첫 저서이다.[1] 이 책이 나오기 전에는 석사학위논문밖에는 쓴 것이 없다. 이 책이 출간된 1985년 4월은 내가 경찰대학에서 전임강사로 강의한 지 1년여가 지난 때이면서 서울대 대학원 박사과정을 이수한 직후이다. 무척이나 바쁜 중에도 출판사(고시원)의 요청을 뿌리치지 못하고 책을 쓰게 된 것이었다.

이 책은 민법총칙 부분의 객관식 문제집이다. 당시에는 행정고시와 공인감정사 1차시험에 객관식으로 시험을 보는 민법총칙 과목이 있었다. 그 과목의 시험을 준비하는 수험생에게 도움을 주기 위하여 이 책을 쓰게 되었다.

그 무렵 나는 강의준비, 박사과정 이수, 학술논문 작성 등 필수적으로 해야 할 일이 많아 다른 일을 할 여유가 없었다. 그런데도 이 책을 쓰게 된 가장 큰 이유는 내가 경제적으로 매우 어려운 시기에 내게 도움을 준 고시원考試院출판사에 고마움을 표하고 싶어서였다. 그리고 이 책의 집필이 내게 유익한 면도 있었다. 내가 강의할 민법총칙 과목에 객관식 문제가 과거에 어떻게 출제되었는지 살펴보고, 또 장차 어떻게 출제되는 것이 좋을지 생각해 볼 수 있는 기회가 되기 때문이다.

---

1 이 책의 발행일이 1985. 4. 15.이어서, 나의 다른 저서인 「공인중개사 민법·민사특별법」(고시원, 1985)의 발행일 1985. 3. 30.보다 더 늦다. 그럼에도 불구하고 내게는 이 책이 첫 저서라고 생각한다. 내가 이 책의 집필을 먼저 의뢰받았고, 출판사에 원고도 먼저 넘겼기 때문이다. 이 책의 발행일이 「공인중개사 민법·민사특별법」 책보다 늦어진 것은 책의 편집·조판·제작 등의 과정에서 시간이 더 걸렸기 때문이다.

비록 처음 쓰는 책이지만 다른 저자의 책과는 다르게 써보려고 하다

이 책을 쓸 당시 객관식 민법총칙 책들은 모두 비슷비슷했다. 교과서의 순서에 따라 기출문제와 다른 문제들을 배치하였고 내용도 거의 대동소이했다. 그리고 수험생들은 기존의 책들에 대하여 '교과서와 함께 보아야 한다.'거나 '단편적인 문제의 나열에 불과하다.'는 등의 불평을 늘어놓기도 했다. 그래서 나는 비록 초보 학자이지만 기존의 다른 책들과는 차별화된 내용과 모습으로 책을 쓰려고 했다.

'이미 나온 책들과 차이가 없다면 굳이 책을 쓸 이유가 없다. 변화와 발전이 없는 것은 만들 필요가 없다.'

나의 이런 생각은 내가 처음 책을 쓰던 그때부터 항상 내 머릿속에 있었다.

나는 기존의 책들과 다르게 장별로 상당한 양으로 이론의 요점을 정리해 두고, 각 문제에 대해 아주 충실하게 해설을 하였으며, 또 수험생들이 단계적으로 학습을 할 수 있도록 문제의 배열에도 신경을 썼다. 그럼으로써 일단 교과서로 공부를 한 뒤에는 이 책만으로 공부를 할 수 있도록 했다. 이 이론의 요점 부분은 모두 합하면 60면이 넘는 것으로서 당시의 통설을 정리한 것이라고 할 수 있다. 그 때문에 내 강의를 듣던 학생들은 그 부분을 참고하여 공부하는 경우도 많았다.

고시원 출판사와의 인연

앞에서 언급한 바와 같이, 이 책은 고시원 출판사에서 펴냈다. 나와 그 출판사의 인연은 상당히 깊다.

1980년 3월 나는 서울대 대학원 법학과 석사과정에 입학했다. 그리하여 나는 전라북도 임실군에 있는 본가에 있다가 그해 2월 하순에 서울로 왔다. 그리고 잠깐 6촌 형 댁에서 기거하다가 서울대에 가까운 서울시 관악구 신림동에서 하숙을 하였다.

경제적으로 여유가 없던 나는 아르바이트를 하기 위하여 서울대 내 학생관 3층에 있는 직업소개센터를 찾았다. 거기서 나의 인적 사항과 내가 원하는 일자리를 적어 신청서를 내고 일자리를 정해주는 시간에 맞추어 그곳에 다시 갔다. 거기에는 일자리를 구하려는 학생들이 겹겹이 서 있어서 직원의 얼굴이 잘 보이지도 않았다.

늙수그레한 한 직원은 의자에 올라서서 각각의 일자리에 적합한 사람을 하나씩 호명하였다. 몇 사람을 부른 뒤 고개를 좌우로 돌리더니 다른 사람들 뒤에 가려져 있던 나를 애써 발견하고서 내 이름을 불렀다. 여의도에 사는 중학생에게 영어를 가르치는 일이었는데, 그 집에서 아마도 대학원생을 구해달라고 한 모양이었다. 나는 운 좋게 신청하자마자 일을 구하게 되었다. 그리고 그 뒤에 바로 그 학생을 가르치기 시작하였다. 그 학생은 공부를 잘하거나 열심히 하지는 않았지만 착했다. 공부를 열심히 하고자 하는 의지도 별로 없어 보였다. 나로서는 학습지도의 효과가 언제 나게 될지 걱정스러웠다. 그래도 별일이 없었으면 얼마간은 그 학생을 가르쳤을 것이다. 그런데 그럴 수 없는 사정이 생겼다.

1980. 6. 12. 목요일 밤 하숙집 주인 아주머니가 2층 방에 있는 내게 인터폰으로 전화를 받으라고 했다. 개인 전화가 없던 그 당시에는 간혹 그렇게 전화를 받기도 했기 때문에 대수롭지 않게 여기고 전화를 받았다. 서울시 노원구 상계동에 사는 4촌 형님이었다. 형님은 내게 전해달라고 하는 '부친 사망'이라는 전보를 받았다고 했다. 시골에는 전화가 없고 내 하숙집 주소를 몰라서 형님에게 전보를 보냈었나 보다. 그러면서 이게 뭔지 모르겠다고 했다.

나는 몸이 얼어붙는 듯했다. 형님이 한 말을 믿을 수가 없었다. 내가 본가를 떠나올 때 편찮으셨던 것도 아니고, 그 후에 편찮으시다는 연락을 받은 적도 없었다. 내가 서울에 온 뒤에 바빠서 연락을 자주 못 드리기는 했지만…. 눈물이 하염없이 흘렀다. 서울에 온 뒤에 문안 편지를 드리지도 못한 것에서부터 죄송스러웠던 여러 일이 떠올랐다.

아버지의 장례를 치르고 어머니가 걱정되어 며칠 더 머문 뒤 서울로 다시 왔다. 나는 완전히 무기력한 상태에 빠졌다. 아버지의 별세는 그야말로 마른하늘에 날벼락 같은 일이었다. 집의 기둥이 무너졌으니 어떻게 해야 할지를 몰랐다. 무엇보다도 집에서 경제적으로 지원을 받는 일은 전혀 불가능했다. 이제 내 생계는 온전히 내가 꾸려야 했다. 중학생을 가르치는 일은 적절하지 않았다. 그 정도의 수입으로는 생계를 꾸려가기가 어려웠기 때문이다.

그런데 그 집에서도 학생의 성적이 오르지 않아, 내게 계속 맡겨야 할지 고민을 하고 있었던 모양이었다. 내가 갑작스러운 부친의 별세로 정신을 못 차리면서도 장례식 때문에 지도를 하지 못하는 날의 교육을 내 친구인 오수근 대학원생(현재 이화여대 법전원 명예교수)에게 부탁하여 대신 하게 했는데도, 그 후 학생의 어머니는 학생의 외삼촌에게 지도를 받게 하겠다고 연락을 해왔다. 그래도 내가 친구를 괴롭히면서까지 내 임무를 충실히 한 것은 잘한 일이었다고 생각한다. 아무튼 학생 지도 아르바이트는 그렇게 끝이 났다.

나는 수입이 더 많은 일을 찾아야 했다. 나는 다시 교내 직업소개센터를 찾아갔다. 그리고 이전에 내게 아르바이트를 소개해 준 직원을 만났다. 그분에게 학생을 가르치는 일은 하지 않기로 했다고 하면서, 다른 일자리를 구해달라고 부탁을 했다. 그분은 나를 기억하고 있었다. 내가 대학원 법학과에 재학하고 있는 것도 알고 있었다. 그분은 나를 보자마자 마치 무척 기다렸다는 듯이 새로운 일자리를 소개해 주었다. 서울대 대학원 법학과 재학생을 구해달라는 곳이니 거기에 가보라고 했다. 서울시 마포구 용강동에 있는 고시원이라는 출판사였다.

고시원 출판사에 갔다. 그곳 직원이 나를 2층에 있는 사장실로 안내했다. 곧 다른 한 사람이 오더니 내 옆자리에 앉았다. 나중에 알고 보니 그 출판사의 엘리트 편집과장인 임영부 님이었다. 하동석 사장님이 몇 가지를 물었다. 그러더니 그 출판사에서 주석·판례 고시법전을 발행하려고 한다면서 내가 그 내용을 살펴보고 혹시 잘못이 있으면 바로잡아 주면 된다고 했다. 나는 기꺼이 하겠다고 했다. 일은 원래는 도급제로 하려고 했는데, 마침 그때는 대학원 강의가 없는 방학이니 매일 출판사에 나와 일을 해주면 좋겠다고 했다. 나는 그러겠다고 했다.

보수를 월 28만 원 주겠다고 했다. 그 얘기를 듣자마자 나는 대뜸 "이왕 주실 거면 30만 원을 채워 주십시오."라고 했다. 평소에 욕심을 부리지 않는 내가 왜 그때는 조금도 지체하지 않고 그런 말을 했는지 모르겠다. 아마도 경제적인 극한 상황에서 무의식적으로 내뱉어진 것 같았다. 계약할 때는 나중에 후회하지 않도록 처음에 원하는 것을 확실히 말해야 한다는 소신이 작용했는지도 모르겠다.

잠시 침묵이 흘렀다. 두 분의 얼굴이 굳어진 듯했다. 약간의 시간이 흐른 뒤 하 사장님이 얼굴의 경직을 풀면서 그렇게 하겠다고 했다. 그 자리에 있던 편집과장이 훗날 내게 들려준 얘기로는, 그때 내가 받기로 한 월급 30만 원은 그 당시 당신의 월급보다 많은 액수였다고 한다. 내가 30만 원을 얘기했을 때 왜 두 분의 표정이 굳어졌는지 그제야 이해가 되었다.

며칠 뒤부터 고시원 출판사에 출근하여 일을 했다. 그 출판사는 사법시험·행정고시를 비롯한 여러 국가고시를 준비하는 책을 발행하고 있었다. 그런 곳에서 특별한 책으로 주요 법률 조문에 이론과 판례의 주석을 단 법전을 만들려고 시도했다. 제목은 「주석·판례 고시법전」이었다. 나는 그 책을 만드는 데에 노력을 집중하였다. 그런데 일감이 적을 때에는 다른 법률서적의 교정도 보았다. 여러 작업을 하면서 책 제작의 메커니즘과 편집 기술도 터득하였다. 나 혼자서 책을 편집할 수 있게 되었다. 이때 익힌 지식은 나중에 내가 저서를 낼 때 유용하게 사용되었다.

고시법전 작업은 내용적으로는 힘들지 않았지만, 눈에는 정말 고역이었다. 조문에 붙인 주석·판례가 모두 깨알 같은 6포인트 활자였기 때문이다. 오랜 기간 매일 8시간 이상을 그 작은 글씨와 씨름을 하다 보니 시력이 나빠졌다. 내가 근시 안경을 쓰게 된 것은 바로 그 일 때문이었다. 일을 하면서 점심시간이 되면 출판사 직원들과 함께 가까운 데 위치한 중식당에 가서 짜장면 등을 먹고 외상장부인 노트에 기재하고서 월급날에 갚기도 했다. 때로는 가까이 있는 마포 주물럭집에 가서 고기 몇 점과 함께 소주잔을 기울이기도 했다. 영락없는 회사 직원이었다.

고시원 출판사에서 하는 일과 방식은 1980년 9월 이후에도 그대로 계속되었다. 9월에는 대학원이 개학을 하여 강의를 들으러 가야 했지만, 사장님이 그 외의 시간만 출판사에 와서 일해 달라고 했다. 나로서는 아주 고마운 일이었다. 출판사 직원처럼 일하다 보니 직원들의 야유회에도 함께 갔다. 그해 가을에 버스를 대절하여 경기도 포천에 있는 산정호수에 갔던 기억이 생생하다. 그때 입었던 유니폼을 오래 간직하기도 했다. 출판사에 다니는 동안은 경제적으로 어려움이 없었다. 그곳이 나의 추운 겨울을 따뜻하게 해주었다.

고시원 출판사 일은 1981년 5월에 중단해야 했다. 그해 4월에 법대 유급조교 시험에 응시하여 합격하였고, 5월부터 ― 아직은 발령이 나기 전인데도 ― 조교로서 근무를 해야 했기 때문이었다. 출판사에서는 고시법전이 이미 출간되었지만, 그 뒤로도 내가 여러모로 도움이 되었는지 무척이나 아쉬워했다. 그래서 일거리를 집에 가지고 가서라도 해줄 수 없는지 물었고, 학교 업무상 그러기가 어렵다고 하자, 좋은 후배를 소개해 달라고 했다. 그렇게 하여 소개를 해준 사람이 평소 내가 아주 좋아하는 강동범 대학원생(현재 이화여대 법전원 교수)이다.

고시원 출판사에서는 나와 계속 인연을 이어가길 원했고, 후에 사정이 허락하면 책을 써달라고도 했다. 그에 따라 맨 처음 쓰게 된 책이 바로 이 책인 것이다.

이 책은 매절買切형식으로 발행되어

책을 펴낼 때 저자와 출판사 사이에 경제적인 계산을 하는 방법은 크게 매절과 인세 지급으로 나뉜다. 매절은 출판사가 일정 금액으로 원고를 사 버리고, 그리하여 책의 발행 부수가 얼마나 되는가에 따라 이익 배분을 하지 않는다. 그에 비하여 인세 지급은 발행 부수에 비례하여 정가의 일정 비율에 해당하는 금액(즉 인세)을 지급하는 방식이다. 두 방법은 장단점이 있다. 저자의 입장에서는 매절 방식의 경우 책의 판매가 저조하여도 일정 금액을 확보할 수 있는 장점이 있으나, 많이 판매되더라도 그에 따른 이익을 전혀 볼 수가 없는 단점이 있다. 그에 비하여 인세 지급 방식의 경우에는 책의 판매가 많으면 그에 비례하여 이익을 얻을 수 있는 장점이 있지만, 판매가 저조하면 노력의 대가를 얻을 수 없는 단점이 있다.

저서를 내는 때에는 저자가 이러한 점을 고려하여 출판사와 적절한 방법으로 이익분배의 계약을 체결하게 된다. 그런데 대체로 책의 집필을 출판사에서 강력하게 원하거나 책의 판매가 잘 될 것으로 기대되는 경우처럼 저자가 우위에 있을 때에는 인세 지급 방식을 취하고, 그 반대의 경우처럼 저자가 열위에 있으면 매절의 방식을 취하게 된다. 물론 여기에는 많은 예외가 있다. 그리고 매절의 대금이나 인세 비율도 가지각색이다.

고시원 출판사에서 내게 이 책의 집필을 부탁할 때는 어땠을까? 그 당시 나는 초보 학자에 지나지 않았다. 그렇지만 나는 항상 자존심을 지키고 살았기에 무슨 일을 하든 구차하거나 비굴하게 굴지 않았다. 경제적으로 궁핍하지도 않았다. 나는 사실 해야 할 일이 너무도 많아서 책을 쓸 시간적인 여유도 없었다. 그렇지만 ─ 앞에서 언급한 바와 같이 ─ 이전에 도움을 받은 데 대하여 보답을 하고 싶었다. 그래서 적어도 책 한 권은 써주겠다고 마음먹었다. 그리고 기회가 되었으니 써주기로 하였다. 그 무렵 수험서는 대부분 매절 방식으로 출간한다고 했다. 그러면 나도 매절로 하겠다고 했다.

'지금은 내가 출판사에서 처음 아르바이트를 시작하던 때와는 다르지 않은가!'

책을 매절 방식으로 출간하는 경우에는 저자에게 수정·보완할 의무가 없다. 모든 일은 출판사에서 알아서 해야 하는 것이기 때문이다. 그런데 나는 그렇게 하지 않았다. 나는 책이 출간된 뒤 자세히 읽어보면서 오탈자가 발견되면 메모해 두었다. 그리고 그 책을 다시 인쇄할 때 출판사에 그 자료를 주어 고치도록 했다. 출판사에 모든 것을 넘겼지만 그 책이 내 이름으로 나오고 있으니, 저자로서 마땅히 그래야 한다고 생각했다.

이 책을 집필할 때 있었던 일

이 책을 쓰던 1984년 가을·겨울은 내 아들의 첫돌 무렵이었다. 내 아내가 직장생활을 하여 내가 집안일을 조금이라도 하고 아이도 돌봐야 했지만, 시간을 온통 책을 쓰는 데 집중하느라고 다른 일은 거들떠보지도 않았다.

매일매일 배달된 신문조차 들춰보지도 않고 쌓아둘 정도였다. 신문을 배달시켜서 본 이유는 세상 돌아가는 것을 알기 위함이 아니었다. 당시에는 신문 외에는 법률에 대한 정보를 얻기가 어려워, 법의 개정이나 제정에 대하여 새로운 정보를 알려면 신문을 구석구석 살펴보아야 했다. 그것은 강의를 위해서도 꼭 필요했다. 그런데 이 책의 집필을 빨리 끝내려고 신문을 보는 것과 같은 모든 다른 활동을 중단했던 것이다.

1985. 2. 26. 월요일. 그날에도 나는 일어나자마자 이 책의 원고 집필에 몰두하였다. 오전 10시 무렵이었던 것 같다. 내가 재직하고 있던 경찰대의 직원이 집으로 전화를 했다.

"교수님, 어디쯤 오고 계세요?"

"저는 지금 집에 있는데요. 왜 그러시죠?"

"오늘 개강인데 교수님이 아직 안 오셔서요."

'아뿔싸, 오늘이 개강인지도 모르고 내가 원고만 쓰고 있었구나.'

나는 부리나케 일어나 택시를 타고 경기도 광명시에 있는 집에서부터 경기도 용인군 구성면에 있는 경찰대에 갔다. 내가 원고 집필에만 온갖 신경을 쓰느라고 개강일 체크를 못 했던 것이다. 일반적으로 대학의 개강이 3월 2일인 것과 다르게 그때 경찰대는 3월 1일이 낀 주의 월요일이 개강일이어서 그런 일이 생겼다.

'한 가지 일에만 집중하지 말고 다른 데에도 신경을 쓰면서 살면 좋으련만.'

그 뒤에도 나의 성격은 변하지 않았다.

책 집필을 빨리 끝내고 싶었다. 그런데 기본적으로 해야 할 분량이 있어서 집필이 생각만큼 빠르게 진척되지 못했다. 나는 원고의 초고를 얇은 종이에 깨알같이 적었다. 그런 종이가 엄청나게 쌓였다.

'내가 초고 작성을 완료한 뒤에 다시 원고지에 정서해야 하는데 그걸 언제나 다할까?'

나는 조바심에 시간을 단축할 방법을 찾았다. 내가 아주 좋아하는 고교·대학·대학원의 후배에게 정서를 부탁했다. 후배인 이철우 대학원생(후에 새만금개발청장 역임. 현재 서울시립대 법전원 초빙교수)은 인품도 나무랄 데 없지만, 글씨 또한 남다른 명필이었다. 나는 미안함을 무릅쓰고 후배에게 원고의 정서를 부탁했다. 예상대로 그 후배는 기꺼이 내 부탁을 들어주었고, 그 후배가 전체의 반 정도를 정서해 주어 집필 시간을 크게 앞당길 수 있었다.

그 후배에게는 다른 일화가 있다. 그 무렵 내 아들은 엄마가 출근하는 평일에는 집으로 오는 도우미 아주머니가 돌봐주었다. 도우미 아주머니로는 한 사람이 며칠 동안 이어서 오기도 했고, 두어 명이 번갈아 오기도 했다. 그런데 아들에게 특별한 모습이 관찰되었다. 사람들을 경계하고, 특히 여자들을 무서워했다. 아무래도 도우미 아주머니가 잘 돌봐주지 않은 것 같았다. 그런데 내 후배가 우리 집에 오니, 내 아들이 뒤뚱거리며 그 후배에게 가더니 후배의 무릎에 털썩 앉았다. 그리고 오래오래 거기 앉아서 놀았다. 아빠인 나보다 더 편하게 느껴졌던 모양이다. 그 후에도 그 후배가 집에 오면 내 아들은 거리낌 없이 그 후배에게 다가가서 무릎에 앉았다. 아기 눈에도 친근함이 느껴졌나 보다. 요즘에도 그 후배를 만나면 그때의 일이 생각난다.

(2) 「공인중개사 민법·민사특별법」(고시원, 1985)

고시원 출판사의 두 번째 요청에 따른 책

과거에 우리나라는 부동산의 중개가 자유업이었다가 1961년부터 신고제로 운영되었다(소개영업법). 그 후 1983. 12. 30.에 부동산중개업법이 제정되었는데(1984. 4. 1. 시행), 그 법에 따르면 부동산의 중개는 시장·군수·구청장의 허가를 받아야만 할 수 있게 되었다(동법 제4조). 그리고 공인중개사 제도가 도입되어 시·군·구를 넘는 지역에서 중개업을 하려면 공인중개사의 자격을 취득해야만 했다(동법 제18조). 그 후 1985년에 제1회 공인중개사 시험이 시행되었다. 공인중개사 시험은 제1차와 제2차로 나뉘는데, 제1차 시험과목에 '민법·민사특별법 중 부동산 중개에 관련되는 규정'이 있다. 그 과목이 바로 '민법·민사특별법'이다.

고시원 출판사에서는 공인중개사 제도가 입법되기 전부터 공인중개사 시험을 위한 책을 만들 계획을 세웠다. 그리고 1983년 초부터 내게 '민법·민사특별법' 책의 집필을 간곡하게 부탁하였다. 그 무렵 나는 경찰대학 전임강사로서 강의하랴, 서울대 박사과정에서 강의를 들으랴, 논문을 쓰랴, 그야말로 눈코 뜰 새 없이 지내고 있었다. 그리고 고시원 출판사에 대한 고마움은 「객관식 고시 민법총칙」 책을 쓰는 것으로 어느 정도 표하게 되었다고 생각하였다. 그래서 처음에는 책 집필을 맡지 않으려고 했다. 그런데 고시원에서는 공인중개사 시험이 처음인 만큼 전문가가 시험문제의 방향을 제시해줄 필요가 있다고 하면서 나를 설득하였다.

'그래! 공인중개사 시험에 어떤 문제가 어떤 모습으로 출제되어야 하는지 지침을 주는 책을 만들어보자.'

고시원 출판사에서는 어려운 중에도 내가 집필을 맡은 데 대한 계약을 맺자고 했다. 그리고 한 번도 실시해보지 않은 상황에서 시험문제의 방향과 수준을 정하는 데 참고할 수 있도록 ― 이미 공인중개사 제도가 확립된 ― 일본에서 실제로 출제된 공인중개사 시험문제들을 번역하여 제공해 주었다. 나는 공인중개사 시험에 응시하는 사람들이 대부분 법학을 전공하지 않았을 것이라고 여겨서 비법학도非法學徒가 가능한 한 쉽게 공부할 수 있도록 여러 가지 방안을 강구하였다. 이러한 나의 진심이 전해졌는지 공인중개사 시험의 초기에는 수험생들뿐만 아니고 학원에서 강의를 하는 분들도 이 책을 많이 보았다고 한다.

(3) 「착오론 ― 법률행위에서의 착오를 중심으로 ― 」(고시원, 1991)

나의 박사학위논문을 책으로 내다

이 책은 나의 박사학위논문을 주된 내용으로 한 것이다. 그런데 박사학위논문 외에 다른 논문이나 자료도 있다. 그리고 박사학위논문에 해당하는 부분도 논문 제출 당시의 내용과 달리 수정하거나 보완된 곳이 적지 않다. 학위 논문 제출 이후에 새로 나타난 판례도 추가되었다.

이 책의 부록에는 관련된 다른 논문 2편, 즉 "무의식적인 불합의와 착오"와 "계약당사자 쌍방의 공통하는 동기의 착오"[2]가 덧붙여져 있다. 또 박사학위논문의 심사가 한 학기 미뤄진 뒤에 내가 새로 조사·정리한 ― 연혁

---

2 이 논문에 관하여는 앞에서 자세히 설명한 바 있다. 앞의 70면 이하 참조.

에 들어 있지 않은 ─ 주요 외국의 입법례도 들어가 있다. 앞에서 적은 것처럼,[3] 박사학위논문의 심사가 미뤄져 여유시간이 생겨서 외국의 입법례를 조사하여 논문에 삽입하려고 했는데, 곽윤직 교수님이 반대하셔서 넣지 않았다가 그것을 ─ 역시 곽 교수님의 조언에 따라 ─ 이 책에 넣게 된 것이다. 그런가 하면 이론의 체계를 유지하느라 박사학위논문에 추가하지 않은 '민법 제109조의 적용범위'를 연구하여 부록의 앞부분에 위치하게 했다. 또 '착오에 관한 외국 법률 규정'을 조사하여 자료로서 맨 뒤에 붙였다.

고시원 출판사 사장님이 출판을 자청하다

나는 박사학위를 취득하기 전부터 박사학위를 취득하면 곧바로 출판을 할 생각이었다. 그런데 어디에서 출판할지 머뭇거리고 있었다. 당시에는 책 출간이 쉽지 않았다. 많이 알려진 출판사의 경우는 스스로 출판 비용을 부담한다고 해도 선뜻 받아주지 않는 분위기였다.

그렇지만 나는 막연히 '내가 원한다면 어디에서든 어렵지 않게 출판할 수 있지 않을까' 하고 생각했다. 내가 비록 젊은 교수에 지나지 않지만, 곽윤직 교수님의 책 개정을 돕고 있었기 때문에 박영사에 얘기해도 무시당하지는 않을 것 같았다. 필요하다면 곽 교수님께 말씀해주십사 부탁을 드려볼 수도 있었다. 그런데 박영사에 내가 직접 말하거나 곽 교수님께 말씀해달라는 것이 모두 주저되었다. 어느 방법이든 박영사나 곽 교수님께 빚을 지는 것이어서 싫었다. 평소에 폐 끼치는 것을 좋아하지 않는 성격 탓이다.

'빚을 지는 것은 싫고, 책은 내야겠고, 어떻게 할까?' 하고 망설이고 있는데, 고시원 출판사의 하동석 사장님이 고시원에서 출판해 주겠다고 자청하셨다. 나는 내심 법학의 학술서적으로 좀 더 유명한 출판사에서 출판하고 싶었다. 그렇지만 고시원 출판사에서 출판하는 것이 내가 빚을 지지 않

---

3 앞의 31면 참조.

는 일이고, 내가 거기서 책을 두 권 냈으니 그 정도는 무방할 듯했으며, 또 고시원 출판사 사장님의 호의를 거절하는 것이 예의가 아니라고 생각되었다. 나는 즉각 감사하다는 말과 함께 출판을 의뢰하였다.

논문의 제목을 '착오론'이라고 하다

나는 박사학위논문을 쓸 때부터 논문 제목을 '착오론'이라고 하고 싶었다. 그런데 그 제목은 하나의 논문의 제목으로는 적절하지 않았다. 그래서 논문을 쓸 때는 제목을 그냥 '착오'라고만 했다. 그리고 1988년 가을에 심사용 원고를 제출하면서는 제목을 '법률행위에 있어서의 착오에 관한 연구'라고 적었다. 그런데 심사를 받으면서 그 제목이 뭔가 어색하다고 하여 즉석에서 곽 교수님이 '민법상의 착오에 관한 연구'라고 하자고 하시어 논문 제목이 그렇게 정해졌다.

그런데 민법상의 착오에는 착오 변제 등과 같이 법률행위 내지 의사표시가 아닌 경우의 착오도 있어서, '민법상의 착오에 관한 연구'는 이상적인 제목은 아니다. 그리고 책을 낼 때는 박사학위논문 제목에 구애받을 필요가 없었다. 그래서 나는 처음에 붙이고 싶었던 '착오론'이라는 제목으로 책을 내게 되었다. 그런데 '착오'가 형법에서도 많이 문제되기 때문에, 형법상의 착오가 아니고 민법상의 착오임을 보여줘야 했다. 그리하여 '법률행위에서의 착오를 중심으로'라는 부제를 붙였다.

(4) 10권의 모노그래프들

모노그래프monograph란?

서양에서 모노그래프란 한 가지 주제에 관하여 자세하게 쓴 논문을 말한다. 그동안 우리나라에는 모노그래프를 만들 정도로 자세히, 그리고 계속하여 연구하는 일이 많지 않았다. 그런데 나는 어떤 하나의 주제에 대하여 오랫동안 깊이 있게 연구하고 해당 주제의 주변 문제까지도 광범위하게 살펴보는 성향이 있어서 모노그래프를 만들기에 적합한 조건을 갖추고 있었다. 그리고 상당기간에 걸쳐 일정한 주제와 관련된 연구결과를 학술지, 법률신문, 고시 잡지 등에 발표해 두기도 하였다.

그러던 차에 내가 재직하던 이화여자대학교에서 모노그래프 제작을 위한 지원을 해주겠다고 하였다. 그래서 나는 그동안 발표한 연구결과와 추가로 작성한 원고들을 모아 모노그래프들을 펴내게 되었다. 모노그래프의 제작은 시기적으로 두 차례에 걸쳐 이루어졌다. 한 번은 1999년에서 2002년 사이였고, 다른 한 번은 2007년이었다.

이화여자대학교 법학연구소의 지원에 의한 모노그래프 7권과 그 내용

이화여자대학교 법학연구소는 1999년부터 이화여대의 재정지원을 받아 '이화법학총서'를 발행하였다. 그 총서는 이화여대에 재직하는 법학 교수와 관련 연구자의 시의적절하고 전문성 높은 연구업적을 학계와 실무계에 공유하기 위한 것이었다. 당시 법학연구소장은 양명조 교수님이었고 나도 편집위원의 한 사람으로 관여하였다. '법학연구총서'로 내가 펴낸 모노그래프는 7권이며, 그 세부적인 내용은 다음과 같다.

「법률행위와 계약에 관한 기본문제 연구」(이화여대 법학연구소, 1999)
- 법률행위의 의의
- 의사표시의 일반이론
- 법률행위의 해석
- 합의와 불합의
- 〈판례연구〉 불법행위의 경우의 손해배상에 관한 합의의 해석
- 법률행위가 취소된 경우의 제3자 보호
- 〈판례연구〉 부정행위(不正行爲)에 대한 고소와 강박에 의한 의사표시

「대상청구권에 관한 이론 및 판례연구」(이화여대 법학연구소, 1999)

- 이행불능에 있어서 이른바 대상청구권

- 〈판례연구〉 대상청구권

- 대상청구권의 인정범위와 내용

- 〈판례연구〉 취득시효와 대상청구권

「부동산 점유 취득시효와 자주점유」(이화여대 법학연구소, 1999)

- 자주점유

- 악의의 무단점유와 취득시효

- 〈판례연구〉 취득시효에 있어서 자주점유의 판단과 입증

- 점유 취득시효의 요건으로서의 자주점유

- 〈판례연구〉 부동산 점유 취득시효의 요건으로서의 자주점유와 악의의 무단점유

「법률행위에 있어서의 착오에 관한 판례연구」(이화여대 법학연구소, 2000)

- 〈판례연구〉 매매목적 토지의 면적의 착오

- 〈판례연구〉 화해기초에 관한 공통의 착오

- 〈판례연구〉 착오로 인한 불이익 소멸 시 취소권 인정 여부

- 〈판례연구〉 매매목적 토지의 지번에 관한 당사자 쌍방의 공통하는 착오

- 〈판례연구〉 교환목적 토지의 소유권 귀속에 관한 공통의 착오와 경계의 착오

「계약체결에 있어서 타인 명의를 사용한 경우의 법률효과 — 이론과 판례 —」(이화여대 법학연구소, 2000)

- 〈판례연구〉 타인의 명의를 빌려 체결한 토지분양계약의 효력

- 타인의 명의를 사용하여 행한 법률행위
- 〈판례연구〉 타인의 이름을 임의로 사용하여 체결한 계약의 당사자 결정
- 금융실명제 하에 있어서 예금계약의 당사자 내지 예금채권자의 결정
- 이른바 계약명의신탁의 효력과 구상권의 제한
- 〈판례연구〉 타인 명의의 예금계약에 있어서 계약당사자 결정
- 〈판례연구〉 차용명의(借用名義) 사용계약과 구상관계

「흠 있는 의사표시 연구」(이화여대 법학연구소, 2001)
- 사기·강박에 의한 의사표시
- 착오자의 손해배상책임
- 진의 아닌 의사표시
- 허위표시의 요건과 효과
- 착오론의 체계와 법률효과의 착오
- 착오에 관한 우리의 학설·판례 — 발전경과 및 현황

「제3자를 위한 계약연구」(이화여대 법학연구소, 2002)
- 제3자 보호효력 있는 계약
- 제3자를 위한 계약
- 민법 제539조에 관한 몇 가지 문제
- 제3자를 위한 계약의 보완적 연구

'이화법학총서'를 발행한 이화여대 법학연구소는 그 책을 원하는 학생들에게도 아주 싼 가격에 보급하였다. 그때 웬 이유에서인지 내 모노그래프를 대학 학부 학생들도 많이 구입하려고 하여, 저자인 내게 증정된 책들까지 법학연구소로 다시 가져가 판매하기도 하였다. 그런 바람에 세 가지 모노그래프는 내게 겨우 1권씩만 남아 있다.

제2차로 제작한 모노그래프 3권과 그 내용

앞에서 언급한 바와 같이, 이화여대는 2007년에 법학 교수들에게 2차로 모노그래프를 발행할 수 있도록 재정지원을 하였다. 그 지원으로 나는 3권의 모노그래프를 펴낼 수 있었다. 그 모노그래프 3권의 세부 내용을 소개한다.

「**채권의 목적 연구**」(세창출판사, 2007)

- '채권의 목적'의 의의와 내용
- 채권의 목적의 요건
- 채권의 목적과 재산적 가치
- 특정물채권
- 종류채권
- 이자채권

「**불법원인급여에 관한 이론 및 판례 연구**」(세창출판사, 2007)

- 불법원인급여
- 민법 제746조에 관한 약간의 고찰
- 〈판례연구〉 민법 제746조의 적용에 있어서 불법성의 비교
- 〈판례연구〉 사기도박과 불법원인급여

「**법관의 직무상 잘못에 대한 법적 책임 연구 — 이론과 판례 —**」(세창출판사, 2007)

- 독일법에 있어서 법관의 직무행위와 국가배상책임
- 법관의 재판상 잘못과 국가배상책임 — 독일법과의 비교·검토 —
- 〈판례연구〉 경매담당 법관의 배당표 작성상 잘못과 국가배상책임

(5)「민법사례연습」(박영사, 2003)

오래전부터 준비해왔으나 대부분은 막판에 완성하다

나는 대학에서 강의를 시작한 1983년부터 장차 사례연습 책을 펴낼 계획을 가지고 있었다. 교과서는 지도교수이신 곽윤직 교수님이 계셔서 막연히 '먼 훗날 가능할까?' 하고 생각할 뿐이었다. 그래서 나는 틈틈이 사례문제 해설 원고를 써서 고시 잡지에 발표하였다. 나중에 이것들을 모으고 거기에 몇 개를 더하여 책으로 만들려고 했다. 그런데 책을 내는 시기를 앞당기게 하는 사정이 생겼다. 내가 2002년 사법시험 2차시험에서 사례문제를 출제하고 채점하면서 답안들이 너무도 부실하여 사례연습 책을 빨리 내주어야겠다고 생각하였다. 특히 답안이 기본에 충실하지 못하고, 사안에 이론을 적용하는 과정이 매우 부족하였다.

나는 이미 발표한 사례가 20여 개는 될 테니 약간만 더하면 바로 책으로 낼 수 있을 것 같았다. 그래서 책을 낼 결심을 하였다. 그런데 그 후에 조사해보니 기존에 발표한 사례문제 해설 원고는 12개에 불과하였다. 그 사실을 알고 나는 아찔했다. 그래서 책 내는 일을 미룰까 생각하였다. 그렇지만 다시 미루면 언제 할지 모를 일이었다. 그래서 힘들지만 시작하기로 하였다.

막상 시작을 했지만 책을 낼 수 있을지 걱정이 되었다. 나는 대학에서 연구년을 맞아 2003. 2. 25.에 미국으로 떠나도록 예정되어 있어서, 그 전에 적어도 원고 작성을 마쳐야 했기 때문이다. 사법시험 답안 채점을 마치고, 감기몸살을 앓고, 학교 기말시험 채점까지 마친 뒤 계산해보니, 총 40개의 사례를 만들려면 내가 28일 동안 매일 1개씩 사례문제 해설 원고를 써야만 했다. 그것은 사실상 불가능했다.

그런데 무모해 보이지만 시도를 하였다. 그리고 실제로 매일 1개씩의 사례원고를 써냈다. 내게서 매일 육필肉筆 원고를 받아 컴퓨터에 입력해 준

대학원 석사과정 제자 고현아 조교는 어느 자리에서 나를 가리켜 "선생님은 천재신가 보다."고 하였다. 나는 빙그레 웃기만 하였다. 그때 속으로는 "나는 천재가 아니라오. 열심히 공부하고 오래 생각한 성실한 사람일 뿐이라오."라고 말하고 있었다. 나는 생각한 결과를 재빨리 종이에 그려내어 놓는 능력은 있는 듯하다. 내가 원고를 빨리 쓰기는 했지만, 고현아 조교가 바로바로 입력해 주지 않았으면 출국 전에 원고를 완성하는 것이 불가능했을 것이다.

앞에서, 출국을 앞두고 출간을 주저하다가 시도를 했다고 했는데, 그러한 결심을 하게 한 분은 박영사 조성호 기획과장(현재 기획이사)이었다. 나는 출국 전에 본문 원고를 완성하는 것조차 불가능하게 느껴져, 혹시라도 원고를 완성하더라도 미국에서 교정 등 후속작업을 원활하게 할 수 없어서 금방 책을 내지 못할 것이라고 생각했다. 그때 조 과장이 교정지를 해외 특급우편으로 보낼 수 있다는 기발한 아이디어, 이른바 FedEx[4]교정(특급 운송을 통한 교정) 방법을 제시하여 내 걱정을 덜어주었다. 그 뒤 열심히 노력하여 내가 교정까지 보고 출국할 수 있었다. 그래서 교정지가 미국으로 오가는 일을 하지 않아도 되었다.

제자들의 합심 협력에 의한 도움이 큰 힘이 되다

이 책이 처음에 예상했던 시점보다 일찍 출간될 수 있었던 것은 나의 대학원 제자들 덕분이다. 앞에서 언급한 고현아 조교를 비롯하여 여러 제자가 서로 의논하고 협력하여 책 발간에 필요한 후속작업을 훌륭하게 해주었다. 이러한 제자들이 또 어디 있으랴!

나는 특히 대량의 원고 집필을 하는 경우 집중적으로 작업을 하다 보니 일을 마치면 기진맥진하게 된다. 그래서 나 혼자서 직접 후속작업까지 하

---

4 FedEx는 페더럴 익스프레스(Federal Express)라는 이름으로 시작한 운송업체이자 브랜드명이다. 거기서는 항공을 통한 특급 배송 등의 서비스를 제공하고 있다.

면 상당히 오래 걸릴 수밖에 없다. 그런데 내게는 유능하고 성실하며 책임감이 넘치는 좋은 여러 제자가 있어서 신속하게 책 발간을 마칠 수 있다. 마치 어려운 수술에 교수는 핵심적인 집도만 하고, 그 외의 준비나 마무리를 보조 인력이 맡아서 하는 것처럼.

이러한 일은 이번이 처음이 아니어서, 이전에도 있었고 나중에도 이어졌다. 아무튼 여러 제자의 도움으로 이 책의 발간 시기가 빨라질 수 있었고, 나는 원고 집필에 지쳐 피폐해진 몸을 추스를 시간을 얻었다.

7면에 걸친 긴 머리말을 적고

이 책의 머리말은 7면에 이른다. 그리고 중간에 소제목을 붙이고 강조하는 문장들은 눈에 잘 띄도록 따로 떼어내고 또 고딕체로 인쇄하였다. 핵심적인 내용을 쉽게 알게 하고, 또 긴 머리말을 다 보기 어려운 경우에 강조 부분만이라도 보게 하기 위한 것이었다.

머리말이 그렇게 길어진 것은 이 책의 집필과 관련하여 내가 생각이 많았기 때문이다. 집필을 결심하게 된 배경, 기존원고가 많은 것으로 착각하여 집필을 시작했다는 점, 무모하게 강행했지만 완성했다는 점, 내가 어떤 소망과 의도를 가졌었는지, 다른 책들과 다르게 써보고 싶었다는 점, 준비 과정, 나의 솔직한 심정과 바람 등이 그것이다.

앞에서 나는 논문과 관련하여 특별한, 새로운 내용이 없는 것이라면 글을 쓰지 않는다고 했는데, 그 점은 책에서도 마찬가지였다. 기존의 사례연습 책이 만족스럽다면 내가 책을 쓸 필요가 없었다. 그런데 그러지 못했다. 그래서 책을 쓰게 되었으니, 다른 책들과는 차별화된 책을 쓰고 싶었다. 변화와 개선은 내가 추구하는 이상이었다. 나의 이러한 생각들까지 머리말에 담으려고 했다.

홀가분한 기분으로 비행기에 오르다

매우 부족한 시간에도 불구하고 가까스로 원고 집필을 마치고 1차 교정까지 본 뒤에 가족들과 함께 출국할 비행기에 올랐다. 출국 전날 제자들이 모여 나와 내 가족들에게 환송회를 베풀어줬다. 가슴 뭉클한 일이었다. 그 자리에서 제자인 최성경 강사(현재 단국대 법대 교수)는 당시에 TV 광고에서 유행하던 카피인 '열심히 일한 당신, 떠나라.'를 활용하여 '열심히 일한 선생님, 떠나세요.'라고 하였다.

번거로운 출국 수속까지 마치고 비행기를 타니 그 말이 실감이 났다. 쉼 없이 달려온 그동안의 생활, 게다가 출국을 앞두고 온 힘을 다해 이 책을 집필하게 된 것, 빠듯한 시간을 쪼개 출국 준비를 하던 일이 주마등처럼 머리에 떠올랐다. 너무도 열심히 일하여 이제 막 모든 임무를 끝마치고 온 바로 그 느낌이었다.

'그래! 나는 열심히 일했어. 떠날 자격이 있어. 이제 좀 쉬자!'

나는 의자를 뒤로 젖히고 누웠다. 하늘에 붕 떠 있는 것 같았다.

거대한 민법 저서 피라미드 축조의 시작

민법에 관한 저서들은 해당 저서의 독자층이 민법의 전문가인지 일반인인지에 따라 나눌 수도 있고, 또 연구 집필 대상이 이론인지 사례인지 판례인지에 따라 나눌 수도 있다. 그런가 하면 전문가용 교과서는 민법의 세부 분야별로 나누어지기도 한다.

나는 현재 민법의 전 분야에 걸쳐 교과서를 완간했을 뿐만 아니라 모든 계층이 읽을 수 있는 이론서도 펴냈다. 그리고 이론에 관한 저서 외에 사례 연습 책과 판례서도 출간하였다. 그럼으로써 거대한 민법 저서의 피라미드를 완성한 것이다.

그런데 그 피라미드 축조의 첫 시작이 바로「민법사례연습」이었다. 그때는 민법 저서 피라미드를 생각하지도 않았고, 내가 그걸 완성하게 될지 몰랐으며, 이 책이 그 축조 작업의 출발점이 될지는 더더욱 알 수 없었다.

(6) 「민법강의(상)」(박영사, 2004)

처음 연구년을 맞이하여 미국으로 가다

내가 이화여대에 전임교수로 간 것은 1988년 9월이다. 그리고 1991년에 제정·시행된 '이화여대 교수 연구년제 규정'에 따르면, 전임교수로 발령받은 날부터 6년 이상 근무한 사람은 1년간 연구년을 신청할 수 있었다. 물론 신청자 모두에게 연구년이 허용되는 것은 아니고, 연구년제 운영위원회의 심의를 거쳐 연구년 대상자로 선정되어야만 한다. 나는 매년 교육·연구·봉사실적이 모두 좋았고, 학장 등 보직자로부터도 좋은 평가를 받고 있었기 때문에, 1994년 9월부터는 신청만 하면 1년 연구년을 갈 수 있었다. 그런데 아주 어이없는 바보짓을 하고 만다.

나는 국내에서 박사학위를 취득하였고 외국에서 공부할 기회가 없었기에, 연구년이 되면 무조건 외국에 나가서 연구하여야 한다고 생각했다. 그러려면 미리 그에 필요한 여러 가지 준비를 해야 했다. 그리고 나는 외국에 혼자 갈 수는 없었다. 어렸을 때 막내아들로서 식구들 모두에 의해 떠받들듯이 자라서, 설령 집의 보온밥통에 밥이 있어도 스스로 챙겨 먹지를 못했다. 그럴 땐 식사를 하지 않고 누가 와서 챙겨주기를 기다렸다.[5] 그러니 나 혼자 외국에 가면 끼니를 챙기지 못하고 굶기 십상이었다. 그래서 외국에 갈 때는 반드시 아내와 함께 가야 했다. 그러면 당연히 아들도 동행해야 한다.[6]

그런데 나는 그 무렵 민법주해의 원고 집필이나 그 밖의 연구, 교육 등을 너무나도 열심히 하느라고 외국에 가서 공부할 준비를 하지 못했다.

---

5 그런데 지금은 나도 많이 달라져, 스스로 식사를 잘 해결한다.
6 그때는 늦둥이 딸은 태어나기 전이다.

그리고 직장에 다니는 아내가 휴직을 해야 하는데, 그것 또한 쉽지 않았다. 그 얼마 후에는 딸이 태어나서 해외에까지 움직일 수가 없었다. 아주 예민하고 까다로운 딸을 키우느라고 정신이 없었다. 그런 상황에서 나는 '근속기간 6년에 다시 6년을 더하여, 12년이 지났을 때 2년간의 연구년을 가자.'고 생각했다. 그런데 연구년제 규정상 12년이 되었다고 해서 2년의 연구년이 주어지는 것은 아니다. 내가 학교 규정을 심의한 규정위원회 위원이었고 연구년제 규정을 심의했으면서도, 왜 그렇게 바보같이 단정했는지 모르겠다.

딸이 어느 정도 컸을 때 2년 연구년을 염두에 두고 연구년을 신청하였다. 2년 연구년이라는 제도 자체가 없었다.

'아뿔싸, 이걸 어쩌나. 근속 12년이 넘었는데 1년 연구년밖에 신청할 수 없구나.'

이렇게 1년의 연구년을 허공에 날리고 말았다. 사실 외국에 갈 수 없는 시기라도 연구년을 받아 국내에 머물며 재충전을 하고 여유롭게 연구를 했어야 했다. 그런데 나는 내가 1년이라도 학생들을 가르치지 않으면 큰일이나 나는 것처럼 생각했다. 그리고 연구년이면서 외국대학에 가지 않고 국내에 있다는 것이 너무도 아깝게 느껴졌다. 그래서 1년간 연구년으로 쉴 수 있는 기간에도 나는 학교와 학생들에게 봉사를 하며 아주 힘겹게 지낸 것이다.

'이런 내 충정을 알아줄 사람이나 있었을까?'

그 후 연구년을 신청하여 선정되고서 여러 가지 여건 때문에 몇 학기를 연기하다가 2003. 2. 25.에 드디어 미국으로 가게 된 것이다. 그러니 내게 연구년이 얼마나 귀하게 느껴졌겠는가!

나는 처음에는 독일로 연구년을 갈 생각이었다. 그런데 상당기간 독일 문헌을 가지고 연구하다 보니, 과거에 관심이 있던 등기제도인 ― 호주와 미국의 몇 주에서 시행하는 ― 토렌스 시스템Torrenssystem에 대하여 깊이 알고 싶어졌다. 그리하여 미국 플브라이트Fulbright 재단에서 운영하는 플브라이트 상급자 연구지원 프로그램(Fulbright Senior Research Award Program)에 연구비 지원을 신청하였고, 그 지원을 받으면서 미국으로 가게 된 것이다.

내가 미국 캘리포니아주 산타 클라라Santa Clara 대학으로 연구년을 간 것은 날씨의 영향이 크다. 추위를 많이 타고 감기에 자주 걸리는 나는 겨울에도 따뜻하고 쾌적한 곳으로 가고 싶었다. 산타 클라라가 바로 미국에서 날씨가 가장 좋은 곳이었다. 실리콘 밸리가 지척에 있는 이유를 알 것 같았다.

'날씨 좋은 곳에 왔으니, 마음 편히 좀 쉬자!'

이 책의 집필이 시작된 경위와 그 후의 과정

이 책의 집필은, 제3장에 조금 상세히 소개되어 있는 것처럼,[7] 박영사 조성호 기획과장의 끈질긴 설득으로 시작되었다. 나는 미국에 갈 때 토렌스 시스템의 연구와 함께 판례교재만을 쓰려고 마음먹고 있었다. 그래서 조 과장이 첫 번째 요청을 했을 때 바로 거절하였다. 그런데 그 얼마 뒤에 다시 진지하고 간곡하게 요청을 해와 나는 더는 거부할 수가 없었다.[8]

그런데 막상 미국에서 책을 쓰려고 하니 불편한 점이 한둘이 아니었다. 우선 내 강의 노트와 수많은 참고문헌이 필요했다. 노트북 컴퓨터도 있어야 했다. 이것들을 제자인 당시 이화여대 법대 숫을관의 민경주 연구원(현재 이화여대 기획팀 팀장)이 박영사의 협조를 받아 미국으로 공수하였다. 나의 고달픈 집필 생활이 시작되었다.

---

7 뒤의 248면 참조.
8 박영사에서 왜 그렇게 적극적으로 내게 요청을 했는지 그 이유는 자세히 모른다. 아마도 그 얼마 전에 출간된 「민법사례연습」 책을 접한 독자들이 내가 언제 강의서를 펴내는지 여러 차례 문의를 해와서 그런 것으로 추측할 뿐이다.

구체적인 집필계획과 방법

내가 강의서를 집필하기로 한 뒤, 어느 정도의 분량과 형식으로 책을 낼지 정해야 했다. 나는 우선적으로 법과대학 학생들을 위한 강의서이면서 곽윤직 교수님의 교과서들과 겹치지 않는 방안을 생각하였다. 그리하여 낱권 교과서들보다 분량이 적으면서 학생의 공부로는 충분한 책을 쓰기로 했다.

구체적으로는 민법 전체를 '상', '하'의 두 권으로 나누어, '상'권에서는 민법총칙과 물권법을 설명하고, '하'권에서는 채권법총론·채권법각론·친족상속법을 설명하기로 했다. 그리고 '학생들의 부담은 최소화하면서 필요한 내용은 모두 담도록 하고, 학생들이 쉽게 이해하고 오래 기억할 수 있게 하자.'는 목표를 세운 뒤, 그에 맞추어 써 내려갔다. 그리하여 이 책에는 판례도 법학 교육상 중요한 것만 직접 인용하고 불필요한 인용은 피했다.

일정은 처음에는 가능하면 박영사에서 원하는 대로 1년 안에 적어도 '상', '하'권 전부 원고를 완성하고, '상'권은 출판까지 완료하며, '하'권은 귀국 후 바로 출판하려고 했다. 그런데 집필이 예상보다 훨씬 오래 걸렸다, 그리하여 '상'권의 초고조차 귀국 직후에 비로소 완성되었다. 내가 집필 도중에 기존 문헌들의 의견에 대한 의문으로 연구 욕구가 생겨 깊은 연구를 하지 않았다면, 그리고 강의서의 수준을 조금 낮추어 자료를 보고 생각하고 검토하는 시간을 줄였다면, 좀 더 빨리 원고를 완성했을 수도 있다. 그러나 내 성격상 그렇게 할 수는 없었다. 나는 학자이지 상품생산자가 아니기 때문이다.

이 책의 집필과 관련된 몇 가지 이야기

귀국 후 이 책이 나왔을 때, 한국민사법학회의 학술대회에서 고교·대학 선배이신 경희대 이상정 교수님이 "연구년에 책까지 쓰면 다른 교수들은 어떻게 되느냐?"고 하셨다. 후배를 격려해 주려고 하신 말이었다.

어떤 교수는 내게 "책은 아무 데서나 쓸 수 있고, 골프는 아무 데서나 칠 수 없는데, 왜 미국에 가서 책을 썼느냐?"고 했다. 정말 맞는 말이었다. 내가 평소 위가 나쁜데도 운동을 전혀 하지 않아서 의사는 내게 걷기를 권하였다. 그런데 바쁜데 이유 없이 걷는 것을 하지 않아, 걷기 위해서 골프를 배웠다. 그리고 미국은 골프비용이 적게 들어서 미국에 가서 골프를 많이 치려고 하였다. 미국에서는 확실히 골프하는 데 비용이 아주 적게 들었다. 시市가 운영하는 골프장에서 아침·저녁에 운동할 경우 당시에는 그린 피 12달러에 수동카트 3달러면 충분했다. 그런데도 나는 책을 쓰느라 라운드를 거의 하지 않았다. 라운드 횟수를 조사해보니 1년간 모두 합하여 겨우 7회밖에 되지 않았다. 그것도 대부분 이 책의 집필을 시작하기 전에 나간 것이었다. 한국에서 같은 대학에 온 방문학자 중에는 2~3일에 한 번씩 나가는 사람도 있었다. 미국에서 라운드를 자주 나가지 못한 일은 지금도 무척이나 아쉽다.

나는 초기에는 아침마다 차로 딸은 초등학교에, 대학생 아들은 어학원에 데려다주고, 아이들이 마칠 때에는 데리고 왔다. 그러다가 이 책의 집필을 시작한 뒤에는 그 모든 일을 아내에게 맡기고, 나는 오직 책만 썼다. 아내에게 미안했지만, 집필을 하기로 한 이상 어쩔 수 없었다.

나의 민법 저서 피라미드의 중요한 초석이 되다

앞에서 「민법사례연습」 책이 나의 저서 피라미드의 시작이 되었다고 했는데,[9] 이 책은 그 피라미드의 중요한 초석 중 하나가 되었다. 이론서의 기초가 되는 것이기 때문이다. 이 책과 후술하는 「민법강의(하)」가 바탕이 되어 이론서들을 보다 쉽게 확장해 갈 수 있었다.

---

9 앞의 191면 참조.

(7) 「민법강의(하)」 (박영사, 2007)

독자들의 원성을 듣다

나는 「민법강의(상)」의 머리말에서 「민법강의(하)」를 2004년 하반기에 출간하겠다고 했다.

그런데 겨우 채권법총론 부분을 마칠 즈음에 재직하던 이화여대에서 학생처장을 맡게 되어 부득이 집필 작업을 멈추게 되었다. 총학생회장의 단식 농성으로 도저히 집필을 이어갈 수 없었기 때문이다. 총학생회 문제가 해결된 뒤에는 학생처장보다 업무가 훨씬 많고 힘든 교무처장을 맡았다. 그리고 그 직후에는 이대에서 구조개혁과 관련하여 교수들까지 합세한 시위와 혼란이 발생하였다. 그리하여 집필을 계속할 수가 없었다.

그 때문에 「민법강의(하)」의 출간이 늦어지자, 「민법강의(상)」으로 공부하던 독자들의 문의가 빗발쳤다. 나중에는 비난과 원성을 쏟아냈다. 나로서는 어쩔 수 없는 일이었으나, 약속을 어겼으니 마땅히 감수해야 했다.

책을 책상에 펴둔 채 2년을 보내다

나는 본부 보직을 맡고 있던 기간에도 가능한 범위에서 집필을 이어가려고 했다. 그래서 집필을 위한 문헌 등은 책상에 계속 그대로 두고 있었다.

그러나 그것은 불가능했다. 학생처장 시절에는 매일 밤 9시경까지 학교에 있다가 퇴근해야 했다. 교무처장 시절에는 회의가 너무나 많아 정작 교무처 업무 결재는 퇴근시간 후에나 가능했다. 그러다가 집에 오면 너무나 지친 나머지 소파 앞에 쪼그려 앉아 눈에 들어오지 않는 TV를 멍하니 바라보고 있다가 잠자리에 들곤 했다. 교무처장 업무는 열심히 할 경우에는 몸이 감당할 수 없을 정도였다. 그러니 집필한다는 것은 언감생심, 어림도 없었다.

그래서 책상 위의 책들은 2년간 펴진 채 먼지만 뒤집어썼다.

나는 본부 보직에서 벗어나고서도 또 한 달간 건강 문제로 고생을 하였다. 그 뒤에야 다시 집필을 시작하였다. 그런데 빠르게 진도를 나갈 수 없었다. 특히 채권법각론 분야의 수많은 판례를 분석하는 데 오랜 시간이 걸렸다. 목디스크까지 왔다. 그래도 멈추지 않았다. 독자들의 원성을 되도록 빨리 잠재우고 싶었다.

그렇게까지 했는데도 이 책은 2007년 4월이 되어서야 비로소 세상에 나왔다. 독자들에 대한 미안함 때문에 책 출간의 기쁨도 온전히 누리지 못했다. 그때까지 기다려준 독자들에게 감사하는 마음뿐이었다.

집필 목표와 방법은 「민법강의(상)」과 동일하게 하고

이 책은 「민법강의(상)」에 이어서 동일한 목표를 가지고 동일하게 집필하였다. 그리하여 학생들의 부담을 최소화하면서 꼭 필요한 내용은 빠뜨리지 않도록 했고, 또 학생들이 쉽게 이해한 뒤 오래 기억할 수 있도록 했다. 그리고 많은 논점에 관하여 무수한 판례들을 따로 일목요연하게 정리해 두어, 판례에 대하여 이해와 지식 습득을 용이하게 했다.

여러 제자의 전폭적인 지원으로 제작 기간을 단축시키고

이 책은 채권법총론·채권법각론·친족상속법을 모두 포함하기 때문에 「민법강의(상)」보다 분량이 더 많을 수밖에 없다. 그리고 집필을 위해 검토할 자료는 '상'권의 1.5배는 될 것이다. 그래서 이 책의 집필에는 시간과 노력이 더욱 필요하였다. 그런데도 이 책이 2007년 4월에 출간된 것은 나의 여러 제자가 열심히 도와 준 덕택이다. 제자들의 도움이 없었으면 출간 시기가 훨씬 늦어지고 또 충실도도 그만큼 낮아졌을 것이다.

새로 맡은 편집자와 조그만 갈등이 일고

지금 박영사에서 출간하고 있는 내 저서들은, 특별한 사정이 있는 경우를 제외하고는, 편집부의 김선민 이사가 편집을 총괄하고 있다. 김선민 이사는 연세대 법학과를 졸업한 엘리트 편집자이다. 김 이사가 내 책을 처음 편집한 것은 이「민법강의(하)」를 펴낼 때였다.

내 원고를 처음 받은 김선민 당시 편집부 차장이 교정지를 보내면서 원고의 문구를 약간 수정했다. 나는 바로 연락하여 내 원고의 원문을 수정하지 않았으면 한다고 했다. 그랬더니 다시 원문대로 고치고서, 편집자를 다른 사람으로 바꾸겠다고 했다. 그래서 나는 편집을 김 차장이 그대로 맡아달라고 했다. 그 후 김 차장이 15년이 넘는 기간 동안 내 책의 편집을 책임져 와서, 이제는 서로 조금만 설명해도 무슨 뜻인지 금세 알 수 있게 되었다.

이 책도 나의 저서 피라미드의 중요한 또 하나의 초석이 되다

앞에서「민법강의(상)」이 나의 저서 피라미드의 중요한 기초가 되었다고 했는데,[10] 이 책 즉「민법강의(하)」가 그 피라미드의 또 하나의 초석이 되었다. 그리고 이 책으로 이론서의 기초가 완전히 닦여졌다고 할 수 있다.

(8)「신민법강의」(박영사, 2008. 2022년 현재 제15판)

「민법강의(하)」의 출간 후 여유를 즐기지 못하고

「민법강의(하)」를 출간하여 나는 큰일을 해냈다는 생각에 뿌듯함이 느껴졌다. 그리고 그 기쁨을 오래도록 즐기고 싶었다. 그런데 외부에서 나를 가만히 내버려 두지 않았다.

---

10 앞의 196면 참조.

「민법강의(상)」, 「민법강의(하)」를 가지고 공부하는 독자들이 그 책들에 관하여 여러 요구를 해왔다. 그 요구는 대부분 책들의 내용과 체제에 관한 것이었다. 그리고 독자 중에는 두 권의 책을 하나로 합해 달라는 이들도 있었다. 그것이 공부하기에 좋다는 이유에서였다. 이는 박영사에서도 원하는 바였다. 나는 무척 망설였다. 두 권을 한 권으로 합할 경우 여러 장점이 있는 것은 사실이지만, 우선 책이 너무 두꺼워지는 것이 문제였다. 박영사는 책의 판형을 키우면 그 문제를 해결할 수 있다고 했다. 그렇게까지 하는데 내 고집만 부릴 수는 없었다.

'그래! 내 책을 좋아하는 독자들의 원을 들어주자!'

이렇게 하여 한 권으로 합했지만, 나는 아직도 아쉬움이 있다. '상', '하' 두 권으로 오래 유지하고 싶었기 때문이다.

단권으로 합하면서 여러 면에서 변화를 꾀하고

이 책은 단순히 「민법강의(상)」, 「민법강의(하)」를 물리적으로 한 권으로 합한 것이 아니다. 이왕 새로운 모습으로 책을 내는 만큼 여러 면에서 변화와 발전을 꾀하였다. 내용을 크게 보강하고, 특히 판례를 대폭 추가하였으며, 체제도 완전히 새롭게 고쳤다. 그러면서 책 이름도 「신민법강의」라고 붙였다. 「민법강의(상)」, 「민법강의(하)」가 민법 교육에 최적화된 것이었다면, 「신민법강의」는 거기에 더하여 사법시험 등 국가고시 준비서로서 충분할 수 있도록 변화된 책이라고 할 수 있다.

「신민법강의」는 탄생할 때부터 박영사에서 출간하는 책 중 가장 볼륨이 큰 것이다. 오죽하면 이 책을 편집하는 박영사의 김선민 이사가 「신민법강의」를 마치면 모든 일이 끝난 것 같다고 말할 정도이다. 맨 뒤의 페이지 수가 1692이니 그럴 만도 하다. 그러다 보니 이 책을 만드는 것이 보통 일이 아니었다. 원고를 완성한 뒤에 해야 할 일들의 양이 엄청났다. 첫판이기 때문에 더욱 그랬다. 그 귀찮고 어려운 부수적인 일을 또 성실한 나의 제자들이 충실하게 해주었다. 이 얼마나 고마운 일인가!

제2판부터 제15판까지의 개략적인 변화

「신민법강의」는 초판이 나온 후 매년 개정판이 나왔다. 독자들, 무엇보다도 수험생들이 법령과 판례 등을 신속하게 업데이트해주기를 원했기 때문이다. 그리고 간혹 표지 디자인도 바꾸었다. 아래에서는 「신민법강의」가 개정판에서 특별히 달라진 점을 간략하게 적으려고 한다. 여기에 법령·판례의 단순한 업데이트는 포함시키지 않는다.

제2판(2009년)에서는 기존의 판례 가운데 의미가 있는 것들을 개별적으로나 그룹별로 많이 추가하고, 이론적인 논의를 추가하거나 보충하였다. 또 나의 사례연습 책인 「신민법사례연습」에 있는 사례문제와 그에 대한 답안 목차를 관련 부분에 추가했다. 나의 다른 저서와 연계해서 효율적으로 공부하도록 한 것이다.

제3판(2010년)에서는 민법 공부에 '충분'한 정도를 넘어서 '부족함이 없는' 책을 만들어 달라는 독자들의 요청에 부응하여 기존 판례 중 의미 있는 것을 찾아 추가하고 새로운 이론을 보충하였다. 그리고 판례의 선별·설명이 사법시험의 경향을 고려하는 외에 변호사시험에 대비하는 데에도 도움이 되도록 했다.

제4판(2011년)에서는 2010년 초에 세운 이 책의 근본적인 개정계획에 따라 개정작업을 하였다. 그 계획에 의하면, 낱권 교과서를 집필해 가면서 시험 준비에 덜 필요한 학설은 낱권 교과서로 옮기고 이 책에서는 빼기로 하였다. 그리하여 우선 낱권 교과서로 「민법총칙」이 출간되었기에 그 부분만 정비하였다. 그리고 「민법총칙」 책을 쓰면서 발견된 좋은 내용을 이 책에 써넣었다. 그런가 하면 기출문제를 모두 조사하여 그것에 관련된 판례 중 누락된 것을 모두 찾아 책에 추가하였다.

제5판(2012년)에서는 민법과 부동산등기법의 개정으로 상당부분이 변경

되었다. 민법의 개정사항(성년후견제·친권)은 2013년에 시행되기 때문에 간략히 소개만 했지만, 부동산등기법은 혁명적으로 개정되면서 2011년 10월에 시행되기도 하여 많이 고쳐 적었다. 그 외에 낱권 교과서 「물권법」이 새로 출간되어 「신민법강의」에서 뺄 것은 빼고 새롭게 알게 된 좋은 내용은 추가하였다.

제6판(2013년)에서는 2013년 7월부터 시행되는 성년후견제 개정내용을 자세히 설명하고, 아울러 그에 따른 영향으로 여러 곳을 변경하였다. 그리고 낱권 교과서 「채권법총론」을 출간하게 되면서 이 책에서 학설 부분은 빼고 유익한 내용은 이 책에 추가하였다.

제7판(2014년)에서는 독자들의 편의를 위해서 책 전체를 한글화하였고, 낱권 교과서 「채권법각론」을 펴내면서 다른 때와 유사하게 손질하였다. 그리고 수험생의 부담을 줄이기 위해서 지엽적이거나 반복적으로 설명된 판례를 과감하게 삭제하였고, 그 결과 본문의 양이 조금 줄어들었다.

제8판(2015년)에서는 이 책을 대대적으로 손질하였다. 나의 낱권 교과서가 「친족상속법」까지 출간되어 이 책의 전부를 학생들이 원하는 대로 판례·통설 위주로 만들 수 있게 되었기 때문이었다. 그리하여 이 책은 완전히 법학의 교육용·수험용으로 개조되었다. 이 책에 불가피하게 남긴 사견도 작은 글씨로 편집하였고, 필요한 내용은 충분히 보충하였다. 낱권 교과서 「친족상속법」이 출간되면서 다른 때처럼 수정되기도 했다. 그 결과 ─ 당시까지는 ─ 이 책이 간행 후 가장 크게 변하였다.

제9판(2016년)에서는 두 차례에 걸친 민법개정(여행계약 신설·보증채무 개정, 제651조 삭제) 내용을 반영하고, 내가 낱권 교과서 「친족상속법」을 출간한 뒤 그 책을 교재로 법전원에서 강의하면서 보완할 부분을 발견하여 상당부분 보충하였다. 민법 전체에 대하여 낱권 교과서를 펴내고, 강의를 하지 않던 친족상속법 부분까지 강의를 하고 나니, 민법을 보는 눈이 달라진 것 같다. 그런 시각에서 설명을 바꾼 곳들도 있다.

제10판(2017년)에서는 내가 이화여대 법전원 김병선 부교수(현재 교수)와 공저로 「민법 핵심판례200선 ― 해설 및 객관식 연습」(이하 공저 표시 생략)을 펴내면서 알게 된 유익한 내용을 이 책에 추가하거나 보충하였다. 그리고 나의 「신민법사례연습」 제4판을 펴냈기에 그 책과 연계되는 내용을 수정하거나 추가했다. 그리고 이번 판에서는 출판 프로그램을 새로운 것으로 변경했는데, 그러면서 여러 가지를 조정하여 지면을 줄였다. 이 책의 다음 판(제11판)에서는 책의 분량을 크게 줄였기 때문에 결과적으로 제10판이 「신민법강의」의 여러 판 중 가장 자세한 판으로 남게 되었다.

제11판(혁신판. 2018년)에서는 내용·체제·분량 등 모든 면에서 독자들의 시각에서 획기적으로 변하였다. 전체적으로 글자의 크기를 키웠으면서도 책의 분량을 300면 가까이나 줄였고, 철저하게 판례와 통설 위주로 서술했다. 각 장이나 절의 첫 부분에 '학습의 길잡이'를 신설하여 독자들에게 여러 가지를 안내했고, 「신민법사례연습」 책에 있는 중요 사례를 관련 부분에 소개하고 사례의 해결을 판례의 시각에서 요점 중심으로 적었으며, 「민법 핵심판례200선」에서 해설한 판례들을 표시하여 유기적인 공부를 할 수 있게 하였다. 또한 효과적으로 공부할 수 있도록 2색으로 인쇄하고 중요부분을 굵은 활자로 돋보이게 했으며, 종이책의 분량을 줄이기 위하여 색인들 가운데 판례색인만 책에 남기고 민법규정 색인과 사항색인은 QR코드화하여 필요한 경우에 스캔해서 보도록 했다. 이렇게 변한 제11판은 「신민법강의」의 개정판 중 가장 많이 변경된 판이다.

제12판(혁신수정판. 2019년)에서는 제11판에서 대폭 바뀌면서 부분적으로 다소 거칠게 된 곳을 매끄럽게 다듬고, 설명이 필요한 부분에는 설명을 새로 추가했다. 그리고 새로 붙인 옆번호의 미흡함을 보완하였다. 또 한 차례 개정된 민법의 내용을 적절하게 추가했다.

제13판(2020년)에서는 새로 출간된 「민법 핵심판례210선」과 「신민법사례연습」 제5판에 맞추어 수정한 곳이 있고, 책에 소개된 기존의 사례가 부적절하게 된 경우에는 사례를 수정하였다.

제14판(2021년)에서는 「민법 핵심판례220선」을 펴내는 과정에서 새롭게 알게 된 내용을 추가하고, 책의 이해도를 높이기 위해 설명 위치를 변경하거나 부족한 점을 보완했다.

현재로서 가장 최근 판인 제15판(2022년)에서는 새로 나온 「신민법사례연습」 제6판을 준비하면서 알게 된 사항을 추가하고, 몇 군데에서는 이론의 체계성 등을 높이기 위해 설명을 보충하였다.

이 책의 매니아들이 많이 생겼다고

나는 어려운 내용이라도 쉽고 간결하게 표현하려고 노력한다. 물론 정확성의 유지는 필수이다. 그러면서도 이해한 내용을 가능하면 오래 기억할 수 있도록 한다.

이러한 나의 노력을 알았는지, 내 책, 특히 이 「신민법강의」에 대하여는 매우 좋아하는 매니아들이 많이 있다고 한다. 그리고 그들은 이 책으로 공부한 데 대하여 자부심을 가지고 있단다.

변호사를 하는 내 제자 한 사람은 사법연수원 시절 다른 대학 출신 연수생과 두 사람이 공부한 책이 모두 나의 「신민법강의」라는 공통점 때문에 가까워지고 친밀하게 지냈다고 한다. 서로에 대한 존경심이 생겼을까? 저자인 나로서는 감사할 따름이다.

(9) 「신민법사례연습」 (박영사, 2008. 2022년 현재 제6판)

「민법사례연습」 출간 후 증보를 못하여 또 독자들의 원성을 듣다

내가 2003년에 「민법사례연습」을 펴내어 독자들의 많은 사랑을 받았으면서도 그 후 5년 동안 그 책을 돌볼 겨를이 없었다.

강의서로 「민법강의(상)」을 출간하고 이어서 「민법강의(하)」의 집필을 해야 했는데, 내가 대학에서 학생처장과 교무처장을 하느라고 그 집필마저 할 수 없었다. 보직을 마친 뒤에 가까스로 「민법강의(하)」를 출간하고서는 사법시험 2차시험위원, 이화여대 법전원 인가신청 기획단장 일을 하느라, 그 후에는 「신민법강의」를 펴내는 일 때문에, 시간을 낼 수 없었다.

그랬더니 「민법사례연습」 책의 증보를 기다리던 독자들이 아우성을 쳤다. 어떤 독자는 '책을 이렇게 오랫동안 방치할 수 있느냐'며 항의를 했다.

근본적인 개정을 하기로 하다

「신민법강의」가 출간된 뒤, 나는 오직 사례연습 책의 개정에만 몰두하기로 했다. 그런데 단순한 개정으로는 부족해 보였다. 그 무렵 사법시험 2차시험에서 민법의 배점이 150점으로 늘어난 점, 내가 그에 대하여 직접 느끼고 가능하면 새로운 방향을 제시해 보려고 시험위원으로 들어가 경험한 점, 사법시험에서 쟁점 제시형이 등장하고 문제의 형식도 다양해진 점, 2007년에는 친족상속법 분야에서도 사례문제가 출제된 점 등을 고려할 때, 새로운 경향 변화에 맞추고 내가 평소에 생각하던 보완내용까지 더하여 책을 다시 쓰는 정도로 바꾸는 것이 필요하였다. 그리고 책 제목도 「신민법사례연습」이라고 붙이기로 하였다.

이 책에서의 내용상 변화

이 책은 나의 「민법사례연습」을 바탕으로 하였다. 그런데 내용과 체제 면에서 크게 바뀌었다.

「민법사례연습」은 주로 기본원리를 중심으로 한 40개의 사례를 가지고 사례문제의 공부방법 및 답안작성 방법을 터득하게 하려는 것인데, 이 책은 그에 더하여 이론적으로나 실무적으로 특별히 중요한 문제에 관하여 훈련할 수 있도록 그와 같은 사례문제 20개를 추가하였다. 그 결과 사례문제가 총 60개가 되었다. 게다가 새로 추가된 사례문제는 그 무렵에 변화된 경향을 반영하여 대부분 쟁점 제시형으로 만들고 또 크고 작은 문제를 섞어 놓았다. 그리고 쟁점 제시형에 적합한 모습으로 답안을 작성하였다. 그 외에 기존에 앞에 두었던 답안의 목차를 뒤에 두고, 그다음에는 관련 주요 판례를 정리해 두었다. 그런가 하면 부록에 제44회 사법시험 답안의 채점평에 이어서, 민법이 150점이 된 첫해인 2007년(제49회) 사법시험 답안의 채점평도 실었다.

제2판부터 제6판까지의 특이사항

이 책은 2008년에 초판이 나오고 사정에 따라 짧게는 1년 반, 길게는 3년 반이 지났을 때 개정판이 나왔다. 이 책의 후속판들의 특이사항을 소개한다.

제2판(2010년)에서는 중요한 사례를 더 추가해 달라는 독자들의 요청을 받아들여 중요한 부분을 모두 커버할 수 있도록 하는 새로운 경향의 문제 11개를 추가하였다. 그리고 부록에 '사법시험 2차시험 대비 출제경향 분석과 최종전략〈민법〉'을 덧붙였다. 그런가 하면 문제의 순서를 나의 「신민법강의」에 맞추어 「신민법강의」로 공부하는 학생들의 편리를 도모했다.

제3판(2013년)은 여러 이유로 3년 반 만에 나온 개정판이다. 이 판에서는 새로운 문제를 25개 추가하여 총 96개의 문제를 수록하게 되었다. 추가된 문제는 실제 답안의 모범을 보이기 위해 간략하게 기술하고, 문제번호를 [2-1]과 같이 가지번호로 붙였다. 추가된 문제는 대부분 쟁점 제시형으로 했으나, 당시의 사법시험이나 변호사시험에서 논점추출형도 적지 않게 출제되고 있어서 논점추출형이나 당사자 일방의 주장을 묻는 문제도 포함시켰다. 그리고 한자를 모두 한글로 고쳤고, 판형을 키우고 관련 주요 판례·목차·부록 등 부수적인 부분을 대폭 삭제했다.

제4판(2017년)도 3년 반 만에 나왔다. 제4판에서는 각 분야에 골고루 새로운 문제들을 추가하고, 독자들의 부담을 줄이기 위해 기존 문제 가운데 실무적으로 중요성이 적은 문제들을 삭제하였다. 그리고 문제의 머리 번호에서 가지번호를 없애고, 문제 내의 개별적인 물음의 번호를 당시 가장 최근의 실제 시험에 맞추어 정비하였다.

제5판(2019년)에서는 민법총칙에서부터 채권법총론에 이르기까지 분야별로 사례를 하나씩 추가하였다. 그리고 나의 「신민법강의」가 제11판(혁신판)부터 옆번호를 새로 붙였기에, 그 책이 인용된 때에는 변경된 번호로 고쳤다. 또 이번 판은 새로운 출판 프로그램으로 제작하면서, 편집에도 변화를 가하였다.

최근 판인 제6판(2022년)에서는 민법의 다섯 분야 중 친족상속법을 제외한 나머지 네 분야에 각각 하나씩 네 문제를 추가하고, 문제나 해설에 그동안에 있었던 법령의 개정사항을 모두 반영하였으며, 당시까지 변화된 판례를 충실하게 소개하고 해설에 활용하였다.

사례연습 책이 20년을 이어 오다

「민법사례연습」이 2003년에 나오고 그 뒤에 「신민법사례연습」으로 바뀌어 2022년 말에 이르렀으니, 그 기간이 20년이 된다. 이는 참으로 놀라운 일이다. 독자들의 끊임없는 사랑과 그에 대하여 보답하고자 하는 나의 마음이 합해진 결과라고 생각한다. 나는 앞으로도 더욱 열심히 이 책을 가꾸어 나갈 것이다.

(10) 「신민법입문」(박영사, 2009. 2022년 현재 제13판)

홍정선 교수님의 제안으로부터 시작돼

2008년 초였을 듯싶다. 이화여대에 계시다가 연세대로 옮겨 행정법을 강의하시던 홍정선 교수님(현재 연세대 명예교수)이 내게 과목별로 새로운 형태의 입문서를 만들어보자고 하셨다. 쉬운 사례를 다양하게 제시하여 알기 쉽게 서술하는 모습의 책이었다. 나는 예전부터 시간이 되면 입문서를 쓰려고 하고 있었고, 마침 민법 전체의 강의서인 「신민법강의」가 출간될 참이어서 시간을 확보할 수도 있었기에 구미가 당겼다. 그 뒤 몇 번 더 의논하여 의기가 투합되었고, 홍 교수님이 박영사에 의견을 전달하셨다. 박영사에서도 좋은 계획에 만족하여 출판에 적극적인 의욕을 보였다.

구체적인 집필 논의를 하고

2008년 봄 어느 날 박영사 조성호 부장(현재 이사)의 주선으로 서울시 장충동에 있는 서울클럽에서 입문 책의 집필 예정 교수들 모임을 가졌다. 참석자는 박영사 조성호 부장과 연세대 홍정선 교수님(행정법), 나(민법), 한양대 오영근 교수(형법), 성균관대 정재황 교수(헌법), 서울대 이상원 교수(형사소송법) 등이었다.

그 자리에서 책의 체제, 기술 방법 등 여러 가지가 논의되었다. 거기에서 먼저 책들을 입문 시리즈로 하여 번호를 붙일 것인가에 관하여, 실질적으로는 시리즈처럼 하되, 과목별로 독립성을 보이는 것이 나을 것 같아서, 번호는 붙이지 않기로 하였다. 그렇지만 외관인 표지를 동일하게 하고, 다만 각 과목의 색깔을 정하여 계속해서 사용하며, 내용도 사례를 제시하는 등 매우 쉽게 쓰기로 했다. 분량도 많지 않게 하기로 했다. 그리고 그 자리에서 일부 과목의 색깔을 정하였는데, 민법은 내가 평소 좋아하는 파랑으로, 행정법은 빨강으로 정해졌다.

제목은 홍 교수님이 처음부터 보통의 입문 책과는 다른 새로운 형식의 입문 책이라는 의미에서 앞에 '신'자를 붙이자고 하셔서 그렇게 하기로 했다. 그 결과 나의 이 책이 민법입문을 거치지 않고 「신민법입문」이 된 것이다.

짧은 기간에 밀도 있게 집필을 하고

나는 2008년 8월부터 집필을 시작했다. 그리고 밤낮없이 원고를 썼다.

2008년 3월에 「신민법강의」가 출간되어 민법 전체에 관하여 최근의 민법 이론을 정리해 놓은 터라 쓰기가 한결 수월했다. 그런데 문제는 적절한 사례의 구상과 이 책에 넣을 부분의 결정, 전체적인 분량의 조절이었다. 끊임없이 판단해가면서 모든 부분을 균형 있게, 쉽고도 간결하게 쓰는 것이 여간 어렵지 않았다. 그렇지만 특히 동일한 기조를 유지하기 위해서는 빠른 속도로 집필하지 않으면 안 되었다.

그렇게 집필에 매진하여 그해 11월 초에 원고를 완성했다. 3개월 만이다. 그때 나는 주변에 "단군 이래 가장 바쁜 3개월이었다."고 말하곤 했다.

3개월의 짧은 기간에 이 책을 쓸 수 있었던 것은 내가 민법 전체의 강의서를 가지고 있었기에 가능했다. 그리고 각 부분의 분량도 이상적으로 배분되고 동일한 기조를 유지했는데, 그것 역시 전체 강의서를 놓고 분량에 관하여 고민을 많이 해가면서 써갈 수 있어서 가능했다. 거기에 더하여 내가 빠른 속도로 집필을 한 것도 도움을 주었을 것이다.

만약 그 당시 내게 민법 전체의 강의서가 없었다면 책을 쓰다가 때로 깊은 연구로 빠져들고 내 의견을 밝히기 위해 부분적으로 불필요하게 길어졌을 가능성이 크다. 특히 친족상속법 부분에 다다르면 스스로 전문성의 부족을 탓하면서 미흡한 마음으로 완성했을 것이다. 그 점에서 친족상속법까지 자세하게 체계적으로 서술한 뒤에 입문 책을 쓰니, 불안감이 생기기는커녕 오히려 민법에 관하여는 오직 나만이 충실한 입문 책을 쓸 수 있는 것처럼 자신감이 생겼다.

초보 법학도와 일반인을 위한 쉬운 책을 쓰려는 원을 풀고

과거에 나는 초보자를 위한 강의나 집필을 좋아하지 않았다. 오히려 최상의 지식을 가진 사람을 대상으로 하는 연구와 강의를 하고자 했다. 내 연구의 깊이를 더하고 하루라도 빨리 민법 지식의 양을 늘리기 위해서였다. 그래서 나는 법학의 초보자나 일반인을 위한 책을 쓴 적이 없다. 내가 그러한 책을 쓸 수는 있다고 여겼다. 여러 교수가 공저로 집필한 「법학입문」에 민법을 쉽게 개략적으로 소개한 적도 있기 때문이다.

그러던 내가 깊이 있는 다수의 연구논문을 쓰고 강의서까지 펴내고 나니, 초보 법학도나 일반인을 위해 쉬운 책을 쓰고 싶었다. 사실 시중에 나와 있는 입문서는 전체적인 내용의 수준이나 균형 등 여러 면에서 이상적이 아니라고 생각되었다. 내가 생각하는 입문서가 없다는 게, 마치 내가 게을러서 그런 것 같이 생각되었다. 그러던 차에 박영사의 기획과 요청으로 이 책을 쓰게 되었다. 그럼으로써 내 숙원을 풀었고, 나는 큰 임무를 달성한 듯이 뿌듯했다.

이 책의 성격

이 책은 교양서가 아니고 전공서이다. 물론 일반인도 쉽게 볼 수 있도록 서술되어 있어 누구든 볼 수는 있으나, 단순히 교양을 높이기 위한 책이 아니고 그것을 기초로 장차 민법의 심화 공부를 할 수 있게 하는 전공서인 것이다. 그러기 위해 이 책은 무조건 쉽게 풀어쓰지 않고 민법을 정확하게 기술하고 있다. 다소 어려운 전문용어도 부정확한 일반용어로 바꾸지 않고 그대로 사용하였다. 그러면서 그 용어의 의미를 올바르게 이해한 뒤 스스로 익혀서 사용하도록 했다.

시중에 민법에 관련된 쉬운 책들이 많이 나와 있다. 그중에는 틀린 내용이 여기저기에서 발견되는 것도 있다. 해당 저자가 정확하게 모르다 보니 나름대로 추측해서 쓴 것이 틀려있는 경우도 많다. 법학도가 그러한 책으로 민법 공부를 시작하는 것은 매우 위험하다.

요즘 고등학생들이 이 책을 보기도 한다고

2021년 3월 서울시 교육청 주관 '고3 전국연합 학력평가 국어 영역(독서 부분)' 문제 지문으로 나의 "법률행위의 해석"이라는 논문의 한 부분이 이용되었다고 한다. 그리고 그 문제의 해설에 내 글이라는 것이 소개되어, 나의 「신민법입문」 책에까지 관심을 가지는 고등학생들도 있다고 한다. 내가 오랫동안 어려운 글만 써왔고 법조 전문가나 법 전공자에게만 알려졌던 것을 생각하면 놀라운 일이다. 한편으로는 내가 민법의 기초적인 안내자가 된 것 같아 보람이 느껴진다.

이 책의 개정판 추이

이 책은 제3판을 제외하고는 매년 개정하였다. 기초자와 일반인을 위한 책인 만큼 더 다듬고 법령개정, 판례변경도 신속하게 반영하기 위해서였다.

이 책의 제2판은 2010년에 출간되었고, 제3판은 2년이 지나 2012년에 나왔으나, 2013년(제4판)부터는 계속 매년 개정되어 2022년 현재 제13판에 이르고 있다.

개정판에서는 — 각각의 경우에 차이가 있으나 — 법령의 제정·개정과 새로운 중요 판례를 소개하고, 이해를 보다 쉽게 하기 위해 설명을 보충하는가 하면, 소개해 줄 중요사항이 발견되면 그에 대하여 추가했다. 이 책으로 강의를 하면서 보다 좋은 방안이 떠올라 문장이나 내용을 다듬기도 했다.

이 책은 나의 자부심 중의 하나이자 저서 피라미드의 중요한 구성물

이 책이 처음 나온 뒤 나는 아는 사람들에게 "나로서는 그만한 내용을 담으면서 더 이상 쉽게 쓰는 것은 불가능하다."고 말해왔다. 특히 어떻게, 그 광범위한 민법을 전체적으로 일관되게 일정 수준을 유지하면서 그 정도의 적은 분량으로 만들었는지 나 스스로 감탄하고 있다. 그 생각은 지금도 변함이 없다.

여기에는 남들은 이 책처럼 쓰기가 쉽지 않을 것이라는 오만함이 어느 정도 있는 것이 사실이다. 그렇게 믿을 정도로 이 책은 내 연구·강의 생활

25년간의 중요한 성과물이다. 내게 자부심이 생기지 않을 수 없다. 나는 여러 책을 썼지만, 이 「신민법입문」에 유난히 정이 많이 간다. 쉬운 민법 이론을 지향하는 내 성격과 잘 맞아서인 듯하다.

나아가 이 책은 나의 저서 피라미드의 중요한 한 부분이기도 하다. 민법의 이론서로는 낱권 교과서가 으뜸이지만, 그것은 전공생이나 법조인을 포함한 법률가를 대상으로 한 것이다. 따라서 낱권 교과서만으로 저서 피라미드가 완성될 수는 없다. 그 피라미드가 완성되려면 모름지기 일반인이나 초보자를 위한 저서가 반드시 있어야 한다. 독자들의 사랑을 받는 것이면 더욱 좋을 것이다. 그러한 점에서 내가 「신민법입문」을 펴낸 것은 저서 피라미드 축조에 큰 의미가 있다고 하겠다.

(11) 민법 전 분야의 낱권 교과서 5권

1) 서설
나의 저서에서 중요한 부분은 민법 전 분야에 걸쳐 자세하게 서술된 낱권 교과서들이다. 나는 2011년부터 2015년까지 매년 예외 없이 「민법총칙」, 「물권법」, 「채권법총론」, 「채권법각론」, 「친족상속법」을 펴냈다. 이 책들을 집필하게 된 경위와 과정, 집필에 대한 소회 등은 아래 제3장에서 보게 될 것이다. 그래서 여기서는 낱권 교과서 각각의 주된 내용과 개정판의 모습을 중심으로 간략히 적으려고 한다.

2) 「민법총칙」(박영사, 2011. 2022년 현재 제6판)
예전의 의도는 버리고 새로운 상황에 맞춰 쓰기로 하고
내가 「민법강의(상)」을 집필할 때 분량·내용·서술방식 등에 제약을 많이 받아, 나중에 혹시 낱권 교과서를 집필하게 되면 내가 쓰고 싶은 대로 쓰려고 했다.

그런데 그 뒤 법학전문대학원 제도가 도입되어 그 상황에 맞게 집필을 할 필요가 있었다. 그리하여 이론과 실무를 연계해서 공부할 수 있도록 하고, 통합적인 공부에 도움이 되도록 민법 외에 상법·민사소송법·민사집행법과 관련되는 부분에도 신경을 써서 집필했다. 그리고 나머지 낱권 교과서들도 그러한 방식으로 써 내려가기로 했다.

법률행위 이론을 충실히 한 데에 보람을 느껴

이 책은 과거에 내가 꿈꾸던 방식으로 쓰지는 못했지만, 그래도 모든 부분에서 충실하게 쓰였다고 생각한다. 특히 법률행위의 기초이론, 의사표시 이론 등에 관하여는 내 나름의 체계를 구축하여 보여주었다. 낱권 교과서를 쓸 수 있을지 반신반의半信半疑해 온 것을 상기하면 무척 기쁘고 보람 있는 일이다.

제2판부터 제6판까지의 변화

나는 낱권 교과서를 처음 집필할 때 그 개정판은 특별한 사정이 없으면 2년 주기로 펴낼 계획이었다. 낱권 교과서는 무게가 있는 책인 만큼 시간을 두고 개정자료를 모아서 개정하려 한 것이다. 그 후 그 주기를 지킨 경우가 많지만, 여러 사정으로 개정이 앞당겨지거나 늦춰지기도 했다. 개정판에서 중요하게 변경된 사항은 다음과 같다.

제2판(2013년)에서는 성년후견제 개정을 포함한 세 차례의 민법개정 내용을 소개하고, '지식재산권(지적 재산권),' '증명(입증)'과 같은 용어 변경에 대하여도 언급하였다.

제3판(2015년)에서는 나의 낱권 교과서인 「채권법각론」과 「친족상속법」을 펴내면서 발견된 흠을 수정하거나 내용을 보충하고, 직접 인용된 판례 중에 중요성이 적은 판례를 과감하게 삭제했다.

제4판(2018년)에서는 「물권법」부터 「친족상속법」까지 낱권 교과서의 제3판을 출간하면서 발견된 미비점을 보완하고, 새로 나온 「민법 핵심판례200선」을 펴내면서 알게 된 의미 있는 내용을 추가하고, '민법전의 연혁 부분'을 QR코드화하여 종이 책의 분량을 줄였다.

제5판(2020년)에서는 민법 등 법령 개정사항을 반영하고, 책 내용을 보다 충실하게 하기 위해 설명을 추가하고, 신간인 「신민법사례연습」 제5판과 「민법 핵심판례210선」에 맞추어 수정했다. 그리고 제4판에서 QR코드화한 부분을 다시 이 책 안으로 들여놓았다.

현재로서 가장 최신판인 제6판(2021년)에서는 두 차례 개정된 민법의 내용을 소개하고, 몇 부분에서 설명의 위치를 변경하거나 새로 추가했으며, 「민법 핵심판례220선」의 출간에 맞추어 수정한 곳도 있다.

3) 「물권법」(박영사, 2011. 2022년 현재 제5판)

분량을 줄이는 데 초점을 맞추고

물권법은 은사이신 곽윤직 교수님이 깊이 연구하여 이론의 수준을 한 단계 높인 분야이다. 그런데 새롭고 풍부하게 서술하시다 보니 책의 분량이 상당히 많았다. 나는 대학에 다닐 때부터 물권법 책의 분량을 줄이면 좋겠다고 생각하였다. 그래서 이 책을 쓸 때는 이론의 깊이는 유지하고 쉽게 설명하면서도 책의 분량을 적게 하는 데 신경을 많이 썼다.

개정판에서의 변화

이 책의 제2판(2014년)에서는 민법을 비롯한 부동산 관련 주요법률의 개정내용을 충실히 반영하였다. 제3판(2017년)에서는 「민법 핵심판례200선」을 집필하면서 알게 된 사항을 보충하고, 그 밖에 설명을 추가한 곳도 있다. 제4판(2019년)에서는 최근의 법령개정과 새로운 판례를 반영했을 뿐만 아니라 이전의 판례 중 보충해 주면 좋을 것들을 추가하였다. 현재로서 가장 최신판인 제5판(2021년)에서는 내가 물권법을 강의하면서 특히 복잡한 판례를 보다 쉽게 이해시킬 방안이 떠올라 설명을 추가하거나 설명하는 위치를 바꾸었다.

4) 「채권법총론」(박영사, 2013. 2022년 현재 제6판)

논의에 부족함이 없이 하고

채권법총론은 내가 40년 전에 최초로 강의를 했던 부분이고, 민법개정위원회에서도 채권법 분과의 책임을 맡았었다. 그 때문인지 나는 채권법총론 분야에 유난히 애착심이 강하다. 그리고 이 분야는 오늘날 특히 실무상 민법의 다른 분야에 비하여 상대적으로 더 중요시되고 있다. 이런 점들이 복합적으로 작용하여 나는 이 책을 쓰면서 다른 분야의 책보다 훨씬 쉽고 자세하게 쓰려고 했다. 추상적인 이론도 구체적으로 이해하게 하려고 노력했다.

책 제목을 '채권법총론'이라고 한 이유

강의교과목이나 책 제목으로는 '채권법총론'(그리고 '채권법각론')보다는 '채권총론'(과 '채권각론')이 더 빈번히 사용된다. 그런데도 내가 군이 '채권법총론'(과 '채권법각론')이라고 한 이유는 그 책 내용을 가리키는 제목으로 '채권총론'(과 '채권각론')이 적절하지 않아서이다.

'채권총론'이라고 하면 그것이 반드시 '채권법'에 관한 총론이라고 이해되지는 않는다. 문자적으로는 오히려 채권법이 아니고 '채권' 자체에 대한 경제학적인 책의 의미에 더 가깝다. 그리고 '채권'을 한자가 아니고 한글로 쓰게 되면 그것이 ─ 오늘날 대단히 중요시되는 ─ '채권債券'에 관한 책으로 오해될 가능성도 크다.

그러므로 채권법에 관한 책이라면, 그것이 단순히 법이 아닌 '채권'(債權 또는 債券)에 관한 것이 아니고, 법에 관한 책임을 분명히 해줄 필요가 있다. 그리고 그러기 위해서는 '채권총론'이 아니고 '채권법총론'이라고 해야 하는 것이다.

개정판에서의 변화

이 책의 제2판(2015년)에서는 몇 가지 논점에 관하여 서술을 추가했다. 제3판(2016년)에서는 무엇보다도 보증채무에 관한 민법규정이 개정되어 그것을 반영했다. 제4판(2018년)에서는 중요한 최신 판례가 많이 나타나 신속하게 반영하고, 기존의 판례 중 몇 가지를 추가하였으며,「민법 핵심판례200선」을 펴내면서 알게 된 의미 있는 내용을 보충했다. 제5판(2020년)에서는 이론의 정확성과 효과적인 이해를 위해 표현을 수정한 곳이 있고,「신민법사례연습」제5판과「민법 핵심판례210선」을 출간하면서 새롭게 알게 된 내용을 반영했다. 현재까지 가장 최신판인 제6판(2021년)에서는 중요법령의 개정사항을 반영하고 일부에서는 책에 든 사례도 수정했으며,「민법 핵심판례220선」이 새로 나왔기에 인용 부분을 그에 맞추어 고쳤다.

채권법총론 분야에서는 근래 민법이 개정되기도 하고 중요한 판례가 많이 나오기도 하여 이 책의 개정 주기가 짧아졌었다.

5)「채권법각론」(박영사, 2014. 2022년 현재 제5판)

분량이 너무 많아지지 않도록 신경 쓰고

내가 대학에 다닐 때를 생각해보면, 채권법각론 강의를 불법행위까지 모두 하는 분이 거의 없었다. 불법행위·부당이득은 강의하면서 전형계약의 대다수를 빼는 때도 많았다. 그러다 보니 채권법각론 교과서들도 강의하지 않는 부분은 매우 부실했다. 그런가 하면 그것 못지않은 문제도 있었다. 여러 부분을 충실하게 하려고 하면 분량이 너무 많아지게 되는 것이다. 드물지만 그런 책도 있었다.

나는 이 두 가지의 문제점이 전혀 없도록 하려고 했다. 즉 모든 전형계약·부당이득·불법행위 등 책의 끝부분까지 충실하게 쓰고자 했고, 그러면서도 책의 분량이 일정한 정도를 넘지 않게 하려고 했다. 이들은 모두 힘든 점이었다. 다루어야 할 양이 대단히 많음에도 모든 부분을 자세히 연구하고 논의하려면 힘이 배가 들었다. 그리고 동일한 수준을 유지하면서 양을 적게 하는 일도 고역이었다. 그렇지만 최선을 다하여 목표를 달성했다. 그 많은 논점을 빠짐없이 수준 높게 서술하면서 책의 분량은 이상적으로 맞춘 것이다.

개정판에서의 변화

제2판(2016년)에서는 민법 중 전형계약의 하나로 여행계약이 신설되어 그 내용을 추가하고, 또 민법 제651조가 삭제되어 그것도 반영하였다. 제3판(2017년)에서는 관련 법령의 개정을 반영하고, 「민법 핵심판례200선」을 펴내면서 새로 알게 된 내용을 추가했다. 제4판(2019년)에서는 여러 부분에서 기존의 판례에 대하여 설명을 추가하거나 보충하고, 어떤 곳에서는 직접 인용한 판례를 교체했다.

현재까지 가장 최신판인 제5판(2021년)에서는 한 차례 있었던 민법 개정 내용과 세간에 큰 논쟁을 불러일으켰던 주택임대차보호법 등의 개정내용을 반영하고, 판례를 정확하고 쉽게 이해할 수 있도록 설명을 덧붙였다.

6) 「친족상속법」(박영사, 2015. 2022년 현재 제6판)

재산법 학자가 친족상속법 분야까지 정복하다

종래 친족상속법 책들은 그것이 민법의 한 부분이 아니고 별개의 법을 다루는 듯한 모습을 보였다. 그 저자들은 대체로 친족상속법 책만 출간하거나 그러지 않은 경우에도 재산법(전통적인 재산법)과는 책이 여러 면에서 유리되어 있었다. 그리고 재산법 학자들은 친족상속법 분야에까지 교과서를 펴내는 것에 엄두를 내지 못했다. 그러다 보니 학생들도 마치 민법과 친족상속법이 별개의 법처럼 여기는 일이 다반사였다.

나는 그래서는 안 된다고 생각했다. 낱권 교과서를 쓴다면 친족상속법까지 펴내야 비로소 민법의 교과서가 완성된다고 믿었다. 그렇지만 내가 낱권 교과서를 완성하는 것은 언감생심이었다.

그런데 낱권 교과서를 「민법총칙」부터 하나씩 차근차근 펴내오니 어느새 친족상속법 책까지 쓸 수 있게 되었다. 사실 나는 전통적인 재산법 분야를 깊이 연구해온 학자이어서 친족상속법 책을 쓰는 게 겁이 났다. 그래도 용기를 가지고 집필을 시작했다. 그동안 갈고 닦은 민법의 해석 방법론을 바탕으로 하고 거기에 더하여 친족상속법에 특유한 점을 고려하여 집필해 나갔다. 그리고 민법(재산법) 일반이론의 원칙과 기초 위에서 일관된 논리와 체계에 따라서 서술했다. 그 결과 부분적으로 기존의 친족상속법 교과서들이 당연시하던 내용과 차이를 보이기도 했다.

아무튼 이렇게 하여 나는 낱권 교과서로 「친족상속법」까지 펴내게 되었다. 처음으로 「민법총칙」에서부터 「친족상속법」까지 낱권 교과서를 출간한 것이다. 재산법학자가 친족상속법까지 정복하여 그야말로 민법 전체의 교과서를 완성하는 역사적인 순간이었다.

필요한 내용을 모두 썼지만, 분량은 적당하게 되고

내가 이 책을 쓰면서 참고한 친족상속법 책 중에는 독자에게 부담을 많이 주면서 쓸모는 적은 부분을 담고 있는 것도 있었다. 동일한 내용을 여러 군데에서 반복적으로 기술하기도 했다.

나는 그러한 경우에는 이해도와 가독성이 떨어진다고 믿어서, 가능하면 불필요한 부분은 없게 하고 내용도 중복되지 않도록 하고자 했다. 그리고 장황한 설명 대신 간결하게 적어주려고 노력했다. 그 결과 써야 할 내용을 모두 썼는데도 이 책의 분량이 상당이 적어졌다. 나는 이 책의 양에도 만족하고 있다.

개정판에서의 변화

이 책의 제2판(2016년)에서는 내가 법전원에서 이 책으로 두 번 강의하면서 보완했으면 하는 부분을 발견하여 보충하고, 민법을 비롯한 법령 개정 사항을 반영했다. 제3판(2017년)에서는 민법 중 친족편의 개정이 두 차례나 있었고 가사소송법 등도 개정되어 그 내용을 반영했다. 제4판(2018년)에서는 민법 중 친생추정 규정이 개정되어 그 내용을 상세히 적어 넣고, 또 가사소송법 등 여러 특별법령이 개정되어 그것도 반영했다. 제5판(2020년)에서는 새로 선고된 대법원판결을 조사하여 적절하게 설명하고, 관련 특별법령의 개정을 반영했다.

현재까지 가장 최신판인 제6판(2022년)에서는 민법을 비롯하여 친족상속법 관련 주요 개정법령을 반영하고, 일부에서는 이해를 쉽게 하고 보다 논리적으로 서술하기 위해 설명의 위치와 방법을 바꾸었으며, 신간인 「민법 핵심판례230선」을 펴내면서 새롭게 알게 된 점을 이 책에 추가했다.

7) 결어

나의 저서 중 최고의 자부심

나의 낱권 교과서 5권은 나의 저서 피라미드의 중심을 이루는 것이다. 그리고 이 책들로 그 저서 피라미드가 완성되었다. 내가 자부심을 갖지 않을 수 없다. 앞에서 「신민법입문」으로 인하여 내게 자부심이 생겼다고 했는데,[11] 그것은 다른 의미에서 그러하며, 나의 최고의 자부심은 역시 이 낱권 교과서 5권에 있다. 과거 어느 학자도 민법의 다섯 분야 모두에 관하여 낱권 교과서를 출간한 적이 없기에 더욱 그렇다. 은사이신 곽윤직 교수님도 민법의 교과서를 개척하셨지만, 끝내 친족법 책은 내지 못하셨다. 그런데 부족한 제자인 내가 무척 어려운 금자탑을 쌓은 것이다.

---

11 앞의 211면·212면 참조.

그런데 중요한 것은 책의 '존재' 자체에 있는 것이 아니다. 그보다는 민법 전체를 일관된 눈으로 바라보면서 모든 부분을 정리했다는 '내용'에 더 큰 의미가 있다.

한편 이 책들이 널리 활용된다면 그 가치가 더욱 클 것이다. 얼마 전 법원도서관에 근무하시는 분의 전언에 의하면, 법원도서관에 나의 민법 책 시리즈가 가지런히 정리되어 있고, 특히 재판연구관들이 그 책들을 많이 이용하고 있다고 한다. 내 낱권 교과서의 가치가 적지 않음을 보여주는 하나의 증거가 아닐까 싶다.

(12) 「기본민법」(박영사, 2018. 2022년 현재 제4판)

홍정선 교수님의 적극적인 권유로 집필하게 돼

나와 자주 교류하고 있던 연세대 홍정선 교수님(현재 명예교수)은 일찍이 나의 이 책과 같은 모습의 「기본행정법」(박영사)을 펴내셨다. 그러더니 내게 '기본민법'이라는 책을 쓰라고 적극 권유하셨다. 나는 다른 책의 집필로 바쁜 데다가 그런 종류의 책을 독자들이 선호할지 의심스러워 주저했다. 그래도 홍 교수님은 '한번 써보라. 결과가 좋을 것이다.'라면서 나를 설득하셨다. 나는 반신반의하면서도 의미가 있을 것 같아서, 집필을 하기로 결심했다.

「신민법입문」과 「신민법강의」의 중간 정도의 분량으로 펴내기로 하고

책 제목은 일찌감치 '기본민법'으로 정했다. 그리고 그 책의 분량과 내용은 비전공자 및 일반인용인 「신민법입문」과 법전원 교육용 및 각종 시험의 수험용인 「신민법강의」의 중간 정도로 하기로 했다. 그 무렵 주변에서 들어보니 사실 법과대학 강의나 법학 연계전공 등의 강의에 적합한 민법 교재가 없다고 했다. 「신민법입문」은 너무 간략한 편이고, 「신민법강의」는 부담이 된다는 것이다. 그래서 그러한 강의를 하는 분들은 「기본민법」

과 같은 책이 나오기를 기다리고 있었다.

나는 평소에 「신민법강의」는 수험용으로 충분하도록 세부적인 설명과 수많은 판례가 담겨 있는 바람에, 특히 학부에서의 강의교재로 하기에는 내용이나 분량에서 버거울 수 있다고 생각하고 있어서, 「기본민법」에서는 민법 공부에 꼭 필요한 기본적인 내용만 담기로 했다. 그리하여 민법규정, 필수적인 이론, 중요 판례 등만 넣고 심화 이론이나 중요성이 적은 판례들은 넣지 않기로 했다. 그리고 너무 많은 이론과 판례에 시달리는 것은 민법 중 전통적인 재산법 분야에서 그러하므로, 친족상속법은 제외하기로 했다. 한편 각 부분이 고르게 일정한 양을 넘지 않게 하고, 그러면서도 내용의 깊이를 한결같이 유지하기로 했다.

출간 후 예상외의 인기를 얻고

이 책이 나온 뒤 독자들의 호평이 이어지고 있다는 소식을 들었다.

'그래도 내가 고생한 것을 독자들이 알아주는가 보다.'

나는 그렇게 생각하고 대수롭지 않게 여겼다. 그리고 차분히 2019년 2학기에 맞추어 이 책을 개정하려고 준비하고 있었다. 그런데 갑자기 박영사로부터 출간을 앞당겨달라는 요청을 받았다. 개정판의 출간을 위해 초판 인쇄를 멈춘 사이에, 예상보다 많이 법과대학에서 강의교재로 채택하는 바람에 책의 수급이 맞지 않게 되었기 때문이다. 그런데 개정작업을 순식간에 할 수는 없었다. 무엇보다도 새로 시작된 학기의 교재로 바로 공급될 수는 없었다.

시중에 책이 없자 박영사에 항의가 빗발쳤다고 한다. 박영사의 조성호 이사는 내게 저자 증정본으로 준 책까지 되돌려달라고 했다. 나는 기꺼이 그렇게 했다. 박영사에서는, 그 책까지 활용해도 책이 모자라고 강의하는 분까지 직접 항의하기에 이르자, 무료로 인쇄하여 배포하는 희생을 감수했다.

이 책의 인기를 실감했다. 그 덕분에 나는 연구비 지원의 성과물로 학교에 제출해야 하는 책조차 없어서 박영사의 보관용을 받아서 제출하기도 했다.

이화펠로우의 지원을 받아 집필하고

조금 전에 언급했지만, 이 책의 집필은 연구비의 지원을 받아 이루어졌다. 나는 이화여대에서 인문사회계 교수로는 최초로 이화펠로우[12]에 선정되어 2016년부터 2018년까지 3년간 특별지원을 받았다. 이전에 내가 다수의 저서를 출간한 것이 높이 평가되어 지원을 받게 된 것이다. 이화여대의 그 지원은 이 책의 출간에 큰 힘이 되었다. 이화여대에 감사하는 마음이다.

개정판에서의 변화

이 책의 제2판(2019년)은 강의교재 부족 때문에 큰 풍파를 겪은 직후에 무척 서둘러서 낸 개정판이다. 거기에서는 주로 초판의 다소 거친 부분을 다듬고 완전한 이해를 위해 부분적으로 내용을 보충했다. 제3판(2021년)에서는 민법과 주택임대차보호법 등이 개정되어 개정사항을 반영하고, 중요한 판결들이 선고되어 그 내용도 충실히 소개했다.

현재까지 가장 최신판인 제4판(2022년)에서는 민법과 민사특별법령이 개정되어 그 내용을 넣고, 또 분묘기지권에 관한 대법원 전원합의체 판결과 같은 중요한 판결을 설명하였다.

(13) 「민법전의 용어와 문장구조」(박영사, 2018)

민법전 자체를 연구대상으로 한 최초의 연구서

2018년 1월, 내가 프랑스 파리에 가게 되었을 때, 프랑스 민법전(나폴레

---

12 이화펠로우 제도에 관하여는 이 책 3면 주 1에서 설명했다.

옹 법전)의 공포 당시의 모습을 보고 싶었다. 그래서 파리1대학 법학과 박사과정에 민법 전공으로 유학 중인 김민지 대학원생을 통해 그 대학 법학 도서관에 미리 희귀본 열람 특별신청을 하여, '프랑스인의 민법전'(1804년) 과 ― 그 후에 이름이 바뀐 ― '나폴레옹 법전'(1807년)을 볼 수 있었다. 나폴레옹 총통의 서명이 선명하게 인쇄된 ― 오랜 세월이 지나 표지의 가루가 묻어나는 ― 공포 당시의 민법전들을 보니 전율이 느껴졌다. 더욱 놀라운 것은, 민법전 책 맨 뒤편에 사항색인이 두어져 있다는 점이다. 1804년의 민법전에 사항색인이라니….

우리 민법전의 사항색인을 본 적이 있는가? 민법전이 아니라도 연구논문이나 책에서라도 보았는가? 나는 본 적이 없다. 우리 민법전을 자세히 보니 용어의 불일치가 있기도 하던데, 만약 입법 당시에 사항색인이 있었으면 그런 일은 생기지 않았을 것이다. 나아가 여러 연구에도 도움이 많이 되었을 것이다.

이런 얘기를 하는 이유는 나의 이 책이 바로 민법전을 대상으로 한 최초의 연구서이기 때문이다. 다만, 현행 민법전이 곧 알기 쉽게 개정되어야 하는 상황이어서 현행 민법전보다는 알기 쉽게 고쳐진 민법 개정안, 즉 2018년 법무부안(2018. 2. 28.에 입법 예고한 알기 쉬운 민법안)을 가지고 연구한 것이다.

단순히 용어와 문장의 변화만 추적한 것이 아니고

이 책은 2018년 법무부 안이 현행 민법전과 비교해 용어와 문장에 어떤 변화가 있는지를 요점만 추려놓은 것이 아니다. 먼저 중요하게 변동된 사항(공통적인 특징)에 대해서는 2018년 법무부 안 전체를 모두 조사하여 동일한지 여부를 구체적으로 분류하여 정리했다. 그다음에는 개별 조문들을 하나씩 차례로 살펴서 특기할 만한 변동사항이 있는 경우 해당 조문들을 따로 추려 설명하였다.

이 연구는 어쩌면 나만이 할 수 있는 것이어서

2018년 법무부 안은 여러 단계를 거쳐 마련된 알기 쉬운 민법안이다. 그런데 나는 — 최초의 알기 쉬운 민법안인 — 2009년 법무부 안을 성안한 '알기 쉬운 민법 만들기 특별분과위원회'의 위원이었다. 그리고 2013년에는 법제처 '민법 알기 쉽게 새로 쓰기 자문위원회'의 위원장을 맡아 2013년 법제처 정비안을 성안하였으며, 그 정비안은 2015년 법무부 안의 실질적인 기초로 되었다.

이런 이력이 있어서 나는 알기 쉬운 민법에 관하여 많은 자료와 지식을 보유할 수 있었다. 그리하여 언젠가 그에 관하여 연구해 보리라 마음먹고 있었다. 나 스스로는 그에 관한 연구자로 내가 유일하게 적합하다고 믿었다.

이 책을 쓸 때의 의도

이 책이 연구서이기는 하지만 단순히 연구만을 위한 것이 아니다. 이 책은 기존의 민법 등 법률에 익숙한 민법학자를 비롯한 법률전문가들에게 2018년 법무부 안의 실상實狀을 짧은 시간 안에 파악하게 하고, 우리의 어법과 표현에 맞는 모범적인 법률용어와 법률문장을 익히게 하려는 실용적인 의도로 쓰인 것이다. 그럼으로써 부지불식간에 자주 사용하고 있는 일본식 어법이나 표현에서 벗어나게 하고 싶었다.

내 사견은 최소화하고

내가 생각할 때 2018년 법무부 안이 이상적인 민법안은 아니다. 그래서 마음 같아서는 개선되어야 할 점이 있으면 지적도 하고 내 사견도 적극적으로 개진하고 싶었다. 그런데 비판을 많이 하게 되면 그것이 빌미가 되어 국회 통과가 어려워질 수도 있었다. 내가 책을 쓴다고 하니, 법무부에서도 그런 걱정을 하는 듯했다.

그런 점을 고려하여 나는 미흡한 점을 최소한으로 지적하고, 비판의 수위도 낮추었다. 그리고 가능한 한 객관적으로 분석하였다. 그런데도 이 개정안은 국회에서 의결되지 못하고 폐기되었다.

민법은 조속히 알기 쉽게 개정되어야 해

이 책에서 내가 외국의 현황을 소개한 바와 같이, 외국에서는 민법전이 이미 알기 쉽게 개정되었다. 그런데 우리나라에서는 오랜 기간 노력을 많이 기울였는데도 아직 제정 당시 그대로이다. '본래의' 민법전대로라면, 토씨만 빼고는 모두 한자이고 띄어쓰기도 안 되어 있으며 마침표도 없어서, 일반인은 물론 법률전문가도 읽기조차 쉽지 않다. 모든 사람의 경제 및 가족 생활을 규율하는 기본법인 민법이 그래서는 안 된다. 조속한 시일 안에 민법전이 알기 쉽게 개정되어야 한다. 그것이 국민을 가장 위하는 길이다.

3. 공저(共著)

(1) 「민법주해」(박영사) 초판 4권

1) 서설

박영사에서 1992년부터 순차적으로 발행된 「민법주해」(초판)는 민사판례연구회의 회장이셨던 곽윤직 교수님의 기획과 주도로 이루어졌다. 곽 교수님은 오랜 기간 좋은 주석서의 출간을 염원하셨고, 그분의 의지에 따라 민사판례연구회의 회원을 중심으로 집필을 하게 되었다. 나는 「민법주해」 제2권, 제8권, 제9권, 제13권의 각 일부분씩을 분담하여 집필했다.

2) 「민법주해 제2권」(박영사, 1992)

제2권 중 내가 집필한 것은 법률행위의 핵심 부분

「민법주해 제2권」은 민법총칙 가운데 제2권으로서 민법 제98조부터 제113조까지에 관하여 해설을 한 책이다. 그중 나는 '법률행위 전론(前論)'과 '제107조~제110조,' 즉 흠 있는 의사표시 부분을 맡아서 집필하였다. '제107조~제110조'는 내가 착오(제109조)에 관하여 박사학위논문을 써서 맡게 된 것이다. 그리고 '법률행위 전론'은 원래 다른 교수가 쓰기로 되어 있었는데, 원고 마감일에 임박해 집필할 수 없다고 하여 내가 대신 쓰게 되었다.

온갖 노력을 다하여 집필하고

나는 처음에는 민법총칙 중 흠 있는 의사표시 부분(제107조~제110조)만 쓰기로 되어 있어서 그곳에 집중하여 집필을 했다. 그에 관한 국내외 자료를 모두 구하여 읽었다. 독일의 코멘타까지 모조리 읽느라고 시간이 많이 소요되었다. 실질적으로 박사학위논문의 작성을 마친 뒤에 바로 시작하여 2년이 더 걸린 듯하다. 그 원고를 쓸 때는 나는 각종 모임은 물론 학회 참석도 하지 않았다. 조금이라도 시간을 더 많이 확보하기 위함이었다. 출간된 책으로 보니 그 부분이 320면에 이르렀다. 그 원고를 탈고한 뒤 나는 주변에 이런 말을 했다.

"이 부분을 다시 쓰라고 하면 나는 못 쓴다."

그건 지금도 마찬가지이다. 그때는 젊고 의욕이 넘치고 모든 노력을 집중할 수 있기에 가능했다.

'법률행위 전론' 부분은 원고 마감일이 거의 다 되어 다른 사람 대신 쓰게 된 것이어서, 집필에 시간적인 여유가 없었다. 그렇다고 하여 내 성격상 대강 쓸 수는 없었다. 그리고 그에 관한 국내의 깊은 연구는 거의 없었다. 나는 시간상 급박함에도 불구하고 독일을 비롯한 여러 나라의 자료를 모두 구하고 빠른 속도로 읽은 뒤 집필을 했다. 그렇게 하여 두 달 만에 원고를 완성했다. 인쇄된 책으로 130면에 이르는 양이었다. 탈고 후 나는 "두 달 만에 이보다 더 잘 쓸 수는 없다."고 말했다. 나의 솔직한 심정이었다.

법조인들에게 나를 유명하게 만든 책

앞에서, 2008년 봄에 입문 책의 출간 논의를 위해 모임을 한 적이 있다고 적은 바 있다.[13] 그 자리에 참석한 서울대 법전원의 이상원 교수(판사 역임)가 나를 소개받더니 민법주해 중 의사표시 부분을 쓴 사람이라는 것을 알고 "어떻게 그렇게 쓸 수 있는지, 어떤 사람인지 궁금했다."고 했다. 이 분을 포함하여 법조인 중 특히 판사들이 내가 쓴 의사표시 부분을 보고 나를 대단하다고 생각했던 모양이다.

사실 「민법주해 제2권」이 총 624면인데 그중 450면이 내가 쓴 부분이니, 그 한 권을 내가 거의 다 쓴 거나 마찬가지였다. 그리고 거기에서 새로 제시한 이론도 적지 않으며, 그런 이론은 새로운 판례에 직접 영향을 주기도 했다. 내가 의사표시와 법률행위의 전문가로 평가되는 이유이기도 하다.

3) 「민법주해 제8권」(박영사, 1995)

종류채권에 관한 나의 논문 때문에 집필이 맡겨진 듯

「민법주해 제8권」은 채권 부분의 첫 책으로서 민법 제373조~제386조의 주석을 담고 있다. 그중에 나는 '채권의 목적'의 '전론'과 제373조~제375조에 관하여 집필했다. 내가 그 부분의 집필을 맡게 된 것은 이전에 내가 종류채권에 관하여 작은 논문[14]을 썼기 때문이 아닌가 한다. 이 책 중 내가 쓴

---

13 앞의 208면 참조.
14 송덕수, "종류채권(상)," 「고시연구」(고시연구사, 1989. 7), 110면-124면; 송덕수, "종류채권(하)," 「고시연구」(고시연구사, 1989. 8), 69면-85면이 그것이다.

부분은 100여 면 정도이다.

특히 종류채권 부분에서는 내가 논문에서 주장한 새로운 이론을 제시함은 물론, 중요한 여러 문제에 대하여 자세히 논의했다. 그리고 '채권의 목적 전론'에서는 기존의 논의를 포함하여 채권의 목적 전반에 대하여 빠짐없이 살펴보았다.

4) 「민법주해 제9권」 (박영사, 1995)

이 부분도 다른 사람 대신 쓰게 돼

「민법주해 제9권」은 「민법주해 제8권」과 마찬가지로 채권법에 해당하여 원고 마감일이 동일하였다. 그리고 나는 처음에는 「민법주해 제8권」의 일부분만 집필하기로 되어 있어서 거기에만 집중해서 원고를 쓰고 있었다. 그런데 「민법주해 제9권」에 속하는 '채권의 효력 전론'을 원래 쓰기로 한 사람이 마감일이 다 되어서 쓰지 못하겠다고 하였고, 그 부분이 다시 내게 할당되었다.

'나는 항상 빈자리도 메워야 하는 사람인가?'

나는 이전에 그랬던 것처럼 온 노력을 다하여 빠른 속도로 원고를 썼다. 내가 쓴 양은 65면이다.

채권의 효력에 관하여 깊이 알게 되고

나는 '채권의 효력 전론'의 원고를 쓰면서 매우 어려운 문제인 채권의 효력에 관하여 보다 깊이 알게 되었다. 그리고 기존 이론의 문제점을 지적하고 합리적인 이론을 제시할 수 있었다. 다른 사람을 대신하여 쓰느라고 고생은 했지만, 내가 그 부분을 맡아서 쓰지 않았으면 채권의 효력에 관하여 그렇게 자세히 알지는 못했을 것이어서, 한편으로는 감사하다는 생각이 들었다.

5) 「민법주해 제13권」(박영사, 1997)

내가 이 부분의 집필을 맡게 된 이유

「민법주해 제13권」은 민법 제536조~제553조에 관한 주석을 담고 있다. 그중에 나는 제539조~제542조, 즉 제3자를 위한 계약 부분을 맡게 되었다. 내게 그 부분이 맡겨진 이유는 아마도 내가 "제3자 보호효력 있는 계약"에 관하여 자세한 논문을 썼기 때문일 것이다.[15]

'제3자 보호효력 있는 계약'은 당시만 해도 아주 생소하여 우리나라에는 개념 소개조차 되어 있지 않았다. 그런데 나는 그에 대하여 깊이 검토하여 논문을 썼으니, 그 부분까지 쓰게 하려면 내가 적합하다고 여겼을 것이다.

이 부분 또한 새로운 판례 형성에 영향을 주고

제3자를 위한 계약 부분에서 나는 용어부터 철저하게 검토하여 새로운 것을 제시하고, 또 우리 법에 적합하고 타당한 새로운 이론을 제시했다. 그리고 그러한 새 용어와 새로운 이론은 우리의 새로운 판례가 형성되는 데 크게 영향을 주기도 했다. '제3자 보호효력 있는 계약' 이론이 그 책에서 자세히 논의되었음은 물론이다. 이 책 중 내가 쓴 부분은 110여 면이다.

(2) 「법학입문」(법문사, 1998. 2022년 현재 제6판)

이화여대 법대 교수들이 펴낸 법학개론서

이 책은 법과대학 시절 이화여대 법대 교수들이 각 분야를 나누어 집필한 법학개론서이다. 집필 교수 수는 12인이었고, 대표 저자는 법철학 전공의 박은정 교수님이었다. 내가 집필한 것은 민법이고, 그 전 범위에 관하여 개략적으로 기술했다.

---

15 앞의 49면 이하 참조.

제4판부터는 내가 관리를 맡고

이 책은 2003년에 제2판이, 2006년에 제3판이, 2011년에 제4판이, 2014년에 제5판이, 가장 최근인 2020년에 제6판이 출간되었다. 이 중에 제4판부터는 내가 전체를 관리했다. 이전의 대표 저자들이 퇴직했고, 내가 법전원 원장을 하고 있었기 때문이다. 그런데도 제4판·제5판의 대표 저자는 이전 판과 마찬가지로 김문현 교수님으로 그대로 두었다. 그런데 제6판에서는, 헌법과 경제법의 집필 교수를 변경하여 김문현 교수님이 필진이 아니어서, 의논 끝에 내가 대표 저자를 맡게 되었다.

제5판·제6판에서 민법 부분의 변화

이 책의 제5판에서는 성년후견제 개정 내용을 반영하였고, 현재 가장 최신판인 제6판에서는 제5판 출간 후 일곱 차례나 개정된 민법의 개정 내용을 설명하고, 아울러 정확하고 더 쉽게 하기 위해 책에 설정된 사례와 이론 설명을 보충 또는 수정했다.

(3) 「민법 개정안 의견서」(삼지원, 2002)

2001. 11. 16.에 발표된 민법 개정시안에 대한 우려로 시작해

법무부는 1999. 2. 5. '민법개정 특별분과위원회'를 구성하여 3년간의 연구와 토의를 거쳐 2001. 11. 16. 민법 개정시안을 발표했다. 그 개정시안이 발표되자 많은 민법 학자들이 크게 우려했다.

특히 황적인 서울대 명예교수님은 그 시안에 대해 의견을 모아 발표하고자 하였다. 그리하여 성균관대 고상룡 교수님, 서강대 서광민 교수님과 내게 개정시안에 대해 연구하여 연구서를 펴내자고 하셨다. 구체적인 방법은 내가 맡았다.

나는 민법의 중진 학자들의 명단을 작성하고 일일이 연락하여 개정시안

연구에 참여할지 물었다. 그랬더니 대상자 33인 중 2인을 제외한 31인이 참여하기로 했다. 그리하여 그 31인을 정회원으로 하고, 소장 교수 2인을 준회원으로 하여, 33인으로 '민법개정안 연구회'를 결성했다. 황 교수님이 회장을, 고 교수님과 서 교수님이 부회장을, 내가 총무이사를 맡았다. 나는 회원들에게 개정시안에 대한 의견을 보내도록 하였다. 그 체제 등 세부사항도 내가 정하여 통지해 주었다.

그 결과 정회원 중 3인을 제외한 28인과 준회원 2인이 의견을 보내왔다. 그렇게 받은 의견을 내가 정한 편집방법에 따라 편집하였다. 편집은 나의 제자인 이화여대 대학원 석사과정의 고현아 법학사가 맡아서 해주었다. 고현아 법학사의 노력으로 상당히 이른 시일에 이 책이 나올 수 있었다.

이 책은 제1부와 제2부로 나뉘어

이 책은 제1부와 제2부의 두 부로 나누어져 있다. 그중에 제1부에는 '민법 개정시안에 대한 조문별 검토의견'을 싣고, 제2부에는 '민법 개정시안의 문제점에 관한 회원들의 개별논문'을 실었다.

그리고 제1부는 총칙편, 물권편, 채권편으로 다시 나누고, 그 안에서 개정시안의 조문 순서에 따라 의견을 정리했다. 그때 하나의 조문에 관하여 회원들의 견해가 여럿 있는 경우에는, 그것을 하나로 통일하지 않고 그 의견들 모두를 그대로 실었다. 하나의 의견으로 확정하는 것이 사실상 불가능했기 때문이다.

이 책의 영향 때문인지 몰라도 그 개정시안은 입법화되지 못하였고

법무부 민법 개정시안은 2004년에 정부 제출 민법 개정안으로 국회에 제출되었다. 그런데 국회에서 심의되지 못하고 회기 만료로 폐기되었다.

(4) 「시민생활과 법 : 민사 생활법률 강의」(이화여대 출판부, 2016. 2022년 현재 제3판)

이화여대 법전원 민법 교수들이 협력하여 만든 책

나는 나 혼자 집필해야 하는 책들이 모두 나온 뒤에는, 동료 교수들과 함께 공동으로 책을 만들고 싶었다. 이화여대 민법 교수들은 사이가 좋아 서로 존중하고 협력도 잘 되고 있지만, 결속력을 더욱 높이고 싶었다. 그런 의도에서 공동 작업으로 쓴 책이 바로 이 「시민생활과 법」이다.

이화여대에서는 1960년대 우리나라에서 최초로 '여성과 법률' 강좌를 개설했고, 얼마 후 강좌명을 '생활법률'로 변경했다. 그리고 지금은 '시민생활과 법'이라고 한다. 이화여대에서 이 강좌는 전통적으로 매우 인기가 있었다. 나도 1989년경부터 6년간 이 강좌의 강의를 했으며, 어떤 학기에는 내가 맡은 한 강좌의 수강생이 570명이나 되었다. 동일 학기에 개설된 모든 강좌의 수강생 수를 합하면 1,000명이 넘었다. 그런데도 이화여대 교수가 쓴 생활법률 강의 교재가 없었다. 그래서 내가 주도하여 '시민생활과 법' 강좌의 교재를 만들게 되었다.

2015년 초 나는 이화여대 법전원의 민법 교수들 모임을 개최했다. 거기서 의논 끝에 6인 전원이 집필에 참여하여 「시민생활과 법」 책을 펴내기로 했다. 그리고 내가 집필 계획을 수립한 뒤 그해 5월 초에 회의를 다시 열어 집필 방법과 내용을 확정했다. 그 후 이화여대 출판부(후에 출판문화원으로 명칭을 변경함)에 교재 개발 지원 신청을 해서 지원을 받아 집필을 시작하였다. 각 저자의 집필 부분은 희망과 전문성을 고려해 분담했다. 이 책 중에 내가 집필을 맡은 부분은 '제1장 법이란 무엇인가'와 '제2장 재산관계법'의 '제5절 부동산매매와 등기'이다.

이 책의 특징

시중에는 이른바 '생활법률' 교재가 많이 나와 있다. 그 책들의 모습은 크게 두 가지였다. 하나는 법학의 전공 서적과 유사하게 어렵게 쓰인 것이고, 다른 하나는 대학 교재로 쓸 수 없이 법률 상담 형식으로 되어 있는 것이었다. 이들은 모두 적절하지 않았다. 법률 교양강좌의 교재이기 때문에 어려워서는 안 되고, 또 쉽게만 하기 위하여 법학 서적으로서의 전문성을 잃어도 안 되기 때문이다.

그리하여 우리가 만드는 이 책은 매우 쉬우면서도 법의 근거를 알고 논리를 익힐 수 있도록 했다. 또 흥미와 실용성을 높이기 위해 여러 자료와 방법도 사용했다. 각 장이나 절을, 독자에 해당하는 사람이 질문을 하면서 시작하는 점도 그런 것 중의 하나이다.

개정판에서의 전체적인 변화

이 책의 제2판(2019년)에서는 민법 및 민사특별법령의 개정 사항과 새로 나타난 중요 판례를 반영하고, 서식이 변경된 경우에는 그것을 업데이트했다. 그리고 현재로서 최신판인 제3판(2021년)에서도 제2판에서처럼 개정된 민법과 부동산3법 등 민사특별법령의 내용을 반영하고, 부동산거래 관련 서식과 은행거래 기본약관을 현재의 것으로 교체했다.

(5)「민법 핵심판례200선 — 해설 및 객관식 연습 — 」(박영사, 2016.
    2022년 현재 최신판「민법 핵심판례230선」, 2022년)

박영사 조성호 이사의 적극적인 권유로 집필을 검토해

앞에서 언급한 바 있지만,[16] 나는 2003년에 연구년을 맞아 미국에 갔을

---

16 앞의 194면 참조.

때 판례교재를 쓰려고 했다. 그리고 그때 생각한 판례교재의 모습은 「민법 핵심판례200선」과는 달랐다. 그런데 박영사의 간곡한 요청으로 판례교재 대신 「민법강의(상)」, 「민법강의(하)」를 집필하게 되었고, 그리하여 판례 교재의 집필은 기약 없이 미뤄졌다.

그러다가 박영사의 조성호 이사가 판례교재의 집필을 권하였다. 2014년 말이었던 것 같다. 그 무렵 한국 형사소송법학회의 주관으로 「형사소송법 핵심판례110선」(박영사, 2014)이 출간되었는데 학생들의 반응이 좋다면서, 참고하라고 그 책을 샘플로 주기도 했다. 그 무렵은 마침 내가 낱권 교과서인 「친족상속법」까지 출간한 터라 시간 여유가 있었다. 조 이사가 그 타이밍을 놓치지 않고 권유를 한 것이다.

나는 언젠가 판례교재를 쓰려고 하고 있기도 해서 구미가 당겼다. 조 이사에게 검토해 보겠다고 했다. 그러고 나서 여러 면으로 검토한 뒤, 집필을 하기로 결심했다. 그리고 그 책은 「형사소송법 핵심판례110선」을 참고하여 핵심적인 판례를 중심으로 쓰기로 했다.

이화여대 법전원 김병선 부교수(현재 교수)와 함께 쓰기로 하고

조성호 이사로부터 판례교재의 집필을 권유받았을 때, 나는 집필을 해도 학회가 중심이 되거나 아주 많은 수의 교수가 쓰도록 하지는 않을 것이라고 했다. 책 내용의 수준 및 일관성 유지와 추후 업데이트 및 관리의 효율성과 적절성을 고려할 때 단독으로 또는 2~3명의 저자가 집필하는 것이 바람직하다고 믿고 있었기 때문이다.

나는 판례교재를 혼자서 빠르게 쓰기에는 시간적·체력적으로 부담이 되기도 하고, 또 다른 교수들과 함께 책을 내려는 계획의 일환으로 대학원 제자이자 동료 교수인 김병선 부교수와 같이 쓰기로 했다. 김병선 부교수는 판례에 대해서 잘 알고 있을뿐더러 변호사시험 등의 시험 경향에도 정통하고, 또 법전원 강의에서 판례에 대한 깊은 강의로 학생들로부터 크게 호평을 받고 있었다. 내 제안에 김 부교수는 흔쾌히 동의하였다.

새로운 모습의 판례교재를 구상하고

나는 오랜 시간에 걸쳐 어떤 모습으로 원고를 작성할지 고심을 거듭했다. 그리고 구상한 방안을 가지고 김 부교수와 의논을 했다. 김 부교수는 내 의견을 모두 받아들였다.

구체적으로 민법에서 아주 중요한 판례 200개를 선정하여 논의하기로 했다. 그러면서 각 판례에 대하여 제1부에서는 해설을 하고, 제2부에서는 하나의 판례 사안을 가지고 객관식 문제를 만들어 넣기로 했다. 그리고 제1부의 해설은 학생들의 부담을 최소화하기 위하여 예외 없이 책 2면으로 한정하기로 했다. 그런데 한정된 지면에 내용을 최대한으로 넣기 위해 2단으로 조판하기로 했다. 또 학생들이 판례에 대해 쉽게 이해하고 기억할 수 있는 세부적인 방안도 마련했다.

이런 계획을 세우고 나서 먼저 민법 전체에서 중요한 판례들을 모두 골랐다. 그런 뒤에 그 판례 중에 매우 특별한 판례를 각 분야를 고려해 200개 선정했다. 분야별 판례의 수는 민법총칙 40개, 물권법 40개, 채권법총론 40개, 채권법각론 45개, 친족상속법 35개이다.

책이 출간되자 교수들이 관심을 많이 가지고

이 책이 처음 나온 뒤 법전원 교수들이 많이 관심을 가졌다고 한다. 이 책을 법전원 강의에 활용하는 경우도 많았다.

나도 이 책을 이론 강의의 보조교재로 하여 학생들에게 거기에 수록된 판례에 대해 열심히 공부하도록 했다. 그랬더니 학기 말에는 민법을 처음 공부한다는 학생들조차 그 판례 공부 덕택에 민법의 추상성을 극복했고, 그것이 가장 기억에 남는다고 하면서 즐거워했다. 나는 처음 공부하는 학생에게는 이 책이 어려웠을 것이라고 예상했는데, 학생들의 반응이 의외이어서 무척 놀랐다.

개정판의 변화

이 책의 개정판은 제2판, 제3판 등으로 표시하지 않는다. 그것 대신 논의하는 판례의 수를 추가해서 책 제목을 「민법 핵심판례210선」 등으로 붙였다. 그런 책은 외관상으로는 모두가 별개의 신간 서적이지만, 기존의 책에 수정을 가하고 일정부분 추가한 것이어서 실질적으로는 개정판에 해당한다. 개정판에서 중요하게 달라진 점은 다음과 같다.

이 책의 첫 개정판에 해당하는 「민법 핵심판례210선」(2019년)에서는 최신 판례 중 새로운 핵심판례 10개를 선정하여 추가로 논의하고, 기존에 논의한 판례와 관련된 전원합의체 판결이 선고된 경우에는 원고를 새로 썼고, 지면이 허용되는 범위 안에서 사실관계와 참고 판결 등을 보충했다.

「민법 핵심판례220선」(2021년)에서는 최신 판례를 중심으로 추가로 10개의 핵심판례를 선정하여 논의하고, 판례가 변경된 경우에는 원고를 교체했으며, 이번에도 지면의 범위 안에서 사실관계 등을 보충하고, 필요한 경우 소제목을 적절하게 붙였다.

현재로서 가장 최신판인 「민법 핵심판례230선」(2022년)에서는 최신 판례 중 10개를 엄선하여 추가하고, 오탈자를 바로 잡았다.

나의 저서 피라미드의 중요한 한 부분을 형성해

민법의 저서 피라미드에는 크게 이론서, 사례집, 판례서의 셋이 있다. 이 중에 이론서가 가장 중요하고 의미가 크지만, 그것이 사례집이나 판례서를 대신하지는 못한다. 그런 상황에서 「민법 핵심판례200선」(내지 현재의 「민법 핵심판례230선」)은 판례를 분석·정리한 판례서로서 나의 저서 피라미드의 중요한 한 부분을 채우게 된다. 즉 이 책은 ─ 비록 공저이기는 하지만 ─ 나의 저서 피라미드의 필수적인 한 부분을 당당하게 형성하고 있는 것이다. 이 책의 의미가 얼마나 큰지 알 수 있다.

4. 결어

민법학은 법해석학이어서 민법 책은 되도록 현재의 법에 부합하도록 개정해 줄 필요가 있다. 특히 강의서나 수험서는 더 말할 필요가 없다. 그리하여 나는 「신민법강의」나 「신민법입문」은 매년 개정해오고 있다. 앞으로도 계속 그래야 한다. 속된 말로 발목이 묶인 것이다.

그런 점 때문에 한때는 끊임없이 개정해야 하는 저서를 출간한 것을 후회한 적도 있다. 노력은 많이 들고, 노력에 비해서 얻는 것은 적기 때문이다. 그런데 지금은 그렇지 않다. 요즘은 교과서 쓰는 것을 기피하고 또 쓰기도 어려운 환경에서 내 책들이 민법의 교육과 시험 준비에 도움을 준다고 생각하니 오히려 보람을 느낀다.

내게 저서들, 특히 낱권 교과서를 쓰도록 견인한 박영사 안종만 회장님이 얼마 전 내게 '내가 「친족상속법」까지 쓴 독보적인 학자니까 당신이 나를 지켜줘야 한다.'고 하셔서 가슴이 뭉클했다. 그분은 사업가라기보다는 뼛속까지 문화인이자 법학 보호자인 것 같다.

제3장

낱권 교과서 완간 후 제자들에게 들려준 이야기:
"민법과 함께한 나의 삶"

[이 글의 유래]

　나는 2003년부터 「민법사례연습」(후에 「신민법사례연습」으로 됨)을 필두로 하여 「민법강의(상)」·「민법강의(하)」(후에 「신민법강의」로 됨), 「신민법입문」을 출간하였고, 2011년부터 2015년 사이에는 낱권 교과서로 「민법총칙」·「물권법」·「채권법총론」·「채권법각론」·「친족상속법」을 차례로 펴냈다. 이렇게 하여 내가 유례없이 민법의 전 분야에 관하여 낱권 교과서를 완간하고, 나아가 사례집·강의서·입문서까지 펴내 민법 저술의 사이클을 완성하자, 평소에 가까이 지내던 필자의 대학원(이화여대 대학원 법학과) 제자들이 나의 저서 완간을 축하하는 자리를 마련해 주었다. 그러면서 내 얘기를 듣고 싶어 했다. 그 모임은 2015. 2. 23.(월) 18:00에 서울 중구 정동에 있는 '달개비'라는 컨퍼런스 하우스에서 가졌다.

　이 글은 그 모임에서 내가 제자들에게 들려준 이야기를 당시에 사용한 자세한 메모를 바탕으로 하여 글로 옮긴 것이며, 각주를 달아 보충한 것을 제외하고는 그때의 내용 그대로이다.

기념 강연 후 참석한 제자들과 함께 찍은 사진. [(앞줄 왼쪽부터) 김병선 최성경 안경희 (송덕수) 김지원 민경주 홍윤선 (뒷줄 왼쪽부터) 송민정 고현아 조은진 최수정 김연지 전소현 서지연 박우경 박경하]

1. 서언

2015. 1. 31. 안경희 교수[1]가 내게 전화를 하여 '환갑에 어떻게 하겠냐?'고 물었습니다. 그렇게 물은 이유는 안 교수와 국민대에 같이 있는 한창희 교수[2]가 그의 제자들이 환갑에 무엇을 해야 한다고 말하는데 고민스럽다고 하면서 '덕수도 올해가 환갑일 텐데 어떻게 하느냐?'고 물어보아서였다고 했습니다. 나는 '요즘 누가 환갑에 뭘 하느냐'고 하고, '나는 올해 환갑도 아니라고' 했습니다.

2015. 2. 2. 김병선 교수(이화여대)가 내게 민법 저서 완간을 기념하는 제자들 모임을 하려고 하니 허락해 달라고 했습니다. 허락을 받아오라는 다

---

1 국민대 법대의 안경희 교수는 필자의 지도로 맨 처음 석사학위논문(1991. 8)을 제출한 제자이다.
2 상법 전공인 한창희 교수는 나와 고등학교 · 대학교의 동기이다.

제자들에게 이야기를 들려주고 있는 나의 모습

른 제자들의 부탁을 받고 왔다고도 했습니다. 김 교수가 이화여대 법전원
의 신입생 오리엔테이션에 참석하기 위해 나를 태우고 강원도 춘천에 있
는 엘리시안 강촌 리조트로 가던 승용차 안에서였던 것으로 기억합니다.
나는 제자들에게 부담이 될 것을 알면서도 기꺼이 허락했습니다.

그러고 나서 나는 여러 생각을 했습니다. 내 나이 어느덧 60. 바쁘게 살
다 보니 뒤를 돌아볼 겨를이 없었는데, 이런 얘기를 듣고 지난 세월을 되돌
아보게 되었습니다.

나는 몇 제자들에게 개별적으로 무엇을 듣고 싶은지 물었습니다. 그랬
더니 대부분 내가 걸어온 길과 민법학자의 바람직한 자세라고 답했습니
다. 이 중에 후자는 전자에 비추어 생각해보았으면 하여, 전자 중심으로
얘기하려고 합니다. 그러면서 제자들이니 내면적인 것도 포함시키려고
합니다.

2. 내가 민법학자가 된 과정

(1) 전공을 민법으로 정한 이유

성격적으로 공법은 내게 맞지 않았습니다. 당시의 암울했던 시대상의 영향도 있었습니다. 사법私法 중 처음에는 상법을 생각했습니다. 상법이 사법에서 특별법이기 때문입니다. 그 무렵 서울 법대 정희철 교수님(상법 전공)의 연구실에 있던 막역한 친구 오수근 교수가 내게 정 교수님의 연구실에 있을 의향이 있는지 묻기도 했습니다. 그런데 상법은 누가 옳으냐가 아니고 어느 것이 합리적이냐를 따지는 다분히 기술적인 법입니다. 그에 비하여 민법은 타당성을 따집니다. 이들 중 인간미가 있는 민법이 내게 좀 더 와닿았습니다.

민법을 전공으로 확고하게 정하는 데 결정적인 것은 경제적 문제였습니다. 내가 대학원 석사과정에 입학한 1980년 여름에 내 부친이 작고하셨습니다. 그리하여 경제적으로 본가의 도움을 전혀 기대할 수 없었습니다. 나는 경제활동이 필요하여 '고시원'이라는 출판사에서 아르바이트를 하게 되었습니다. 그런데 계속 그럴 수는 없었습니다. 그러한 상황에서 서울 법대에서 공무원 신분을 갖는 정식 조교를 모집하였습니다. 조교 모집 분야에 상법은 없고 민법이 있었습니다. 나는 조교 모집 필기시험(영어·독일어)에 민법 분야로 응시하여 합격하였습니다. 당시에 나와 함께 조교를 하던 이로 신평 변호사(헌법 전공), 홍준형 서울대 행정대학원 교수(행정법 전공)가 있습니다. 이렇게 하여 내 전공이 민법으로 굳어졌습니다.[3]

이는 뭣 모르고 한 선택이었습니다. 민법이 얼마나 깊고 넓은지 모르고…. 다만, 중요하고 어려운 것을 피하지 않는 성격, 어쩌면 중요한 것을

---

3 시기적으로 보면 1981년 3월~4월에 민법 전공으로 마음을 정했고, 조교 업무는 그해 4월 하순에 이미 시작되었으며, 조교 발령은 1981. 5. 28.에 받았다.

선호하는 성격에 부합하는 선택이기는 했습니다.

나의 대학원 논문 지도교수는 처음에는 황적인 교수님이었습니다. 황 교수님은 내 석사학위논문의 제목('위자료에 관한 연구')까지도 정해 주셨습니다. 그런데 당시 민법 조교로 선발된 사람은 곽윤직 교수님의 판례교재 집필 업무를 돕도록 예정되어 있었습니다.[4] 그 때문에 계속하여 황 교수님의 지도를 받는 것이 적절하지 않다고 생각되었습니다. 그리하여 황 교수님께 사정을 말씀드리고 지도교수를 곽 교수님으로 변경하였습니다.[5] 그리고 곽 교수님으로부터 석사학위논문의 제목을 다시 받았습니다. 그것은 '생명침해로 인한 손해배상에 관한 연구'입니다. 이 주제는 그 얼마 전에 민사판례연구회에서 정귀호 판사(후에 대법관이 됨)가 생명침해에 관하여 발표한 논문에 영향을 받아서 주신 것이 아닌가 생각됩니다.

(2) 법조인이 아니고 학자의 길을 선택한 이유

대학 시절 나는 막연히 학자가 되고 싶었습니다. 그런데 법조인 자격은 얻으려고 했었습니다. 내가 법조인이 되기 싫었던 이유는 사람들, 특히 내 고향 사람들이 법조인을 권력자로 의식했기 때문입니다. 내가 대학을 다닐 때 사법시험은 매년 60명씩 선발하였습니다. 그 후 대학원 시절인 1981년부터는 선발인원을 300명으로 대폭 늘렸습니다. 그러자 나는 매력을 느끼지 못했습니다. 깊이 공부하는 대학원 공부는 흥미로웠는데, 사법시험 공부는 재미가 없었습니다. 또 유급 조교로 근무하면서 시험 준비를 하는

---

4 나는 곽 교수님의 말씀에 따라 판례교재에 들어갈 판례를, 구체적으로는 그분의 교과서에 인용된 판례들을 찾아 복사해서 드렸다. 그런데 어떤 연유에서인지 판례교재는 출간되지 않았다.

5 2019년에 한국연구재단의 연구비 심사장에서 숭실대 고문현 교수라는 분을 만났다. 그분은 헌법 전공이어서 나는 그때까지 그분을 한 번도 만난 적이 없었다. 그분은 일부러 내게 오더니, 오래전에 숭실대 대학원 강의에서 황적인 교수님이 내 얘기를 하시면서 좋은 제자 하나를 놓쳤다는 말씀을 하셨다고 했다. 지도교수를 변경한 후에도 내가 황 교수님 일을 많이 도와드리고 가까이 모셨지만 그렇게 생각하고 계신지는 몰랐다.

것도 어려웠습니다. 당시 대학원 박사과정에 다니시던 정옥태 전남대 교수님(후에 중앙대로 옮기심)과 정재길 전북대 교수님에게 곽윤직 교수님이, 왜 내가 사법시험 준비를 안 하는지 모르겠다고 하시면서, 시험 준비를 했으면 하셨었다고 합니다.

돌이켜보면 그때 결정을 잘했다고 생각합니다. 시험 준비를 했으면 과연 쉽게 학계로 나올 수 있었을지 의문입니다. 혹시 법조계에서 성공했다면 더욱 그렇습니다.

(3) 외국으로 유학을 가지 않은 이유

군 미필자가 대한민국에서 택할 수 있는 범위는 협소합니다. 군대를 가기 전에 유학을 준비하기는 어렵습니다. 게다가 유학비용도 문제입니다.

군 문제 해결 후 1983. 12. 8. 경찰대 전임강사로 발령을 받았습니다. 1982. 2.에 석사학위를 취득한 후 서울 법대 조교를 계속하면서 1983. 3.에 서울대 대학원 박사과정에 입학하여 재학 중인 상태였습니다. 서울대 대학원 박사과정에는 민법 전공생이 매우 적었습니다. 75학번인 내가 69학번 이후 유일한 민법 전공생이어서 그런지 나는 대학들로부터 인기가 많았습니다.

그때까지도 나는 독일에 유학할 생각을 하고 있었습니다. 그런데 그 뒤에 마음이 바뀌었습니다. 그 이유는, 한국의 교수가 독일에서 학위를 받으려고 하면 학생 대접을 한다고 하고, 또 독일에서는 학위논문으로 주로 한국과의 비교를 하게 한다는 얘기를 들었기 때문입니다. 나는 국내에서 연구에 주력하기로 했습니다.

3. 그동안의 주요 활동

(1) 처음부터 지금까지 '필요한 시간'과 '사용할 수 있는 시간' 사이의 엄청난 괴리(고단한 생활)

나는 1981. 5. 28. 서울 법대 유급 조교 발령을 받은 뒤 1983. 12. 경찰대 전임강사가 될 때까지 조교 업무를 계속하였습니다. 그리고 1983. 3.부터 1985. 2.까지는 대학원 박사과정에 진학하여 공부를 하였습니다. 그런가 하면 같은 시기인 1983. 3.부터 경찰대의 시간강사로 1주일에 10시간씩 강의를 하였습니다. 그러다가 1983. 12. 8. 경찰대 전임강사 발령을 받았습니다. 그리하여 1983. 3.부터 경찰대 전임강사 발령을 받기 전까지는 ① 박사과정 학생, ② 서울 법대 유급 조교, ③ 경찰대 강의로 눈코 뜰 새 없이 지냈고, 경찰대 전임강사 발령을 받은 뒤부터는 ① 박사과정 학생, ② 경찰대 전임교수에 ③ — 당시 서울 법대 교무담당 학장보이셨던 이호정 교수님의 요청으로 — 서울대 강사까지 하면서 여전히 힘겨운 생활을 하였습니다.[67]

---

6 내가 경찰대 전임교수로 발령을 받아 곽 교수님 연구실을 나온 뒤에 나는 곽 교수님의 연구실에 있을 사람으로 고등학교·대학교의 후배로 내가 아주 좋아하는 이철우 박사(당시 석사과정)를 소개해드렸고, 그래서 이철우 박사가 그 연구실에 들어가게 되었다. 그런데 이철우 박사는 그 무렵 내가 생활하는 모습을 보더니 '선배님을 보니 교수는 못 하겠다.'고 하면서 행정고시 준비를 하였고, 그 후 그는 국무총리실 근무를 거쳐 새만금개발청장(차관급)을 역임하였다. 그런데 그는 공부하는 것에 대한 열망은 버리지 못하고 공직생활을 하면서 법학박사 학위를 취득하기도 했다. 나는 이철우 박사가 행정부로 간 뒤 내가 좋은 인재를 학계에서 쫓아낸 것 같아 안타까웠다. 다행히 이 박사는 그 후 행정부에 있으면서 박사학위를 취득했고, 퇴직 후 현재는 서울시립대 법전원 초빙교수로 있다.

7 내가 박사과정 공부를 할 때 특히 이호정 교수님의 강의가 힘겨웠다. 그 수업은 수강생들이 독일어 논문을 해석하는 것이었는데, 어떤 경우는 유리스텐짜이퉁(Juristenzeitung: JZ)이라는 독일 법률 잡지에 실린 총 8면에 걸쳐 쓰인 엄청난 양의 논문을 하루 강의에서 모두 마치기도 했다. 그런데 수업 준비를 해온 사람이 없으면 이 교수님은 항상 '조교가 해 봐.'라며 나를 지목하셨다. 그래서 나는 잠을 못 자면서 무리해서라도 수업 준비를 해야만 했다. 그렇지만 최우선 순위는 경찰대의 강의 준비였다. 그것은 그 강의에는 나를 주시하는 한 반의 60명의 학생이 있기 때문이었다.

그러한 2중·3중의 생활은 내가 대학원 박사과정 코스 웍을 마쳐 신분이 한쪽으로 정리되었다고 하여 달라지지 않았습니다. 1985년부터는 박사학위논문의 준비로 매우 바빴습니다. 그리고 1981. 4.부터 시작된 곽 교수님 업무에 대한 보조도 계속되었습니다. 내가 곽 교수님을 도와드리는 일은 내 시간 및 업무 비중 면에서 상당한 비율을 차지했습니다. 도와드린 업무로는 책 개정 보조가 가장 중요한 일이었지만, 그 밖의 개인적인 사무도 대단히 많았습니다. 이러한 일은 내가 이화여대에서 본부 보직을 맡게 된 2000년 무렵까지 집중적으로 행해졌고, 그 후에는 시간상 부득이하여 간헐적으로 도와드리게 되었습니다.

박사학위논문이 거의 완성된 1988년경에는 「민법주해」의 집필 요청을 받고 열심히 집필했습니다. 그리고 1988. 1.에 민사판례연구회에 가입하였고, 그 얼마 후부터 매년 발표하도록 요청을 받았습니다. 그런가 하면 고시 잡지, 특히 「고시연구」에서 이론과 답안 강평에 관하여 매월 집필 요청을 받았습니다. 1996. 3.부터는 대법원에 설치된 비교법실무연구회에서 수시로 발표 요청을 받았습니다. 나는 그 연구회의 몇 안 되는 교수 회원으로서 설립 초기부터 발표주제에 관하여 실질적으로 독일어권을 책임지고 있었습니다.

2003년부터는 책들을 집필했습니다. 그리고 이번에 낱권 교과서를 완간하였습니다.

나는 이화여대에서 내가 원하지 않았음에도 여러 보직을 맡았습니다. 1998. 2.부터 2000. 1.까지 기획처 차장(기획), 2004. 3.부터 2006. 7.까지 학생처장·교무처장, 2010. 8.부터 2012. 7.까지 법대 학장 및 법학전문대학원(법전원) 원장이 그 주요한 것입니다.

대외적인 활동도 적지 않게 했습니다. 2008. 7.부터 2009. 2.까지 법무부 「알기 쉬운 민법 만들기」 위원회 위원을 했고, 2009. 2.부터 2014. 2.까지 법무부 민법개정위원회의 위원 및 분과위원장을, 2013. 6.부터 같은 해

9.까지는 법제처 「민법 알기 쉽게 새로 쓰기 자문위원회」 위원장을, 2010년 이후 법무부와 법제처의 각종 자문을 맡았습니다.

그리고 이화여대 법대 내에서 2000년에 있은 법대 평가에 관하여 실무 책임자가 되어 전국 1위를 달성하였고, 2007년부터 법학전문대학원 인가 신청 시 기획단장을 맡아 이화여대가 법전원의 설치 인가를 받는 데 기여했습니다.

(2) 연구 결과물

누군가는 내 연구물을 보고 '지치지 않는 열정의 결과'라고 합니다. 그러나 그것은 요청과 필요성에 부응한 결과일 뿐 결코 열정에 의한, 의도적인 것이 아닙니다.

1) 주요 저서(괄호 안은 초판 발행년도)
나는 여러 권의 단독저서와 공저를 집필했는데, 그중 중요한 것은 다음과 같습니다.
- 「민법주해」 제2권(1992), 제8권(1995), 제9권(1995), 제13권(1997)(각 권 공저)
- 「민법사례연습」(2003), 「신민법사례연습」(2008)
- 「민법강의(상)」(2004), 「민법강의(하)」(2007), 「신민법강의」(2008)
- 「신민법입문」(2009)
- 낱권 교과서: 「민법총칙」(2011), 「물권법」(2012), 「채권법총론」(2013), 「채권법각론」(2014), 「친족상속법」(2015)

2) 논문들(작은 것 포함)
나는 수많은 논문을 발표했습니다. 여기서 그것들을 소개하는 것은, 설사 일부만을 발췌한다고 해도, 적절하지 않습니다. 그래서 어떤 계기로 어떠한 분야에 논문을 많이 발표했는지만을 얘기하겠습니다.

나는 일부 분야에 대해 집중적으로 연구하는 성향을 가지고 있습니다. 그 결과 발표된 논문도 대체로 분야별로 집중되어 있습니다.

내 박사학위논문은 "민법상의 착오에 관한 연구"입니다. 그리고 그와 관련하여 법률행위의 해석을 연구하게 되었습니다. 그런 연유로 내 논문 중에 착오와 법률행위 해석에 관한 것이 많습니다.

민법주해를 분담 집필하면서 법률행위, 채권의 효력, 제3자를 위한 계약 등에 관하여 여러 논문을 발표하게 되었습니다.

비교법실무연구회에서 발표의뢰를 받아 취득시효, 자주점유, 대상청구권, 타인 명의의 예금계약, 법관의 재판상 잘못 등에 관한 논문을 발표하였습니다.

민법개정위원회 위원과 분과위원장으로 활동하면서 또는 그 결과로 민법 개정에 관련된 논문(입법론, 개정안)을 발표하기도 했습니다.

(3) 교과서 집필에 관하여

1) 집필을 하게 된 계기

나는 2003년이 연구년이어서 미국 산타 클라라Santa Clara 대학에 방문학자(Visiting Scholar)로 가기로 예정되어 있었습니다. 나는 미국에 가기 전에 그동안 고시 잡지에 연재한 사례연습 문제를 정리하고 거기에 중요 법률 논점에 관하여 추가로 사례문제·해설을 집필하여 사례집을 발간하려고 하였습니다. 그러기 위해 나는 1일에 사례 하나씩 새로 원고를 썼습니다. 그 원고의 정리는 제자인 고현아 조교가 도와주었습니다. 나는 출국 직전까지 사례연습 책의 교정을 보고 2003. 2. 25. 미국으로 출국하였습니다. 그 전날 제자들이 베풀어준 환송 모임은 잊을 수가 없습니다.

미국에 가면서는 판례교재를 만들 계획만 했습니다. 그리하여 곽윤직 교수님의 민법 교과서들과 법원도서관에서 제작·배포한 법고을 CD 한 장만 가지고 갔습니다.

그런데 2003. 5. 박영사의 조성호 당시 과장(현재 이사)이 국제전화로 민법 개설서의 집필을 요청했습니다. 나는 주저하지 않고 즉시 거절했습니다. 그동안 너무 힘들었기에 조금은 쉬고 싶었고, 또 이론서의 경우 곽 교수님 교과서와의 관계를 고려하지 않을 수 없었기 때문입니다. 그 얼마 뒤 조 과장이 다시 전화하여 재차 좀 더 강력히 요청을 했습니다. 그러면서 개설서는 곽 교수님의 책과 겹치지 않는다고도 했습니다. 나는 조 과장의 요청을 뿌리치지 못하고 가족의 반대에도 불구하고 집필을 허락했습니다. 나는 민법 전체를 「민법강의(상)」, 「민법강의(하)」로 펴내기로 계획을 세웠습니다.

2) 집필과정

㉮ 「민법강의(상)」, 「민법강의(하)」

내가 외국에 있어서 집필하는 데 어려움이 많았습니다. 우선 국내에서 교과서·주석서와 내 강의노트를 미국으로 공수해야 했습니다. 엄청난 양이었습니다. 나는 손으로 원고를 써서 스캔한 뒤 이메일을 이용하여 국내로 보냈습니다. 그러면 여러 제자들이 입력을 했습니다. 그때 특히 제자인 민경주 선생이 고생을 많이 했습니다.

원래 계획으로는 1년 내에 「민법강의(상)」, 「민법강의(하)」 모두를 완료하려고 했는데, 귀국 후 1개월이 지난 2004. 3.에 겨우 「민법강의(상)」만 완성했습니다.

그 후 곧 「민법강의(하)」의 집필을 시작했습니다. 그런데 그것의 집필 도중인 2004. 8. 1. 이화여대에서 학생처장을 맡게 되었습니다. 초기에는 신인령 당시 총장님의 배려로 격일로 출근하면서 집필을 계속하기로 했습니다. 학생처의 업무는 최경희 당시 학생처 부처장님이 맡아서 해주시기로 했고요. 그런 와중에 8월 초 이화여대 총학생회 학생들이 총장 비서실을 점거하였습니다. 나는 그곳으로 첫 출근을 하게 되었습니다. 그 후 총학생회 회장이 단식을 했고, 그리하여 나는 집필을 중단함은 물론이고 밤늦게까지 근무를 할 수밖에 없었습니다. 「민법강의(하)」의 집필 중단은 내가 학생처장을 하던 시기 외에 교무처장을 하던 2005. 4.부터 2006. 7.까지도 이어졌습니다.

나는 2006. 8. 본부 보직에서 벗어났으나, 요로결석으로 무척 고생을 했습니다. 그때는 연구를 전혀 할 수 없어서 한 달 정도 케이블 TV에서 나오는 손금 방송을 보면서 손금 공부도 했습니다. 나는 2006. 9.부터 「민법강의(하)」의 집필을 다시 시작했습니다. 그리고 2007. 4.에 가까스로 「민법강의(하)」를 출간했습니다.

(나)「신민법강의」

2008. 3.에 나는 독자들과 출판사의 요청에 따라 「민법강의(상)」, 「민법강의(하)」를 통합하여 「신민법강의」를 출간하였고, 2015년 현재 제8판을 펴냈습니다.

(다)「민법총칙」 등 낱권 교과서

「신민법강의」 출간 후부터 박영사의 안종만 회장님이 내게 낱권 교과서의 집필을 간곡하게 요청하셨습니다. 사실 교과서 집필 계약은 2003년의 연구년 전에 이미 해놓은 상태였습니다. 다만, 그 계약에서 집필 시기는 못 박지 않고, 또 독촉하지 않는다는 조건을 붙여서 '내가 쓰고 싶을 때 쓰겠다.'고 했습니다. 박영사에서는 경제적인 문제보다는 대표적인 법률문헌 출판사로서 민법 교과서를 출간해야 한다는 사명감으로 요청을 한 것입니다. 나는 곽 교수님의 책과 겹치는 문제 때문에 고심하고 주저했습니다.

안 회장님은 나보고 '그만큼 도와드렸으면 할 만큼 했고 학문발전을 위해 집필해야 한다.'고 지속적으로 설득했습니다. 그래도 나는 집필을 할 수 없었습니다.

그 후 2009년 하반기에 곽 교수님이 교과서의 수정을 김재형 당시 서울대 교수에게 맡기셨습니다. 그래서 나는 마음의 부담이 없어졌습니다.

2010년은 나의 두 번째 연구년이었습니다. 나는 국내 여행도 하면서 원고를 쓰겠다는 느긋한 마음으로 민법총칙의 집필을 시작했습니다. 2010년 초 민법총칙 첫 부분의 민법 역사 부분을 2~3개월에 걸쳐 쓰는 등 차분히 준비했습니다.[8] 그런데 2010. 8. 이화여대에서 법대 학장과 법전원 원장을 맡게 되었습니다. 그리고 2009년부터는 법무부 민법개정위원회 위원 및 분과위원장을 맡고 있기도 했습니다. 그 무렵은 법전원 제도가 시행된 지 얼마 되지 않아 법전원의 세팅이 필요했고, 법전원의 중간평가 준비도 해야 했으며, 민법개정위원회의 일도 무척 많았습니다. 게다가 지금 사는 곳으로 이사도 하게 되었습니다. 그래서 시간상 매우 어려웠습니다.[9] 또다시 어려운 환경에서 집필을 하게 된 것입니다. 그렇게 하여 가까스로 2011. 1. 에 「민법총칙」을 펴냈습니다.

이어서 2011년에 「물권법」을 집필했습니다. 이때도 법전원장과 민법개정위원회의 일을 함께 하면서, 어려운 중에도 거북이처럼 매일 조금씩 집필하여 힘겹게 원고를 완성했습니다.

「채권법총론」을 집필한 것은 2012년입니다. 2012년 1학기에는 법전원 본평가 준비로 아주 바빴습니다. 그리고 민법개정위원회 일도 많았습니다. 그래도 조금씩 써나갔습니다. 그러던 중 2012. 8.에 법전원장 보직을

---

8 나는 그해 5월 승용차로 여수 부근으로 여행을 하면서 차 안에서 내 아내에게 로마법 부분의 원고 내용을 설명하기도 했다. 내 아내는 재미가 없었을 텐데도 열심히 들어주었다.
9 나는 이사를 전혀 도울 수 없었다. 그리하여 이삿짐을 혼자 정리하던 내 아내는 스트레스를 많이 받아 위궤양으로 병원 응급실에 가는 일까지 생겼다.

면하게 되었고, 그해 2학기는 2010. 8.에 법전원장을 맡는 바람에 누리지 못한 연구년(2010년 2학기)을 대신하는 연구년이어서 집중적으로 집필을 할 수 있었습니다. 그리하여 다른 때보다는 여유롭게 완성하였습니다.

「채권법각론」은 2013년에 집필했습니다. 그해에는 내가 법제처 '민법 알기 쉽게 새로 쓰기 자문위원회' 위원장 일을 새롭게 맡아서 시간을 확보하기가 대단히 어려웠습니다. 민법개정위원회 일도 함께 하고 있었지요. 그런데도 최선을 다하여 원고를 완성했습니다. 내가 바쁘지 않은 적이 없었지만, 특히 그때에는 시간을 어떻게 보냈는지 알 수 없을 정도였습니다.

「친족상속법」 책을 집필할지에 대하여는 매우 망설였습니다. 내가 그 부분은 집중적으로 연구하지 않았고, 또 그때까지 깊은 강의를 하지도 않았기 때문입니다. 그런데 박영사의 안 회장님이 끈질기게 집필을 요청하였고, 소명 의식을 북돋아 주셨습니다. 그리고 내 개인적으로는 민법 전체를 정리하고픈 욕심도 있기는 했습니다. 나는 오래 주저하다가 마침내 결심을 하고 집필을 시작했습니다. 「친족상속법」을 집필하던 2014년 여름, 무더위에 정말 고생을 많이 했습니다. 나는 호흡기가 약해서 평소에 되도록 에어컨을 켜지 않습니다. 그때도 에어컨을 켜지 않고 오랜 시간 방석에 앉아서 작업을 하다 보니 엉덩이에 습진이 생기기도 했습니다. 그 여름방학 중에 논문 한 편을 썼는데 거기에 시간이 예상외로 오래 걸려서 고생을 더 했습니다. 다행히 2014년 2학기가 연구년이어서 시간적으로 숨통이 좀 트였습니다. 그렇게 역경을 딛고 드디어 「친족상속법」까지 집필을 마쳤습니다. 완성할 수 없을 것 같았던, 민법 전 분야의 낱권 교과서 발간이라는 결과를 달성한 것입니다. 그러다 보니 여러분들과 이런 모임까지 갖게 되었습니다.

3) 교과서 집필의 이유와 소회
⑦ 이유
강의안이 필요했습니다. 강의안은 강의하는 나도 필요했지만, 나보다도

수강하는 학생들을 위한 것이었습니다. 예전에 법대 수업 후 강의실에서 나오는데 앞에 가던 학생이 동료에게 "받아 적느라고 팔뚝이 빠지는 줄 알았다."고 하는 말을 듣고 충격을 받았습니다. 그리하여 가능하면 책을 써서 학생들의 편의를 도모해야겠다고 생각했습니다. 나는 성격적으로 다른 책을 완전히 그대로 받아들이지 못합니다. 그 점은 은사이신 곽 교수님의 책도 마찬가지였습니다. 연구를 많이 할수록 더했습니다. 그 때문에 별도의 내 강의안이 필요하기도 했습니다.

나의 해석 방법론에 기하여 민법 전체를 논리적으로 서술하고 싶었습니다. 그렇게 하여 학생들에게 논리 훈련을 하게 하고 싶었습니다.

법률에 관하여 표준적인 문장과 표현을 보이고 싶었습니다. 그러한 의욕은 '알기 쉬운 민법' 작업에서도 보여 주었습니다.

(내) 소회

가) 일반적인 점

교과서(「민법강의」 포함)를 쓰는 것은 강의안을 준비하는 이점利點은 있으나, 집필 자체는 재미가 없습니다. 깊이 들어가지 않아서입니다. 나 스스로에게 크게 유익하지도 않습니다. 언젠가 정태윤 교수님(이화여대) 등이 있는 자리에서 그런 얘기를 했더니 정 교수님이 책을 쓴 사람들은 다 그런 얘기를 한다면서 믿지 않던데, 사실입니다. 교과서를 집필하던 도중에 깊이 들어가고 싶어 메모하고 시간을 들여 연구한 적도 여러 번 있었습니다. 민법 제201조 내지 제203조의 논의에서 과실果實에 관하여 기술한 것이 그 예입니다.

책을 쓸 때 내 희망은 형식에 구애받지 않고 내가 쓰고 싶은 대로 서술하고, 그러다가 필요하면 다른 문헌도 인용하는 것이었습니다. 모든 문헌을 인용하고 싶지는 않았습니다. 그런데 그 방법은 학생 특히 수험생에게는 (결과적으로 출판사에도) — 그들이 다시 정리를 해야 해서 — 부담을 주는 것이었습니다. 그래서 문헌을 모조리 읽은 뒤 정리·비평하고 판례를 소개했습니다. 그리고 이 방식으로 일관되게 서술했습니다. 그런데 전체 분량의 제약 때문에(이 점은 낱권 교과서에서는 다소 해소됨) 충분한 설명을 하지 못하여 아쉬웠고, 가치의 차이를 고려하지 않고 모든 문헌을 인용할 때의 내키지 않은 기분은 떨치기 어려웠습니다.

나) 낱권 「민법총칙」

이 책에서는 쓰고 싶은 내용을 모두 넣어서 집필했습니다. 이 책이 처음 나왔을 때 첫 정식 교과서 출간이어서 매우 기뻤습니다. 격려도 많이 받았습니다. 그런데 이제 시작이고 갈 길이 아득하게 멀어 심적 부담이 아주 컸습니다. 그 후 이 책의 양을 줄여달라는 강의 교수님들의 요청을 받았습니다.

다) 낱권 「물권법」

물권법 책은 양을 조절했습니다. 주로 학생들을 생각하고, 「신민법강의」에서보다 논리적 설명에 주력하고, 꼭 필요한 추가사항을 넣어 집필했습니다. 이 책의 출간으로 전통적 재산법의 반을 마쳤지만 언제 재산법만이라도 마칠 수 있을까 걱정이 되었습니다.

라) 낱권 「채권법총론」

「채권법총론」은 다룰 내용이 상대적으로 적어서 논의하고 싶은 내용을 모두 넣었습니다. 이 책을 쓰던 2012년에는 8월에 법전원장 보직을 마치고 또 그해 2학기가 연구년이었기 때문에 시간 여유도 어느 정도 있어서 아쉬움이 적었습니다. 이 책의 출간으로 재산법을 거의 다 마쳤으나, 채권법각론이 워낙 큰 부분이라 마음이 편하지는 않았습니다.

마) 낱권 「채권법각론」

「채권법각론」에서는 처음부터 분량 조절을 생각했습니다. 그러지 않으면 지나치게 방대해질 우려가 있기 때문입니다. 또 시간상으로도 예정대로 출간하기 어려울 가능성이 있었습니다. 그리하여 분량을 조절하고 그러면서도 논의할 사항이 누락되지 않도록 신경쓰면서 집필했습니다. 다행히 의도한 대로 진행되었습니다. 이 책이 출간될 때 '재산법만이라도 끝낼 수 있을까?' 하고 과거에 염려했던 기억을 떠올리니 마음이 한가로웠습니다.

바) 낱권 「친족상속법」

「친족상속법」 책을 쓸 때는 심적으로 크게 부담이 되었습니다. 민법의 다른 부분은 어느 곳 할 것 없이 내 주전공이라고 할 수 있는데, 친족상속법은 그렇지 않아서 '혹시나 잘못 기술하면 어쩌나?', '중요한 점을 놓치면 어쩌나?' 걱정되었습니다. 그렇지만 재산법을 전문으로 하는 사람이 민법의 기초 위에서 친족상속법 문제를 논의한 것만으로도 의미가 있을 것 같아서, 애써 의미를 부여하며 어렵게 집필을 했습니다. 내가 잘 모르는 가사소송법까지 들여다보며 차근차근 썼습니다. 걱정되는 부분은 후에 특히 김지원 박사와 김병선 교수가 스크린해 주어 안심이 되었습니다.

친족상속법까지 끝내고 보니 나 스스로 큰일을 한 듯한 느낌입니다. 나로서는 민법 전체를 나름의 방법론으로 체계적으로 기술했다는 자부심이 생겼습니다. 이전에 누구도 해내지 못한 일을 해낸 점에서 더욱 그렇습니다. 사실 나는 민법 중 어느 한 부분이 부족하면 그 부분에 대한 약간의 컴플렉스 같은 것이 있었는데 그것을 극복하게 되었습니다.[10]

———

10 2004년 민법 개정안이 논의될 때 '내가 민법을 전체적으로 정리한 뒤에 그 작업을 했으면 한다.' 는 얘기를 최성경 교수(단국대)에게 한 기억이 난다. 그 뒤 「신민법강의」로 정리하고서 2009년에 민법개정위원회에 참여하였다. 그런데 이제는 좀 더 자신감을 가지게 되었다.

「친족상속법」 책에는 다른 친족상속법 교과서들과 근본적으로 차이를 보이는 부분들이 여럿 있습니다. 나는 재산법 부분에서와 같은 방법론을 그대로 적용하고, 그 내용과 논리의 일관성을 살렸습니다. 그 부분들에 관한 한 다른 책들은 재산법과 유리되어 있습니다.

사) 기타

지금도 희망은 내 생각이 흐르는 대로 책을 쓰고 싶습니다(일필휘지. 一筆揮之). 그런데 우리의 환경에서는 책을 그렇게 내기가 어려울 것입니다. 출판사의 경제문제, 독자의 수도 고려해야 하기 때문입니다. 나의 그러한 희망은 꿈으로 남을 듯합니다.

4. 나의 특별한 점

(1) 민법 연구 관련

1) 내가 민법 연구자로서 견지한 자세(이것이 민법학자의 이상형이라고 믿음)

㈎ 우선 학문 외의 다른 쪽에 눈을 돌리지 않았습니다(예: 정치, 관료, 보직 등). 그런데 정·관계에는 내 의지대로 할 수 있어서 가지 않았으나, 학교에서의 보직은 거절할 수 없어서 뿌리치지 못했습니다. 개인적으로는 한창 연구력이 있을 때 보직으로 인하여 연구를 하지 못하여 크게 아쉬웠습니다.

㈏ 잡문雜文을 쓰지 않았습니다. 나는 은사이신 곽 교수님으로부터 그렇게 교육을 받았습니다. 그리하여 가령 신문에의 일반 칼럼 등의 청탁을 철저하게 거절했습니다(특히 법전원장 시절). 고시 잡지에 오랫동안 사례 답안 강평을 하는 것에 꺼림직함이 있었으나, 수험생들이 매우 많이 원하고, 학

생들의 지도에도 도움이 되어서 오래 계속했습니다.

㈐ 민법을 공부할 때는 다음과 같이 하려고 했습니다. ① 전반적인 이해 선행(여기에서 오는 엄청난 부담은 민법을 전공으로 선택한 사람의 불행입니다). 국내 문헌을 자세히 공부하는 것이 우선이고, 그 뒤에 독일 문헌으로 그렇게 했습니다. ② 꾸준한 독서, 특히 독일 교과서의 독서. 나는 논문을 쓰기 위한 개별 논점에 대하여가 아니고 체계적이고 전반적인 내용을 가진 문헌을 계속해서 읽었습니다. ③ 숙고하는 습관.

2) 좋은(창의적인) 논문을 쓰기 위한 노력

㈎ 좋은 논문 작성을 위한 전제조건

① 훌륭한 아이디어(내용)

② 논리적인 기술능력

③ 지나칠 정도의 숙고. 나는 너무 생각하여 내용물이 모두 풀어져 버린 것과 같이 느껴질 정도로 된 적이 여러 번 있었습니다. 절대로 불완전하게 생각된 상태에서 글을 쓰지 않았습니다.

㈏ 그런데 훌륭한 아이디어는 충분한 지식 기반 위에서 오래오래, 깊이 생각해야 나올 수 있다고 믿습니다. 내가 대학 1학년 때 자연과학개론 과목의 리포트로 왓슨이 저술한 「이중나선」이라는 책의 독후감을 제출한 적이 있습니다. 그 책은 DNA의 이중나선 구조를 발견한 과정을 기술한 것인데, 그에 따르면 집의 2층에서 원형계단을 걸어 내려오면서 이중나선 구조를 떠올리게 되었다고 합니다. 그에 대한 내 독후감의 제목은 '집념과 우연'이었습니다. 집념을 가졌기에 그런 아이디어가 떠올랐다고 믿습니다. 독일의 화학자 케쿨레가 꿈에 뱀이 꼬리를 물고 있는 모습을 보고 벤젠(O_6H_6)이 6각형의 고리 모양 구조로 되어 있음을 알아냈다는 일화도 나는 유사한 경우로 생각합니다.

㈐ 그리고 한 단계 높은 것이 가능하려면, 우선 발전된 외국의 문헌을 먼저 탐독하고 생각해야 합니다. 이미 창의적인 이론이 구축되어 있기 때문입니다.

㈑ 외국의 이론을 받아들일 때는 매우 신중하게 우리 법체계상 적용이 가능한지를 생각해야 합니다. 이 점에서 연구자들 사이의 능력 차이가 두드러집니다. 그리고 이것을 잘하려면 두 나라의 법체계와 이론을 숙지해야 합니다.

㈒ 그 외에, 민법의 다른 분야와 모순되지 않게 해야 합니다. 과거 학회에서 어떤 학자가 입법론을 발표했는데 그 내용이 민법의 다른 분야의 법과 모순되어서 내가 지적을 한 적이 있습니다. 논문에서 틀린 부분이 있으면 전체적으로 설득력이 떨어지게 됩니다. 때로는 한순간에 전체가 무너져버릴 수도 있습니다.

3) 나는 어떻게 많이 썼을까?

이번에 어떤 제자는 내게 '지치지 않는 열정의 비결'에 대하여 말해달라고 주문했습니다. 그러나 앞에서 언급한 것처럼 '열정' 때문이 아닙니다. 논문이나 책의 집필을 만족스럽게 끝마쳤을 때 기쁨이 있는 것은 사실입니다. 그렇지만 그 기쁨이 '열정'으로 승화된 것은 아닙니다.

쓰도록 강요된 경우가 많았고, 나는 되도록 그 요청에 충실히 따르려고 했을 뿐입니다.[11] 민사판례연구회의 발표, 민법주해 집필, 비교법실무연구회의 발표, 교내외의 각종 평가를 위한 집필 등이 그 예입니다.

나는 충분한 공부를 하기 전에는 한 문장도 쓰지 않기 때문에, 일단 쓸 수 있는 상황이 되면 주변 문제에 대한 부산물, 특히 판례연구·사례와 같은 응용물이 많이 생깁니다. 또 논문만을 쓰기 위해 특정한 주변적인 문제

---

11 나는 박사과정 시절 연구하고자 한 주제 20여 개를 뽑아두었다. 그 주제는 현재도 반 이상 그대로 남아있다.

만을 연구하지 않고 중요문제를 연구하려고 합니다. 그래서 추가적인 연구가 쉬웠습니다. 어떤 사람은 남의 글을 표현만 바꾸어 발표하기도 하는데, 나는 그러지 못하지요. 그러다 보니 연구를 하다가 예상과 달리 특별히 새로운 내용이 없을 것 같으면 절망을 하게 됩니다. 과거 어떤 논문을 쓸 때 연구 중간에 그런 적이 있었습니다.[12] 다행히 좀 더 깊이 연구한 결과 새로운 주장 내용이 발견되어 회복하게 되었습니다.

국내에서의 기존의 연구가 적어서 그런지, 교과서의 모든 부분에 관하여 외국 문헌을 읽으면 아무 곳이나 글을 쓸 가치가 있었습니다.

그런데도 만약 내게 '많이 쓸 능력'이 있다고 한다면, 아마도 다음의 것들이 그 원인일 것입니다.

첫째는 비평하는 능력이 있어서입니다. 나는 어떤 주장이나 논리에 만족하지 못하는 경우가 많습니다. 내 별자리(점성술) 상 평론가로서 자질이 뛰어나다고 하는데, 사실 나도 괴롭습니다. 예전에 어느 부장판사(후에 법원장을 하셨음)가 자기는 A주장·B주장을 각각 들으면 둘 다 옳은 것 같아서 고를 수가 없다는 고민을 토로한 적이 있는데, 나는 그 말을 듣고 나도 한번 그래봤으면 좋겠다고 생각했습니다.

둘째로 소신이 강해서입니다. 나는 어떤 주제에 대하여 연구를 하는 경우 내 입장을 밝히지 않고 넘어가는 것을 참지 못합니다. 연구 결과 내 개인의 입장이 생기기 때문입니다. 그래서 언제나 입장을 확실히 하려고 하지요. 다만, 충분히 검토하지 못했으면 의견을 발표하지 않습니다.

셋째로 내가 숙고형이기 때문입니다. 나는 연구 주제에 관하여 충분히 공부한 뒤에 오래오래 생각하는 경향이 있습니다. 그리고 그렇게 생각한 것이 아까워 정리를 합니다. 그렇게 정리된 것을 논문 등으로 발표하지요. 나는 한번 깊이 생각해본 문제는 다른 때에 더 좋게 생각할 가능성이 없다

---

12 나의 '호의동승'이라는 논문의 경우가 그 예이다. 앞의 128면 참조.

고 믿어서, 즉 그때의 생각이 최선이라고 여겨서 바로 발표를 하며, 나중에 발표하려고 미루어두지 않습니다. 다만, 하나의 논문으로 발표할 만하지 않은 사소한 사항은 메모를 하여 관련되는 곳에서 활용하도록 했지요.

다시 말하자면 나는 모든 자료를 보면(또 숙고하면), 각 이론의 장단점이 의식되고, 그리하여 비판을 한 뒤, 내 소신대로 의견을 결정하고, 그렇게 생각해둔 것이 아까워서 정리를 하며, 그것이 없어질까 봐 바로 발표를 했습니다.

4) 나는 왜 쓰는가?

내가 대학 2학년 때 소설가 이청준 님의 강연을 들은 적이 있습니다. 그 강연의 제목은 '나는 왜 쓰는가?'였습니다. 그분은 자기가 소설을 쓰는 이유는 인생에 대한 사랑 때문이라고 했습니다.

나는 왜 논문 등을 쓸까 생각해보았습니다. 나는 어느 논점에 대하여 많이 생각합니다. 그리고 그 생각이 아까워서 정리를 하고 발표합니다. 결국 나는 오래 생각한 것이 아까워서 글을 쓰는 것이었습니다. 그런데 발표한 양이 생각한 시간과 양에 비하여 적은 편입니다. 그러고 보면 나는 결코 다작형多作型이 아닙니다. 만약 다른 사람이 나와 같은 시간과 양만큼 생각을 했다면 아마도 내 연구물의 몇 배를 발표했을 것입니다.

나는 외부의 집필 요청에 다 응하지 못하는 상태이어서 원고를 쌓아놓은 적이 없습니다. 원고를 쌓아놓고 요청을 받을 때마다 건네주는 사람이 부러웠습니다. 이재상 교수님(이화여대)은 집필의 양과 시간의 조절능력이 탁월해서 원고를 미리 작성하여 쌓아두셨습니다. 그런데 나는 끝까지 생각하고 또 생각한 것 모두를 토해내야 직성이 풀립니다. 그러니 나는 원고를 차곡차곡 쌓아놓을 수가 없지요. 나는 최근에도 어떤 학술지 편집자가 원고의 양이 많다고 하면서 비용을 내지 않으려면 줄여달라고 하기에, 줄이기보다 추가 비용을 내고 그대로 실었습니다. 생각한 것이 아까워서지요.

5) 민법 논문이나 저서를 집필하다가 입장 결정이 어려운 경우의 해결
방법

내가 연구 초년병이었던 시절에 논문을 쓰다가 해결하기가 어려워 곽윤직 교수님, 이호정 교수님에게 여쭤본 적이 있었습니다. 법률행위의 해석에서 독일의 자연적 해석이론을 우리나라에서도 적용할 수 있는지에 관해서입니다. 그런데 결국 내가 스스로 해결해야 함을 알게 되었습니다.

그리하여 그 뒤에는 혼자 깊이 생각하여 결정했습니다. 그 바탕에는 내 나름의 법학 방법론이 있었습니다. 그걸 요약하자면, ① 해당 논제에 관하여 민법 전체가 어떻게 가치판단을 했는가와 ② 그 경우에 누가 손실을 부담하는 것이 타당한가입니다.

결정하기가 정말 어려울 때에는 '우리 선생님(곽 교수님)은 어떻게 생각하셨을까?' 하고 떠올려 보았습니다. 곽 교수님의 가치관 내지 방법론에 비추어 추론해 본 것이지요. 그 방법으로도 어려우면 법률문제 해결을 위한 원칙적 시원始源이자 법의 이념인 '정의'('각자에게 그의 것을'이라고 요약할 수 있음)의 관점에서 결정했습니다. 그런데 결정을 하고도 불안한 적이 많이 있었습니다. 내가 쓴 글이 판례나 학자 등의 논문에 많이 참조될수록 걱정은 더욱 많아졌습니다. 그렇더라도 나는 일단 발표하여 활자화된 뒤에는 그것이 최선의 결과라고 믿어버립니다.

6) 나의 특별한 버릇

나는 글을 쓰기 전에 모든 자료를 구해서 읽고 충분히 생각합니다.

공부와 생각이 불충분하면 쓰는 것을 시작하지 않습니다. 레오나르도 다빈치는 며칠 동안 충분히 생각하고 그리기 시작했다고 합니다(완벽주의자). 그래서 그림을 의뢰한 수도사들이 많이 불만스러워했다고 하지요.

일단 쓰기 시작하면 빠른 속도로 진행하고, 크게 수정하는 일이 거의 없습니다.

그리고 이미 생각해 본 문제는 더 생각하지 않으려고 합니다. 그래서 이전에 충분히 생각해서 결론을 내린 적이 있으면 그것을 기어이 찾으려고 합니다. 찾는 시간이 다시 생각하는 시간보다 많이 걸려도, 사소한 사항에 대한 메모의 경우에도 마찬가지입니다. 그 주된 이유는 ― 앞에서 언급한 것처럼 ― 충분히 생각했기 때문에 다시 생각해도 그 이상 좋은 결론이 안 나올 것이라고 믿어서지만, 다른 한편으로 그 당시 떠올랐던 기발한 아이디어가 영원히 생각나지 않을 수 있다고 믿어서이기도 합니다. 실제로 그런 경우도 있었습니다.

여기서 여러분들에게 한 가지 의견을 얘기하려고 합니다. 내가 젊었을 때 집중해서 논문 한 편을 쓰는데 1개월 이상씩 걸렸습니다. 그러니 발표된 논문의 수에 비추어 보면, 항상 어떤 글을 생각하고 쓰고 있었던 셈입니다. 요즘은 그런 정도의 시간 확보가 거의 불가능합니다. 그런데 여러분은 요즘 환경을 고려할 때 글의 질을 고려하기 전에 일단 쓸 것을 권합니다. 비판·수정을 받아 가면서 다시 고치도록 하고.

(2) 일반 생활 관련

1) 내게 영향을 크게 준 책

나는 대학 1학년 때 실존주의 철학에 심취했습니다. 키에르케고르의 「죽음에 이르는 병」(절망이다).[13] 까뮤의 「이방인」 등을 사서 탐독했습니다. 그리고 룻소의 「사회계약론」 등도 열심히 읽었습니다. 또 「채근담」이

---

13 대학 교련 시간에 운동장에서 수업을 하는 동안 그 책이 들어 있는 내 가방을 잃어버렸다. 같은 반 학생들의 여러 가방들 중 유독 가운데에 있던 내 가방만을 도둑이 훔쳐 간 것이다. 그래서 한동안 내게 그 책의 케이스만 남아 있었다.

나 선禪에 관한 서적 등 동양서적도 즐겨 읽었습니다. 1학년 겨울방학에는 세계문학전집 모두를 읽었습니다. 그 외에 한국의 당시 현대 단편소설도 많이 읽었습니다. 이러한 과정에서 간접경험을 쌓고 인생관 등이 형성되었습니다.

내게 감명을 크게 준 책으로는 스탕달의 소설 「적과 흑」, 룻소의 「사회계약론」·「참회록」, 까뮤의 「이방인」을 들 수 있습니다. 니체의 「짜라투스트라는 이렇게 말하였다」는 읽다가 중도에 포기했습니다. 내가 책에 빨려 들어가는 느낌이 들어서였습니다. 그래서 그 책은 아직도 내게 컴플렉스로 남아있습니다.

2) 세계관

내가 세상을 보는 관점은 '세상 모든 것이 다 부질없는 것'이라고 할 수 있습니다. 이는 반야심경에 나오는 '색즉시공色卽是空', 노자·장자 사상과 통합니다. 그렇다고 허무주의까지는 아닙니다. 이러한 세계관에서 아래에서 말할 첫째의 좌우명이 나오게 됩니다.

그리고 '행복은 각자가 능력을 탁월하게 발휘하는 것'(아리스토텔레스)이라고 생각합니다. 그 점에서 보면 나는 강의보다는 체계적으로 글쓰기를 하는 것이 행복이라고 할 것입니다.[14]

3) 좌우명

내 좌우명은 두 가지가 있습니다. 하나는 '명리名利를 좇지 마라.'입니다. 이 생활신조 덕택에 나는 소신껏 살 수 있었습니다. 다른 하나는 '주변에 있는 사람(나를 아는 사람)에게 이익이 되게 하라(적선. 積善)'입니다.[15]

---

14 그런데 이화여대에서 나는 연구실적 우수교수보다는 강의 우수교수로 선정된 적이 더 많다.
15 내 증조부께서는 돌아가시면서 두 가지 유언을 하셨다고 한다(이는 우리 집안의 가훈이 되었다). 하나는 '사람을 살리는 자가 착한 자고 사람을 죽이는 자는 악한 자다'이고, 다른 하나는 '재

4) 특별한 성격(앞의 '연구 관련'과 겹치는 점도 있음)

우리 속담에 '구더기 무서워서 장 못 담그나?'가 있지요. 그런데 나는 구더기가 생길 것 같으면 장을 안 담그는 성격입니다. 그러한 성격이 좋지는 않습니다.

나는 한 군데에 빠지면 몰두하는 경향이 있습니다. 과거 한때는 학회 발표를 앞두고 점성술에 빠져서 마치 연구하듯이 점성술 책을 본 적이 있습니다. 그리고 여러 가지 일을 동시에 하지 못합니다. 머리가 단순한 것으로 생각됩니다. 그래서 논문도 여러 가지를 동시에 쓰지 못합니다. 생물학자에 따르면, 여자는 과거부터 가정을 관리해와서 여러 가지를 동시에 할수 있는데 남자는 여러 가지를 하지 못하며, 그것이 유전자에 남아있다고합니다. 그런데 나는 유난히도 심한 것 같습니다.

논문이나 책을 쓰는 경우 하루 종일 그것만 생각하고 있고, 자려고 하다가 아이디어가 떠올라 메모하는 일이 비일비재합니다. 이 강연을 준비하면서도 유사했습니다. 과거의 경험으로 보면 아이디어가 떠올랐을 때 바로 메모해두지 않으면 다시는 생각이 나지 않는 경우들도 있었습니다. 무언가 있었다는 기억만 날 뿐. 그래서 되도록 즉시 메모하려고 하지요.

'해야 할 일'이 '할 수 있는 정도'를 넘는 때에는, '해야 하니까 할 수 있다'(칸트의 「실천이성비판」)[16]는 말을 격언 삼아 실행했습니다.

5. 나를 도와주신 분들

그동안 내 연구와 집필을 도와주신 분들은 매우 많습니다. 그중에 특별

판을 하지 마라'이다. 이 중 특히 전자는 증조부께서 몸소 겪으신 충격적인 사건과 관련된 것인데, 나의 두 번째 좌우명은 그 유언에서 비롯된 것이다.

16 이는 도덕적 행위와 관련되는 것으로서 자유의지로서 조절 가능하다는 것이기는 하다.

한 분들만 얘기하겠습니다.

(1) 곽윤직 교수님

앞에서 언급한 적이 있지만, 나는 1981. 5.부터 유급 조교로서 학교의
행정업무와 더불어 곽 교수님의 업무를 도왔습니다. 그리고 1998년 이화
여대에서 기획처 차장을 할 때까지, 눈이 많이 와서 교수님 댁에 가기 어렵
거나 내가 인플루엔자에 걸려 운신運身하기 어려웠을 때도, 곽 교수님의 모
든 일을 맡아서 도와드렸습니다. 곽 교수님을 아주 가까이에서 그렇게 모
시고 도와드린 사람은 이전에도 이후에도 없었습니다. 그런데 내가 기획
처 차장을 할 때부터는 학교의 행정업무 때문에, 부분적으로만 도울 수밖
에 없었습니다. 그리고 그 무렵에는 내가 위염으로 크게 고생을 했습니다.

곽 교수님을 도와드리면서 나는 학문하는 자세, 연구자로서의 자세, 연
구 방법 등을 스스로 느끼고 나름의 능력을 체득했습니다. 그래서 나는 항
상 곽 교수님께 마음으로부터 감사하게 생각하고 있습니다.

(2) 이재상 교수님, 홍정선 교수님, 양명조 교수님

이재상 교수님(이화여대. 형법)은 나로 하여금 공부를 열심히 하게 하고,
내가 기획처 차장을 면할 수 있도록 노력하는 등 나를 위해 여러모로 도와
주셨습니다. 이 교수님은 내가 박영사와 낱권 교과서의 집필 계약을 맺도
록 추천해주시기도 했습니다.

홍정선 교수님(이화여대·연세대. 행정법)은 내가 저서를 집필하도록 독려
하고 또 격려해주셨습니다. 홍 교수님은 내가 박사학위논문을 쓰고 있을
때 독일에 계시면서 내 연구에 꼭 필요한 책을 구해서 보내주시기도 했습
니다.

양명조 교수님(이화여대. 상법)은 마치 친형님처럼 나를 여러모로 살뜰히 챙겨주셨습니다.

(3) 박영사의 안종만 회장님, 조성호 이사님

특히 내 저서 집필은 박영사의 조성호 이사님(당시 과장)이 시작하게 하셨습니다. 그리고 낱권 교과서는 무엇보다도 안종만 회장님이 간곡하게 요청하고 밀어붙여서 가능했습니다. 안 회장님은 나를 만나면 '① 범사에 감사하라, ② 긍정적으로 생각하라, ③ 욕심을 버려라'라는 말씀을 자주 해주시기도 했습니다.

(4) 성실한 나의 제자들

나의 연구물, 특히 저서의 집필은 제자들, 여기에 있는 여러분의 도움이 있어서 가능했습니다.

나는 인복人福이 있는지 내 곁에서 나를 도운 제자들이 한결같이 성실하고 정직하며 유능했습니다. 그래서 일을 믿고 맡길 수 있었고, 그러면 제자들은 항상 내 기대 이상으로 해주었습니다.

낱권 교과서의 완간도 여러분이 도와주지 않았으면 불가능했을 것입니다. 매우 고맙게 생각합니다.

(5) 사랑하는 나의 아내

내가 예전에는 내 아내 얘기를 의식적으로 피했습니다. 내 아내가 초등학교 교사를 하고 있어서 학생들의 학부모 또는 관련되는 사람들이 많았기 때문입니다. 내 아내는 나와 고등학교·대학교 동기인 내 친구의 이종

사촌 누이입니다.

우스갯소리로 '무인도에 세 가지만 가져가는 경우 무엇을 가져가겠는 가?'라는 얘기를 합니다. 그때 나는 아무것도 필요 없지만, 반드시 아내와 같이 가야 한다고 말합니다. 내 아내는 내게 필요한 모든 것을 챙겨올 것이어서 그렇습니다. 내 아내는 나를 불편하지 않게 하려고 온갖 노력을 다합니다. 미안하고 고마울 따름입니다. 예전에 법대 교수 회식에서 김문현 교수님(이화여대. 헌법) 등이 보통 교수들의 연구실적 기준이 1.0이라면 나는 1.9는 해야 한다고 농담을 하신 적이 있습니다. 집에서 지원만 받고 아무 일도 하지 않는다는 이유에서지요.

나는 까다로운 편입니다. 사람이 나쁘지는 않은데 예민해서 특히 글을 쓸 때 옆에서 방해하면 견디지 못합니다. 생각이 사라질까 봐서 그렇지요. 게다가 글을 쓰는 시간이 너무 많아서 더욱 불편하게 합니다. 그리고 취향이 뚜렷하여 '아닌 것'을 그대로 받아들이지 못합니다. 그런데 아내가 무던한 성격이어서 다행입니다.

내 아내는 내게 욕심이 전혀 없습니다. 내가 출세하거나 부자가 되거나 유명해지는 것 등을 바라지 않습니다. 그리고 내가 힘든 것을 싫어합니다. 그리하여 책도 쓰지 말고, 대외적으로 활발하게 활동하지도 말고, 돈을 열심히 벌지도 말고, 편안하게 같이 놀자고 합니다.

나는 어려서부터 떠받들어져 커와서 집안일을 돕지 못합니다. 워낙 그렇게 습관이 되어, 이번 생애에는 못 하겠고, 다음 생애에는 내가 아내를 열심히 도와주고 싶습니다.

내 아내는 내가 무엇을 하든 하고자 하는 대로 지원해 주려고 합니다. 내가 40대에(둘째가 갓난애였을 때에) 오래 동경해왔던 식물학자로 변신할까 생각하고 그쪽 박사과정을 갈까 하고 말했더니, '하고 싶으면 해 보라.'고 한 적도 있습니다. 그러한 아내에게 항상 감사한 마음입니다.

6. 결어

이제까지의 나의 삶은 민법을 가운데에 두고 그 강의와 연구·집필을 해온 단순한 것이었습니다. 그리고 나의 학자로서의 연구·집필은 여러분과 분리해서는 생각할 수 없습니다. 앞에서도 말했지만, 여러분이 내 곁에서 나를 열심히 도와주어서 낱권 교과서의 완간도 가능했습니다. 그러한 여러분이 이러한 축하 모임까지 마련해 주어서 나로서는 더 이상의 기쁨이 없습니다.

맹자의 군자삼락君子三樂이 있지요. 부모 형제가 무고한 것(하늘이 허락해야), 하늘과 사람들에 부끄럽지 않은 것(수양), 천하의 영재를 얻어 교육하는 즐거움(베푸는 즐거움)이 그것입니다. 나는 적어도 세 번째 즐거움은 얻었습니다. 민법과 함께 한 나의 삶이 여러분이 곁에 있어서 더욱 빛나고 행복했습니다. 정말 감사합니다.

[후기(後記)] 2015. 2. 이후 2021. 8.까지의 특기사항

2015. 2. 23. 강연 이후 내가 정년 퇴임한 2021. 8. 31.까지 있었던 사항 중 중요한 것을 덧붙이기로 한다.

(1) 본부 보직

나는 2016. 8.부터 이화여대에서 학사부총장을 맡았다. 그런데 내가 부총장 업무를 시작하기도 전에 학내 소요사태가 발생하였다. 급기야 총장이 사퇴하고 2016. 10.에 나는 원치 않았음에도 불구하고 어쩔 수 없이 총장직무대행을 맡게 되었다. 그리고 그 일은 학내 사태를 마무리한 2017. 5.까지 계속되었다. 학내 사태가 마무리된 뒤 나는 2017. 6.에 부총장직을 사임하고 평교수로 돌아왔다.

보직을 마치기 직전 나는 휴가를 내고 학교 일을 잊기 위하여 설악산을 찾았다. 며칠간 산에 오르면서 보직을 하는 동안에 입은 마음의 상처가 치유되기를 바랐다. 그런데 상처가 쉽게 아물지는 않았다.

설악산에서 돌아온 후 일부러 연구와 저술에 몰두하였다. 먼저 「신민법강의」 책을 대대적으로 개편한 혁신판(제11판) 원고 작성에 매달렸다. 그 작업을 마친 뒤에는, '알기 쉬운 민법을 위한 민법개정안' 연구에 집중하여 연구서(「민법전의 용어와 문장구조」)를 펴냈다. 그러면서 학교 일을 어느 정도 잊게 되었고, 연구력을 금세 회복하였다.

(2) 지원과 수상

나는 2016. 3.부터 2019. 2.까지 이화여대에서 특별연구비 지원을 받는 이화펠로우로 선정되었다. 이화여대 교수 중 인문사회계에서 이화펠로우로 선정된 사람은 그 후로도 상당기간까지 내가 유일했다. 나는 그 지원을 받아 새로운 저서인 「기본민법」을 출간했다.

2020. 3.에 나는 이화여대 교무처에서 연구실적 우수교수로 선정되었다. 앞에서 언급한 적이 있는 것처럼, 나는 스스로 느끼기에 강의보다는 연구 면에서 더 낫다고 생각하는데, 그동안 본부와 법전원에서 강의 우수교수로 더 자주 선정되었고 연구실적 우수교수로는 몇 년 전에 법전원에서 한번 선정되었을 뿐이다. 그러다가 드디어 2020년에 본부에서 연구실적 우수교수로 선정되었다. 정년퇴임을 앞둔 이른바 원로교수가 노익장을 과시한 것이라고 할 수 있다.

2021. 8. 31. 퇴임하면서는 나는 황조근정훈장을 받았다. 국립대학과 사립대학에서 합하여 40년 이상 봉직하면서 법학 교육을 통해 봉사하고, 수준 높은 저서 출간과 수많은 학술논문을 발표하여 법학과 판례의 발전에 크게 기여한 공로에 따른 것이다. 이 훈장 수상은 내가 2014. 6. 27. 민법 분야의 법학 연구와 민법개정 등 법 개선 노력을 통한 법률문화진흥에 기여한 공로로 홍조근정훈장을 받은 데 이어 두 번째의 훈장 수상이었다.

(3) 연구실적물

내가 민법 저술의 사이클을 완성한 뒤에는 다른 교수들과 협력하여 책 출간을 하는 데 힘을 기울였다. 그리하여 2016. 1.에는 이화여대 민법 교수 6인이 힘을 모아 생활법률 강의 교재인 「시민생활과 법」(이화여대 출판부)을 펴냈다. 그리고 2016. 4.에는 이화여대 김병선 교수와 공저로 「민법핵심판례200선」을 출간했다. 또 2018. 3.에는 단독 저서로 「기본민법」을, 단독 연구서로 「민법전의 용어와 문장구조」를 펴냈다. 그런가 하면 전문 학술지에도 꾸준히 논문을 발표하였다.

이 시기의 「민법 핵심판례200선」과 「기본민법」의 출간으로 민법 저술의 지평을 더욱 넓히게 되었다. 즉 2015년에 완성한 민법 저술의 사이클에 이어, 판례교재와 중간 수준의 강의서까지 펴냈기 때문이다.

(4) 국내외 발표

나는 2017. 12.에 일본 교토(京都)대학에서 열린 국제학술대회인 '동아시아 민법 국제학술대회'에 인솔단장으로 참가하였고, 2018. 9.에는 대만 짜이(嘉義)시 소재 중정(中正)대학에서 열린 위의 국제학술대회에서 '사정변경의 원칙〈대한민국에서의 모습〉'을 발표하였다.

국내에서는 2015. 7.에 민사판례연구회에서, 2018. 10.에는 한국민사법학회에서 연구발표를 하였고, 2019. 6.에는 한국민사법학회에서 기조강연을 하였다.

(5) 한국민사법학회 회장직 수행

나는 2017. 1. 1.부터 2017. 12. 31.까지 한국민사법학회 회장으로 봉사하였다. 그런데 2017. 6.까지는 내가 이화여대에서 총장직무대행을 맡고 있어서, 학회장 일을 하는 것이 대단히 힘들었다.

(6) 기타

나는 2016년에 회갑이었다. 사실 그 무렵에 나는 새로 태어난 사람처럼 호(號)도 짓고 일을 크게 줄이면서 새로운 모습으로 살려고 했다. 그런데 막상 회갑이 되었을 때는 부총장을 하고 있었고 게다가 학내 사태까지 극심하여 다른 생각을 할 겨를이 없었다. 그리하여 회갑도 그냥 지나가 버렸다. 그러다가 2021년에 제자들이 정년기념 책자를 만들어준다고 하여, 그것을 계기로 '여암(礪岩)'이라는 호도 짓고 앞으로의 새로운 생활을 구상해보고 있다.

지금 생각해보면 그동안 나는 퍽 열심히 살았다. 그런데 꼭 그렇게 살 필요는 없었다. 그러면 내가 과거로 돌아가서 다시 산다면 다르게 살았을까? 민법에 관한 한 아마도 비슷하게 살았을 것 같다.

제4장

나의 강의(講義) 이야기

1. 서설

　나의 강의는 크게 학부 강의, 법전원 강의, 일반대학원 강의의 셋으로 나눌 수 있다. 그리고 학부 강의는 경찰대학에서의 강의와 이화여대 법정대·법대에서의 강의의 둘이 있다. 이들 중 학부 강의 두 가지는 크게 차이가 없었고, 법전원 강의는 바탕에서는 학부 강의와 비슷하지만 특별한 점이 있었다. 그에 비하여 일반대학원 강의는 강의 방식과 내용 면에서 다른 두 강의와는 확연히 달랐다.

　아래에서는 강의 이야기를 학부, 법전원, 일반대학원으로 나누어 적기로 한다. 그리고 경찰대 강의와 이화여대 법정대·법대 강의는 학부 강의 안에서 한꺼번에 다룰 것이다.

2. 학부 강의(경찰대, 이화여대 법정대·법대)

(1) 강의 방법

전체적인 체계와 윤곽을 파악하게 하는 데 중점을 두고

나는 언제나 강의계획안에 먼저 민법 전체의 체계와 윤곽을 잡게 하는 데 중점을 두고, 그 뒤에는 중요사항이나 이해하기 어려운 사항을 상세하게 설명하며, 시간이 남으면 그 외의 사항을 강의한다고 썼다. 그리고 실제 강의에서 되도록 그렇게 하려고 노력했다.

학생들은, 특히 사법시험 등 국가고시를 준비하는 경우, 우선 당장 시험에 나올 수 있는 부분을 가르쳐 주었으면 했다. 그것은 대부분 세부적인 판례였다. 그런데 나는 민법의 체계를 파악하지 못하면 세부적인 지식은 사상누각이 된다고 믿고 있어서, 그러한 학생들이 원하는 방식으로 강의를 하지 않았다. 강의에서 큰 골격과 일반이론을 제대로 알고, 그다음에 세부적인 지식을 쌓도록 지도했다.

교과서를 반드시 정해 주고

내 강의서가 나온 뒤에는 당연히 내 책이 강의교재가 되었지만, 내 책이 나오기 전에도 나는 반드시 하나의 '교과서'를 강의교재로 정해 주었다. 그리고 꼭 강의교재를 보고 공부하고 시험을 보도록 했다.

내가 그렇게 한 것은 무척 잘한 일이라고 생각한다. 내가 강의서나 교과서를 써보니 완결된 책을 쓴다는 것이 얼마나 어려운지, 모든 부분이 채워져 있는 책이 얼마나 큰 가치를 가지는지를 알 수 있었다. 교수의 강의안은 아무리 누락 없이 준비하려고 해도 빈 부분이 있을 수밖에 없고, 그런 강의안으로 공부하면 완전한 공부가 될 수 없기 때문이다.

강의안은 교과서의 일부분씩을 색다르게 이해시키는 수단이라고 생각한다. 그래서 나는 지금도 젊은 교수들에게, 자신의 강의안을 학생들에게 배포하더라도, 학생들이 완전하게 공부를 할 수 있도록 반드시 교과서를 정해서 그 책으로 공부하게 하라고 권하고 있다.

진도를 마치지 못한 때가 많아

내가 학부에서 강의하면서 정상적인 속도로 진도를 모두 끝낸 것은 한 번 정도에 불과하다. 아주 젊었을 때 경찰대학에서였다. 학기 초부터 마음을 독하게 먹고 덜 중요한 설명을 최소화하면서 지독하게 노력한 결과였다. 그때 얼마나 뿌듯했는지 모른다.

그런데 그렇게 한다고 해서 결과까지 만족스럽지는 않았다. 내게 민법 강의를 들은 것이 분명한 졸업생이 진도 안에 있는 문제에 관하여 상관으로부터 질문을 받자, 배우지 않았다고 답했다는 얘기를 들었다.

'아! 모두 가르친다고 해서 모두 아는 것은 아니구나. 그래도 모르면 모른다고 하지, 안 배웠다고 하면 어떡하나.'

그런 일이 있은 뒤로 나는 진도를 끝마치는 것이 최고선은 아니라고 생각하고 굳이 진도를 다 나가려고 목매지 않았다.

나의 독특한 사견을 강의할지 고민하고

내 경험상 연구를 많이 할수록 아는 내용이 많아지고, 덩달아 할 얘기도 많아져서, 진도를 모두 마치는 것이 점점 더 어려워진다. 내가 깊이 연구한 내용, 특히 통설과 다른 사견이 있을 때는 어려움이 더욱 가중된다. 그러한 경우에 사견을 따로 설명하게 되면 많은 시간이 훌쩍 지나가 버린다. 그리하여 나는 나의 독자적인 이론이 있는 경우에는 그것에 대해서 설명할지 말지를 무척 고민했다.

'설명하지 말까?'

그런데 한편으로 외부에서는 내 이론에 관심이 많아 자세히 알고 싶어

하기도 한다는데, 정작 내 강의에서 빼버리면 오히려 특별한 이론에 대해 잘 알 기회를 잃게 하는 일이었다. 그래서 시간이 가도 그러한 이론을 설명했다. 그 이론 중에는 새로운 판례로 된 것들도 있어서 공부한 학생들에게 시간 낭비가 되지는 않았을 것이다.

강의는 존댓말로

내 은사이신 곽윤직 교수님은 강의의 말투를 특별하게 개발하셨다. 문장의 끝에 '~한단 말'이라는 후렴구를 붙이는 것이었다. 아마도 학생들에게 존댓말을 하기도 그렇고, '야·자'를 하기도 적당치 않아서, 그렇게 독특한 방법을 쓰시는 것이 아닌가 싶었다. 곽 교수님의 강의를 여러 번 들은 나는 곽 교수님이 '묻는 문장'에서도 그러시는지 궁금했다. 그래서 유심히 관찰해보니 '~그렇죠? 말'이라고 하셨다.

'아! 예외가 없구나.'

그 뒤에는 일상적인 대화에서는 어떤지 궁금했다. 내가 가까이 모시면서 보니 일상적인 대화에서는 그런 말투를 거의 쓰지 않으셨다. 다만, 간혹 '~말'을 붙이셨는데, 그것은 은연중에 습관적으로 나온 버릇 같아 보였다.

곽 교수님의 강의 말투를 상기하면서 나는 어떻게 하는 것이 좋을지 생각해보았다. 그리고 결론적으로는 존댓말을 쓰기로 했다. 성인이 아니라도 그렇게 하는 것이 좋은데, 대학생이면 모두 성인이기 때문에 성인 대접을 하는 것이 나을 것으로 여겨졌다. 그리고 젊었을 때부터 습관이 되어야 나이가 들어도 유지될 것 같았다.[1]

---

[1] 과거 나를 잘 아는 법조인이 내가 존댓말로 강의를 한다면서 이상하다는 듯이 말했다고 한다. 그런데 나는 그렇게 말한 것이 더 이상해 보였다.

(2) 강의 준비 시의 마음가짐

모르면 전할 수 없다

나는 강의 준비를 할 때 내가 꼭 강의해야 할 내용을 노트에 적었다. 이는 물론 손으로 적은 것을 가리킨다. 그리고 실제 강의에서는 큰 크기의 내 강의 노트 4면 분량이면 50분 강의에 딱 맞았다. 또 그렇게 하면 시간 조절도 쉽게 되었다. 노트에 있는 내용을 필수로 하여 나머지는 시간을 보며 덧붙일 수 있기 때문이었다. 내 강의서가 있기 전에는 그 노트는 매년 업데이트되었고, 새로운 메모지나 복사지가 끼워지기도 했다.[2]

강의 노트는 국내의 주요 교과서뿐만 아니라 독일의 좋은 교과서를 참고하면서 만든 것이다. 독일의 민법 교과서는 독일 민법을 바탕으로 한 것이어서 우리 이론으로 받아들이기가 쉽지 않았다. 그래서 시간이 무척 많이 걸렸다.

강의 노트를 만든 것만으로 강의 준비를 마친 것은 아니었다. 나는 학생들에게 소개한 교과서를 다시 한번 자세히 읽었다. 그러면서 '학생들은 이책을 보고 무엇을 알고 싶어 할까?'라고 자문해 보았다. 그렇게 하면 교과서에서 이해하기 어려운 점이나 논리적으로 다소 미흡한 점이 드러난다. 그리고 그것을 파악하게 되면 학생들이 질문을 하기 전에 궁금증을 해소해 줄 수 있게 된다. 내 책이 나오기 전에 나는 곽윤직 교수님의 민법 교과서를 강의교재로 채택했었는데, 내 강의를 들은 학생들은 자주 내가 곽 교수님 책을 곽 교수님보다 더 잘 알고 있는 것 같다고 말하곤 했다. 학생들이 그렇게 느낀 이유가 바로 위와 같은 점에 있다.

나는 내가 모르면 남이 알 수 있도록 설명할 수 없다고 믿는다. 내가 이해를 못 하는데 정보와 지식이 더 부족한 상대방이 어떻게 알 수 있겠는가?

---

2 이 강의 노트는 내가 미국에서 「민법강의(상)」, 「민법강의(하)」를 쓸 때 미국으로 공수되었었다.

즉 모르면 전할 수 없는 것이다. 따라서 학생들에게 뭔가를 이해시키려면 교수 스스로가 충분히 이해해야 한다. 그리하여 나는 모르는 이론이 나오면 내가 이해할 때까지 오래오래 생각했다. 그리고 내가 이해한 다음에 비로소 가르쳤다.

(3) 몇 가지 에피소드

학생들이 모두 나를 좋아한다는 착각에서 벗어나고

나는 첫 연구논문 발표에서도 그랬지만, 강의에서도 자신감이 없었다. 학생들이 내 강의를 좋아해 줄 것이라는 기대는 하지도 않았다. 그런데 의외로 경찰대학 학생들이 내 강의를 무척 좋아한다는 얘기가 들려왔다. 첫 학기뿐만 아니라 여러 학기 계속해서 그랬다. 그러다 보니 나는 으레 학생들 모두 내 강의를 좋아하는 줄 알았다.

그런데 어느 날 내 강의를 듣는 학생이 경찰대 통근버스 옆자리에 앉아서 내게 얘기를 들려줬다. 기숙사 룸메이트 일기장을 잠깐 보았는데, 그 학기 내 첫 강의를 듣고, "아, 또 그 교수다!"라고 적었다는 것이다. 나는 생각지도 않은 말에 상당히 놀랐다. 그리고 '아! 모든 학생이 내 강의를 좋아하는 것은 아니구나.'라고 생각하며 미몽迷夢에서 깨어났다.

그 뒤부터는 학생들 120%가 내 강의를 좋아한다고 말해도 그중에는 그렇지 않은 학생이 반드시 있다고 생각하게 되었다. 그리고 그런 가정하에 행동한다. 크나큰 발견이었다.

목이 아파 강의를 못한 적이 있고

예전에 강의 시간이 되어 복도를 지나다가 강의하러 들어가는 다른 교수들이 컵에 물이나 차를 가지고 가는 것을 자주 보았다. 그럴 때마다 나는 내심 품위가 없어 보인다고 생각했다. 내가 물을 가져가지 않았음은 물론이다.

그런데 나는 강의는 또 열심히 했다. 성대가 약해 자주 목이 고장나고, 1년에 한 번쯤은 아예 목소리가 나오지 않아서 며칠씩 강의를 하지 못하게 되는 일이 생겼으면서도, 그걸 해결하려고 시도해 보지도 않았다.

나중에서야 강의 도중에 물을 자주 마시면 성대를 보호할 수 있어서 목이 고장나지 않는다는 것을 알았다. 그래서 그때부터는 강의 전에 조교에게 물을 준비해 두도록 했고, 언제부턴가는 물이 있지 않으면 강의를 아예 시작하지도 않았다.

강의평가에서 책대로 가르친다는 지적을 받고

이화여대 법대 강의에서였다. 어떤 학생이 강의평가 서술 내용에 나는 책대로 가르친다고 지적했다. 그런 강의평가도 의외였다. 나는 내 책을 교재로 해서 강의하지만 그걸 그대로 읽는 것이 아니고 이해시키기 위해 설명을 했는데, 그래도 결론이나 순서가 같으면 책대로 가르치는 것으로 생각되는 모양이었다. 내가 책을 내기 전에 이화여대 이재상 교수님이 학생들이 자신에게 책대로 가르친다고 한다면서 멋쩍어하시던 모습이 생각났다. 그런데 그건 어쩔 수 없는 일이었다.

그렇지만 내가 '책대로 가르치는 것'을 모르고 수강하는 일은 없도록 해야 했기에, 그 이후 나는 학생들에게 '나는 내 책대로 가르치는 사람'이라고 명시적으로 알려주면서 그걸 알면서도 수강할 사람만 내 강의를 들으라고 안내했다.

다른 한편으로 나는 강의에서의 설명은 이해를 돕기 위한 것이고 그 자체가 완전한 것은 아닐 수도 있는데, 책의 내용은 오랜 숙고를 거쳐 논리적으로 정리해 둔 것이므로, 강의에서의 설명과 책의 서술 내용이 불일치하면 ─ 따로 언급이 없는 한 ─ 내 책을 믿으라고 했다.

3. 법학전문대학원 강의

(1) 강의 방법

기본적인 강의 방법이나 강의 준비 방법은 학부 강의와 같아

법전원에서의 민법 강의는 원칙적으로 비법학사를 대상으로 하므로, 그 강의 방법이나 마음가짐은 학부 강의에서와 기본적으로 같다. 그런데 몇 가지 특별한 점이 있다.

원칙적으로 진도는 100% 끝마치고

법전원은 법조인을 양성하는 교육기관이다. 따라서 법전원에서의 교육은 법조인으로서 활동하기에 충분한 정도로 이루어져야 한다. 가장 기본적인 법 과목인 민법은 더 말할 필요도 없다. 그래서 민법의 이론 과목들은 진도를 끝까지 나가 주어야 한다. 정해진 시간 내에 마치지 못하면 보강을 해서라도 끝내야 한다.

나는 항상 처음부터 동일한 속도로 진도를 나간 것은 아니지만, 항상 진도를 끝마쳐주었다. 퇴직이 가까워졌을 때는 속도 조절을 더 잘한 편이었다. 그런데 진도를 많이 나가면 학교 시험 준비가 힘들어져서 또 불만스러워하기도 했다. 그럼에도 불구하고 공부는 학교 정규시험 준비를 할 때 가장 잘 되기 때문에, 나는 시험 범위를 줄여주는 일을 거의 하지 않았다.

후기에는 공동강의를 하고

법전원 강의는 변호사시험과 법조인으로서의 활동을 생각할 때 정형화될 필요가 있다. 일정한 내용을 포함하고 또 일정한 수준을 유지해야 한다. 그래서 이화여대 법전원의 민법 교수들은 의논 끝에 동일한 교과목을 분반하여 강의하는 경우에는 — 교수 1인을 제외하고는 — 강의교재, 진도,

시험 등을 공동으로 운영했다. 그렇게 하자 진도를 끝내는 것이 더 쉬워졌고, 시험 문제도 객관성을 보장할 수 있었다.

(2) 과목별 시험

개별 운영 시의 시험

민법 강의를 개별적으로 운영하던 때에 내 강의에서는 정규시험인 중간시험과 기말시험의 2주쯤 전에 '쪽지시험'을 실시했다. 그 시험은 초기에는 약간의 단답식과 O·X 문제로 출제했다. 그중에 단답식 문제는 중요한 법률용어의 뜻을 알고 익혔는지 테스트했고, O·X 문제는 사례로 출제되지 않을 이론 지식을 평가했다. 그리고 정규시험은 모두 사례 문제로 출제했다. 그렇게 하여 교과서를 샅샅이 보고 이론과 사례 모두에 정통하도록 유도했다.

한번은 내 강의에서 정규시험을 3회 실시했다. 그때에는 쪽지시험도 3회가 된다. 그것이 시험공부나 평가에 가장 적당해 보였다. 그런데 그 방법은 다른 수강과목의 공부에 방해가 된다고 싫어하여 다시 정규시험 2회로 돌아왔다. 나로서는 퍽 아쉬웠다.

공동 운영 시의 시험

여러 분반의 민법 강의를 공동으로 운영할 때는 내가 쓰던 시험방식을 모두 같이 쓰기로 했다. 다만, 쪽지시험에서 단답식 문제를 없애고 모두 O·X 문제로 통일했으며, 또 O·X 문제에 판례를 묻는 것도 포함시켰다.

(3) 질문·답변 방법

나는 법전원 초기에는 — 학부 강의에서와 마찬가지로 — 강의 시간 후에 개별적으로 질문하는 경우 곧바로 답변을 해주었다. 그런데 나중에는 그런 경우 일부 학생이 정보를 독점하는 문제가 있어서 반드시 사이버캠퍼스를 통하여 실명으로 공개적으로 질문을 하도록 하고, 답변도 공개하여 정보를 공유하게 했다. 그렇게 하자 처음에는 질문이 줄었는데, 나중에는 시험일이 가까워질수록 질문이 무척 많아졌다.

4. 일반대학원 강의

(1) 서설

내가 일반대학원에서 강의한 것은 오직 이화여대 내에서만이다. 외부에서 학부 또는 일반대학원 강의를 요청한 경우가 많았으나, 내가 경찰대학에 재직할 때 은사이신 서울대 이호정 교수님의 부탁으로 서울대에서 법학개론을 강의한 것을 제외하고는 외부에서 정규강의를 한 적이 없다. 다만, 이화여대에서 개설한 대학원 강의에 학점 교환 협약에 따라 연세대나 서강대 대학원생이 내 강의를 수강한 적은 여러 차례 있었다. 그리고 그중에는 현재 충남대 법전원의 김영두 교수, 강원대 법전원의 안병하 교수같이 나와 사제관계처럼 지내는 경우도 있다.

나의 일반대학원 강의는 시간적으로 크게 세 부분으로 나누어 살펴볼 수 있다. 초기, 중기, 법전원 설치 후인 후기가 그것이다. 초기에는 일반대학원이 활성화되어 있었고 대학원생이 상당히 많았다. 그리고 고등학교에서 제2외국어로 독일어를 공부한 학생도 더러 있었다. 그리하여 독일 문헌으로 강의하는 것이 가능했다. 그런데 그 후 어느 시점부터는 새로 입학한 학생 중에 독일어를 할 수 있는 학생이 거의 없게 되어 독일 문헌으로 강의할 수가 없었다. 한편 법전원이 설치된 뒤에는 법전원 강의를 우선시해야 하고, 또 일반대학원 학생 수가 급감하여 대학원 강의 개설도 쉽지 않았다. 이러한 환경변화 때문에 대학원 강의의 개설, 교재, 강의 방법도 달라질 수밖에 없었다.

(2) 초기(1990년~2002년)

독일 문헌의 3단계 학습을 계획했지만 하지 못하고

이화여대에서 내가 처음으로 일반대학원 강의를 한 것은 아마도 1990년 2학기였던 것 같다. 대학원 강의를 맡자 나는 수강생을 뛰어난 연구자로 육성하고 싶은 의욕에 불탔다. 그리고 그런 목적을 달성하기에 이상적이라고 생각하는 방안을 구상했다.

우리의 법학 연구 현황에서 연구자로 빨리 성장하는 길은 우리보다 발전한 외국법의 이론을 공부하고 그중에 타당하다고 여겨지는 것을 받아들이는 것이었다. 그러기 위해서는 외국 문헌을 정확하고 능숙하게 읽을 수 있는 능력을 길러주어야 했다. 그런데 내가 선택하여 교육할 외국 문헌은 독일 문헌이었다. 그 문헌들은 내가 자주 보아 매우 익숙하고 또 강의할 수 있는 것이었기 때문이다.

나는 내 강의의 수강생을 3단계로 교육하고 싶었다. 첫 학기인 1단계에서는 비교적 쉬운 독일의 교과서로 기본적인 용어와 문장을 익히고, 민법의 개괄적인 내용을 알게 하려고 했다. 그리고 2단계에서는 좀 더 자세한 교과서나 주석서 등을 읽게 하여 본격적인 연구의 기반을 다지게 하려고 했다. 마지막으로 3단계에서는 특정 분야의 자세한 연구논문을 읽고 소화하여 해당 분야의 논문까지 작성할 수 있도록 하고 싶었다.

그런데 한 번도 그렇게 하지 못했다. 그 이유는 위의 3단계 교육을 하려면 수강생이 3학기 동안 동일해야 했다. 그런데 매 학기에 내 강의를 처음 수강하러 오는 수강생을 받지 않을 수 없었다. 그리고 새로운 수강생이 합류할 경우에 그러한 수강생을 방치하고 기존 수강생들만 다음 단계로 넘어가게 할 수도 없었다. 그래서 결국은 강의마다 1단계 강의를 하는 것으로 만족해야 했다.

주로 독일 문헌을 강독하고

초기의 내 강의는 주로 독일 문헌을 정확하게 읽는 방법을 터득하게 하려는 방식으로 진행했다. 그리하여 대체로 독일의 민법 교과서 중 적절한 것 한 가지를 선택해 그 일부분을 교재로 정하고, 강의 시간마다 수강생을 무작위로 지명하여 그 자리에서 교재의 일부분씩을 번역하도록 했다. 그렇게 하여 모든 수강생이 하루에 한 번씩 돌아가면서 번역을 했다. 그때 번역하는 수강생은 책의 한 문장, 한 단어를 모두 정확히 번역해야 했고, 그 부분이 대강 무슨 뜻인지를 말하는 것만으로는 제대로 번역하지 못한 것으로 평가했다.

나는 수강생들이 번역하는 것을 유심히 지켜보고, 부정확한 점이 있으면 그 자리에서 하나하나 세밀하게 지적을 했다. 그리고 정확한 해석에 더하여, 독일 문헌의 내용에 해당하는 우리 법도 알려주고, 두 법을 비교해서 설명해 주기도 했다. 그러려니 나도 상당한 시간과 노력을 들여서 강의 준비를 해야 했다. 독일 민법의 모든 내용을 내가 상세히 알고 있는 것이 아니어서, 때로는 독일법의 관련 내용을 찾아보느라 시간을 많이 쓰기도 했다.

독일 문헌 강독을 할 때는 해당 문헌의 첫 부분에 있는 약어표도 복사해 나누어 준 뒤 해설을 해주었다. 그것을 미리 알면 문헌 본문에 나오는 수많은 약어 때문에 고생하지 않을 것이기 때문이다.

매 학기 판례조사, 논문 작성 방법도 강의하고

독일 문헌으로 강의를 할 때도 나는 매 학기 수강생들에게 판례를 어떻게 찾고, 어떻게 인용해야 하는지, 판례를 어떻게 이해해야 하는지를 가르쳤다. 그리고 논문 작성을 하는 방법, 표절의 의미와 표절이 되지 않게 하는 방법도 강의했다. 또 그런 방법을 활용하여 학기 말 리포트를 쓰도록 했다.

간혹 판례나 이론 발표를 하게 하고

초기 중 후반에 가서는 때로 강의를 '판례의 연구발표,' '판례 및 이론의 연구발표'로 운영하기도 했다. 독일 문헌의 수강을 어려워하는 수강생이 늘어나서 그러기도 했지만, 판례나 이론 문제의 연구 능력과 발표 능력을 길러주어야 할 필요가 있어서도 그랬다. 특히 판례연구 발표는 제대로 훈련을 받은 경우와 그렇지 못한 경우가 확연한 차이를 보이기 때문에, 대학원에 다닐 때 제대로 할 수 있도록 가르치고 싶었다.

내가 강의에서 강독 교재로 사용한 문헌과 강의 방법

내가 이 책을 쓸 줄 알았으면 대학원 강의에 대해서 자료를 차곡차곡 모아 두었을 텐데, 그런 생각을 하지 않아서 가지고 있는 자료가 별로 없다. 그래서 누락이나 부정확한 점이 있을 것이다. 그렇지만 남아있는 자료를 참고하여 내가 과거에 강의에서 강독 교재로 사용한 문헌과 연구발표로 운영한 강의를 정리해본다. 동일한 교재로 강의를 한 경우에는 구체적인 강의 부분이 달랐다.

> 1990년 2학기 권리변동론. Hübner, BGB Allgemeiner Teil
> 1992년 1학기 손해배상론. Medicus, Schuldrecht I
> 1992년 2학기 불법행위·부당이득(박사). Kötz, Deliktsrecht
> 1993년 1학기 물권변동론(박사). Schwab, Sachenrecht
> 1993년 2학기 소유권론(박사). Schwab, Sachenrecht

1994년 1학기 채무불이행법. Medicus, Bürgerliches Recht

1994년 2학기 계약법. Medicus, Bürgerliches Recht

1995년 1학기 권리의 주체 및 객체론. Medicus, Bürgerliches Recht

1995년 2학기 권리변동론. Brox, AT des BGB

1996년 1학기 손해배상론. Brox, Allegmeines Schuldrecht

1996년 2학기 계약법. Medicus, Schuldrecht II Besonderer Teil

1997년 1학기 채무불이행법. 채권법 이론·채권법 판례 연구발표

1997년 2학기 권리변동론. 판례 연구발표(2회)

1999년 2학기 점유권 및 소유권론. 판례 연구발표

2000년 1학기 대리법. 이론 및 판례 연구발표

2000년 2학기 계약법 I. Fikentscher, Schuldrecht

2001년 1학기 계약법 II. Medicus, Bürgerliches Recht

2001년 2학기 비교사법연구. Mitteis-Lieberich, Deutsches Privatrecht

2002년 1학기 법률행위론. Köhler, Allgemeiner Teil

2002년 2학기 계약법 I. Köhler, Allgemeiner Teil

에피소드 두 가지를 들면

초기에 내 강의를 듣는 수강생들은 대부분 의욕이 넘쳤다. 특히 내 지도를 받아 학위를 취득하려는 학생은 독일어를 공부한 적이 없는데도 학원에 다니면서 독일어를 공부하여 내 강의를 수강하였다.

후에 내 지도로 석사학위를 취득한 김기남 학생은 독일어를 한창 공부할 때 집 천장에 독일글자 우믈라우트Umlaut가 기어 다니는 꿈을 꿨다고 한다. 그리고 국민대 안경희 교수는 고등학교에서 프랑스어를 배웠는데, 내 강의를 들으면서 독일어를 매우 열심히 공부하여 아주 능숙하게 되었고, 박사과정 수료 후에는 독일에 유학하여 쾰른 대학에서 박사학위까지 취득하는 기염을 토했다.

(3) 중기(2003년~2008년)

2003년에는 내가 연구년이어서 강의가 없었다. 그리고 귀국 후에도 일부 기간에는 이화여대에서 본부 처장들을 하느라, 강의를 한 학기에 1강좌만 하거나 아예 하지 못했다. 그래서 그 시기에는 일반대학원 강의를 적게 개설했다.

중기의 일반대학원 학생으로는 초기에 내 강의를 들었던 학생들(박사과정생이 많음)이 남아있었고, 거기에 새로 입학한 학생들이 더해졌다. 그런데 새로 입학한 학생은 거의 예외 없이 독일어를 알지 못했다. 그리고 과거에 내 강의를 들었던 학생들은 독일어의 1단계 훈련을 충분히 받은 상태였다.

이렇게 일부 학생은 독일 문헌 강독이 불가능하고, 나머지는 독일 문헌의 1단계 훈련이 필요하지 않아서, 강의를 독일 문헌 강독으로 하지 않았다. 그리고 연구발표 형식으로 하면서, 상대적으로 훈련 기회가 적은 판례연구 발표를 하게 했다.

이 시기의 개설 강좌는 다음과 같다.

> 2004년 2학기 민법판례연구 I
> 2006년 1학기 민법판례연구 II
> 2007년 1학기 계약법 II
> 2007년 2학기 대리법
> 2008년 1학기 법률행위론

(4) 후기(법전원 설치 후, 즉 2009년 이후)

법전원 설치 후에는 일반대학원 강의 개설이 어려워져

2009년에 법전원이 설치된 후에는 교수들의 강의가 법전원에 우선하여 배정되었다. 다만, 법전원 학생들이 3학년까지 모두 차기 전에는 약간의 강의 여유가 있었다. 그런데 학생들이 모두 찬 뒤에는 원칙적으로 법전원 강의를 할 수 없을 때 일반대학원 강의를 할 수 있었다.

그리하여 나는 법전원 설치 초기에는 일반대학원 강의를 약간 했으나, 나중에는 거의 하지 않았다. 일반대학원 학생들의 수가 극히 적어서도 선뜻 강의 개설을 하겠다고 하기가 어려웠다. 그러다가 간혹 박사과정생 교육 등 꼭 필요한 사유가 있으면 강의 개설을 했다.

그리고 2021년 1학기에는 내가 정년퇴직하기 전 마지막 학기여서 일반대학원 강의를 하나 개설했고, 김병선 교수가 일반대학원 학생들을 독려하여 모든 이대 박사과정생 11인과 연대(4인)와 서강대(1인) 석사과정생 합계 5인 등 16인이 그 강의를 수강했다. 민법 강의로는 유례없이 수강생이 많은 편이었고, 나로서는 보람 있는 마지막 대학원 강의였다.

법전원 설치 초기의 일반대학원 학생들의 상황은 '중기'의 경우와 유사했다. 즉 이미 입학한 대학원생들이 아직 남아있었는데, 그중 일부는 내 강의를 여러 번 수강한 학생들이었고, 나머지는 독일 문헌을 전혀 읽을 줄 모르고 또 독일어를 새로 공부하려고까지 하지는 않는 학생들이었다. 그래서 그때의 강의는 판례연구 발표나 이론 및 판례연구 발표로 운영했다. 그 후에 간헐적으로 이루어진 강의나 마지막 강의인 2021년 1학기 강의도 같다.

'후기'에 개설된 강좌는 다음과 같다.

> 2009년 1학기 민법판례연구 II
> 2010년 2학기 손해배상론
> 2014년 1학기 물권변동론
> 2016년 2학기 점유권 및 소유권론
> 2021년 1학기 민법판례연구 II

[2021년 1학기 일반대학원 '민법판례연구 II' 강의 참고자료]

 * 2021년 1학기 강의는 코로나19 때문에 'ZOOM'을 통해 행해졌다. 그 강의는 이론연구 발표 1회, 판례연구 발표 1회씩 총 2회의 연구발표 방식으로 운영되었다. 그 강의에서 사용한 참고자료를 여기에 소개한다.

〈강의 안내〉
  1. 강의방법
 - '줌(ZOOM)'을 통한 실시간 온라인 강의(녹화하여 업로드하지는 않음).
 - 수강생들 각자가 판례 연구발표 1회, 이론 연구발표 1회(수강생들의 다수의견도 같음)
  - 매 발표 후 다른 수강생의 질문과 발표자의 답변, 토론, 교수의 코멘트.
    (발표 후에는 항상 토론을 하게 되고 그것을 평가에 반영하니, 모두 토론 준비를 해와야 함)
  2. 구체적인 일정
  - 제1주에는 강의 안내, 수강생의 자기소개, 교수의 판례 및 이론연구 방법 설명
  - 제2주에는 연구대상 판결 및 이론 연구대상 이론주제 선정(개별적으로), 발표준비
  - 제3주~제14주에는 발표 및 토론, 코멘트
  - 제15주에는 강의에 대한 종합 평가, 간담회
  3. 강의목표
  - 민법 판례 및 이론의 연구와 발표능력을 익히고 증진하게 함

〈판례 및 이론 연구와 발표를 위한 참고사항〉

  1. 판례란 무엇인가?
  - 판례는 쟁점에 대한 판단(법리). 구체적인 사건의 최종결론이 판례인 것이 아님. 그리고 쟁점과 무관한 판결(결정도 같음)상의 이론(방론. 傍論)

은 '판례'가 아님. 그것은 판례로서의 구속력이 없음.

- 판례 인용 시 반드시 판결이유에서 인용해야 함.

(참고) 판례공보와 판결원본 자료 참조.

- 판례전거(典據)(순서대로 우선함): ① 대법원판례집(과거 대법원판결집), ② 판례공보(구 법원공보), ③ 판례월보(현재는 폐간), ④ 판례총람, ⑤ 법률신문, ⑥ 대법원판결요지집. 그 밖에 하급심판결 전거로 '하급심판결요지집(구 고등법원판례집)' - 여러 사례를 보는 데 유용함.

(참고) 최근 판례의 전거는 위 ①·②로 충분하나, ③~⑥에는 과거의 판례(조선고등법원 판례 포함) 중 ①·②에 없는 것들도 있음. 자세한 연구(예: 박사학위논문) 시 후자와 하급심판결도 필요.

2. 판례 연구방법

- 두 가지 방법

(1) 개별적인 하나의 판결(또는 결정)에 대한 연구 - <u>민법판례연구II 강의에서는 이 방법으로 연구함</u>

(2) 일정한 논점(예: 사정변경의 원칙)에 관한 판결 전체 연구

- 연구할 판례의 선정: 특정한 판결을 염두에 두고 있지 않다면, 다음과 같은 방법으로 선정

① 먼저 민법 낱권 교과서(예: 송덕수 저, 물권법)에서 관심 있는 분야를 선정(예: 부동산의 점유 취득시효)

② 해당 부분을 읽고서 그중 연구해 보고 싶은 판례 내용이 보이면 해당 판결을 찾아서 살펴봄

③ 그 판결이 연구하기에 적절한지 검토하여 연구 대상 판결로 결정함

(참고) 되도록 오래되지 않은 판결을 선택했으면 함. 그리고 판례의 내용이 논란의 여지가 없다고 생각되는 것은 연구의 가치가 크지 않으므로 피하는 것이 좋음. 그렇지만 그러한 판례라도 해당 법리를 자세히 분석해보는 것으로 의미가 있을 수는 있음. 해당 판결에 대하여 기존의 연구논문(판례평석)이 있어도 선택할 수 있도록 허용함. 다만, 기존 논문을 그대

로 따르게 되면 연구된 글의 가치가 작게 됨을 유의해야 하며, 또 인용이 철저해야 함. 그 외에 민법전에 관한 것 외에 민사특별법에 관한 판결도 연구대상으로 삼을 수 있음. 그런데 민법의 본류와 거리가 아주 먼, 지나치게 지엽적인 특별법에 관한 것은 되도록 피할 것.

물론 다른 강의나 그 밖의 기회에 연구 발표한 판결은 제외해야 함(일종의 자기 표절).

- 판례연구 논문의 체제: 개별적인 판결에 따라 다를 것이나, 크게 보면 일반적으로 다음과 같이 할 수 있음.

[사실관계](최소한 원심판결을 확보하여 사실관계를 정확히 파악해야 함. 1심판결까지 구하면 더 좋음)

[소송의 경과]

[대법원의 판결이유]

[연구]

(1) 서론 – 판결(또는 결정)의 문제점 지적

(2) 종래의 판례·학설

(3) 대상 판결에 대한 타당성 검토

(4) 결론(판결의 구체적 결론에 대한 검토 포함)

(샘플) 질권설정계약 판례연구 논문(송덕수)

판례연구 시 유의사항: 판례 비판에 신중할 것. 대법원이 왜 그런 판결을 하였을까 여러모로 생각해볼 것(판결은 구체적 타당성을 살리려고 하므로 가능하면 그 내용대로 인정해 주려고 노력해야 함). 모순이 있어도 되도록 조화롭게 해석할 수 있는 방안을 모색해볼 것. 그렇다고 하여 맹목적으로 추종하라는 것은 아님.

3. 이론 주제의 연구방법

- 이는 민법의 이론적인 연구주제에 관하여 자세히 연구하는 것임. 그 주제는 너무 넓으면 깊이가 없게 되거나 양이 지나치게 늘게 되고, 너무

좁으면 분량을 채우지 못하는 문제가 생김. 그러므로 연구범위 면에서 적절한 것을 선정해야 함. → 주제는 좁은 것이어야 하되, 문헌을 참고하여 일정한 양을 채울 가능성이 있는 정도의 것이어야 함. 다른 문헌의 참고 없이 연구하는 것은 불가능하고 부적절함(대가가 아닌 한 수필 형식으로 연구논문을 써서는 안 됨).

- 구체적인 주제의 선정은 대략 넓은 범위의 법률문제(예: 계약해제의 효과)를 생각한 뒤, 그에 대한 문헌들을 검색해보고서 그 안에서 적절한 연구주제를 정함(예: 계약해제의 경우의 제3자 보호).

(학자로서 논문을 쓸 때는 우선 연구해야 할 논점을 찾아야 하며, 그것은 매우 어려운 것임. 그런데 그러한 논점은 우리보다 법률문화가 발전한 나라의 문헌을 보면 쉽게 발견됨. 그래서 깊이 있는 연구를 할 때는 외국 문헌을 볼 필요가 있음)

- 문헌들이 너무 많고 충분한 연구가 되어 있다고 판단되면 새로운 주장을 하기 어려워 연구논문의 가치가 줄어들 가능성이 있고, 참고문헌이 너무 적으면 논문을 쓰기가 어려운 문제가 있음을 고려할 것.

- 이론 연구논문은 교과서가 아님. 즉 넓은 주제에 대하여 모든 설명을 해야 하는 것이 아님. 작은 주제(연구논점)에 대하여 깊이 연구하는 것임.

(샘플) 점유권 양도에 관한 논문(송덕수)

- 논문 작성 시 문헌을 읽는 순서: 개략적인 책에서 시작해서 점점 더 자세한 문헌의 순서로 읽을 것(역으로 하면 안 됨). 외국 문헌을 볼 때는 더욱 그러함(오역 방지를 위함).

(읽는 순서: 여러 교과서 → 여러 주석서 → 개별논문)

- 논문의 체제는 연구주제에 따라 다름. 그런데 개략적으로 다음과 같이 할 수 있음.

(1) 서론: 연구의 필요성(연구의 목적), 선행 연구 여부, 논술의 범위 순서

(2) 연혁과 입법례(두지 않을 수도 있음. 그런데 깊은 연구, 특히 박사학위 논문에서는 둘 필요가 있음)

(연혁은 법률규정의 자세한 의미를 알기 위해서 필요. 입법례는 상상력의 한계를 극복하는 데 도움을 줌. 그리하여 새로운 이론을 세울 수 있게 함 → 역시

외국어 필요)

　(3) 해당 문제에 대한 학설·판례 검토

　(4) 결론

　- 수준 높은 연구를 할 때는 스스로 연구방법론(법학 방법론)도 세워야
함(국내에 연구방법론에 관한 책의 일부 번역이 있으나, 불충분).

　(예: 이익법학, 개념법학, 평가법학. 나는 평가법학·위험법학)

4. 연구논문(판례연구·이론연구) 작성 시 유의할 점

　- 연구윤리를 철저하게 지킬 것: 저작권 침해 즉 표절을 하면 안 됨(자기
표절 포함).

　(저작권은 일정한 '사상'이 아니고 그에 대한 '표현'을 보호하는 것임. 그러
나 표현이 약간 다르다고 해도 실질적으로 동일한 경우에 인용을 하지 않으면
표절로 됨. 표절이 되지 않도록 인용을 철저히 해야 함)

　- 자신의 글을 써야 함. 학생 때 답안지를 작성하면서는 책 내용을 마치
자신의 글처럼 사용함. 그런데 논문은 그렇게 해서는 안 됨. 남의 글을 참
고할 때에는 반드시 인용을 해야 하며, 똑같은 문구를 사용하는 경우에는
직접인용하고, 표현이 조금 다르지만 같은 내용일 경우에는 간접인용 방
식으로 인용해야 함.

　- 논문은 먼저 체제를 갖추고 각주를 붙여서 인용을 철저히 해야 함. 학
술지에 원고를 투고할 때는 학술지에서 요구하는 체제를 갖추어야 함. 일
단 여러분은 이화여대 법학연구소가 정한 투고요령(사이버캠퍼스에 업로
드함)에 따라 발표문을 작성하기 바람.

　- 논문 작성을 마치면 다른 문헌들과 얼마나 유사한지 'KCI 유사도 검
사' 방법으로 검사를 하기 바람. 그리고 학기 말 전에 최종 보고서를 제출
할 때에는 그 검사에 따른 결과도 적어서 제출할 것.

　(참고. KCI 유사도 검사 – 학술지 투고 시에는 반드시 하도록 함. 모두 무료
로 가능함. 그때 참고문헌의 저자명과 제목은 제외하는 것이 좋음)

5. 판결 및 국내 학술문헌 찾는 방법

- 판결: 대법원 홈페이지의 종합법률정보에서 검색

- 국내 전문학술지 문헌: 중앙도서관 → 데이터베이스 → RISS에서 검색

6. 질문 또는 토론 시 유의사항

- 질문자와 발표자는 서로 존중하면서 조심스럽게 질문과 답변을 할 것 (공격적·감정적인 태도는 금물).

〈발표자 순서와 발표판결(또는 이론주제)의 선점〉

1. 발표자 순서

- 사전 강의 안내에서는 제3주차 발표자를 제외하고는 발표 순서를 선 착순으로 정하겠다고 했었는데, 그 방법이 매우 번거로울 것 같아서 내가 여러 사정(박사과정인지, 대학원 입학 시기, 민법 전공인지, 개인적인 사정, 그 밖의 특이사항 등)을 고려하여 발표 순서를 별도로 게시한 표(발표 순서표) 처럼 잠정적으로 정함. 이론주제의 연구발표 순서는 원칙적으로 판례연 구 발표의 순서에 준하도록 했음.

- 성명에 황색 표시가 된 경우는 특별한 고려가 필요한 학생의 경우임.

- 임시로 정해진 순서에 맞추어 발표하기 어려운 특별한 사정이 있는 경우에는, 황희옥 조교에게 연락하여 사정을 얘기하고 발표를 희망하는 주의 학생과 교체해보도록 할 것.

- 발표일 내의 세부적인 순서를 변경하고자 하는 경우에도 황 조교에 게 연락할 것.

2. 연구대상 판결과 이론주제의 선점

- 연구대상 판결과 이론주제는 사이버캠퍼스 'Q&A'에 기재하여 공표 하기 바람. 먼저 공표하는 사람이 해당 판결과 주제를 선점하게 됨.

- 판결의 경우 판례표시 중 사건번호와 그 판례의 주된 연구논점을 간 략히 적을 것(예: 2019다280375. 민법 8조 2항의 제3자). 그러면 다른 수강생

은 해당 판결은 물론, 해당 논점에 대한 다른 유사한 판결도 연구대상으로 삼을 수 없음.

- 이론주제의 경우에도 연구대상 주제를 먼저 적으면 그 주제를 선점하게 됨.

- 발표하는 주차가 뒤이더라도 판결과 이론주제를 앞의 주차 발표자보다 먼저 선점할 수 있음.

- 연구대상 판결이나 연구주제에 부적절한 점이 있으면 내가 'Q&A'에 의견을 기재하여 변경하도록 할 것임. 예를 들면 민법 판결인지 알았더니 실질적으로는 민사소송법에 관한 것이거나 민법과는 너무 거리가 먼 특별법에 관한 것인 경우에 그러함.

3. 연구대상 판결 또는 이론주제의 정리(표)

- 연구대상 판결 또는 이론주제도 발표자 순서를 정리한 표에 황희옥 조교가 'Q&A'에 업데이트해서 게시할 예정임.

- 선점을 할 때 그 표를 참조하면 됨.

4. 발표자의 연구판결 업로드와 발표문(판결 및 이론) 업로드 시기

- 판례연구 발표자는 적어도 발표하기 1주일 전까지 연구 대상 판결과 발표문 제목 파일을 사이버캠퍼스 'Q&A'에 업로드할 것.

- 이론주제 발표자는 적어도 발표하기 1주일 전까지 발표문 제목을 사이버캠퍼스 'Q&A'에 공지할 것.

- 그리고 발표문(판례 연구 및 이론주제 연구)은 발표하기 직전 금요일까지 사이버캠퍼스 'Q&A'에 업로드할 것. 다만, 제3주차 발표자는 첫 발표로서 시간이 충분치 않으므로 직전 토요일까지 업로드하면 됨.

5. 발표문의 양, 발표시간 등

- 발표문의 양은 특별히 제한이 없음. 그런데 무조건 양이 많다고 좋은 것은 아님. 대체로 본문을 11포인트로 하여 A4용지 10매 전후로 하면 됨.

- 연구와 발표는 장차 독자적인 연구가 가능하도록 공부하기 위한 것임. 그러므로 발표문의 수준이 높아야 한다는 부담을 갖지 말 것. 주어진 시간 등의 여건 아래에서 발표일에 맞추어 최선을 다하여 발표 준비를 하면 충분함.

- 발표를 위하여 PPT 등을 만들 필요는 없음. 발표문 원문을 가지고 (필요하다면 발췌해서) 발표하면 됨.

- 판례연구 발표와 이론주제 연구 발표 모두 발표시간은 25분~30분으로 하고, 토론·코멘트 등의 시간을 확보하기 위하여 절대로 30분을 초과하지 않도록 할 것.

제5장
남은 이야기

1. 서설

위에서 논문·저서·강의 등 민법에 관한 나의 중요한 민법 이야기를 모두 보여 주었다. 이제는 그 외의 것으로서 의미가 있는 이야기를 적으려고 한다. 그중에는 민법과는 조금 거리가 있는 것도 있으나, 나 자신을 그대로 내보이는 데 필요하다고 생각하여 넣기로 했다.

2. 한국민사법학회 회장 시절의 인사말

내가 열심히 참여하여 활동한 학술단체는 한국민사법학회, 민사판례연구회, 비교법실무연구회 등이다. 그중에 나는 2017년에 한국민사법학회 회장직을 수행했고, 회장직을 마친 뒤에는 고문으로 있다. 아래에서는 내가 한국민사법학회 회장으로 취임할 때와 퇴임할 때 했던 인사말을 소개하려고 한다. 그것을 보면 내가 회장으로 취임하면서 가진 생각과 회장직에 있으면서 한 활동을 알 수 있을 것이기 때문이다. 그리고 퇴임사에는 나를 도와서 활동한 한국민사법학회의 집행부 명단도 포함되어 있다.

[회장 취임 인사]

존경하는 한국민사법학회 회원 여러분께

다사다난했던 2016년이 지나고 2017년 새해를 맞이하였습니다. 2017년에는 회원님 한분 한분이 모두 건강하시고 만사형통하시기를 기원합니다.

여러모로 부족한 제가 올해 민사법학회 회장으로서 봉사하게 된 것을 무척 기쁘고 영광스럽게 생각합니다. 그러면서도 막중한 책임감에 어깨가 무거워짐을 느낍니다. 저는 올해에 무엇보다도 여러 회원님들과 함께 학회를 더욱 발전시켜보고자 합니다.

얼마 전 민사법학회의 상임이사진을 확정하였습니다. 그리고 지난 연말에 모여 학회 운영에 관하여 의견을 교환하였습니다. 올해 학회 운영에 관한 구체적인 계획은 1월 중순에 상임이사회를 열어 확정한 뒤 공지하겠습니다. 그리고 오늘은 학회 운영의 방향만을 알려드리겠습니다.

제가 생각하는 학회 운영의 방향을 간략하게 표현한다면 '회원 참여의 획기적 증진과 한 차원 높은 발표 실현'이라고 할 수 있습니다.

학회 활동의 중심은 1년에 네 번 개최되는 정기 학술대회입니다. 그 학술대회에서는 보다 깊은 이론과 아울러 실용적인 내용이 발표되도록 노력하겠습니다. 그리고 발표자의 선정도 다양하게 하여 참여 폭을 되도록 넓히려고 합니다.

학술대회 참석 등을 비롯한 각종 활동에 보다 많은 회원님들이 적극적으로 참여하시도록 힘쓰려고 합니다. 4년제 대학에 계시는 분들뿐만 아니라 전문대학이나 연구기관에 계시는 분, 대학에서 민사실무를 강의하시는 분, 교원이나 연구원이 아닌 법조인 특히 법학전문대학원을 졸업한 변호사들도 널리 참여하도록 할 것입니다.

과거에 우리 학회에 도입되어 실행되고 있는 좋은 제도나 프로그램은 올해에도 유지·발전시키려고 합니다.

그런가 하면 연구나 교육을 위해 필요한 새로운 제도나 프로그램을 발굴하여 시행하려고 합니다.

학회 운영, 발표, 새로운 제도 등에 관하여 회원님들의 의견을 적극 수렴하여 반영할 계획입니다. 그리하여 집행부 중심의 학회가 아니고 회원 모두의 학회가 되도록 노력하겠습니다. 회원님들께서는 학회와 관련된 의견이 있으시면 언제라도 저나 학회 집행부에 제시해주시기 바랍니다.

끝으로 회원 여러분의 가정에 언제나 행운이 함께 하기를 빕니다. 새해 복 많이 받으세요. 감사합니다.

2017년 1월 1일
송 덕 수 올림

[회장 퇴임 인사]

존경하는 한국민사법학회 회원 여러분께

그동안 평안하셨습니까?

올해 1월 1일에 제가 회장으로서 취임 인사를 드린 것이 바로 엊그제 같은데, 어느새 연말이 되어 퇴임 인사를 하게 되었습니다.

저는 올 한해가 어떻게 지나갔는지 모를 정도로 바쁘고 힘들게 보냈습니다. 특히 올해 상반기에는 제가 재직하고 있는 이화여대에서 총장직무대행까지 하면서 학회 회장 일도 하느라고 어려움이 더 컸습니다. 다행히 학교의 혼란이 생각보다 빨리 잘 수습되어 하반기에는 학회 회장 업무에만 집중할 수 있어서 그나마 다행이었습니다.

퇴임 인사를 하려고 하니 민사법학회의 지난 1년간의 활동을 되돌아보게 됩니다. 1년간의 활동으로서 특히 기억에 남는 것은 세 가지입니다.

첫째는 학술대회입니다. 저는 회장으로 취임하면서 정기 학술대회에서

'깊이 있고 실용적인 이론의 발표'를 실현하겠다고 했습니다. 그러한 희망에 기초하여, 춘계대회에서는 '민법학의 새로운 동향'을, 하계대회에서는 '사회변화에 따른 민법학과 법학교육'을, 추계대회에서는 민사법학회에서는 처음으로 헌법재판연구원과 공동주최로 '헌법재판과 민사재판의 만남'을, 동계대회에서는 '외국 민법의 개정 동향'을 각각 대주제로 하여 발표와 토론을 하였습니다. 그리하여 특히 하계대회에서는 미래의 민법학을 준비할 수 있게 하였고, 추계대회에서는 민법학자들의 연구영역을 넓히는 계기를 마련하였으며, 동계대회에서는 민법의 입법과 해석에 크게 도움이 될 최근의 프랑스와 일본의 개정민법을 체계적으로 알 수 있도록 했습니다. 그 결과 처음에 세운 목표에 어느 정도 접근했다고 생각합니다.

둘째는 회원 참여의 증대입니다. 저는 회원 수의 증대와 함께 참여도 극대화하려고 하였습니다. 그러한 노력의 결과로 만족스럽지는 않지만, 특히 법조인과 민사법 실무교수님 등의 회원 가입과 참여가 두드러지게 늘었습니다.

셋째는 재정확보의 노력입니다. 2017년의 민사법학회 예산은 7,455만 원입니다. 그런데 유일한 정규수입인 회원님들의 연회비 수입 총액은 2016년의 경우 1,329만 원에 불과합니다. 그렇게 해서는 안 되는데, 재원 확보의 어려움을 간과하고 무리한 예산을 책정했던 것입니다. 그 문제의 심각성을 깨닫고 저는 나머지 예산을 확보하려고 백방으로 뛰어다녔습니다. 기관들을 방문하고 개인을 만나 후원이나 기부를 간곡하게 부탁하였습니다. 그런 노력이 헛되지 않아 법무법인 광장이 앞으로 3년간 대학원생 논문경연대회의 후원을 보장하였고, 여러 기관과 개인이 많거나 적게 기부를 해주어 걱정했던 적자 예산을 면하고 아마도 상당액의 흑자를 기록할 것으로 예상하고 있습니다.

다만, 제가 작년에 구상했던 몇 가지를 사정상 시행하지 못하여 다소 아쉬움이 있습니다. 그런데, 앞에서 적은 바와 같이, 어느 정도의 성과를 거둔 것만으로 만족합니다.

그러한 성과를 거두게 된 것은 무엇보다도 11분 상임이사님들의 헌신과 봉사가 있었기에 가능하였습니다. 게다가 원로 회원님들을 비롯한 여러 회원님들의 적극적인 참여 덕택입니다.

여기서 민사법학회의 올해 상임이사님들의 성함을 적어 특히 감사를 표하고자 합니다.

총무이사 이준형 교수님(한양대)

학술이사 송호영 교수님(한양대)

재무이사 안경희 교수님(국민대)

기획이사 서희석 교수님(부산대)

편집 및 출판이사 정진명 교수님(단국대)

판례이사 김상중 교수님(고려대)

교육이사 김형석 교수님(서울대)

국제이사 성승현 교수님(전남대)

동아시아이사 권철 교수님(성균관대)

사업이사 김영두 교수님(충남대)

홍보이사 김병선 교수님(이화여대)

지금까지 학회 실무를 맡아 최선을 다해주신 상임이사님들께 깊이 감사드립니다. 그리고 원로 회원님들을 비롯한 열성적인 회원님들께도 머리 숙여 감사드립니다.

끝으로 한국민사법학회의 무궁한 발전과 모든 회원님들의 건강과 행복을 두 손 모아 기원합니다. 그리고 2018년이 모든 분들께 복된 새해가 되기를 바라마지 않습니다. 대단히 감사합니다.

2017. 12. 26.

송덕수 올림

3. 동아시아 민사법 국제학술대회 참가기

(1) 서설

동아시아 민사법 국제학술대회는 한국·일본·중국·대만 등 4개국(법역)의 민법학자들이 국가별로 돌아가면서 매년 1회 개최하는 대회에 참석하여 발표와 토론을 하는 국제학술행사이다. 그 대회의 참가자 선정은 국가별로 차이가 있어서, 동일한 학자들이 항상 참석하는 나라도 있으나, 우리나라는 한국민사법학회를 중심으로 하여 수석부회장이 실무책임을 맡고, 공모 방식으로 발표자를 선정하며, 외국에서 대회를 개최할 때는 회장, 수석부회장, 동아시아 대회 이사, 발표자만 참석하도록 하고 있다.

이러한 관례에 따라 나는 한국민사법학회 수석부회장이던 2016년 초에 2016. 10. 15.에 중국 복건성福建省 복건사범대학 법학원에서 개최하기로 되어 있는 제6회 동아시아 민사법 국제학술대회의 발표자를 모집했다. 그리고 그 외의 준비도 차질없이 진행했다. 또한 나도 그 대회에 참석하기 위해 항공권을 구입했다. 그런데 출국 직전에 내가 부총장으로 있는 이화여대의 학내 사태가 매우 심각해졌다. 그래서 나는 부득이 중국 측에 참석할 수 없음을 알렸다.

2017년에는 내가 회장으로서 일본에서 열리는 제7회 동아시아 민사법 국제학술대회에 참석했다. 그리고 2018년에는 내가 회장직을 마친 뒤였지만 발표자로서 대만에서 열리는 제8회 동아시아 대회에 참석했다. 내가 참석한 제7회와 제8회 대회에 대하여 적기로 한다.

(2) 제7회 동아시아 국제학술대회 참가 관련

일본 교토에서 열려

제7회 동아시아 대회는 2017. 12. 16.(토) 일본의 교토 대학에서 열렸다. 우리나라에서는 그 대회에 발표자 4명(고상현 교수, 최수정 교수, 이동진 교수, 박동진 교수), 집행부 3명(회장인 나, 이준영 수석부회장, 권철 대회담당이사), 통역 1명(김도윤 선생) 등 8명이 참석했다. 나는 한국 참석자의 인솔단장으로서 2017. 12. 15. 저녁 교토 로얄호텔에서 개최된 환영 만찬에서 인사말과 함께 우리나라의 참석자를 소개하고, 12월 16일의 학술대회 개회식에서도 인사말을 했다.

한국의 자존심을 살려라!

우리 민법은 일본민법을 모범으로 하여 제정되었다. 그러다 보니 민법의 내용이 일본과 유사할뿐더러 학자들이 일본 문헌까지 많이 참고하기도 하여 일본과의 차별화가 어렵다. 동아시아 대회처럼 서로의 법을 비교해서 살펴볼 때는 그런 점이 더욱 쉽게 부각된다. 그런데 그럴수록 우리 민법전과 우리의 이론을 충분히 조사하여 일본과 다른 부분이 있으면 그것을 내보여서 우리나라의 자존심을 살릴 필요가 있다. 사실 일본민법도 일본의 순수 창작물이 아니지 않는가!

나는 그런 생각을 하면서 우리 측 발표 교수들의 동아시아 대회 발표문을 살펴보았다. 우리의 자존심을 살릴 만한 특별한 내용이 보이지 않았다. 그렇다고 지금 와서 내가 어떤 내용을 추가하라고 할 수도 없었다.

'아! 내가 하자.'

나는 우리 민법 내지 우리 학설의 특별한 점을 질문 형식으로 말하려고 계획을 세웠다. 그리고 동아시아 대회 이사인 권철 교수에게 내가 두 가지의 질문을 할 예정이니 진행을 맡은 분에게 미리 언질을 주라고 했다.

일본에는 없는 민법 제452조의 내용을 묻고

나는 '채권양도의 효과' 세션에서 4개국 발표자의 발표가 끝났을 때 질문을 하겠다고 손을 들었다. 발표자의 발표는 동시통역으로 발표와 동 시간에 통역이 되나, 질문은 일본어·중국어로 순차 통역되었다. 그러니 시간이 많이 소요될 수밖에 없다. 내가 질문한 내용은 다음과 같다.

"한국민법에는 제452조(양도통지와 금반언) 규정이 있다. 그런 규정이 일본에는 없다. 대만민법에는 제298조에 유사한 규정이 있다.

제452조 제1항은 '양도인이 채무자에게 채권양도를 통지한 때에는 아직 양도하지 않았거나 그 양도가 무효인 경우에도 선의인 채무자는 양수인에게 대항할 수 있는 사유로 양도인에게 대항할 수 있다.'고 규정하고, 그 제2항은 '전항의 통지는 양수인의 동의가 없으면 철회하지 못한다.'고 규정한다.

대만민법 제298조는 한국민법 제452조와 유사하나, 제1항에 '선의인'이 없다.

이 규정 때문에 한국에서는 채권양도를 통지했는데 양도하지 않은 경우와 양도가 무효인 경우에는 '선의'의 채무자는 양수인에게 대항할 수 있는 사유로 양도인에게 대항할 수 있다. 한편 채권양도가 취소·해제된 경우 한국의 통설·판례는 그것을 새로운 양도로 보아 양수인의 통지를 요구하고 있다. 나는 그때는 취소·해제의 효과 문제이고 양도인 보호는 제452조 제1항의 유추적용으로 해결해야 한다고 생각한다.

이와 관련하여 위의 두 가지 경우에 다른 나라의 처리 방법이 궁금하다. 답을 해 주시면 좋고, 아니어도 무방하다."

이에 대하여 대만의 발표자 허정현許政賢 교수는 내 의견이 옳다고 했다. 일본의 발표자인 와다 카츠유키和田勝行 준準교수는 채권의 준점유자로 처리해야 한다고 했다. 그리고 중국 발표자의 의견은 내가 정확히 이해할 수가 없었다. 이로써 나는 한국 민법 제452조의 존재와 그 규정의 의미를 널리 알릴 수 있었고, 그 제1항을 유추적용하는 데 동조하는 외국 학자(대만의 허정현 교수)를 확보했다.

질문하려고 한 다른 것은 참기로 하고

내가 또 질문하려고 한 것은 '계약상 지위의 이전'에 관련된 문제였다.

우리나라에는 임대인의 지위 양도를 완화하는 판례가 있다. 대결 1998. 9. 2, 98마100이 그것이다. 그에 의하면, 임대인이 누구인가에 따라 이행방법이 달라지는 것이 아니고, 임차인의 입장에서 보아도 신소유자에게 승계를 인정하는 것이 유리할 수 있으므로, 임대인과 신소유자와의 계약만으로써 그 지위를 양도할 수 있다. 다만, 이 경우에 임차인이 이의를 제기하면 임대차 관계의 구속을 면할 수 있고, 임대차 관계를 해지할 수 있다.

한편 우리의 주택임대차보호법은 제3조 제4항에서 "임차주택의 양수인은 임대인의 지위를 승계한 것으로 본다."고 규정하고 있다. 이와 같은 판례와 특별법 규정은 우리나라에 특유한 것이어서 소개하고, 필요하다면 토론을 해보려고 했다.

그런데 준비된 그 질문을 하지 않았다. 그 이유는 바로 앞의 발표인 '채권양도의 효과' 세션에서 내 질문이 시간을 많이 차지했고, 일본의 유명한 민법학자들인 도가우찌 전 일본 사법학회 이사장, 모리타 현 일본 사법학회 이사장 등이 그 자리에 있으면서 끝까지 한마디도 하지 않는데, 내가 너무 잘난 체하는 것으로 보이지 않을까 우려됐기 때문이다. 내가 질문할 내용이 발표문에 포함되었으면 좋았을 텐데 아쉬웠다.

제8회 동아시아 대회의 주제가 결정되고

동아시아 대회에서는 학술발표 진행 중에 각국의 대표자가 참석하여 다음 대회의 발표주제를 확정한다. 나는 발표회장에 있고, 그 회의장에는 이준영 수석부회장이 참석했다. 나중에 들으니 제8회 대회의 전체 주제는 '민법의 일반조항'으로 정해졌다고 한다. 그리고 그중 하나가 '(일반조항의 생성의 관점에서) 사정변경의 원칙'이었다.

나는 그 대회에 참가하여 '사정변경의 원칙'에 대하여 발표했으면 했다. 그리고 이왕이면 그 주제의 세부적인 물음을 한국 발표자가 맡아서 하게 하면 좋겠다고 생각했다. 그래서 이준영 수석부회장에게 내 의견을 차기 대회 개최국인 대만에 전해주십사 부탁도 했다.

대만의 첨삼림 교수와 대화하고

나는 학회 이튿날 점심시간 중에 중국어 통역인을 데리고 대만 발표단의 첨삼림詹森林 대법관에게 갔다. 대만 발표단의 중심인물이었다. 나는 혹시 내가 발표 질문을 정하는 이른바 GRGeneral Reporter[1]이 될지도 몰라서 대만의 상황을 미리 알아두고 싶어서였다.

나는 첨 대법관에게 대만의 사정변경의 원칙에 대해서 알고 싶은데 누구에게 물어보면 되느냐고 했더니, 자신에게 물으라고 했다. 그래서 우선 대만민법에 사정변경 원칙에 관한 명문규정이 있느냐고 했다. 그랬더니 1999년에 명문규정이 신설되었다고 했다. 다음에 대만에서 사정변경의 원칙을 인정한 적이 있느냐고 했더니, 그렇다고 하면서 두 가지 중요한 경우

---

1 동아시아 국제학술대회에서 발표 방식은 초기에는 일반적인 발표와 같았으나, 2016년에 열린 제6회 대회 때부터는 발표를 중요사항 위주로 간략하게 하도록 공통적인 질문에 대하여 답을 하는 형식으로 바뀌었다. 그리고 그 질문은 발표주제별로 정해진 책임 국가의 발표자가 정하도록 했다. 질문을 정하는 그 발표자를 GR(General Reporter)이라고 한다.
나는 사정변경 원칙의 발표자로 제8회 동아시아 대회에 참석하기를 원하고 또 그 주제의 GR을 한국에서 맡았으면 한다는 뜻을 수석부회장을 통하여 대만 측에 전달했기 때문에, 내가 GR이 될 수도 있다고 생각한 것이다.

가 있다고 했다. 하나는 설산雪山 터널 공사가 12년 동안 계속되어서 공사 대금을 증액해 달라고 했고, 다른 하나는 대만 대지진으로 화폐가치가 폭락한 경우라고 했다. 그 외에 대만에 공통의 동기의 착오를 행위기초론으로 처리하자고 하는 학자가 있느냐고 했더니, 있다고 했다.

나는 가능하다면 제8회 대회에서 한국의 발표자로서 '사정변경의 원칙'에 관하여 발표하러 대만에 가고 싶다고 했다. 그랬더니 환영한다면서 꼭 왔으면 좋겠다고 했다. 이번 학술대회에서 내 질문에 답을 했던 대만의 허정현 교수도 곁에서 듣고 있다가 대만에서 꼭 다시 보았으면 한다고 했다.

(3) 제8회 동아시아 국제학술대회 참가 관련

'사정변경의 원칙' 발표자로 선정되고

한국민사법학회에서 제8회 동아시아 대회 발표자를 공모하여 나는 '사정변경의 원칙'의 발표자로 신청을 했다. 신청 사유는 ① 사정변경의 원칙에 관한 민법개정안 담당 분과위원장 역임, ② 민법 전체의 교과서 집필 경험, ③ 사정변경의 원칙과 직결되는 공통의 동기의 착오 연구 경험, ④ 2017년에 학회 회장으로서 학회에 참석하여 코멘트를 한 경험, ⑤ 나에 대한 대만 교수들의 관심, ⑥ 기타 2016년에 당시 민사법학회 수석부회장으로서 중국 복건성에서 개최된 제6회 동아시아 대회에 참석하려고 했는데, 이화여대의 학내 사정으로 출국 직전에 취소된 점을 들었다.

내 신청이 받아들여져서, 나는 '사정변경의 원칙'의 발표자로 선정되었다. 그런데 아쉽게도 GRGeneral Reporter이 될 수는 없었다. 한국에서는 '공서양속' 주제의 GR을 맡도록 정해졌기 때문이다. '사정변경의 원칙'의 GR은 중국에서 맡았다.

'사정변경의 원칙'에 관하여 종합적이고 깊은 연구를 시작하고

동아시아 대회에서 발표할 세부 내용과 분량은 제한되어 있다. 그리고 세부 내용도 약간만 조사하면 충분히 답할 수 있는 개략적인 것이어서, 그 대회의 발표를 위해서 깊은 연구까지 할 필요는 없었다.

그렇지만 나는 어느 구석에라도 모르는 점이 없도록 하고 싶었다. 혹여라도 내 발표와 토론이 자칫 우리나라 민법학계에 흠이라도 남길까 봐 철저하게 공부하고 정리한 뒤에 발표문을 작성하려고 했다. 그리하여 쓴 논문이 "사정변경의 원칙에 관한 현안의 정리 및 검토"이다.[2] 이 논문을 쓴 뒤 그것을 바탕으로 동아시아 대회 발표문을 작성했다.[3]

그렇게 하고 나니 적어도 국내의 논의사항 중 내가 모르는 것은 전혀 없었다. 누구라도 한국의 상황을 묻는다면 뭐든 자신 있게 답할 수 있었다. 어떤 내용의 질문이나 토론도 두렵지 않았다.

내 발표에 대해 질문은 없고

제8회 동아시아 대회는 2018. 9. 15.(토) 대만의 짜이시嘉義市 중정中正 대학에서 열렸다. 그리고 '사정변경의 원칙'은 마지막 섹션인 제4섹션에서 발표하게 되어 있었다. 나는 발표문을 중심으로 비교적 간략하게 발표했다. 그런데 발표장 사정으로 중간에 발표가 중단되었었는데 미숙하게도 그 시간을 고려하지 않고 발표 시간 종료를 알려와 시간을 조금 넘겼다.

내가 아주 철저하게 준비하여 발표했는데, 내게는 아무런 질문도 없었다. 그렇지만 그것이 불만스럽지는 않았다. 그보다는 내가 GR이었으면 각 나라의 발표자에게 발표하도록 할 사항이 여러 가지가 있었는데, 그렇게 할 수 없는 것이 아쉬웠다.

---

2 앞의 155면 이하 참조.
3 이 발표문은 「민사법학」(한국사법행정학회, 2018), 제185권, 569면-583면에 "사정변경의 원칙〈대한민국에서의 모습〉"이라는 제목으로 수록되었다.

나는 발표 외에는 조용히 있기로 하고

나는 제7회 대회에서와 달리 제8회 대회에서는 내 발표 외에는 질문 등을 하지 않고 조용히 있을 심산이었다. 내 발표로 '사정변경의 원칙'에 관한 우리나라의 상황은 부족함이 없이 알려졌을 것이고, 내 역할은 그것으로 충분했다. 다만, 다른 섹션에서 2중매매의 유효 여부에 관한 한국 판례에 대하여 우리 발표자의 답변이 오해를 줄 수가 있어서 오해를 바로잡기 위해 말을 했을 뿐이다.

재미있는 것은 제7회 대회 때 일본에서 한 마디도 말하지 않고 조용히 있던 일본의 도가우찌 교수가 마치 작심이라도 한 듯 길게 질문을 했다. 제7회 대회에서의 모습과 너무나 대조적이어서 놀랐다.

4. 민법을 알기 쉽게 만드는 작업에 참여

내가 이화여대에 재직하면서 외부 활동으로 열심히 한 일이 두 가지가 있다. 그중 하나가 민법을 알기 쉽게 만드는 작업에 참여한 일이다. 그동안 법무부나 법제처는 민법을 알기 쉽게 고치기 위하여 많은 노력을 기울였다. 그리고 그 결과로 여러 차례 민법 개정안(또는 개정시안)이 만들어졌다. 그런데 아직도 민법은 알기 쉽게 고쳐지지 않았다.

민법을 알기 쉽게 고친 개정안(또는 개정시안)이 언제, 어디에서 마련되었는지는 내 저서인 「민법전의 용어와 문장구조」(박영사, 2018), 7면 이하에 소개되어 있다. 그리고 그 단계 가운데 내가 참여하여 내용 확정에 크게 영향을 준 적이 있다. 그에 대한 세부 내용을 여기서 자세히 적기는 어려워, 내가 크게 영향을 준 두 가지 작업만을 간략하게 소개하기로 한다.

법무부는 2018. 7. 14. 그 산하에 '알기 쉬운 민법 만들기 특별분과위원회'를 구성하였다. 나는 이 위원회에 위원으로 참여하여 논의를 주도했다. 이 위원회가 마련한 민법 개정시안은 논의 끝에 법제처에 제출되지 않았다.

법제처는 2013. 6. 13. '민법 알기 쉽게 새로 쓰기 자문위원회'를 구성했다. 법제처는 내게 그 위원회의 위원장을 맡도록 하고, 위원 중 법학 교수는 나보고 선정하라고 했다. 나는 능력, 나이, 학교 등 여러 가지 사정을 고려하여 위원을 선정하였다. 이 위원회 일이야말로 내가 최선을 다하여 한 것이며, 그 과정에서 많은 연구를 했고, 수많은 결실을 냈다. 그 위원회에서 마련한 정비안은 개정안 마련에 참고하도록 법무부로 보내졌다.

그 후 법무부에서는 두 차례나 새로 위원회를 구성하여 민법 개정안을 마련했으나, 국회에서 모두 폐기되었고, 그래서 아직도 민법이 알기 쉽게 개정되지 못했다. 안타까운 일이 아닐 수 없다.

5. 2009년 민법개정 작업에 참여

내가 외부 활동 중 열심히 한 것 또 하나는 2009년 법무부 민법개정위원회에 참여한 일이다. 2004년 민법 개정안이 국회에서 심의되지 못하고 폐기되자, 법무부는 2009년에 민법개정위원회를 구성하여 민법 개정안을 마련하게 했다. 나는 그 위원회가 2009년에 구성될 때부터 2014년 2월에 활동을 종료할 때까지 그 위원회의 위원 및 분과위원장으로서 개정 작업에 매진했다. 내가 분과위원장을 맡은 분야는 항상 중요한 문제가 있는 것들이었다.

내가 2009년 민법개정위원회에서 맡은 분과와 그 연구주제는 다음과 같다.

2009년 제1기 민법개정위원회 4분과 위원장. 시효

2010년 제2기 민법개정위원회 2분과 위원장. 채무불이행·담보책임·해제

2011년 제3기 민법개정위원회 4분과 위원장. 채무불이행·담보책임·해제

2012년~2013년 제4기 민법개정위원회 3분과 위원장. 담보책임·채권자취소권 등

2009년 민법개정위원회에 참여하여 활동한 기간은 4년여에 이른다. 그리고 분과위원장까지 맡았던 나는 매월 3~4회 정도씩 회의를 했다. 회의 준비도 만만치 않았다. 그 작업에 쏟은 노력이 대단했음을 알 수 있다. 그 기간에는 다른 연구를 하기가 어려웠다. 그 후에 가끔 '민법개정 작업에 참여하지 않고 다른 연구를 했으면 어땠을까? 다른 연구실적을 많이 쌓았을 텐데…'하는 생각이 들곤 했다.

6. 곽윤직 교수님 책을 승계하지 못한 죄송함

(1) 곽 교수님 저서와의 밀접한 관계

1981년 내가 서울 법대 유급 조교(민법 분야)로 선발되어 곽 교수님의 판례교재 작업을 돕도록 정해진 이래, 나는 곽 교수님 업무에 관한 한 공식적인 것뿐만 아니라 교수님이 원하시는 사적인 것까지 열심히 도와드렸다. 그 일은 내가 경찰대학의 전임강사가 되고, 이화여대로 옮긴 뒤에도 계속되었다. 많은 경우에는 교수님이 내게 도와드릴 업무를 알려주셨지만, 내가 스스로 업무를 찾아서 도와드리는 일도 잦았다. 도와드리는 일이 힘들어도 존경하는 교수님을 위한 것이어서 즐겁게 열심히 했다. 내가 마치 가

신家臣 같았다.

교수님이 여러 저서, 특히 교과서를 개정하는 때에는, 나는 본부 보직 수행 등 특별한 사정이 있는 경우를 제외하고는, 처음부터 끝까지 도와드렸다. 먼저 추가할지를 검토해야 할 새 판례들을 찾아 그것이 어떤 내용의 것이고, 책의 어느 부분에 추가해야 하는지 등을 메모하여 가져다드렸다. 그리고 교정, 색인 작성 등 부수적인 작업도 했다. 교정을 보면서 어느 부분의 표현을 어떻게 바꾸는 것이 좋을지 의견을 드리기도 했다.[4] 책에서 한자를 줄이면 좋겠다고도 했다. 아마도 곽 교수님의 여러 책 중 교과서들은 신정판의 일부와 신정 수정판의 거의 전부를 개정할 때 내가 도와드렸던 것으로 생각된다.

한번은 이런 일이 있었다. 1995년 1월 곽 교수님의 「채권각론」 신정판을 펴낼 때이다. 내가 곽 교수님의 개정원고 중 판례를 잘못 설명하신 곳을 두 군데 발견해서 알려드렸다. 좀처럼 실수하지 않으시는 곽 교수님께서 크게 놀라셨다. 그리고 내게 아주 고마워하시면서 특유의 충청도 말투로 "송 교수가 1등 공신이여."라고 하셨다.

곽 교수님의 책들과 나의 관계를 박영사에서도 잘 알고 있어서 곽 교수님 책에 대하여 질문이 박영사로 들어오면 곧바로 내게 가져왔다. 곽 교수님께 드려도 내게 올 것을 알고 있었기 때문이다. 때로는 내 강의를 듣는 제자나 외부의 독자가 곽 교수님의 특정한 견해에 의문을 제기하면서, 그런데도 왜 그 견해를 취하시는가를 내게 묻기도 했다. 나는 '내가 곽 교수님이 아닌데, 왜 내게 묻는가?'라고 하면서 내 추측을 말하기는 했다. 나는 곽 교수님의 교과서 개정에 관하여 하나의 철칙이 있었다. 그것은 논리적으로 문제가 없고 의견 선택의 문제인 경우에는 곽 교수님께 내 의견을 말

---

4 내가 드린 의견에 따라 고친 문장을 그 뒤에 나는 내 책에는 사용하지 못하고 있다. 내 아이디어이기는 하나 곽 교수님의 책에 이미 사용되어, 비록 나라도 똑같이 표현하는 것이 저작권법상 적절하지 않기 때문이다. '최선의 문장은 오직 하나'라고 믿는 나로서는 안타까운 일이다.

쓸드리지 않는 것이다. 곽 교수님의 의견은 그분의 선택이므로 내가 관여할 것이 아니기 때문이다.

곽 교수님과 관련하여 도와드린 다른 일들도 많았다. 그 예로 곽 교수님에 관하여 언론사 등에서 인터뷰 등을 요청하면 내게 먼저 스크린을 받게하였다. 또 간단한 내용은 나보고 알려주라고 하셨다. 그런가 하면 외부에서 곽 교수님께 시험 출제위원을 부탁드리면, 당신은 어렵다고 하면서 내게 부탁을 하라고 하신 적도 있다.

곽 교수님의 일을 도와드릴 때는 그 일을 내 일보다 우선적으로 처리했다. 그래서 내가 학기말 시험을 마치고 채점을 해야 할 때도, 곽 교수님을 도와드려야 하면, 내 채점은 곽 교수님 업무를 마친 뒤로 미뤘다. 내가 아무리 아프거나 바빠도 그랬다.

(2) 곽 교수님의 책 승계에 대한 곽 교수님의 의도

최초의 의견

2000년 무렵이었던 것 같다. 나는 매년 그랬듯이 그해 1월 1일 오후 2시 내지 3시에 곽 교수님 댁에 세배를 드리러 갔다. 민사판례연구회의 핵심 회원들도 그 시간에 인사를 왔다. 거기서 담소를 나눈 뒤 다른 분들이 일어나기에 나도 같이 일어났다. 그랬더니 곽 교수님께서 나보고 잠깐 남으라고 하셨다. 나는 다시 자리에 앉았다.

곽 교수님은 내게 교과서, 「민법개설」, 「부동산등기법」, 「상속법」 등 당신의 모든 저서의 절반을 나더러 맡아서 이어가라고 하셨다. 나와 어느 분의 둘에게 나누어 맡길 요량이셨던 것 같다. 그런데 내게 맡기실 책에 곽 교수님이 특히 많이 연구하셔서 가장 중요하게 여기는 「물권법」도 포함되어 있었다.

나는 아무 대답도 하지 못했다. 무척이나 영광스러운 일이었으나, 여러 걱정이 함께 떠올랐다. 곽 교수님의 그런 말씀을 한 번도 생각지 못한 것은 아니었지만, 막상 의견을 들으니 얼떨떨하고 머리가 멍했다. 나는 어정쩡한 상태로 곽 교수님의 말씀을 더 듣고서 교수님 댁을 나왔다. 교수님이 아직 정정하시니 금방 결정해야만 할 것 같지는 않았다.

두 번째의 의견

곽 교수님으로부터 저서 승계에 대해 처음 의견을 들은 지 만 1년이 지난 때였다. 그해에도 역시 1월 1일 오후 2시가 지나 곽 교수님께 인사를 갔다. 교수님 댁에 나 혼자 남았을 때 교수님이 저서 승계 말씀을 꺼내셨다. 당신의 저서 전부를 내가 맡아서 쓰라고 하셨다. 그사이에 어떤 사정이 있었는지, 왜 마음이 바뀌셨는지 다른 말씀은 없었다. 그러면서 곧 교수님의 아드님을 만나게 하겠다고 하셨다. 인세 문제를 생각하신 듯했다.

나는 그때도 듣고만 있었다. 교수님의 의견이 또 바뀔 수도 있고, 나로서는 여러 사정상 선뜻 교수님 뜻을 따를 수도 없었다. 나는 심정적으로 — 대단히 죄송하지만 — 부정적이었다. 그래도 교수님이 강하게 하라고 하시면 어려움을 무릅쓰고 해야 할 것으로 생각했다.

내가 소극적이었던 이유

곽 교수님처럼 훌륭한 학자의 저서를 승계한다는 것은 더없이 영광스러운 일이었다. 그런데도 내가 적극적으로 그러겠다고 말씀을 드리지 못한 이유는 여러 가지이다.

첫째로, 내가 승계하여 수정·보완한 것이 개선이 아니고 개악改惡이 될까 봐 대단히 불안했다. 곽 교수님은 저서의 승계가 흔한 독일에서 렌트Lent의 「물권법」을 쉬밥Schwab이 고쳐 쓴 것이 개악으로 평가받는다는 말씀을 하신 적이 있다. 교수님의 그 말씀이 문득 떠올랐다. 그리고 만일의 경우 곽 교수님의 좋은 책을 내가 버리게 해서는 안 된다고 생각했다.

둘째로, 당시에 나는 정말 시간이 너무나 부족했다. 이화여대에서 본부 보직을 하고, 또 법대 평가, 법전원 인가신청 등 보직이 아니지만 내가 중요한 역할을 해야 하는 일이 많았다. 그런 일에 내가 꼭 필요했고, 그리하여 안 할 수가 없었다. 그런 상황에서 곽 교수님의 책들을 승계하게 되면 부실한 보완을 피하기가 어려웠다. 우선 그 일 자체를 할 시간이 없었다.

셋째로, 내 이론이 어느 정도 정립되어, 만약 곽 교수님의 책을 이어받을 경우 어떻게 정리해야 할지도 난감했다. 나는 성격상 나의 학문적 소신과 다를 때에는 곽 교수님의 의견이라도 그대로 수용할 수가 없었다. 더구나 내가 「민법강의(상)」, 「민법강의(하)」를 출간한 뒤에는 내 의견이 굳어져서 승계가 매우 곤란했다.

마지막으로는, 그럴 일은 없겠지만, 혹시라도 인세 때문에 분란이 생길까 봐, 피하고 싶었다. 실제로 그 무렵 법학의 어떤 책에 관하여 경제적인 문제가 발생한 적이 있다고 곽 교수님이 말씀하시기도 했다.

(3) 곽 교수님이 다른 방법을 찾으시다

곽 교수님이 마음을 접으시고

방금 언급한 이유들 때문에, 나는 곽 교수님께 저서 승계에 관하여 가타부타 말씀을 드리지 않았다. 그러면서 교수님이 다시 말씀을 하시면 그에 맞출 생각이었다. 즉 내게 명시적으로 바빠도 책을 맡으라고 하시면 그렇게 해야 할 듯했다.

그 뒤 곽 교수님은 2~3개월에 한 번씩 나와 다른 제자 둘을 만나 함께 식사를 하셨다. 그런데 내가 너무 바빠 그 모임에 가지 못한 적도 많았다. 그랬더니 한번은, 다른 제자가, 곽 교수님께서 내가 모임에 꼭 나왔으면 한다면서 일정을 알려왔다. 그 자리에서 교수님은 내게 "지금, 바쁘지?"라고 물으셨다. 나는 실제로 그랬기에 "네"라고 답하였다. 나중에 생각해보니, 그

물음이 내가 교수님 책을 쓸 시간이 있는지를 최종적으로 알아보시기 위한 것이었다.

그 얼마 뒤 박영사에서 곽 교수님의 교과서를 서울대 김재형 교수(당시)가 이어받기로 했다고 알려주었다.

무척이나 죄송한 마음

곽 교수님께 나는 항상 내 의견을 분명하게 말씀드렸다. 그것을 곽 교수님도 잘 알고 계셨다. 그런데 유독 곽 교수님의 저서 승계 문제에 관하여는 내 뜻을 명백히 밝히지 않았다. 위에서 여러 번 언급한 것처럼, 나는 저서 승계에 대해 소극적으로 생각했는데, 그렇더라도 교수님이 억지로라도 하라시면 그리 해야겠다는 입장에 있었기 때문이다.

시간이 지날수록 교수님도 내 뜻이나 사정을 이해하셨던 것 같다. 그리고 간접적으로 내 의사를 확인해보시고 다른 결정을 하신 것으로 보인다. 내가 교수님 뜻을 받들어 적극적으로 나서지 못한 것이 무척이나 죄송스럽다. 그렇지만 여러모로 훌륭한 김재형 교수가 교수님의 교과서를 승계하게 되어 크게 위안이 되었다.

7. 곽윤직 교수님에 대한 추모사

은사이신 곽윤직 교수님은 2018년 2월에 타계하셨다. 교수님이 창립하신 민사판례연구회에서는 윤진수 회장님이 그다음 해인 2019년에 발행될 「민사판례연구 제41권」(박영사)을 곽 교수님의 추모호追慕號로 발간할 계획을 세우고, 거기에 곽 교수님을 평소 가까이에서 모셨던 몇 분에게 추모사를 부탁하셨다. 그 명단에 나도 포함되어 있어서 나는 추모사를 써 보냈고, 그 글은 「민사판례연구 제41권」에 수록되었다. 내가 쓴 추모사를 여기에 옮겨 적기로 한다.

[곽윤직 교수님 추모사]

제게는 영원한 등불이신 후암(厚巖) 선생님

송덕수(이화여자대학교 법학전문대학원 교수)

제가 후암 선생님의 별세 소식을 처음 접한 것은 프랑스 파리에서였습니다. 오래전에 준비된 출장으로 숙소에 도착하여 짐을 풀고 막 잠을 자려던 때였습니다. 저는 가슴 한쪽이 무너져 내리는 듯했습니다. 꽉 짜인 일정 때문에 귀국을 할 수도 없어서 더욱 그랬던 것 같습니다. 서글픔에 뜬눈으로 밤을 지새웠습니다. 그리고 출장 기간 내내 선생님과 관련된 일만 생각났습니다.

저는 선생님의 생애 중 일정 기간 동안에는 학교와 학문적인 생활 측면에서 선생님을 가장 가까이에서 모셨습니다. 저는 그 부분에서는 제가 마치 선생님의 가족과 같다는 생각을 할 정도였습니다. 그 점에서 보면 제가 선생님의 추모의 글을 쓰는 것이 적절해 보이지 않습니다. 그래서 글 쓰는 것을 사양하려고 했습니다. 그러나 한편으로 아주 가까이서 모신 사람으로서 제가 아는 선생님의 모습을 조금이나마 널리 알리는 방법으로 선생님을 기리는 것도 나쁘지 않을 것 같아서 쓰기로 했습니다.

제가 선생님과 밀접하게 인연을 맺기 시작한 것은 1981년 5월입니다. 당시 선생님의 춘추는 만 55세셨습니다. 그해 4월 서울 법대에서는 6개 과목 분야에 유급 조교를 모집했습니다. 저는 그 중 민법 분야에 응시하여 조교로 선발되었습니다. 그때 민법 조교에게 부여된 특별한 임무는 후암 선생님의 판례교재 편찬을 보조하는 일이었습니다. 그 후 저는 선생님이 구해달라는 자료를 모두 조사해드렸습니다만, 판례교재는 출판되지 않았습니다. 한편 당시 석사과정 3학기에 재학 중이던 저는 후암 선생님의 일을 도우면서 다른 교수님의 지도를 받는 것이 바람직하지 않다고 생각하여 선생님의 지도를 받겠다고 했습니다. 그 후 선생님의 지도를 받아 석사학위와 박사학위를 받았습니다. 서울 법대 제자들 중에 선생님으로부터 석·박사 논문 모두를 지도받은 사람은 제가 유일한 것으로 알고 있습니다.

1981년 5월 이후 선생님이 별세하실 때까지 저는 바로 곁에서 선생님 일을 도와드렸습니다. 특히 선생님이 1991년 2월에 정년퇴임을 하실 때까지는 제가 다른 학교에 전임교수로 있으면서도 선생님의 학교 사무까지 챙겨드렸습니다. 그리고 그 후 제가 재직 학교에서 본부 처장을 하기 전까지는 아무리 바빠도 제 일을 제쳐두고 선생님을 먼저 도와드렸습니다. 그 과정에서 저는 많은 것을 보고 배웠습니다. 저로서는 영광이고 기쁨이었습니다.

제가 선생님의 사소한 사무적인 일까지 도와드리게 된 계기가 있습니다. 1982년으로 기억합니다. 선생님께서 서울 법대 교수휴게실에 계시다가 연구실로 오셨습니다. 그리고는 힘들다고 하시면서 긴 의자에 누우셨습니다. 그런 모습을 한 번도 뵌 적이 없는 저는 놀라서 왜 그러시는지 여쭤보았습니다. 그랬더니 몸이 좋지 않은데 조금 누워있으면 괜찮아질 것이라고 하셨습니다. 저는 바로 병원에 가셔야 할 정도는 아니지만, 댁으로 모시는 것이 좋겠다고 생각했습니다. 그래서 서울 법대 78학번으로 당시 석사과정에 재학 중이면서 운전면허가 있는 백윤재 변호사(현재 법무법인 율촌)에게 선생님 승용차를 운전하게 하여 선생님을 모시고 갔습니다. 아마도 그때 선생님의 위(胃)에서 출혈이 있었던 것 같습니다. 그 며칠 후 선생님은 서울대 병원에서 위궤양을 위암이라고 오진하여 위의 3분의 2를 절제하는 큰 수술을 받으셨습니다. 그때부터 저는 필요한 일이 있을 때는 물론 그렇지 않아도 전달해 드릴 서류 등을 가지고 2~3일에 한 번씩 선생님 댁을 방문하게 되었습니다.

위 수술을 받으신 뒤에는 상당한 기간 동안 소식(小食)을 하셔야 했고, 그래서 학교에 머무는 시간도 최소화하셨습니다. 그리고 건강에 대한 염려와 함께 사모님을 비롯한 가족분들, 특히 막내 따님인 곽소영 박사의 걱정을 많이 하셨습니다. 평소에 자신감이 넘치던 모습만 뵈었던 저로서는 인간적인 친밀감이 더욱 깊게 느껴졌습니다. 그 후 건강을 완전히 회복하시어 얼마나 다행이었는지 모릅니다.

저는 경찰대학 전임강사로 가기 전까지 약 2년 반 동안 유급 조교로서 선생님의 연구실에 있었습니다. 선생님께 듣기로는 선생님은 연구실에 제자를 거의 두지 않으셨다고 합니다. 과거에 길지 않게 연구실에 두었던 고 조영래 변호사에 대해 언급을 하신 적이 있는 정도입니다. 제가 연구실을 나온 뒤에는 당시 석사과정에 재학 중이었고 후에 행정고시에 합격하여 현재 새만금개발청장으로 있는 이철우 박사(나중에 법제사로 박사학위를 받음)가 있었던 것이 마지막입니다. 제가 선생님 연구실에 있었던 때의 일입니다. 대학원생들이 저를 만나러 오면 조심스럽게 문을 두드렸습니다. 그리고 선생님이 안 계신 것을 확인하고도 연구실 안으로 발을 들여놓지 않고 쭈뼛거리며 밖에서 서성댔습니다. 잠깐 들어오라고 해도 들어오지 않았습니다. 학생들은 선생님을 존경하면서도 무척 무서워했습니다. 그런 사실을 선생님도 알고 계셨습니다. 언젠가는 선생님께서 웃는 얼굴로 "학생들이 내게서 찬바람이 난다고 한단다."고 말씀하신 적도 있습니다.

선생님과 가깝게 지내신 분들은 아시는 일이지만 선생님은 가까운 사람에게는 무척 친절하고 많은 것을 베풀어주시는 분입니다. 저는 그런 혜택을 남달리 많이 받은 것 같습니다. 제가 석사과정을 마치고 박사과정에 들어가기 전의 어느 날, 당시 전남대 교수로 계시던 고 정옥태 교수님이 제게 막무가내로 이력서를 보내달라고 했습니다. 그런데 알고 보니 선생님이 위 수술을 받으시느라고 입원하고 계시던 중에 정 교수님 등의 제자들에게 저를 빨리 취직시켜주라고 하셔서 그런 일이 생겼었다고 합니다. 그런가 하면 그 후 경찰대에서 제게 교수로 와달라는 요청을 했는데, 그러면서 당시 교수부장을 맡고 계셨던 분이 제 스승이신 선생님께 감사 인사를 드리고 싶다고 하여 찾아뵌 적이 있습니다. 그 자리에서 선생님께 여러 번에 걸쳐 경찰대에서 특강을 해 달라고 부탁을 드렸고, 저 때문에 청을 거절하지 못한 선생님은 경찰대에 가셔서 몇 차례 특강을 하셨습니다. 제자를 아끼는 마음에 평소에 하지 않으시던 특강까지도 하셨던 것입니다.

선생님께서는 제자들에게서 대접을 받는 것이 다반사이던 예전에도 대접을 받기는커녕 오히려 기회가 있을 때마다 베풀어주셨습니다. 선생님은 충남 연기군(현재 세종시 부근)에 농장을 가지고 계셨는데 제가 연초에 인사를 갈 때면 농장에서 가져온 사과를 한 보따리씩 싸주셨습니다. 그리고 영국 여행을 하셨을 때는 런던 해러즈 백화점에서 제게 주실 고가의 넥타이뿐만 아니라 제 처에게 주시려고 향수를 사오시기도 했습니다. 또한 자주 하이야트 호텔의 아카사카라는 레스토랑에서 식사를 사 주시기도 했습니다.

선생님은 관직 등에 눈길 한 번 주지 않으셨음은 물론이고 교내 보직에 대해서도 무관심하셨고 오로지 학문에만 열중하셨습니다. 그리고 법학을 처음 공부하는 학생에서부터 재판을 하는 판사나 변호사 등의 법조인도 필수적으로 보아야 하는 교과서에 소명 의식을 가지고 심혈을 기울이셨습니다. 그 결과 박병호 교수님께서 '곽윤직 민법학'이라고 극찬하시는 민법학의 금자탑을 이루셨습니다. 선생님이 그렇게 하시는 데 제가 미력이나마 도움을 드렸다는 것이 자랑스럽습니다.

선생님의 재산법 분야의 교과서는 전정판, 재전정판, 신정판, 신정수정판 등 여러 판으로 변해왔습니다. 그중에 저는 신정판과 신정 수정판 책 거의 전부의 개정을 도와드렸던 것으로 기억됩니다. 선생님이 교과서의 개정을 하시려고 하면 저는 우선 해당 부분의 판례를 모두 찾아 하나씩 복사하여 그 판례의 주요 논점과 책의 어느 부분에 어떻게 쓰여야 할지를 메모해서 드리고 그 밖의 수정 필요사항도 적어 드렸습니다. 저는 제 일로도 무척 바빠서 항상 시간에 쫓겼지만, 그래도 만족해하시는 선생님을 뵈면서 힘든 걸 잊었습니다. 선생님이 상속법 교과서 초판을 내실 때에는 제가 인플루엔자에 걸렸었습니다. 그래서 고열로 도저히 일을 할 수가 없었습니다. 그런데 선생님께서 제가 그 일을 마쳐주기를 원하시는 것 같아 선생님을 실망시키지 않으려고 저는 왼손으로 머리를 만져가며 교정을 보고 색인을 만들었던 일이 생각납니다.

선생님은 우리나라 민법학과 법학 일반의 발전을 위해 세 가지 일을 하고 싶어 하셨습니다. 전문학술지, 민법 주석서, 법률용어 사전의 발간이 그것입니다. 그 가운데 민법 주석서는 ― 비록 친족상속편은 빠졌지만 ― 민법주해라는 이름으로 발간되었습니다. 전문학술지 발간에 대해서는 깊이 있게 가능성 검토를 했습니다. 제가 학술연구진흥재단(현재의 한국연구재단)에 가서 민법 전공 학자들의 명단을 뽑은 뒤 수준 높은 논문을 쓸 수 있는 분들이 얼마나 되는지 구체적으로 조사하기도 했고, 한국민사법학회 학술대회에 가서 회원들을 상대로 설문조사를 하기도 했습니다. 선생님은 학술지를 계간으로 발간한다 해도 좋은 논문이 최소한 2년분에 실릴 정도로 필진이 확보되어야 한다는 생각을 하셨습니다. 그런데 당시 조사 결과 그 정도로 확보하는 것이 어렵다고 판단되어 그 일의 추진을 중단했습니다. 그리고 법률용어 사전의 출간은 쉽게 할 수 있는 일이라고 하시며 구체적으로 시작을 하지 않으셨습니다.

선생님이 민사판례연구회에 대해 가지신 애정은 익히 아시는 바와 같습니다. 제가 민사판례연구회에 처음 들어간 것은 1988년입니다. 당시 월례회는 을지로 5가에 있는 국립의료원 내 스칸디나비안 클럽에서 가졌습니다. 항상 그렇듯이 회원들은 각자 식사비인 회비를 내고 식사를 했으나, 그 후 가볍게 한 잔씩 했던 맥주는 언제나 선생님이 사셨습니다. 그리고 매년 여름 휴가철에 열린 하계 심포지엄에서 '회장 초청 만찬'을 베풀어주셨습니다. 핵심 회원들 사이에서는 선생님의 누적 지원액이 억대가 훨씬 넘었을 것이라고 추산하곤 했습니다. 그런가 하면 선생님께서 하계 심포지엄을 준비하는 과정에서 보여 주신 철저함은 상상을 초월합니다. 1982년 5월경 그해 7월 말에 내장산관광호텔에서 개최될 제5회 하계 심포지엄을 준비할 때의 일입니다. 그해에는 간사를 맡으신 분이 사전 답사를 가기가 어려워 선생님께서 직접 가시기로 했습니다. 선생님은 제게 같이 가자고 하셨습니다. 선생님은 전주로 가서 당시 전북대 교수이셨던 제자 정재길 교수님의 소개로 심포지엄에 버스를 대여해 줄 분을 만나시고, 주변 관광지를 둘러보신 뒤, 내장산관광호텔에 가서 대회장을 돌아보시고 나서 직접 하루를 묵으며 살펴보셨습니다. 그 심포지엄이 아무런 차질 없이 진행되었음은 물론입니다.

선생님의 교과서가 민법 재산편 전체에 걸쳐서 쓰인 것인 만큼 민사판례연구회의 월례회에서 선생님의 견해에 대해 논의가 나오는 것은 불가피한 일입니다. 그리고 발표자가 항상 선생님의 의견과 일치할 수는 없습니다. 그리하여 드물지만 선생님의 견해를 비판하는 일도 생겼습니다. 그런 경우에도 선생님은 거기에 대해 반론을 하기는커녕 비판에 초연하셨으며 매우 중립적으로 진행만 하셨습니다. 저는 그러한 모습을 보고 사회자의 의무를 다시 생각하게 되었고, 선생님을 더욱 우러러보았습니다. 그런데 다른 한편으로 선생님의 진의가 궁금하기도 했습니다. 다행히 저는 선생님의 의견을 들을 수 있었습니다. 월례회를 마치면 선생님은 서울역에서 기차를 타셔야 하는 서민 교수님과 차가 없는 저를 승용차에 태워 서울역까지 데려다주셨습니다. 그 차 안에서 그날 발표에 대한 선생님의 솔직한 생각을 말씀해주셨습니다. 그것은 비판이라기보다는 논평에 가까운 것이었습니다. 제게는 제2단계의 교육이었습니다.

선생님은 아끼는 제자들과 여행하고 식사하는 일을 즐기셨습니다. 공주를 거쳐 유성에 가서 하루를 묵기도 하시고 부산에 가서 여러 날 머물기도 하셨습니다. 여행은 대체로 저와 서울대 남효순 교수, 이대 정태윤 교수와 함께 했고, 현지에서 서민 교수님(유성)이나 이주홍 변호사님(부산) 등이 합류하여 즐거운 시간을 보내기도 했습니다. 그 비용은 모두 선생님이 부담하셨습니다. 선생님 댁에 산목련이 활짝 핀 봄날 선생님이 저희를 댁으로 초대하여 마당에서 아이스와인을 마시며 담소를 즐기시던 일은 오랜 시간이 지난 지금도 기억이 생생합니다. 저희가 나이가 든 뒤에는 때로 저희 세 제자가 선생님과 박병호 교수님을 모시고 식사를 하기도 했습니다. 그 행복했던 시간들은 저희 모두에게 오랫동안 잊히지 않을 것입니다.

저는 선생님의 교수 생활 말기에 선생님을 바로 옆에서 도와드리면서 선생님이 쓰신 논문을 모두 찾아서 찬찬히 읽고 음미했습니다. 그리고 선생님 논문이 어떤 문헌의 영향을 많이 받았는지 생각해보기도 하고, 선생님이 글에서 밝히시지는 않았지만 내심의 생각은 어떠하신지 궁금하여 여쭤보기도 했습니다. 그러면서 책과 논문 외적인 공부도 많이 했습니다. 또한 선생님의 생활 태도도 직접 접하면서 사람이, 특히 학자가 어떻게 처신해야 하는지에 대한 생각도 정립할 수 있었습니다.

저는 논문이나 책을 쓰다가 입장을 결정하기 어려운 지점에 이르면 눈을 감고 선생님이시라면 그 문제에 대해 어떻게 판단하셨을까 혼자서 질문을 던지곤 했습니다. 그러면 마치 어둠 속에 밝은 등불이 비치듯 길을 찾을 수 있었습니다. 선생님이 제게는 학문적인 등불이셨던 것입니다. 그리고 선생님은 제 인생사의 귀감이시기도 합니다. 선생님은 떠나셨지만 제게는 제 앞길을 비춰주는 등불로, 인생사적 스승으로 영원히 살아 계십니다.

천국에서도 먼저 간 아끼는 분들에게 많은 것을 베풀어주고 계실 선생님의 명복을 두 손 모아 빕니다.

8. 이화여대 안에서 한 특별한 활동

(1) 서설

내가 이화여대 전임교수로 근무한 기간은 만 33년이다. 그 기간 동안 나는 교수의 일상적인 업무인 연구와 강의 외에도 여러 가지 활동을 했다. 그중에는 보직 또는 그와 유사한 활동도 적지 않았다. 아래에서는 내가 이화여대 안에서 행한 특별한 활동 몇 가지에 대해서 적으려고 한다.

(2) 고시반 지도교수

고시반 지도교수를 맡고

내가 이화여대에 전임교수로 처음 임용된 1988년에는 이화여대에 법과대학이 따로 없었고 법학과는 법정대학의 한 학과로 되어 있었다. 그리고 법정대학에는 고시반이 두어져 있었다.

이화여대 법정대학에서는 내가 이화여대로 간 지 채 1년도 되기 전인 1989년 3월부터 내게 고시반 지도교수 일을 맡겼다. 이화여대에서 고시반 지도교수는 정식 보직이 아니고 단과대학 내의 임의의 직책이었다. 그래서 평가나 수당 등에서 의미 있는 대우를 받지도 못했다.

그렇지만 나는 그런 점에 아랑곳하지 않고 고시반 지도교수 일을 열심히 했다. 고시반이 잘 정비되어있는 한양대 등을 방문하여 살펴보고 정보도 수집한 뒤, 이화여대 고시반의 발전 방안을 수립하고 실행했다. 이화여대의 고시반 예산은 학교의 지원이 거의 없어서 미미한 상태였다. 그래도 가능한 범위 안에서 특강을 실시하고, 입실시험의 수준도 높였다. 철저하게 관리할 조교도 뽑아 고시반을 철저하게 관리했다. 국민대 안경희 교수, 단국대 최성경 교수는 나를 도와 고시반을 관리한 조교 출신이다.

지도교수로서 달성한 성과

내 나름대로 열심히 했지만, 단기간에 성과를 장담할 수는 없었다. 그런데 운이 좋았는지 내가 고시반 지도교수가 된 1989년에 사법시험 1차시험에 3명이 합격하고, 그다음 해에 2명이 최종 합격했다. 그리고 1990년에는 1차 합격자가 6명이었고, 1991년에는 그들 중 5명이 최종 합격하면서 한 사람은 전체 수석합격을 했다.

그때까지 이화여대 출신 사법시험의 합격자는 열 손가락에 꼽힐 정도였고, 합격자가 연이어 나오기는커녕 듬성듬성 나오고 있었던 터라, 그야말로 쾌거였다. 마치 내 덕인 듯 보였다. 그 후에도 끊이지 않고 합격자가 이어졌다. 그리고 합격자가 점점 늘더니 전체 대학 중 5위를 안정적으로 차지했고, 4위를 넘보는 상황이었다. 이화여대 법대가 어느새 명문 법대로 변해 있었다. 그러다가 법전원 제도로 바뀌었다.

고시반 지도교수를 계속하고

나는 고시반 지도교수를 법전원 원장 겸 법대 학장을 할 때까지 계속했다. 다만, 본부 보직을 할 때는 지도교수 활동이 불가능하여 잠시 다른 교수가 맡았다. 초기에는 오랫동안 나 혼자서 지도교수를 하다가, 후기에는 내가 총괄 지도교수를 맡고 후배 교수 1~2인이 학생들을 밀착하여 지도했다.

고시반 지도교수 일은 보람이 있어

고시반 지도교수 업무는 많은 노력을 요하면서도 외부적으로 빛나는 것이 아니다. 그렇지만 인재를 기르는 일이기에 보람이 있었다. 그래서 기꺼이 그 일을 했다. 지금도 이화여대에서 공부했던 사람들이 사회에서 법조인으로 활발히 활동하는 것을 보면 대견함을 느낀다.

나는 지도교수를 할 때 적은 예산과 기부금을 적재적소에 효율적으로 사용했다. 때로는 형편이 어려운 졸업생에게 금전적으로 지원을 하기도 했다. 그러면서 나는 학생들에게 학교의 지원을 받은 것을, 장차 성공하면 학교와 후배들을 돕는 방법으로 갚으라고 머리에 심어줬다. 그래서인지 실제로 후원금 지급이나 공부 지도 등 여러 방법으로 도와준 경우도 많다. 그중에 하나만 들어본다.

어느 해에 검사로 임용된 졸업생 1인이 봉급을 쪼개 고시반으로 상당한 액수의 금전을 보내왔다. 고시반에서 공부하는 학생들을 도와주라는 것이다. 나는 무척 고맙게 생각하면서 세금 혜택을 받을 수 있도록 기부금 처리를 해 주겠다고 했다. 그랬더니 그것은 원하지 않는다고 했다. 기부금 처리를 할 경우 사용 목적과 대상에 제약을 받아 적절하게 사용되기가 어려움을 알고 있었기 때문이었다. 나는 그 기부금을 기부자의 뜻에 맞게 적절하게 사용하도록 했다. 이 얼마나 아름다운 일인가!

스승의 날 이벤트로 식사도 하고

2016. 5. 16. 이화여대 홍보팀에서 연락을 해왔다. 이번 스승의 날을 맞이하여 홍보팀에서 '스승의 날: 사랑하는 교수님과 점심 한 끼' 이벤트를 실시했단다. 그리고 그동안 표현하지 못했던 교수님에 대한 감사하고 존경하는 마음을 담은 댓글 중에 가장 특별하고 소중하다고 생각되는 몇 명의 학생들과 교수님의 사연을 선정했는데, 나에 대한 감사의 마음을 전한 김근영(구명 김정주) 학생이 이벤트 당첨자로 선정되었다는 것이다. 그에 따라 5월 내에 김근영 학생과 나의 간단한 식사 자리를 마련하겠다고 했다. 그러면서 참고하라고 김근영 학생의 댓글을 보내주었다. 그 댓글의 요지는 다음과 같다.

'김근영 학생이 이화여대에 입학한 후 법에는 흥미를 느끼지 못하고 다시 수능을 쳐서 의대에 가려고 했는데 친구를 따라 우연히 들어갔던 내 특강 수업에서 나를 처음 보았고, 논리적인 강의에 민법에 마음을 빼앗겼다. 고마운 마음에 내게 쓴 편지에 김근영 학생을 교수실로 불러 내 눈은 틀리지 않는다며 꼭 훌륭한 법조인이 될 거라고 했다. 그 후 내 말 덕분에 포기하지 않고 사시 도전을 계속해서 지금은 사법연수원 2년 차이다. 스승의 날이면 내 강의 모습이 항상 떠오른다. 그때의 강의 노트가 아직도 김근영 학생에게는 보물 1호이다.'

그 뒤 홍보팀의 주선으로 이화여대 교내 식당 '닥터 로빈'에서 식사와 함께 즐거운 대화를 나누었다. 김근영 학생은 고시반에서 오래 공부했으며, 지금은 어엿한 변호사로 활동하고 있다. 이런 일도 있는데, 어찌 내가 보람을 느끼지 않을 수 있겠는가!

(3) 기획처 차장

내가 이화여대에서 본부 보직으로서 처음 맡은 것은 기획처 차장(기획 담당)이었다. 1998년 2월부터 2년간이었다. 내가 법학 교수이어서 당시의 기획처장이 내 발령을 원했다고 한다. 내 주변에 있던 교수님들은, 나에 대한 장상 당시 총장님의 의견 조회에 '일을 못한다고 할 수는 없었다.'는 등의 말씀을 하셨다는 것을 보면, 내가 보직 맡는 것을 막아주기는커녕 오히려 더 부추긴 결과가 되었다.

총장님이 내게 일을 맡기실 때 나는 완강하게 사양했다. 그런데 이미 결심이 선 터라 소용이 없었다. 다른 일을 해야 하니 어서 총장실에서 나가라고 하셨다.

기획처에서 나는 기획처의 일상적인 업무는 물론이고 대학원 학칙을 통합하는 등 규칙을 정비하고, 교육 개혁 보고서 집필을 총괄하였고, 교내의 중요 사건이 있을 때마다 의견을 보고하고 소송이 제기되면 소송 수행을 관리했다. 무척이나 힘들었지만, 업무를 잘 수행하였더니, 한번은 총장님이 나를 불러 와인 등을 주면서 격려해주시기도 했다.

(4) 학생처장 · 교무처장

모든 대학에서 비슷하지만, 이화여대에서는 특히 본부 처장의 업무가 대단히 힘들다. 그런데 나는 학생처장과 교무처장을 연이어서 하는 특별한 경험을 했다.

2004년 8월 나는 「민법강의(하)」를 집필하다가 학생처장을 맡게 되었다. 그 초기에는 집필을 마저 끝내게 해 주겠다는 신인령 당시 총장님의 언질에 따라 집필을 계속했다.

그런데 얼마 후 학생들이 총장 비서실을 점거하고, 이어서 총학생회장이 단식 농성을 했다. 내가 집에 앉아서 집필을 할 상황이 아니었다. 나는 매일 학교에 나와 밤늦게까지 있었고, 농성 문제를 해결하기 위해 백방으로 노력한 결과 한 달여가 지났을 때 학교가 정상화되었다. 그래서 이제 좀 조용히 지낼 수 있는가 싶었다. 그런데 그게 아니었다.

2005년 4월 내게 교무처장직이 맡겨졌다. 내가 결사적으로 반대해도 소용이 없었다. 교무처의 업무는 상상할 수 없을 정도로 많았다. 게다가 대학 구조개혁으로 학과 통폐합을 하게 되자 이화여대 동문들과 학생들이 합세하여 점거 농성을 벌였다. 일부 교수들도 동조했다.

구조개혁 업무는 기획처의 일이지만 총장님이 교무처장이 대응하라고 하셨다. 나는 처장실에 상황실을 차리고 매일 그 일을 챙겼다. 학생들 시위와는 전혀 다른 모습의 시위였다. 그 후 가까스로 문제가 수습되었다.

'나는 왜 이렇게 어려운 문제가 생길 때마다 그 문제를 맡아서 처리해야 하는가?' 이런 문제가 생길 때마다 내게 든 의문이었다.

나는 기획처 차장을 하면서 기획 업무와 함께 예산에 대해서도 살펴보았고, 그 뒤에는 학생처장을 하면서 학생지도라는 결코 경험해보기 어려운 업무를 담당했으며, 또한 학교의 가장 중요한 업무 부분인 교무처의 업무도 맡았었다. 진귀하게도 기획처, 학생처, 교무처 일을 모두 수행해 본 것이다. 그리하여 대학이 돌아가는 메카니즘에 익숙해진 것은 말할 것도 없고, 어떻게 대학을 운영해야 하는지를 알게 되었다.

(5) 법학과 평가 책임자, 법전원 인가신청 시 기획단장

법학과 평가에 중심적인 역할을 맡고

나는 법정대 또는 법대에서 오랫동안 고시반 지도교수를 맡아온 것 외에, 2000년에는 1999 한국대학교육협의회 법학과 평가에 임하여 총괄 책임 및 평가보고서 집필위원장을 맡았다. 이것 역시 정식 보직이 아니었다.

나는 이화여대가 시설이나 규모 등 여러 면에서 유수한 법대에 뒤지지만, 가능한 재원 아래에서 최선의 평가를 받도록 대내외적으로 활동을 했고, 또 프로그램 실행 등을 충분히 부각해서 평가에 유리하도록 평가보고서의 완성도 증진에 크게 힘썼다. 그 결과 전국 79개 대학에서 최우수 대학(11개)으로 선정되었다. 점수로는 100점 만점에 98.6점을 얻어 전국 1위였다. 이화여대 법대가 확실하게 두각을 나타낸 것이다.

법학계 일부에서는 이대가 1위를 차지한 평가 결과를 믿지 않으려 했다. 그런데 그로부터 1~2개월 후에 행해진 중앙일보 법학 분야 평가에서 이화여대는, 전체 순위를 내지는 않았지만, 여러 부문에서 1위 또는 최상위를 점하여 사실상 1위를 차지했다. 중앙일보도 그 평가 결과를 종합하여 법과대학이 종래의 서울대·고려대·연세대·한양대·성균관대라는 국내 법대 '빅5' 체제를 깨고 '빅6'의 체제를 이뤄냈다고 보도했다.

이러한 중앙일보의 평가까지 나오자 법학계는 이화여대의 존재를 확실히 인정할 수밖에 없었다. 중앙일보 평가 때에도 이대 법대의 준비 책임자는 나였다. 이러한 대교협과 중앙일보의 평가 결과는 이화여대가 법전원을 인가받는 데에도 긍정적인 영향을 미쳤을 것으로 본다.

법전원 인가신청에서도 중요한 역할을 맡아

법전원 인가신청 때에는 나는 준비단의 기획단장을 맡았다. 그래서 인가신청 전체를 기획하고 각각의 업무를 담당할 교수들을 선정하여 업무를 하게 했다. 많은 시간 회의와 의논을 해가며 인가신청서를 쓰게 하고 실사實査 준비를 하게 했다.

그 결과 이화여대는 법전원의 설치 인가를 받았다. 이화여대가 받은 100명 정원은 이화여대의 잠재적인 능력과 최근의 평가에 비추어 볼 때 불충분한 것이었지만, 여자대학으로 대형 법전원을 설치할 수 있게 된 점은 고무적이다.

(6) 법학전문대학원장·법과대학장

나는 2010년 8월부터 2년간 법전원장과 법대 학장을 했다. 그때는 우선 설치된 지 얼마 되지 않은 법전원의 토대를 단단히 쌓아야 했다. 그래서 교수들로 여러 목적의 위원회를 구성하여 필요한 프로그램을 만들어 실행했다. 그리고 법전원의 자체 평가와 본 평가에 미리 대비하게 했다.

한편 기존에 입학한 재학생만 있고 새로 입학생을 선발하지 않은 법과대학의 순조로운 마무리를 위해 여러 가지를 세심하게 조율하고, 법과대학생과 법전원생 사이에 마찰이 생기지 않도록 주의를 기울였다.

그렇게 2년간 법전원장·법대 학장을 했더니 토대가 어느 정도 쌓인 것 같아서 기쁘게 원장·학장 보직을 마칠 수 있었다.

(7) 학사부총장·총장직무대행

2016년 8월부터 학사부총장을 맡아

2016년 8월 나는 최경희 당시 총장의 간곡한 청으로 학사부총장을 맡게 되었다. 이대에서 학사부총장을 발령하는 일은 드문 일이었다. 최 총장은 교내의 업무는 전부 내게 맡기고, 국내외에서 대외적인 업무에 매진하려는 심산이었다.

그런데 출발부터 순조롭지 않았다. 학생들이 이화여대 본관을 점거해 농성을 하는 바람에 학교가 혼돈에 빠져들었다. 농성은 처음에는 이른바 미래라이프 대학 신설 때문이었으나, 나중에는 정유라 학생의 입시 부정과 학사에서의 특혜가 더 큰 문제가 되었다. 당시 사회에서는 대통령 탄핵까지 하게 한 시민들의 시위들도 이어졌다.

이화여대에서는 조사 후 설명회를 개최하고

정유라 학생을 비롯하여 여러 가지 문제가 제기되자 이화여대 집행부는 교무회의를 중심으로 조사에 나섰다. 그리고 그 결과를 설명회를 통해 교수·직원·학생에게 알리기로 했다. 그런가 하면 추후 학교법인에서 조사위원회를 꾸려 더 조사하기로 했다.

설명회에서 각 부분별로 조사 결과를 발표했다. 당시에 크게 문제되었던 이른바 샤넬백의 조사결과는 발표하기로 한 사람이 트라우마 때문에 너무도 힘들어해서 내가 발표했다.

그때 설명회장 밖에는 수많은 학생과 기자들이 운집해 있었다. 그리고 기자들은 본부 기획처를 통해 조사 결과를 간략하게 브리핑해달라고 강력하게 요청했다. 그에 대해서는 전혀 준비가 되어 있지 않았다. 기획처장은 총장이 했으면 했다. 그런데 참모의 반대로 총장이 브리핑하지 못하자, 내게 해달라고 했다. 나는 내용은 전반적으로 알고 있었기 때문에 브리핑을 할 수는 있었다. 기획처장은 이렇게나 많이 모인 기자들을 무시할 수는 없지 않느냐고 했다.

그래서 부득이 내가 나섰다. 그리고 핵심적인 내용을 설명했다. 그것이 내가 무수하게 비난받게 된 첫 번째 기자회견이다. 그러나 그 내용은 적어도 당시에는 이화여대 집행부가 알고 있는 그대로이다. 집행부가 알고 있던 내용은 그것이 전부이고 진실이었다. 그 뒤에는 약속대로 학교법인에 구성된 조사위원회에서 추가 조사를 했다.

한편 CBS 라디오의 요청으로 설명회 다음 날 아침 일찍 김현정 뉴스쇼에 이화여대 교무처장의 인터뷰가 나가기로 되어 있었다. 그런데 설명회 날 저녁에 갑자기 교무처장이 인터뷰를 안 하겠다고 했다. CBS에서는 생방송이 결방될 위기에 처했다. 그래서 다시 기획처를 통해 인터뷰를 대신할 사람을 찾았다. 그러다가 못 찾으니 다시 내게 부탁을 했다. 학교 체면 때문에도 해야 한다는 것이었다.

결국 나는 인터뷰를 하기로 하되, 그 내용을 교무처장만큼 모르니 내가 아는 범위에서 답하겠다고 했다. 그렇게 해서 한 것이 김현정 뉴스쇼 인터뷰였다. 그런데 실제 방송에서는 미리 알려주지 않은 질문들도 했다. 생방송을 망치게 할 수는 없어서 아는 대로 답을 한 뒤 내가 항의를 했다. 그랬더니 생방송이어서 계속해서 의견이 들어오기 때문에 어쩔 수 없다면서 미안하다고 했다.

그 후에도 SBS 등 여러 방송사가 내 인터뷰를 하려고 쫓아다녔다. 그런데 인터뷰에서 정확한 사실을 알려보려는 내 노력과 달리, 이미 언론의 프레임이 짜여버린 뒤에는 내 인터뷰는 절차적인 장식품에 지나지 않게 되었다.

그래서 SBS 인터뷰를 한 다음부터 나는 인터뷰를 일절 하지 않았다. 그 사이에 나에 대한 비난은 교내외에서 넘쳐났다. 나를 아주 잘 아는 사람들만 내 말을 믿는 정도였다.

급기야 총장이 사퇴하고

이화여대 학내 사태는 끝 모를 나락으로 빠져들어 갔다. 도대체 수습방안을 찾을 실마리가 보이지 않았다. 그러자 2016. 10. 19. 최경희 총장이 사퇴를 발표했다. 이화여대 창립 이래 처음 있는 일이었다.

나도 부총장을 사임하겠다고 하고

이화여대의 규칙상 총장이 사퇴한 경우에는 학사부총장이 당연히 총장의 직무를 대행하도록 규정되어 있다(직제 제4조 제3항). 그런데 나는 총장 직무대행을 할 생각이 없었다. 나는 학교법인 이화학당의 장명수 이사장님에게 나도 학사부총장 직을 사임하겠다고 했다. 최경희 총장과 함께 업무를 해왔고, 학교의 구성원 중에 나를 비난하는 사람들도 많은 상황에서 부총장직을 수행하고 싶지 않다고 했다. 그리고 1주일 안에 직무대행자를 찾으시라고 하면서 그 기간 동안만 근무를 하겠다고 했다.

이사장님은 '이런 혼란기에 혼자만 빠져나가려고 하느냐. 함께 위기를 극복해야 할 것 아니냐.'며 나를 설득하셨다. 최경희 총장도 내가 남아서 혼란을 수습해 달라고 했다. 사실 내가 총장직무대행 업무를 맡는 것은, 그에 관한 문서에 나 스스로 서명만 하면 바로 시작된다. 그런데 나는 서명을 하지 않았다. 내 뜻은 확고했다. 이사장님의 거듭된 설득에도 아랑곳하지 않았다.

내 주변의 교직원들은 대부분 나의 성격을 알기에 그에 대해 일언반구도 꺼내지 않았다. 단지 참모 중 정현미 학생처장과 최유미 총무처장이 간곡하게 직무대행을 수락해달라고 부탁하는 정도였다.

이사장님은 나와 가까이 지내는 사람들을 수소문하여 나를 설득해달라고 부탁하셨다고 한다. 부탁을 받은 사람 중 하나가 법전원 오종근 교수이다. 오 교수는 내게 '만약 부총장님이 물러나면 교무위원 전부가 물러나야 한다. 그러면 학교가 흔들린다.'고 했다.

내 마음이 조금 흔들렸다. 일리가 있는 얘기였고, '내가 학교의 혼란을 막을 수 있는데도 오히려 더 혼란스럽게 하게 되지는 않을까?' 하고 신경이 쓰였다. 그래도 그때까지는 여전히 사임할 생각이었다. 나를 그렇게 비난하는 사람들을 위해서 내가 희생을 해가면서까지 할 필요가 있는지 회의가 남아있었다.

일단 총장직무대행을 맡기로 하고

총장 사퇴 후 4~5일이 지났다. 곧 지급해야 할 시간강사의 강사료가 지급되지 못하고 있다는 얘기가 들렸다. 내가 총장직무대행으로서 서명하지 않아서 지급하지 못한다는 것이다.

'아! 내가 뜻을 관철하려다 보면 선의의 피해자가 생기겠구나.'

전임교수도 아니고 시간 강사료를 지급하지 못하는 일이 생겨서는 안 될 것 같았다. 나는 직무대행 개시 서류를 가져오라고 해서 바로 서명을 했다. 그리고 강사료 지급 서류에도 서명을 했다.

장명수 이사장님에게는 시급한 업무 때문에 직무대행을 맡았으나, 1주일 정도만 할 것이니 그 안에 다른 대행자를 찾으시라고 했다. 그런데 이사장님은 그럴 생각이 전혀 없으셨던 것 같다.

총장직무대행의 서명 등록을 하고 나니 되돌리기 어려워져

내가 직무대행 서류에 서명을 했더니, 여러 서류에 사용될 서명 등록을 해야 했다. 관계 부처에서 나의 한글 및 영문 서명 등록을 받아 갔다.

그전까지만 해도 나는 직무대행을 1주일만 하는 것이라고 마음을 다지고 있었는데, 막상 서명까지 등록하고 보니 특히 외국과의 교류 등을 생각할 때 며칠 후 그만둔다고 하기가 어려웠다. 게다가 내 일신을 위하여 극심한 혼란에 빠진 학교를 내버려 둘 수도 없었다.

그래서 1주일만 하겠다는 말을 지키지 못하고 학교의 혼란이 종식될 때까지 총장직무대행을 계속하게 되었다.

총장직무대행을 맡으니 부담감이 커지고

내가 총장직무대행을 맡고서 무엇이 중요한지, 어떤 일을 어떤 순서로 해야 할지 곰곰이 생각해보았다. 무엇보다도 구성원의 안전이 중요하고, 또 학교 건물 등의 안전도 염려되었다. 그리고 혼란기이지만 교육과 행정이 정상적으로 이루어져야 했다. 나아가 행정력이 덜 미쳐 흐트러지기 쉬운 부속기관의 업무도 원활히 행해져야 했다. 그런 생각을 기반으로 활동을 시작했다.

내가 직무대행을 맡은 뒤 비가 많이 내렸다. 나는 학교 본관에 있는 학생들과 담장의 축대 등이 걱정됐다. 일요일이었지만 학교로 가서 본관 주변을 둘러보고 담장 등 혹시라도 문제될 가능성이 있는 곳도 살펴보았다. 내가 처장이나 부총장으로 업무를 하던 때와는 마음가짐부터 달랐다.

행정업무와 관련해서는 맨 처음 각 부서의 팀장들을 소집하여 당부를 하고 의견도 들었다. 그리고 자주 만나는 본부 처장들과 달리 나와 자주 만나지는 않지만 해당 부서에서는 중요한 역할을 하고 있는 각 부처의 부처장들의 회의도 열었다. 그런가 하면 학교의 부속기관들을 돌아보면서 관계 교직원들의 노고를 치하하고, 앞으로도 위축되지 말고 열심히 활동해 달라고 했다. 수익기관에는 학교 수입에 보탬이 되도록 노력을 더 기울여 달라고도 했다.

부총장 업무와 총장의 업무를 함께 하는 특이한 위치

나는 본래의 직책은 학사부총장이고, 총장이 없는 동안에는 총장직무대행의 업무도 하는 위치에 있었다. 그러다 보니 특히 대외적으로는 부총장역할을 해야 할 때는 부총장으로서, 총장 역할을 해야 할 때는 총장직무대행으로서 활동을 해야 했다.

부총장 회의와 총장 회의가 따로 있고 논의사항이 달라서 나는 두 회의에 모두 참석해야 했다. 그 두 회의에 가보면 분위기가 사뭇 다르다. 부총장 회의는 학교의 최종책임자가 아닌 부총장들의 모임이어서 부담감이 적은 것이 느껴진다. 그에 비해 총장 회의는 학교의 최종책임을 지는 총장들의 모임이어서 그런지 절박하고 부담감이 매우 크게 느껴졌다.

나는 동일인인데 회의에 따라 약간 느낌이 달랐다. 다만, 나는 총장 역할도 하게 되어 부총장 회의에 가도 부총장들의 편안함을 오롯이 느끼지는 못했다.

학교에 두 번의 압수·수색이 이루어지고

내가 총장직무대행을 맡은 후 이화여대에 대해 두 차례의 압수·수색이 이루어졌다.

한번은 11월 22일이었다. 나는 출근길에 차 안에서 그 소식을 들었다. 나는 총장실에 아무도 들이지 말라고 하고, 내가 가서 직접 영장을 본 뒤에 내가 있는 자리에서 압수·수색을 시작하게 했다. 수색을 마친 후 물품을 살폈는데 총장실 컴퓨터에서 복사한 이메일 가운데 내가 출판사로 보낸 내 저서의 개정판 원고가 포함되어 있었다. 그 원고는 새어나가면 안 되는 것이고 내 이메일은 압수수색과 무관하니 지우라고 했다. 그것을 지우려면 파일은 모두 컴퓨터에 깔아야 했고, 그것들을 지운 뒤에 다시 복사해갔다. 총장실은 내가 쓰고 있었고, 거기에는 최경희 총장의 물건이 전혀 남아 있지 않아서 압수한 물건은 거의 없었다.

두 번째의 압수·수색은 12월 29일에 있었다. 그때의 압수·수색 영장에는 최경희 전 총장의 사무실로 기재되어 있었던 것으로 기억된다. 나는 검사에게 이곳은 현재의 총장직무대행 사무실이지 전 총장의 사무실이 아니어서 그것으로 수색하지 못한다고 했다. 사실 총장실 내에 서류 등도 거의 없었고, 그나마 있던 것은 지난번에 가져갔기에 더 가져갈 것도 없었다. 그랬더니 한번 살펴보도록만 해달라고 부탁하여 그것은 허용했다.

학교 교직원 중 조사를 받은 이가 많았다. 총장 비서실장도 참고인으로 조사를 받았다. 비서실장이 조사를 받으러 갔더니 담당 검사가 "부총장님은 잘 계시냐?"고 물었단다. 비서실장이 반가워서 우리 부총장님을 잘 아느냐고 물었더니, "유명한 분이어서 물어보았다."고 답하더라고 했다. 비서실 직원들은 내가 법학 전공자이어서 조금은 든든해했다.

학교의 정상화를 위해 온갖 노력을 다하고

총장이 사퇴한 후 학교 본관을 점거한 학생들은 농성을 풀었다. 그리하여 학교의 혼란이 완화되었으나 정상화는 요원했다. 구성원들의 의견이 나뉘어 있었고, 대학의 새로운 집행부를 구성하는 것이 쉽지 않았기 때문이다. 나는 특히 정현미 학생처장을 중심으로 학생들의 마음을 치유해 주도록 하는 한편, 학교법인과 협의하여 총장선출규칙을 조속히 확정하도록 했다.

학생들의 마음의 상처를 치유하는 일이나 총장선출규칙을 확정하는 일은 모두 여간 어렵지 않았다. 특히 총장선출규칙을 정하기 위한 의견수렴회의에서 교수, 직원, 학생, 동문의 의견이 쉽게 좁혀지지 않았다. 이러다가는 총장 부재 상황이 언제 끝날지 모를 정도였다. 일부에서는 내가 교직원에게 '보수는 반드시 지급하겠다.'고 공언한 것이 문제해결에 소극적인 이유가 되지 않았는가 하는 목소리도 있었다.

총장 선출을 언제 할 수 있을지 나도 전혀 예측할 수가 없었다. 예상보다 훨씬 늦어질 가능성이 있어서 한번은 교무처장이 주관하는 의견수렴회의에 내가 직접 들어갔다. 거기에서 나는 '2017년 창립기념일을 직무대행체제로 보낼 수는 없지 않으냐, 그때는 반드시 새로 선출한 총장이 있어야 한다.'고 말하고, 서로 양보하여 조속히 합의가 이루어지도록 하라고 역설했다. 그 자리에서 무엇보다도 직원 대표가 양보 등을 하였고, 그 얼마 후 가까스로 합의가 이루어졌다.

새 규칙에 따라 총장을 선출하고

의견수렴 회의의 결과를 바탕으로 하여 총장선출규칙이 정해졌고, 그에 따라 2017. 5. 25. 새로운 총장이 선출되었다. 드디어 내가 2016. 10. 22. (법적인 시기)부터 7개월간 계속된 총장직무대행을 면하게 된 것이다.

나는 새로 임명된 총장에게 공식적인 인수인계 서류 외에 현안에 관한 별도의 메모 내용도 건네주었다. 당시의 교내 상황을 가장 잘 알고 있는 사람으로서 가능한 한 빨리 학교가 모든 면에서 정상화되기 위한 마음에서였다. 그리고 부총장직 사직원을 제출하고 며칠 휴식을 취했으며, 2017. 6. 11.에 사직원이 수리되어 사직했다.

외부에서 내게 궁금해하는 두 가지 중 하나

내가 총장직무대행을 맡고 있을 때 또는 그 후 사람들은 나를 만나면 궁금해하는 것 두 가지가 있었다.

하나는 이화여대가 압수·수색당할 무렵 내가 참고인으로라도 조사를 받았는지이다. 물론 나는 조사를 받은 적이 없다. 그럴 이유가 없기 때문이다. 그때 문제된 사건들은 내가 부총장을 맡기 전에 생겼고, 그에 대해서는 내가 관심을 가지지도 내게 알려준 적도 없다. 나는 내가 해야 할 일 외에는 관심을 두지 않는 성격이다.

외부에서 내게 궁금해하는 다른 한 가지

나머지 하나는 이화여대에서 처음으로 남자인 내가 총장실에서 근무하는데 어떠냐는 것이다. 내게 관심을 가지려면 '그때 얼마나 고생했느냐, 어려움이 뭐였느냐'를 물었어야 맞는데, 그냥 남자로서의 총장 역할에 대해서만 궁금했던 것이다.

사실 총장직무대행을 남자가 맡은 것이 내가 처음은 아니다. 장상 전 총장님이 국무총리 서리로 내정되었을 때 잠깐 동안 당시의 교무처장이 직무대행을 했었다. 그런데 그 기간이 이번처럼 길지 않았고, 총장실을 사용하지는 않았다. 그 점에서 이번과는 크게 달랐다.

　이화여대에서 총장 역할은 특별할 것이 없었다. 업무는 매한가지이고, 이전에 이미 행정업무를 많이 해왔기 때문에, 특이하게 느껴지지도 않았다. 그때를 생각하면 무척 고생스러웠던 기억만이 생생하다.

내가 또 그런 시기에 보직을 수행해

　내가 부총장을 하다가 총장직무대행까지 하게 되자 주변에서 여러 사람이 "혼란기에 송 부총장이 그 자리에 있어서 얼마나 다행인지 모르겠다."고 했다.

　신인령 전 총장님은, 당신이 총장이던 시절에 내가 학생처장으로서 학생들의 농성 등을 해결하고 교무처장으로서 동문·학생·교수들의 시위를 마무리하게 한 것을 생각하고, 이번에 또 학교 혼란기에 학교를 정상화시켜야 하는 것을 보고, "팔자八字라는 게 있긴 있는 모양이다."라고 하셨다.

　뒤돌아보니 나는 어려운 일이 있을 때마다 중요한 위치에 있긴 했다. 그것이 팔자일까?

〔부록〕

Ⅰ. 내가 쓴 글의 목록

1. 저서

1985. 3. 공인중개사 민법·민사특별법(고시원, 1985)

1985. 4. 객관식 고시 민법총칙(고시원, 1985)

1991. 11. 착오론 ─ 법률행위에서의 착오를 중심으로 ─ (고시원, 1991)

1992. 11. 민법주해 제2권 총칙(2)(박영사, 1992)(4인 분담집필)

1995. 11. 민법주해 제9권 채권(2)(박영사, 1995)(9인 분담집필)

1995. 11. 민법주해 제8권 채권(1)(박영사, 1995)(4인 분담집필)

1997. 12. 민법주해 제13권 채권(6)(박영사, 1997)(4인 분담집필)

1998. 12. 법학입문(법문사, 1998)(12인 분담집필)

1999. 9. 법률행위와 계약에 관한 기본문제 연구(이화여자대학교 법학연구소, 1999)

1999. 10. 대상청구권에 관한 이론 및 판례연구(이화여자대학교 법학연구소, 1999)

1999. 11. 부동산 점유 취득시효와 자주점유(이화여자대학교 법학연구소, 1999)

2000. 2. 법률행위에 있어서의 착오에 관한 판례연구(이화여자대학교 법학연구소, 2000)

2000. 6. 계약체결에 있어서 타인 명의를 사용한 경우의 법률효과 ─ 이론과 판례 ─ (이화여자대학교 법학연구소, 2000)

2000. 12. 주석민법[채권각칙(7)](제3판, 한국사법행정학회, 2000)(8인 분담집필)

2001. 6. 흠있는 의사표시 연구(이화여자대학교 법학연구소, 2001)

2002. 5. 민법개정안의견서(삼지원, 2002)(30인 공저)

2002. 6. 제3자를 위한 계약연구(이화여자대학교 법학연구소, 2002)

2003. 3. 민법사례연습(박영사, 2003)

2003. 3. 법학입문(제2판, 법문사, 2003)(12인 분담집필)

2004. 5. 민법강의(상)(박영사, 2004)

2006. 3. 법학입문(제3판, 법문사, 2006)(12인 분담집필)

2007. 4. 민법강의(하)(박영사, 2007)

2007. 6. 채권의 목적 연구(세창출판사, 2007)

2007. 7. 불법원인급여에 관한 이론 및 판례 연구(세창출판사, 2007)

2007. 8. 법관의 직무상 잘못에 대한 법적 책임 연구 — 이론과 판례 — (세창출판사, 2007)

2008. 3. 신민법강의(박영사, 2008)

2008. 5. 신민법사례연습(박영사, 2008)

2009. 1. 신민법입문(박영사, 2009)

2009. 2. 신민법강의(제2판, 박영사, 2009)

2009. 4. 로스쿨 강의교재 물권법(피데스, 2009)(15인 분담집필)

2010. 1. 신민법강의(제3판, 박영사, 2010)

2010. 1. 신민법사례연습(제2판, 박영사, 2010)

2010. 2. 신민법입문(제2판, 박영사, 2010)

2011. 1. 민법총칙(박영사, 2011)

2011. 2. 신민법강의(제4판, 박영사, 2011)

2011. 9. 법학입문(제4판, 법문사, 2011)(11인 분담집필)

2012. 1. 물권법(박영사, 2011)

2012. 1. 신민법강의(제5판, 박영사, 2012)

2012. 1. 신민법입문(제3판, 박영사, 2012)

2013. 1. 신민법강의(제6판, 박영사, 2013)

2013. 1. 민법총칙(제2판, 박영사, 2013)

2013. 1. 신민법입문(제4판, 박영사, 2013)

2013. 2. 채권법총론(박영사, 2013)

2013. 7. 신민법사례연습(제3판, 박영사, 2013)

2014. 1. 신민법입문(제5판, 박영사, 2014)

2014. 1. 신민법강의(제7판, 박영사, 2014)

2014. 1. 채권법각론(박영사, 2014)

2014. 5. 물권법(제2판, 박영사, 2014)

2014. 9. 법학입문(제5판, 법문사, 2014)(11인 분담집필)

2015. 1. 친족상속법(박영사, 2015)

2015. 1. 채권법총론(제2판, 박영사, 2015)

2015. 1. 신민법강의(제8판, 박영사, 2015)

2015. 1. 신민법입문(제6판, 박영사, 2015)

2015. 6. 민법총칙(제3판, 박영사, 2015)

2016. 1. 시민생활과 법 : 민사 생활법률 강의(이화여자대학교 출판부, 2016)(6인 분담
집필)

2016. 1. 채권법각론(제2판, 박영사, 2016)

2016. 1. 신민법강의(제9판, 박영사, 2016)

2016. 1. 신민법입문(제7판, 박영사, 2016)

2016. 4. 민법 핵심판례200선(박영사, 2016)(2인 공저)

2016. 6. 친족상속법(제2판, 박영사, 2016)

2016. 8. 채권법총론(제3판, 박영사, 2016)

2017. 1. 신민법강의(제10판, 박영사, 2017)

2017. 1. 물권법(제3판, 박영사, 2017)

2017. 1. 신민법사례연습(제4판, 박영사, 2017)

2017. 1. 신민법입문(제8판, 박영사, 2017)

2017. 8. 친족상속법(제3판, 박영사, 2017)

2017. 8. 채권법각론(제3판, 박영사, 2017)

2018. 1. 신민법입문(제9판, 박영사, 2018)

2018. 1. 민법총칙(제4판, 박영사, 2018)

2018. 1. 신민법강의(제11판, 박영사, 2018)

2018. 1. 채권법총론(제4판, 박영사, 2018)

2018. 3. 기본민법(박영사, 2018)

2018. 4. 2018년 민법일부개정법률[알기 쉬운 민법]안에 관한 민법학자 의견서(유원북
스, 2018)(15인 공저)

2018. 9. 친족상속법(제4판, 박영사, 2018)

2018. 11. 민법전의 용어와 문장구조(박영사, 2018)

2019. 1. 신민법강의(제12판, 박영사, 2019)

2019. 1. 신민법입문(제10판, 박영사, 2019)

2019. 1. 채권법각론(제4판, 박영사, 2019)

2019. 1. 물권법(제4판, 박영사, 2019)

2019. 2. 민법 핵심판례210선(박영사, 2019)(2인 공저)

2019. 6. 기본민법(제2판, 박영사, 2019)

2019. 8. 시민생활과 법 : 민사 생활법률 강의(제2판, 이화여자대학교 출판문화원, 2019)(6인 분담집필)

2019. 8. 신민법사례연습(제5판, 박영사, 2019)

2020. 1. 신민법강의(제13판, 박영사, 2020)

2020. 1. 민법총칙(제5판, 박영사, 2020)

2020. 1. 채권법총론(제5판, 박영사, 2020)

2020. 1. 신민법입문(제11판, 박영사, 2020)

2020. 1. 법학입문(제6판, 법문사, 2020)(11인 분담집필)

2020. 5. 친족상속법(제5판, 박영사, 2020)

2021. 1. 민법 핵심판례220선(박영사, 2021)(2인 공저)

2021. 1. 신민법강의(제14판, 박영사, 2021)

2021. 1. 신민법입문(제12판, 박영사, 2021)

2021. 1. 기본민법(제3판, 박영사, 2021)

2021. 1. 채권법각론(제5판, 박영사, 2021)

2021. 1. 물권법(제5판, 박영사, 2021)

2021. 6. 민법총칙(제6판, 박영사, 2021)

2021. 6. 채권법총론(제6판, 박영사, 2021)

2021. 7. 시민생활과 법 : 민사 생활법률 강의(제3판, 이화여자대학교 출판문화원, 2021)(6인 분담집필)

2022. 1. 신민법입문(제13판, 박영사, 2022)

2022. 1. 신민법강의(제15판, 박영사, 2022)

2022. 1. 기본민법(제4판, 박영사, 2022)

2022. 1. 신민법사례연습(제6판, 박영사, 2022)

2022. 6. 민법 핵심판례230선(박영사, 2022)(2인 공저)

2022. 7. 친족상속법(제6판, 박영사, 2022)

2. 학위논문

(1) 석사학위 논문
"생명침해로 인한 손해배상에 관한 연구"(1982. 2, 법학석사. 전공: 민법)

(2) 박사학위 논문
"민법상의 착오에 관한 연구"(1989. 8, 법학박사. 전공: 민법)

3. 전문학술지 논문

1985. 1. "이행불능에 있어서 이른바 대상청구권," 「논문집」(경찰대학, 1985), 제4권

1985. 12. "제3자 보호효력 있는 계약," 후암 곽윤직 교수 화갑기념 「민법학논총」(박영사, 1985)

1986. 1. "착오규율에 관한 사적 고찰," 「논문집」(경찰대학, 1986), 제5권

1987. 1. "법률행위의 해석," 「논문집」(경찰대학, 1987), 제6권

1988. 1. "합의와 불합의," 「논문집」(경찰대학, 1988), 제7권

1988. 12. "착오와 계약상의 담보책임과의 관계," 「사회과학논집」(이화여대 법정대, 1988), 제8권

1989. 4. "매매목적 토지의 면적의 착오," 「민사판례연구」(박영사, 1989), 제11권

1989. 12. "계약당사자 쌍방의 공통하는 동기의 착오," 「사회과학논집」(이화여대 법정대, 1989), 제9권

1990. 4. "불법행위의 경우의 손해배상에 관한 합의의 해석," 「민사판례연구」(박영사, 1990), 제12권

1990. 10. "착오자의 손해배상책임," 성헌 황적인 박사 화갑기념 「손해배상법의 제문제」(박영사, 1990)

1990. 12. "사기·강박에 의한 의사표시," 「사회과학논집」(이화여대 법정대, 1990), 제10권

1991. 12. "사적 자치에 관하여," 「사회과학논집」(이화여대 법정대, 1991), 제11권

1992. 4. "타인의 명의를 빌려 체결한 토지분양계약의 효력," 「민사판례연구」(박영사, 1992), 제14권

1992. 12. "'채권의 목적'의 의의와 내용,"「사회과학논집」(이화여대 법정대, 1992), 제 12권

1993. 7. "착오론의 체계와 법률효과의 착오,"「민사법학」(한국사법행정학회, 1993), 제 9·10권

1993. 8. "이자채권(상),"「사법행정」(한국사법행정학회, 1993), 제392호

1993. 9. "이자채권(하),"「사법행정」(한국사법행정학회, 1993), 제393호

1993. 10. "채권의 목적의 요건," 금랑 김철수 교수 화갑기념「현대법의 이론과 실제」 (박영사, 1993)

1993. 12. "제3자를 위한 계약,"「사회과학논집」(이화여대 법정대, 1993), 제13권

1994. 4. "타인의 명의를 사용하여 행한 법률행위,"「사법연구」(청림출판, 1994), 제2권

1994. 5. "대상청구권,"「민사판례연구」(박영사, 1994), 제16권

1994. 12. "자연채무,"「사회과학논집」(이화여대 법정대, 1994), 제14권

1995. 12. "불법원인급여," 후암 곽윤직 선생 고희 기념「민법학논총·제2」(박영사, 1995)

1996. 5. "민법 제746조의 적용에 있어서 불법성의 비교,"「민사판례연구」(박영사, 1996), 제18권

1996. 5. "제3자를 위한 계약의 보완적 연구,"「법학논집」(이화여대 법학연구소, 1996), 제1권 제1호

1996. 11. "악의의 무단점유와 취득시효,"「인권과 정의」(대한변호사협회, 1996), 제 243호

1997. 4. "호의관계의 법률문제,"「민사법학」(한국사법행정학회, 1997), 제15권

1997. 5. "자주점유,"「법학논집」(이화여대 법학연구소, 1997), 제2권 제1호

1997. 6. "취득시효와 대상청구권,"「저스티스」(한국법학원, 1997), 제30권 제2호

1997. 9. "악의의 무단점유와 취득시효,"「판례실무연구」(박영사, 1997), 제1권

1997. 9. "대상청구권의 인정범위와 내용,"「판례실무연구」(박영사, 1997), 제1권

1998. 6. "부동산 점유 취득시효의 요건으로서의 자주점유와 악의의 무단점유,"「민사 법학」(한국사법행정학회, 1998), 제16권

1998. 9. "금융실명제 하에 있어서 예금계약의 당사자 내지 예금채권자의 결정,"「법학 논집」(이화여대 법학연구소, 1998), 제2권 제2호

1998. 9. "착오론의 역사적 발전," 이호정 교수 화갑기념 논문집「법률행위론의 사적 전 개와 과정」(박영사, 1998)

1998. 11. "이른바 계약명의신탁의 효력과 구상권의 제한,"「판례실무연구」(박영사,

1998), 제2권

1999. 6. "타인 명의의 예금계약에 있어서 계약 당사자 결정," 「법학논집」(이화여대 법학연구소, 1999), 제3권 제1·2호

1999. 7. "교환 목적 토지의 소유권 귀속에 관한 공통의 착오와 경계의 착오," 「민사판례연구」(박영사, 1999), 제21권

1999. 10. "독일법에 있어서 법관의 직무행위와 국가배상책임," 「법학논집」(이화여대 법학연구소, 1999), 제4권 제3호

1999. 11. "착오에 관한 우리의 학설, 판례 — 발전경과 및 현황 — ," 무암 이영준 박사 회갑 기념 논문집 「한국민법이론의 발전」(박영사, 1999)

2000. 2. "차용명의 사용계약과 구상관계," 「법학논집」(이화여대 법학연구소, 2000), 제4권 제4호

2000. 5. "호의동승," 「민사법학」(한국사법행정학회, 2000), 제18권

2001. 3. "법관의 재판상 잘못과 국가배상책임 — 독일법과의 비교, 검토 — ," 「민사법학」(한국사법행정학회, 2001), 제19권

2001. 6. "법률행위의 해석과 표의자의 효과의사," 「법학논집」(이화여대 법학연구소, 2001), 제6권 제1호

2001. 12. "독일법에 있어서 법관의 직무행위와 국가배상책임," 「판례실무연구」(박영사, 2001), 제5권

2001. 12. "경매담당법관의 배당표 작성상 잘못과 국가배상책임," 「법학논집」(이화여대 법학연구소, 2001), 제6권 제2호

2002. 1. "사기도박과 불법원인급여," 일헌 최병욱 교수 정년기념 「현대민사법 연구」(법문사, 2002)

2002. 1. "연대채무 및 보증채무에 있어서 면책행위자가 통지를 하지 않은 경우의 효과," 심당 송상현 선생 화갑기념 논문집 「21세기 한국민사법학의 과제와 전망」(박영사, 2002)

2002. 1. "수탁보증인이 사전통지 없이 이중의 면책행위를 한 경우의 구상관계," 「민사판례연구」(박영사, 2002), 제24권

2002. 5. "바람직한 민법개정방법과 법무부 민법개정시안," 「민법개정안의견서」(삼지원, 2002)

2003. 3. "악의의 무단점유에 관한 대법원 판례의 문제점," 「민사법학」(박영사, 2003), 제23권

2005. 2. "채권양도가 해제된 경우에 있어서 채무자의 보호," 「민사판례연구」(박영사,

2005), 제27권

2006. 3. "동시이행의 항변권에 관한 고찰,"「법학논집」(이화여대 법학연구소, 2006),
제10권 제2호

2006. 9. "보통거래약관의 법률문제,"「법학논집」(이화여대 법학연구소, 2006), 제11권
제1호

2008. 12. "부동산 점유 취득시효 제도 개정론,"「민사법학」(한국사법행정학회, 2008),
제43권 제2호

2008. 12. "민법개정에 대한 민법개정안연구회의 의견,"「민사법학」(한국사법행정학회,
2008), 제43권 제1호

2009. 2. "계약당사자 확정이론과 대리행위,"「민사판례연구」(박영사, 2009), 제31권

2009. 9. "시효 및 제척기간 관련 개정논의 예상 주요논점과 입법례"(6인 공저이며, 송
덕수가 대표 저자임),「민사법학」(한국사법행정학회, 2009), 제46권

2009. 11. "공통의 동기의 착오에 관한 판례 연구 — 대법원 2006. 11. 23. 선고 2005다
13288 판결 — ,"「법조」(법조협회, 2009), 제58권 제11호

2010. 3. "시효제도의 개정방향,"「민사법학」(한국사법행정학회, 2010), 제48권

2010. 5. "사기에 의한 의사표시와 착오의 관계 — 대법원 2005. 5. 27. 선고 2004다
43824 판결 — ,"「법조」(법조협회, 2010), 제59권 제5호

2011. 6. "시효에 관한 2011년 민법개정안 연구,"「법학논집」(이화여대 법학연구소,
2011), 제15권 제4호

2011. 9. "대상청구권에 관한 입법론,"「법조」(법조협회, 2011), 제60권 제9호

2012. 6. "민법 제389조의 개정론," 고상룡 교수 고희기념 논문집「한국민법의 새로운
전개」(법문사, 2012)

2012. 9. "계약의 해제·해지와 사정변경의 원칙에 관한 2012년 민법개정안의 성안경과
와 내용,"「법학논집」(이화여대 법학연구소, 2012), 제17권 제1호

2012. 9. "채무불이행에 관한 민법개정시안,"「민사법학」(한국사법행정학회, 2012), 제
60권

2013. 3. "채권양도가 해제 또는 합의해제된 경우의 민법 제452조의 유추적용 — 대상
판결 : 대법원 2012. 11. 29. 선고 2011다17953 판결 — ,"「법학논집」(이화여대 법학
연구소, 2013), 제17권 제3호

2013. 12. "채무불이행의 요건 — 최근의 민법 개정작업을 중심으로 — ,"「민사법학」
(한국사법행정학회, 2013), 제65권

2014. 6. "지명채권 양도에 대한 채무자의 승낙 등 — 대상판결 : 대법원 2011. 6. 30. 선

고 2011다8614 판결 — ,"「법학논집」(이화여대 법학연구소, 2014), 제18권 제4호

2014. 9. "명의신탁된 부동산을 명의수탁자가 처분한 경우의 법률관계 — 명의신탁의
유형에 관한 논의를 포함하여 — ,"「법학논집」(이화여대 법학연구소, 2014), 제19권
제1호

2015. 6. "법학 50년〈민법학〉,"「법학논집」(이화여대 법학연구소, 2015), 제19권 제4호

2015. 9. "이른바 질권설정계약의 합의해지와 제3채무자 보호 — 대상판결 : 대법원
2014. 4. 10. 선고 2013다76192 판결 — ,"「법학논집」(이화여대 법학연구소, 2015),
제20권 제1호[=2016. 2. "이른바 질권설정계약의 합의해지와 제3채무자 보호,"「민
사판례연구」(박영사, 2016), 제38권]

2016. 3. "대상청구권의 몇 가지 중요 문제에 관한 개별적인 검토 — 특히 보험금과 초과
수익을 중심으로 —,"「법학논총」(전남대 법학연구소, 2016), 제36권 제1호

2017. 6. "강행법규 위반과 착오 — 대상판결: 대법원 2009. 4. 23. 선고 2008다96291,
96307 판결 — ,"「법학논집」(이화여대 법학연구소, 2017), 제21권 제4호

2017. 12 "재단법인의 기본재산인 토지에 지상권을 설정하는 경우에 주무관청의 허가를
받아야 하는지 여부 — 대상판결 : 대법원 2014. 7. 14. 선고 2012다81930 판결 — ,"
「법학논집」(이화여대 법학연구소, 2017), 제22권 제2호

2018. 6. "근저당권 설정비용 등의 부담자 — 대상판결: 대법원 2014. 6. 12. 선고 2013
다214864 판결 — ,"「법학논집」(이화여대 법학연구소, 2018), 제22권 제4호

2018. 9. "사정변경의 원칙에 관한 현안의 정리 및 검토,"「법학논집」(이화여대 법학연
구소, 2018), 제23권 제1호

2018. 12. "사정변경의 원칙〈대한민국에서의 모습〉,"「민사법학」(한국사법행정학회,
2018), 제85권

2018. 12. "사회변화와 민법개정 — 그 방법과 방향〈계약편(채권 총칙 포함)〉,"「민사법
학」(한국사법행정학회, 2018), 제85권

2019. 9. "우리 민법과 사적 자치,"「민사법학」(한국사법행정학회, 2019), 제88권

2020. 6. "점유권 양도의 허구성과 민법 제196조의 개정제안,"「민사법학」(한국사법행
정학회, 2020), 제91권

2020. 9. "이른바 과거사 사건에 관한 현재의 법 상태,"「법학논집」(이화여대 법학연구
소, 2020), 제25권 제1호

4. 기타 법률논문

1989. 7. "종류채권(상)," 「고시연구」, 제16권 제7호, 110면-124면

1989. 8. "종류채권(하)," 「고시연구」, 제16권 제8호, 69면-85면

1989. 9. "채권매도인의 담보책임," 「고시연구」, 제16권 제9호, 113면-127면

1989. 11. "법률행위가 취소된 경우의 제3자보호," 「고시연구」, 제16권 제11호, 14면-26면

1990. 1. "불합의," 「고시연구」, 제17권 제1호, 71면-84면

1990. 3. "손해배상에 관한 합의의 효력," 「고시연구」, 제17권 제3호, 97면-110면

1990. 5. "진의 아닌 의사표시," 「고시연구」, 제17권 제5호, 125면-141면

1990. 7. "대리행위와 민법 제107조," 「고시연구」, 제17권 제7호, 111면-124면

1991. 1. "1990년 분야별 중요판례 정리〈중요 민법판례의 요지 및 논평〉," 「고시연구」, 제18권 제1호, 23면-36면

1991. 3. "허위표시의 요건과 효과," 「고시계」, 통권 제409호, 60면-75면

1991. 9. "법률행위의 의의," 「고시연구」, 제18권 제9호, 144면-154면

1991. 11. "의사표시의 일반이론(1)," 「고시연구」, 제18권 제11호, 115면-131면

1991. 12. "의사표시의 일반이론(2)," 「고시연구」, 제18권 제12호, 109면-130면

1992. 6. "화해기초에 관한 공통의 착오," 법률신문, 제2134호(1992. 6. 29.자), 15면(및 11면)

1993. 1. "명의신탁," 「고시연구」, 제20권 제1호, 107면-126면

1993. 1. "책임능력 있는 미성년자의 감독의무자 책임," 법률신문, 제2187호(1993. 1. 25.자), 15면

1993. 3. "책임능력 있는 미성년자의 감독의무자 책임," 「고시연구」, 제20권 제3호, 100면-114면

1993. 4. "특정물채권," 「고시계」, 통권 제434호, 30면-46면

1993. 7. "부정행위에 대한 고소와 강박에 의한 의사표시," 법률신문, 제2232호(1993. 7. 12.자), 15면(및 14면)

1993. 7. "채권의 목적과 재산적 가치," 「고시연구」, 제20권 제7호, 58면-68면

1994. 3. "민법 제539조에 관한 몇 가지 문제," 「고시연구」, 제21권 제3호, 57면-71면

1994. 7. "채권의 효력 서설," 「고시연구」, 제21권 제7호, 143면-151면

1994. 8. "동산 물권변동," 「고시연구」, 제21권 제8호, 108면-121면

1994. 9. "채무와 책임," 「월간고시」, 제21권 제9호(통권 제248호), 59면-68면

1994. 10. "제3자의 채권침해와 불법행위,"「고시계」, 통권 제452호, 189면-200면

1995. 3. "계약의 성립,"「고시연구」, 제22권 제3호, 85면-96면

1995. 3. "명의신탁의 해지,"「고시계」, 통권 제457호, 165면-175면

1995. 6. "동시이행의 항변권 등,"「고시연구」, 제22권 제6호, 146면-156면

1995. 7. "위험부담, 대상청구권, 불법행위,"「고시연구」, 제22권 제7호, 178면-189면

1995. 9. "명의신탁, 반사회질서 행위, 불법원인급여,"「고시연구」, 제22권 제9호, 120
면-132면

1995. 9. "민법 제746조에 관한 약간의 고찰,"「고시계」, 통권 제463호, 127면-138면

1996. 7. "타인의 이름을 임의로 사용하여 체결한 계약의 당사자 결정," 법률신문, 제
2151호(1996. 7. 22.자), 14면-15면

1996. 10. "착오로 인한 불이익 소멸시 취소권 인정 여부," 법률신문, 제2545호(1996.
10. 28.자), 14면·15면

1996. 11. "취득시효에 있어서 자주점유의 판단과 입증,"「고시연구」, 제23권 제11호,
89면-101면

1997. 4. "제3자를 위한 계약 등,"「고시연구」, 제24권 제4호, 164면-175면

1997. 6. "타인 토지의 매매,"「고시계」, 통권 제484호, 152면-165면

1997. 10. "매매목적 토지의 지번에 관한 당사자 쌍방의 공통하는 착오,"「고시계」, 통
권 제488호, 15면-27면

1997. 11. "법률행위의 해석, 특히 그릇된 표시의 해석,"「고시계」, 통권 제489호, 129
면-142면

1997. 11. "점유 취득시효의 요건으로서의 자주점유,"「고시연구」, 제24권 제11호, 72
면-85면

1998. 2. "악의의 무단점유자의 법률관계,"「법정고시」, 제4권 제2호(통권 제29호), 87
면-103면

1998. 3. "재단법인 출연재산의 귀속시기,"「고시계」, 통권 제493호, 152면-162면

1998. 5. "타인 명의를 사용하여 행한 법률행위,"「고시계」, 통권 제495호, 70면-78면

2001. 11. "법률상 책임이 감경된 공동불법행위자에 대한 구상관계 시론,"「고시계」, 통
권 제537호, 33면-44면

2003. 1. "연대채무에서의 구상관계, 대물변제,"「고시연구」, 제30권 제1호, 183면-196면

2003. 1. "의사실현에 의한 계약성립 여부,"「고시계」, 통권 제551호, 155면-164면

2003. 2. "물권행위의 무인성 인정 여부와 제3자 보호,"「고시계」, 통권 제552호, 100
면-111면

2003. 3. "선택채권,"「고시계」, 통권 제553호, 145면-156면

2003. 3. "저당권의 실행에 의한 법정지상권,"「고시연구」, 제30권 제3호, 83면-93면

2006. 12. "변제에 의한 대위,"「고시계」, 통권 제598호, 28면-36면

2006. 12. "손해배상의 범위,"「고시연구」, 제33권 제12호, 14면-25면

2007. 2. "매도인의 하자담보책임,"「고시계」, 통권 제600호, 77면-83면

2013. 6. "물권적 청구권,"「고시계」, 통권 제676호, 66면-74면

2014. 1. "공작물책임과 실화의 경우의 배상액 경감청구,"「고시계」, 통권 제683호, 113
면-127면

5. 국가고시 채점평과 답안작성요령 등

1997. 11. "제41회 행정고시 2차답안 채점평," 고시연구, 제24권 제11호, 229면-233면

2003. 1. "사법시험 및 군법무관 임용시험 2차시험 채점소감〈민법 제1문〉," 고시연구,
제30권 제1호, 319면-330면

2003. 1. "제44회 사법시험·제16회 군법무관시험 2차시험 채점평〈민법 제1문〉," 고시
계, 통권 551호, 215면-225면

2006. 6. "사법시험 2차시험 고득점 답안작성요령(II)〈민법〉," 고시연구, 제33권 제6호,
24면-32면

2008. 2. "제49회 사법시험 제2차시험 채점평〈민법 제2문〉," 고시계, 통권 제612호, 134
면-147면

2008. 6. "사법시험·행정고시 2차 대비 출제경향 분석과 최종전략(II)〈민법〉," 고시계,
통권 616호, 25면-35면

2009. 5. "사법시험 제2차 대비 출제경향 분석과 최종전략(I)〈민법〉," 고시계, 통권 제
627호, 23면-40면

6. 시범답안 강평

(1) 국가고시 문제의 시범답안 강평

1992. 8. 제34회 사법시험 2차문제 답안에 대하여, 고시연구, 제19권 제8호, 257면-259

면, 284면

1993. 8. 제35회 사법시험 2차문제 답안에 대하여, 고시연구, 제20권 제8호, 267면-270면

1994. 8. 제36회 사법시험 2차문제 답안에 대하여, 고시연구, 제21권 제8호, 324면-327면

1995. 8. 제37회 사법시험 2차문제 답안에 대하여, 고시연구, 제22권 제8호, 275면-277
면, 285면

1996. 8. 제38회 사법시험 2차문제 답안에 대하여, 고시연구, 제23권 제8호, 261면-265면

1997. 8. 제39회 사법시험 2차문제 답안에 대하여, 고시연구, 제24권 제8호, 213면-216면

1998. 8. 제40회 사법시험 2차문제 답안에 대하여, 고시연구, 제25권 제8호, 255면-257면

1998. 9. 제42회 행정고시 2차문제 답안에 대하여, 고시연구, 제25권 제9호, 250면-254면

1998. 11. 1998년도 일본 사법시험 논문식 문제 답안에 대하여, 고시연구, 제25권 제11
호, 306면-309면

1999. 8. 제41회 사법시험 2차문제 답안에 대하여, 고시연구, 제26권 제8호, 305면-310면

(2) 모의시험 문제의 시범답안 강평(괄호 안은 답안에 대한 문제가 이론 문제인
지 사례 문제인지의 표시와 문제의 제목임)

1993. 5. 고시연구, 제20권 제5호, 338면-340면([이론] 공동보증)

1993. 6. 고시연구, 제20권 제6호, 342면-344면([사례] 불완전이행)

1993. 7. 고시연구, 제20권 제7호, 316면-318면([사례] 제조물책임)

1994. 1. 고시연구, 제21권 제1호, 197면-209면(출제 포함. [사례] 물권행위의 무인성 인
정 여부와 제3자 보호, [이론] 1. 이행보조자, 2. 민법 제752조의 법률상 의의)

1994. 2. 고시연구, 제21권 제2호, 208면-209면([사례] 이행불능 등)

1994. 3. 고시연구, 제21권 제3호, 295면-297면([사례] 임차권에 기한 손해배상청구권
및 방해배제청구권)

1994. 4. 고시연구, 제21권 제4호, 329면-331면([사례] 중간생략등기), 335면-336면([이
론] 1. 중간생략등기, 2. 기한의 이익)

1994. 5. 고시연구, 제21권 제5호, 317면-319면([이론] 1. 준소비대차, 2. 화해의 성질과
효력)

1994. 6. 고시연구, 제21권 제6호, 309면-313면([이론] 1. 공동보증, 2. 사실혼의 보호)

1994. 7. 고시연구, 제21권 제7호, 331면-333면([사례] 불법행위에 관한 사례), 338면-
339면([이론] 1. 취득시효의 효과, 2. 종물)

1994. 10. 고시연구, 제21권 제10호, 313면-316면([이론] 1. 저당권의 침해에 대한 청구,

288면([이론] 1. 수권행위, 2. 전세권의 법적 성질)

1996. 4. 고시연구, 제23권 제4호, 263면-265면([사례] 불완전이행 등), 272면-274면([이론] 1. 이행보조자의 고의·과실, 2. 점유에 의한 권리추정)

1996. 5. 고시연구, 제23권 제5호, 321면·322면([사례] 명의신탁·반사회질서 행위·불법원인급여)

1996. 6. 고시연구, 제23권 제6호, 338면-340면([사례] 중간생략등기의 유효성과 불법원인급여)

1996. 7. 고시연구, 제23권 제7호, 284면·285면([이론] 1. 지명채권 양도의 제3자에 대한 대항요건, 2. 물권적 청구권 행사와 비용부담 문제)

1996. 10. 고시연구, 제23권 제10호, 287면-289면([사례] 가등기담보에 관한 사례), 294면-297면([이론] 1. 등기의 추정력, 2. 채무불이행책임과 불법행위책임의 관계)

1996. 11. 고시연구, 제23권 제11호, 270면-272면([이론] 1. 등기의 추정력, 2. 상속회복청구권)

1997. 1. 고시연구, 제24권 제1호, 298면-300면([사례] 법정지상권)

1997. 3. 고시연구, 제24권 제3호, 245면-247면([사례] 관습법상의 법정지상권)

1997. 4. 고시연구, 제24권 제4호, 335면·336면([사례] 점포명도청구와 유치권의 항변)

1997. 5. 고시연구, 제24권 제5호, 308면-310면([사례] 계약해제와 위험부담), 314면([이론] 면접교섭권)

1997. 6. 고시연구, 제24권 제6호, 363면-365면([사례] 채권자대위권 등)

1997. 7. 고시연구, 제24권 제7호, 293면-295면([사례] 부동산 점유 취득시효 완성자의 지위), 298면-299면([이론] 대상청구권)

1997. 9. 고시연구, 제24권 제9호, 311면-313면([사례] 저당권의 효력과 임차권)

1997. 11. 고시연구, 제24권 제11호, 293면-295면([사례] 점유 취득시효 및 소유권에 기한 청구권), 300면-302면([사례] 토지거래허가를 결한 매매의 효력)

1997. 12. 고시연구, 제24권 제12호, 321면·322면([이론] 1. 태아의 민법상 지위, 2. 제한초과이자의 효과)

1998. 2. 고시연구, 제25권 제2호, 366면-369면·359면([사례] 취득시효 완성을 원인으로 한 소유권이전등기)

1998. 3. 고시연구, 제25권 제3호, 344면-346면([사례] 일상가사대리권에 기한 표현대리 및 토지거래 허가대상 토지의 무허가계약의 효력)

1998. 4. 고시연구, 제25권 제4호, 286면-288면([사례] 저당목적물의 매도)

1998. 5. 고시연구, 제25권 제5호, 306면-308면([사례] 관습법상의 법정지상권)

1998. 7. 고시연구, 제25권 제7호, 312면-314면([사례] 확정일자 있는 채권양도 통지의 효력)

1998. 12. 고시연구, 제25권 제12호, 358면-361면([사례] 법인의 불법행위책임)

1999. 2. 고시연구, 제26권 제2호, 258면·259면([사례] 부동산의 점유 취득시효)

1999. 3. 고시연구, 제26권 제3호, 375면-378면([사례] 동기의 착오), 383면-385면([사례] 선의취득, 도품·유실물에 관한 특칙, 공동불법행위, 담보책임)

1999. 4. 고시연구, 제26권 제4호, 316면-319면([사례] 취득시효·채권자대위권·불법원 인급여)

1999. 5. 고시연구, 제26권 제5호, 287면-290면([사례] 관습법상의 법정지상권), 294면-297면([사례] 임대차에 관한 사례)

1999. 7. 고시연구, 제26권 제7호, 329면-332면([사례] 전대차)

1999. 9. 고시연구, 제26권 제9호, 309면-311면([사례] 명의신탁), 315면·316면([사례] 인지의 소급효 등)

7. 주요 연구보고서

2004. 6. 「미국 로스쿨의 교과과정 연구」(이화여자대학교)

2009. 9. 「취득시효제도 ― 그 입법론적 연구 ―」(법무부)

2011. 4. 「대상청구권에 관한 입법적 연구」(법무부)

2016. 10. 「정년보장 교원 임용추천제도 개편에 관한 연구」(송덕수가 5인의 연구원 중 책임연구원)(이화여자대학교)

2016. 11. 「알기 쉬운 법령 만들기 10년의 성과평가 및 발전방안에 대한 연구」(송덕수가 5인의 연구원 중 책임연구원)(법제처)

2019. 8. 「민법 제166조 및 제766조에 대한 헌법재판소 일부위헌결정 관련 입법적 검토」(법무부)

8. 자문·감수 의견서(법제처, 법무부)

2013. 12. 법제처 법령해석 안건(안건번호 13-0480)에 대한 자문 의견서(법제처)

2014. 2. 법제처 법령해석 안건(안건번호 13-0553)에 대한 자문 의견서(법제처)

2014. 2. 법제처 법령해석 안건(안건번호 13-0645)에 대한 자문 의견서(법제처)

2014. 6. 김현숙 의원이 대표 발의한 민법개정안에 대한 자문 의견(법무부)

2014. 10. 〈공사·공단 직원에 대한 징계부가금 부과 관련(안 제74조의2)〉 자문 의견서 (법제처)

2014. 10. 벌금의 집행에 있어서 벌금형의 선고를 받은 자가 수사 개시 후 친인척 등 특수관계인과 한 재산권 목적의 법률행위를 사해행위로 추정하는 내용을 도입하는 것이 벌금형을 선고받은 자의 재산권 행사를 과도하게 제한하는 것은 아닌지 등에 관한 검토의견(법무부)

2014. 12. 법제처 법령해석 안건(자동차등록규칙)에 대한 자문 의견서 — 자동차 경매장의 개설자가 "경매" 절차를 진행한 경우, 이를 "알선"으로 볼 수 있는지에 관한 자문 — (법제처)

2015. 5. 법제처 자문 요청에 대한 의견서 — 국가 또는 지방자치단체가 보유한 공유수면 매립에 관한 권리가 국유재산 또는 공유재산에 해당하는지 여부(국유재산법 및 공유재산법의 적용 대상인지)에 대하여 — (법제처)

2017. 12. 소멸시효 완성채권의 양도 및 추심금지 개정안 등에 대한 자문 의견(법무부)

2018. 3. 김삼화 의원이 대표 발의한 민법개정안(의안번호 11398)에 대한 자문 의견(법무부)

2018. 3. '미성년자 성적 침해 불법행위 소멸시효 개정 검토'에 대한 자문 의견(법무부)

2020. 5. 가산금 및 환급가산금 정비방안(안)에 대한 자문 의견(법제처)

2020. 6. 소멸시효 완성 채권 관리 강화 관련 채권추심법 개정(안)[법무부 대안]에 대한 자문 의견(법무부)

2021. 7. 민법상 인격권 명문화에 관한 자문 의견(법무부)

2021. 11. 법제처 2021년 법령 입안 심사기준 개정판에 대한 감수의견(법제처)

II. 내가 강의한 교과목

[일러두기]

내가 대학에서 정규강의로 민법 강의를 한 것은 경찰대와 이화여자대학교 두 군데밖에 없다. 나는 경찰대에서는 1983년 1학기부터 1988년 2학기까지(1983년

1·2학기와 1988년 2학기는 시간강사였음), 이화여대에서는 1986년 2학기부터 정년 퇴임을 한 2021년 1학기까지(1986년 1학기부터 1988년 1학기까지는 시간강사였음) 강의를 했다.

아래에서는 그 강의 교과목을 연도별로 소개하기로 한다. 그럼에 있어서 강의가 학부 강의인지, 일반대학원 강의인지, 법학전문대학원 강의인지에 따라 각 교과목 앞에 각각 [학부], [일반원], [법전원]을 표시하려고 한다. 다만, 경찰대 강의는 모두 학부 강의여서 [학부] 표시를 생략한다. 그리고 교과목별로 학점 수와 강의시간 수를 괄호 안에 기재하기로 한다.

1. 경찰대학(모두 학부 강의임)

1983-1 민법III(채권법총론)-법학과 01반(3학점/3시간) 02반(3/3), 행정학과 01반(2/2) 02반(2/2)

1983-2 민법IV(채권법각론)-법 01반(3/3) 02반(3/3), 행정 01반(2/2) 02반(2/2)

1984-1 민법 I (민법총칙)-법(3/3) 행정(2/2), 민법III-법(3/3) 행정(2/2)

1984-2 민법 II (물권법)-법(3/3) 행정(2/2), 민법IV-법(3/3) 행정(2/2)

1985-1 민법 I -법(3/3) 행정(2/2), 민법III-법(3/3) 행정(2/2)

1985-2 민법IV- 법 01반(3/3) 02반(3/3), 행정 01반(2/2) 02반(2/2)

1986-1 민법 I -법(3/3) 행정(2/2), 민법III-법(3/3) 행정(2/2)

1986-2 민법IV-법 01반(3/3) 02반(3/3), 행정 01반(2/2) 02반(2/2)

1987-1 민법 I -법(3/3) 행정(2/2), 민법III-법(3/3) 행정(2/2)

1987-2 민법IV-법 01반(3/3) 02반(3/3), 행정 01반(2/2) 02반(2/2)

1988-1 민법 I -법(3/3) 행정(2/2), 민법III-법(3/3) 행정(2/2)

1988-2 민법IV- 법(3/3) 행정(2/2)

2. 이화여대

1986-2 [학부] 채권법 II (3학점/3시간)

1987-1 [학부] 물권법 II (3/3)

1987-2 [학부] 채권법 II-01반(3/3) 02반(3/3)

1988-1 [학부] 물권법 II (3/3)

1988-2 [학부] 채권법 II-01반(3/3) 02반(3/3), [학부] 법률학특강(3/3)

1989-1 [학부] 물권법 II-01반(3/3) 02반(3/3), [학부] 민사법연습(2/2), [학부] 생활법률 (3/3)

1989-2 [학부] 채권법 II-01반(3/3) 02반(3/3), [학부] 물권법 I-01반(2/2) 02반(2/2), [학부] 생활법률(3/3)

1990-1 [학부] 물권법 I-01반(2/2) 02반(2/2), [학부] 민사법연습(2/2), [학부] 생활법률 (3/3)

1990-2 [학부] 채권법 II-01반(3/3) 02반(3/3), [일반원] 권리변동론(3/3)

1991-1 [학부] 물권법 II-01반(2/2) 02반(2/2), [학부] 민사법연습(2/2), [학부] 생활법률 (3/3)

1991-2 [학부] 채권법 II-01반(3/3) 02반(3/3), [학부] 생활법률(3/3)

1992-1 [학부] 물권법 I-01반(2/2) 02반(2/2), [학부] 민법연습(2/2), [학부] 생활법률 (3/3), [일반원] 손해배상론(3/3)

1992-2 [학부] 채권법 II-01반(3/3) 02반(3/3), [학부] 생활법률(3/3), [일반원] 불법행위 · 부당이득(박사)(3/3)

1993-1 [학부] 물권법 II-01반(2/2) 02반(2/2), [학부] 생활법률(3/3), [일반원] 물권변동론 (박사)(3/3)

1993-2 [학부] 채권법 II-01반(3/3) 02반(3/3), [학부] 생활법률(3/3), [일반원] 소유권론 (박사)(3/3)

1994-1 [학부] 시민생활과 법(3/3), [학부] 물권법 I-01반(2/2) 02반(2/2), [일반원] 채무 불이행법(3/3)

1994-2 [학부] 채권법 II-01반(3/3) 02반(3/3), [일반원] 계약법(3/3)

1995-1 [학부] 물권법 I-01반(2/2) 02반(2/2), [학부] 민법총칙 I (3/3), [일반원] 권리의 주체 및 객체론(3/3)

1995-2 [학부] 채권법각론 01반(3/3) 02반(3/3), [일반원] 권리변동론(3/3)

1996-1 [학부] 물권법-01반(2/2) 02반(2/2), [학부] 민법총칙 I-01반(2/2) 02반(2/2), [일반원] 손해배상론(3/3)

1996-2 [학부] 채권법각론-01반(3/3) 02반(3/3), [일반원] 계약법(3/3)

1997-1 [학부] 물권법 I-01반(2/2) 02반(2/2) 03반(2/2), [일반원] 채무불이행법(3/3)

1997-2 [학부] 채권법각론-01반(3/3) 02반(3/3) 03반(3/3), [일반원] 권리변동론(3/3)

1998-1 [학부] 물권법 I -01반(2/2) 02반(2/2)

1998-2 [학부] 채권법각론-01반(3/3) 02반(3/3)

1999-1 [학부] 채권법총론(3/3)

1999-2 [학부] 민법총칙(3/3), [일반원] 점유권 및 소유권론(3/3)

2000-1 [학부] 1학년세미나(1/1), [학부] 채권법총론(3/3), [학부] 물권법(3/3), [일반원] 대리법(3/3)

2000-2 [학부] 민법총칙(3/3), [학부] 채권법각론(3/3), [일반원] 계약법 I (3/3)

2001-1 [학부] 1학년세미나(1/1), [학부] 채권법총론(3/3), [학부] 물권법(3/3), [일반원] 계약법 II (3/3)

2001-2 [학부] 민법총칙(3/3), [학부] 채권법각론(3/3), [일반원] 비교사법연구(3/3)

2002-1 [학부] 1학년세미나(1/1), [학부] 채권법총론(3/3), [학부] 물권법(3/3), [일반원] 법률행위론(3/3)

2002-2 [학부] 민법총칙(3/3), [학부] 채권법각론(3/3), [일반원] 계약법 I (3/3)

2004-1 [학부] 1학년세미나(1/1), [학부] 민법총칙(3/3), [학부] 물권법(3/3)

2004-2 [일반원] 민법판례연구 I (3/3)

2005-1 [학부] 민법총칙(3/3)

2005-2 [학부] 채권법총론(3/3)

2006-1 [일반원] 민법판례연구 II (3/3)

2006-2 [학부] 물권법(3/3)

2007-1 [학부] 1학년세미나(1/1), [학부] 민법총칙(3/3), [일반원] 계약법 II (3/3)

2007-2 [학부] 채권법총론(3/3), [학부] 물권법(3/3), [일반원] 대리법(3/3)

2008-1 [학부] 1학년세미나(1/1), [학부] 민법총칙(3/3), [일반원] 법률행위론(3/3)

2008-2 [학부] 채권법총론(3/3), [학부] 물권법(3/3)

2009-1 [일반원] 민법판례연구 II (3/3), [법전원] 민상법의 기초-01반(3/3) 02반(3/3)

2009-2 [학부] 물권법(3/3), [법전원] 계약법(3/3)

2010-2 [일반원] 손해배상론(3/3), [법전원] 채권법(3/3)

2011-1 [일반원] 손해배상론(3/3), [법전원] 민상법의 기초(3/3)

2011-2 [법전원] 채권법총론(3/3)

2012-1 [법전원] 민상법의 기초(3/3)

2013-1 [법전원] 민상법의 기초(3/3), [법전원] 채권법각론(3/3)

2013-2 [법전원] 물권법(3/3), [법전원] 채권법총론(3/3)

2014-1 [일반원] 물권변동론(3/3), [법전원] 민상법의 기초(3/3)

2015-1 [법전원] 민상법의 기초(3/3), [법전원] 가족법(3/3)

2015-2 [법전원] 채권법총론(3/3)

2016-1 [법전원] 민상법의 기초(3/3), [법전원] 가족법(3/3)

2016-2 [일반원] 점유권 및 소유권론(3/3)

2017-2 [법전원] 물권법(3/3)

2018-1 [법전원] 민상법의 기초(3/3)

2018-2 [법전원] 채권법총론(3/3), [법전원] 가족법(3/3)

2019-2 [법전원] 물권법(3/3), [법전원] 채권법총론(3/3)

2020-1 [법전원] 민상법의 기초(3/3), [법전원] 채권법각론(3/3)

2020-2 [법전원] 물권법(3/3), [법전원] 채권법총론(3/3)

2021-1 [일반원] 민법판례연구 II(3/3), [법전원] 민상법의 기초(3/3)

III. 내가 출제한 민법 전공과목 학교시험 문제

[일러두기]

시험문제는 먼저 경찰대학, 이화여대 법학과, 이화여대 법학전문대학원의 셋으로 나누고, 그 안에서는 연도 및 학기별로 각 과목당 중간시험과 기말시험의 순으로 적을 것이다. 그러면서 시간강사로 강의한 때의 것도 해당 학교의 문제에 포함시킬 것이다.

여기의 시험문제는 민법의 주요 전공과목의 사례형 문제만 수록하고, 객관식 시험이나 OX문제는 제외하려고 한다.

시험문제를 적을 때에는 첫 부분에 학년-학기, 학과·학년(법전원은 학과·학년 표시 생략), 교과목명, 중간시험·기말시험을 표시할 것이다.

1. 경찰대학(1983년 1학기~1988년 2학기)

[참고] 나는 경찰대학에서 1983년 1학기부터 강의를 했다. 1983년 1학기와 2학기는 시간강사였고, 강의시간은 1학기(민법III, 4반)와 2학기(민법IV, 4반)에 각각

주당 10시간이었다. 그런데 그 시기의 시험문제는 극히 일부만 보관되어 있다. 그렇지만 그것만이라도 수록하기로 한다. 그리고 나는 1988년 9월에 이화여대 전임교수로 왔지만, 경찰대학의 사정을 고려하여 그 학기에는 경찰대학에서 시간강사로 강의를 했는데, 그때의 문제도 함께 수록한다.

1983-1, 법·행정 3학년, 민법 III, 중간시험
Ⅰ. (1) 특정물채권의 채무자의 선관주의 의무 존속기간
  (2) 대상청구권
Ⅱ. 제한초과의 이자를 논하라.

1984-1, 법·행정 2학년, 민법 I, 중간시험
Ⅰ. 다음 각각의 의의를 써라. (15점)
 1. 사적 자치의 원칙
 2. 형성권
 3. 행위능력
Ⅱ. 다음을 설명하라. (35점)
 1. 무능력자의 상대방이 하는 최고의 효과
 2. 실종선고의 효과

1984-1, 법·행정 2학년, 민법 I, 기말시험
법률요건·법률행위·의사표시 3자의 상호관계를 설명하라.

1984-1, 법·행정 3학년, 민법 III, 중간시험
다음 각각에 대하여 설명하라.
1. 채권과 청구권의 관계
2. 선택채권에 있어서 급부불능에 의한 특정
3. 이행지체 후의 이행불능
4. 통상손해

1984-1, 법 3학년, 민법Ⅲ, 기말시험

연대채무자의 1인에 관하여 생긴 사유의 효력을 설명하라.

(그것과 관련된 채권의 담보력 문제도 언급할 것)

1984-1, 행정 3학년, 민법Ⅲ, 기말시험

손해배상의 범위를 설명하라.

1984-2, 법 2학년, 민법Ⅱ, 중간시험

다음 각각에 대하여 설명하라.

1. 민법 제185조(물권법정주의) (15점)

2. 공신의 원칙 (15점)

3. 물권의 배타성 (10점)

4. 물권행위 (10점)

1984-2, 행정 2학년, 민법Ⅱ, 중간시험

물권행위의 무인성을 논하라.

1984-2, 법·행정 2학년, 민법Ⅱ, 기말시험

Ⅰ. 가등기의 효력을 논하라. (35점)

Ⅱ. 다음을 간단하게 설명하라. (15점)

　　공동소유의 형태

1984-2, 법·행정 3학년, 민법Ⅳ, 중간시험

해제의 효과에 대하여 논하라.

1984-2, 법 3학년, 민법Ⅳ, 기말시험

갑(남)은 을(여)과 불륜의 내연관계를 맺고, 그 대가로 을에게 자신이 소유하고 있던 A토지를 증여하여 소유권이전등기까지 해 주었다.

이 경우에 갑은 부당이득을 이유로 A의 반환청구를 할 수 있는가? 또 A의 소유권이 여전히 자기에게 있다고 하여 소유권에 기한 반환청구를 할 수 있는가?

1984-2, 행정 3학년, 민법Ⅳ, 기말시험(택1)

Ⅰ. 매도인의 하자담보책임을 설명하라.

Ⅱ. 생명침해의 경우에 피해자의 형은 자신의 고유한 위자료청구권을 가지는가?

1985-1, 법·행정 2학년, 민법Ⅰ, 중간시험

다음 각각에 대하여 간략하게 설명하라.

Ⅰ. 의사능력과 행위능력의 관계

Ⅱ. 실종선고가 취소되어도 무효로 되지 않는 행위는?

Ⅲ. 법인의 본질을 논하는 실익

Ⅳ. 금치산자의 행위능력

1985-1, 법·행정 2학년, 민법Ⅰ, 기말시험

Ⅰ. A는 C의 기망에 의하여 그의 물건을 B에게 헐값으로 팔았다. 그 후 B는 그 물건을 D에게 전매하였다.

1. A는 그의 의사표시를 취소할 수 있는가? (10점)

2. 만약 취소하는 경우에 취소의 의사표시는 누구에 대하여 하여야 하는가? (10점)

Ⅱ. 대리인이었던 자가 그가 가지고 있었던 대리권의 범위를 넘는 법률행위를 타인과 한 경우에 그 법률행위의 효과는 본인에게 귀속하는가? (15점)

Ⅲ. 다음 각각을 간략하게 설명하라. (각 5점)

1. 부동산매수인의 등기청구권은 소멸시효에 걸리는가?

2. 물권행위

3. 특정물

1985-1, 법 3학년, 민법Ⅲ, 중간시험

Ⅰ. 갑은 을에게 자기 집의 페인트칠을 의뢰하였다. 을은 그의 조수인 병을 보내 그 일을 하게 하였다. 병은 부주의로 말미암아 사다리로 거울을 깨뜨렸고 창문

으로 페인트통을 떨어뜨려 제3자 정을 다치게 하였다. 일을 마친 뒤 병은 고급시계를 훔쳐 가지고 나왔다.

을은 병의 행위들에 대하여 계약에 기한 책임을 지는가? (35점)

Ⅱ. 지연이자에 대하여 설명하라 (5점)

1985-1, 행정 3학년, 민법Ⅲ, 중간시험

채무불이행의 요건과 효과를 개관하라.

1985-1, 법·행정 3학년, 민법Ⅲ, 기말시험

Ⅰ. B에 대하여 3,000만 원의 부동산 매매대금채무를 부담하고 있는 A는 C로부터 B의 채권을 양수하였다는 요지의 내용증명우편에 의한 통지를 받았다. 그 후 A는 또 B로부터 D에게 그의 채권을 양도하였다는 요지의 구두의 통지를 받았다.

A는 누구에게 채무를 변제하여야 하는가? (20점)

Ⅱ. 우리의 판례에 의하면 예외적으로 특정한 채권의 보전을 위하여서도 채권자대위권의 행사를 허용하고 있다. 그 주요한 경우 둘을 설명하고, 이러한 판례의 태도에 대하여 논평하라. (15점)

Ⅲ. 다음 각각에 대하여 설명하라.

1. 보증인이 가지는 최고·검색의 항변권 행사의 요건 (10점)

2. 상계(법학과 학생만 쓸 것) (5점)

2. 법정대위(행정학과 학생만 쓸 것) (5점)

1985-2, 법 3학년, 민법Ⅳ, 중간시험

A는 6주 동안 그의 자동차를, 차를 감시해 주고 주차료를 받는 유료주차장에 주차시켰다. 이 주차장으로 되어 있는 토지는 H시가 B에게 임대한 것이었다. A는 B의 주차장 경비원에게 주차장의 이용은 시 소유의 공지에 대한 공공사용에 해당하므로 무료이어야 한다고 주장하면서, 그의 자동차를 경비해 주는 것과 주차료의 지급을 거절한다고 하는 의사를 표시하였다.

이 경우 A와 B 사이에 주차장 사용계약이 성립하는가, 그리하여 A는 B에게 요금표에 따른 주차료를 지급하여야 하는가?(사회정형적 행위론 내지 사실적 계약관계 이론을 인정할 경우와 이를 인정하지 않을 경우로 나누어 설명하라.)

1985-2, 행정 3학년, 민법Ⅳ(2), 중간시험
계약자유의 원칙과 그 제한에 관하여 설명하라.

1985-2, 법 3학년, 민법Ⅳ, 기말시험
Ⅰ. 전차인이 과실로 인하여 임차물을 훼손한 경우에 임차인은 임대인에게 책임(계약에 기한 책임)을 지는가?(임차물의 전대에 관하여 임대인의 동의가 없는 경우와 있는 경우를 나누어 설명할 것)

Ⅱ. 다음 각각을 설명하라.
 1. 민법 제580조의 「하자」 개념
 2. 민법 제746조의 입법취지

1985-2, 행정 3학년, 민법Ⅳ, 기말시험
Ⅰ. 전차인이 과실로 인하여 임차물을 훼손한 경우에 임차인은 임대인에게 책임(계약에 기한 책임)을 지는가?(임차물의 전대에 관하여 임대인의 동의가 없는 경우와 있는 경우를 나누어 설명할 것)

Ⅱ. 민법 제580조의 「하자」 개념을 설명하라.

1986-1, 법·행정 2학년, 민법Ⅰ, 중간시험
다음 각각을 설명하라.(배점: I~II 각 30점, III~VI 각 10점)
 Ⅰ. 우리 민법에 있어서 민사에 관한 관습법의 효력
 Ⅱ. 항변권
 Ⅲ. 공법·사법의 구별의 실익
 Ⅳ. 추상적 경과실
 Ⅴ. 독일보통법(gemeines Recht)
 Ⅵ. 간주

1986-1, 법·행정 2학년, 민법Ⅰ, 기말고사
 Ⅰ. 부동산에 대하여 설명하라. (70점)

II. 다음 각각에 대하여 약술하라. (각 10점)

1. 실종선고에 의하여 실종자가 사망한 것으로 간주되는 범위

2. 법률행위와 의사표시의 관계

3. 법률행위 목적의 불능

1986-1, 법·행정 3학년, 민법Ⅲ, 중간시험

I. 종류채권의 특정과 그 효과에 대하여 설명하라. (80점)

II. 다음 각각을 간략하게 설명하라

1. 유기적 관계로서의 채권관계 (10점)

2. 민법 제386조가 가지는 의미 (10점)

1986-1, 법·행정 3학년, 민법Ⅲ, 기말시험

A는 주택수선업자인 B에게 그의 집의 지붕의 수리를 의뢰하였다. B는 그의 조수인 C를 보내어 그것을 수리하게 하였다. 그런데 C는 부주의로 말미암아 비가 새게 수리를 하였다. 비가 샘으로 인하여 곰팡이가 피었고, 그 때문에 2~3년 후에 A의 몇몇 그림이 못쓰게 되었다.

I. A는 B에 대하여 그의 그림이 상한 데 대한 손해배상을 청구할 수 있는가?

II. 설문의 경우에 있어서, A가 그림이 상한 데 대한 분노로 인하여 자살하였다면, A의 미망인인 D는 B에 대하여 부양 및 위자료를 청구할 수 있는가?

(I·II에 있어서 불법행위 문제는 논외로 한다.)

1986-2, 법 3학년, 민법Ⅳ, 중간시험

I. 쌍무계약에 있어서 당사자 일방의 채무가 불능인 경우의 법률관계를 개괄적으로 설명하라.

II. 보통거래약관의 구속력의 근거를 간략하게 설명하라(우리의 판례도 언급할 것).

1986-2, 행정 3학년, 민법Ⅳ, 중간시험

I. 승낙의 효력발생시기에 대하여 논하라.

II. 다음 각각을 설명하라.

1. 보통거래약관이 계약의 자유에 미치는 영향

2. 유상계약

1986-2, 법·행정 3학년, 민법Ⅳ, 기말시험

Ⅰ. 매도인의 담보책임의 법적 성질에 대하여 논하라. (30점)

Ⅱ. 민법 제548조 제1항 단서의 제3자의 범위를 설명하라. (30점)

Ⅲ. 변제기가 이미 도래한 채권의 매매에 있어서 매도인이 채무자의 자력을 담보하는 특약을 한 경우에는 어느 시기의 채무자의 자력을 담보한 것으로 해석하여야 하는가? (30점)

1987-1, 법·행정 2학년, 민법Ⅰ, 중간시험

Ⅰ. 태아가 예외적으로 이미 출생한 것으로 간주되는 경우에 있어서, 태아의 법률상의 지위에 관하여 논하라. (60점)

Ⅱ. 조리는 민법의 법원인가? (30점)

Ⅲ.「추정」개념을 예를 들어 설명하라. (10점)

1987-1, 법·행정 2학년, 민법Ⅰ, 기말시험

다음 각각에 대하여 설명하라. (각 20점)

1. 무능력자의 상대방이 무능력자 측에 대하여 행한 최고의 효과

2. 대체물은 언제나 불특정물인가?

3. 법률행위와 의사표시는 동의어인가?

4. 의사표시의 본질에 관한 이론(의사주의·표시주의·효력주의)

5. 법률행위의 목적의 불능

1987-1, 법·행정 3학년, 민법Ⅲ, 중간시험

농부인 A는 쌀 상인 B에게 그(A)가 작년에 생산한 쌀 100가마 가운데 10가마를 70만 원의 대금으로 판다는 내용의 계약을 체결하였다. 그리고 B는 A의 요구에 따라 70만 원의 대금 전액을 계약체결 시에 A에게 지급하였다. 그 후 A는, 쌀을 운송회사인 C정기화물 편으로 B의 주소지에 송부하기로 한 B와의 약정에 따라, 쌀 10가마를 C정기화물 편으로 B의 주소지에 송부하였다. 그런데 쌀을 실은 C정기화

물 트럭이 도중에 강으로 전복되어 쌀이 모두 유실되었다.

이때 B가 A에게 쌀 10가마를 다시 청구하였다. 정당한가?(대금반환 여부의 문제는 논외로 한다)

1987-1, 법 3학년, 민법Ⅲ, 기말시험
부진정연대채무를 연대채무와 비교하여 설명하라.

1987-1, 행정 3학년, 민법Ⅲ, 기말시험
제3자의 채권침해는 채권자에 대하여 불법행위가 되는가?

1987-2, 법 3학년, 민법Ⅳ, 중간시험
A는 자신의 이름으로 세탁기 상인인 B와, A가 B에게 세탁기의 대금을 지급하기로 하고 세탁기는 B가 직접 A의 어머니 C에게 인도하기로 하는 세탁기 매매계약을 체결하였다. 그 후 C의 청구에 의하여 B가 세탁기를 장치하였는데, 그가 잘못 장치한 결과 C의 집이 온통 물에 잠겼다.

이 경우의 법률관계를 설명하라. (단, 불법행위 문제는 논외로 한다)

1987-2, 행정 3학년, 민법Ⅳ, 중간시험
갑은 을로부터 일정한 종류의 기계를 매수하였다. 매매계약 체결 후에 을은 갑에게 기계와 함께 보통거래약관이 인쇄된 서류를 보냈다. 그것에 의하면 매매의 목적물에 하자가 있는 경우에는 매수인은 수선청구권만을 가질 뿐이다. 그런데 기계에는 중대한 하자가 있었다. 그리하여 갑은 기계의 중대한 하자를 이유로 하자 없는 기계를 청구하였고(민법 제581조 제2항 참조), 그에 대하여 을은 보통거래약관을 주장하여 이를 거절하였다.

누구의 주장이 정당한가?

1987-2, 법 3학년, 민법Ⅳ, 기말시험
다음 각각에 대하여 논하라.

Ⅰ. 매도인의 담보책임과 착오의 관계 (50점)

Ⅱ. 민법 제752조의 의의 (50점)

1987-2, 행정 3학년, 민법Ⅳ, 기말시험
위험부담에 대하여 논하라.

1988-1, 법·행정 2학년, 민법Ⅰ, 중간시험
다음 각각을 설명하라. (배점: Ⅰ 25점, Ⅱ~Ⅳ 각 5점)
Ⅰ. 권리남용금지의 원칙
Ⅱ. 추상적 경과실
Ⅲ. Digesta
Ⅳ. 지배권

1988-1, 법·행정 2학년, 민법Ⅰ, 기말시험
법률요건·법률행위·의사표시 3자의 상호관계를 설명하라.

1988-1, 법 3학년, 민법Ⅲ, 중간시험
이자의 제한에 대하여 논하라.

1988-1, 행정 3학년, 민법Ⅲ, 중간시험
종류채권에 대하여 논하라.

1988-1, 법 3학년, 민법Ⅲ, 기말시험
토지소유자인 A는 B와 그의 토지의 매매계약을 체결하였다. 그 후 A는 동일 토지를 다시 C에게 더욱 고가로 매도하고 그에게 소유권이전등기까지 해주었다.
이 경우에 있어서 A와 B 사이의 법률관계를 설명하라.

1988-1, 행정 3학년, 민법Ⅲ, 기말시험
채권자지체에 대하여 설명하라.

1988-2, 법 3학년, 민법Ⅳ, 중간시험
Ⅰ. 갑은 을에게 자신의 골동품을 96만 원에 매도하려 하였는데 잘못하여 69만 원에 매도하겠다고 표시하였고, 을은 갑이 그 골동품의 대금으로 96만 원을

받으려는 것을 알고 96만 원에 매수하겠다고 하였다(의사표시는 갑·을 모두 편지로 하였음). 그런데 골동품값이 가격이 상승하여 그 골동품은 120만 원을 호가하였다.

이 경우에 갑과 을 사이에 골동품 매매계약이 성립하는가? 만약 매매계약이 성립한다면 그 계약은 어떤 내용을 가지며, 갑 또는 을은 그 계약을 착오를 이유로 취소할 수 있는가? (60점)

II. A는 어떤 상품을 구입하기 위하여 백화점에 들어가다가 입구에 쌓여있는 물건들이 넘어지는 바람에 다쳤다. A는 백화점 소유자에 대하여 치료비를 청구할 수 있는가? (40점)

1988-2, 법 3학년, 민법IV, 기말시험
불법원인급여에 대하여 논하라.

1988-2, 행정 3학년, 민법IV, 중간시험
I. 무의식적인 불합의에 대하여 논하라. (80점)
II. 보통거래약관의 한 조항이 무효인 경우의 법률효과를 설명하라. (20점)

1988-2, 행정 3학년, 민법IV, 기말시험
계약금에 대하여 논하라.

2. 이화여대 법학과

[참고] 내가 이화여대에서 처음 강의를 한 것은 1986년 2학기이다. 그때부터 1988년 1학기까지는 시간강사였으며, 1988년 2학기부터는 전임교수로서 강의를 했다. 그리고 2009년 1학기에 법학전문대학원이 개설되어 그때부터는 주로 법전원에서 강의했으나, 일부 기간에는 학부 강의도 병행했다. 그 시기의 법학과 시험문제는 여기에 함께 수록한다.

1986-2, 법 2학년, 채권법 II, 기말시험

I. 계약해제의 효과를 물권변동과 관련하여 논하라. (70점)

II. 매도인의 하자담보책임(민법 제580조)에 있어서 하자 개념을 설명하라. (30점)

1987-1, 법 3학년, 물권법 II, 중간시험

I. 명의신탁에 관한 판례이론을 소개하고 비판하라. (85점)

II. 인역권에 대하여 예를 들어 설명하라. (15점)

1987-1, 법 3학년, 물권법 II, 기말시험

I. 질권과 저당권을 비교설명하라. (공통점을 중심으로) (60점)

II. 포괄근저당은 유효한가? (40점)

1987-2, 법 2학년, 채권법 II, 중간시험

쌍무계약에 있어서 당사자 일방의 채무가 불능인 경우의 당사자 사이의 법률관계를 설명하라.(주의할 점: 설문의 불능은 넓은 의미임. 불능의 각 경우별로 나누어 설명할 것)

1987-2, 법 2학년, 채권법 II, 기말시험

계약금에 대하여 설명하라.

1988-1, 법 3학년, 물권법 II, 중간시험

관습법상의 법정지상권에 관한 판례이론을 설명하고, 이를 논평하라.

1988-1, 법 3학년, 물권법 II, 기말시험

부동산소유자 A는, 이미 B의 전세권이 성립되어 있는 그의 부동산 위에, C·D에게 차례로 저당권을 설정하여 주었다.

1. 이 경우에 D는 언제나 그의 저당권을 실행할 수 있는가? (30점)

2. D가 그의 저당권을 실행함으로써 목적부동산이 E에게 경락되었다면 B는 경락대금으로부터 전세금의 우선변제를 받을 수 있는가? (50점)

이때 C는 어떤가? (20점)

1988-2, 법 2학년, 채권법Ⅱ, 중간시험

Ⅰ. 승낙의 효력발생시기에 관하여 논하라. (70점)

Ⅱ. 보통거래약관이 계약의 자유에 미치는 영향을 설명하라. (30점)

1988-2, 법 4학년, 법률학특강Ⅱ, 기말시험

자신의 그림을 96만 원에 매도하려고 하는 갑은 을에게 편지로 매도청약을 하면서 대금을 69만 원으로 잘못 기재하였다. 이러한 경우에,

[A] 을은 갑이 그 그림의 대금으로 96만 원을 받으려는 것을 알고서 96만 원에 매수하겠다고 답장을 보냈다.

[B] 을은 갑의 의사를 전혀 알지 못했고 알 수도 없는 상황에서 69만 원에 매수하겠다고 답장을 보냈다.

[C] 을은 갑의 의사는 알 수 없었지만, 갑의 편지를 읽으면서 69만 원을 96만 원으로 잘못 읽고서 96만 원에 매수하겠다고 답장을 보냈다.

한편 그 그림은 가격이 상승하여 현재에는 120만 원을 호가하고 있다.

Ⅰ. A, B, C 각 경우에 있어서 매매계약은 성립하는가? 만약 매매계약이 성립한 경우가 있다면 그 계약의 내용은 어떻게 되는가?

Ⅱ. 각 경우에 있어서 갑 또는 을은 착오를 이유로 매매계약을 취소할 수 있는가?

1989-1, 법 3학년, 물권법Ⅱ, 중간시험

Ⅰ. A·B·C가 공유하고 있는 토지가 D에 의하여 시효취득되려고 한다.

1. 이 경우에 A가 단독으로 자기의 지분을 주장하여 D의 취득시효를 중단시킬 수 있는가?

2. 설문의 경우에 A가 단독으로 공유관계를 주장하여 D의 취득시효를 중단시킬 수 있는가?

3. 지분을 주장하여 취득시효를 중단시키는 경우와 공유관계를 주장하여 취득시효를 중단시키는 경우에 시효가 중단되는 범위에서 차이가 있는가?

Ⅱ. 다음에 관하여 설명하라.

1. 지상권자의 계약갱신청구권
2. 담보물권의 물상대위성

1989-1, 법 3학년, 물권법 II, 기말시험

Ⅰ. 저당권에 의하여 담보된 채권과 국세 가운데 어느 것이 우선하는가? (40점)

Ⅱ. 채권과 저당권에 있어서 피담보채권의 범위를 비교설명하고, 두 경우에 차이를 두고 있는 이유에 대하여 언급하라. (40점)

Ⅲ. 가등기담보권자는 그가 우선변제를 받기 위하여 청산을 하여야 할 경우에 처분청산방법에 의할 수 있는가? (20점)

1989-1, 법 4학년, 민사법연습, 기말시험

다음 대법원판결에 대하여 논평하라.

대법원 제2부 89.1.17 판결 87다카2824, 일부파기환송

보증채무금

원심 수원지법 87.10.16 판결 86나508

〈참조조문〉 이자제한법 제1조

〈참조판례〉 대법원 81.1.27 판결 80다2694

〈당사자〉 원고, 피상고인 서○○

　　　　　 피고, 상고인 이○○

[주문]

원심판결 중 4,895,726원 및 이에 대한 1983.8.27.부터 완제일까지 연 2할 5푼의 비율에 의한 금원을 초과하여 지급을 명한 피고 패소부분을 파기하고, 이 부분 사건을 수원지방법원 합의부에 환송한다.

피고의 나머지 상고를 기각하고, 이 상고기각 부분에 관한 상고비용은 피고의 부담으로 한다.

[이유]

1. 피고의 상고이유 제1 내지 제3점을 함께 본다.

원심판결이 거시한 증거를 기록에 의하여 살펴보면 원심판시와 같이 원고는 1983.7.20. 소외 김○○에게 5,000,000원을 변제기일을 같은 해 8.26.로 정하여 대여하기로 하고 위 금액에서 위 변제기일까지의 선이자로 300,000원을 공제한

4,700,000원을 지급하였는데 피고는 위 김○○의 대여금채무를 보증한 사실이 넉넉히 인정되고 그 증거취사 과정에 논지가 주장하는 것과 같은 채증법칙위반의 위법이 없으며, 또 피고의 보증책임을 인정한 조치에 소론 주장과 같이 협의의 어음할인과 어음대부의 관계를 오해한 허물이 없으므로, 논지는 모두 이유 없다.

2. 같은 상고이유 제4점을 본다.

원심판결 이유에 의하면 원심은 위에서 본 바와 같이 원고가 소외 김○○에게 1983.7.20. 5,000,000원을 변제기일을 그해 8.26.로 정하여 대여하면서 변제기일까지의 선이자로 300,000원을 공제하고 4,700,000원을 지급한 사실을 인정하고 피고는 위 김○○의 보증인으로서 이 대여원금 5,000,000원과 이에 대하여 그해 8.27.부터 완제일까지 이자제한법의 제한범위 내에서 연 2할 5푼의 비율에 의한 지연손해금을 지급할 의무가 있다고 판시하였다.

그러나 이자제한법의 제한을 초과하는 이자를 <u>선이자로 공제한 경우에 그 제한 초과부분은 무효이므로, 채무자는 실지로 교부받은 대여금액에다가 이 금액에 대한 이자제한법 제한범위 내의 이자액을 합산한 금액만을 변제기일에 대여원금으로서 변제할 의무가 있고</u> 이 금액과 약정 대여원금액과의 차액 부분에 대한 소비대차는 무효라고 볼 수밖에 없다(당원 1981.1.27. 선고 80다2694 판결 참조).

그렇다면 피고는 위 채무자 김○○의 보증인으로서 채무자가 실지로 교부받은 대여금 4,700,000원과 여기에 대여당시 시행되던 이자제한법 제한이율(1980.1.12. 대통령령 제9714호 최고이율에 관한 규정)인 연 4할의 이율에 따른 이자액 195,726원(4,700,000원 × 0.4 × 38/365원 미만 버림)을 합산한 4,895,726원 및 이에 대하여 변제기일 다음날인 1983.8.27.부터 완제일까지 원고 청구범위 내에서 연 2할 5푼의 비율에 의한 금원은 지급할 의무가 있다고 할 것이다.

결국 원심판결은 이자제한법의 법리를 오해하여 판결에 영향을 미친 위법이 있고 이는 소송촉진등에관한특례법 제12조 제2항 소정의 파기사유에 해당하므로 이 점에 관한 논지는 이유있다.

그러므로 원심판결 중 4,895,726원 및 이에 대한 1983.8.27.부터 완제일까지 연 2할 5푼의 비율에 의한 금원을 초과하여 지급을 명한 피고 패소부분을 파기하여 이 부분 사건을 원심법원에 환송하고 나머지 피고의 상고를 기각하며, 상고기각 부분의 상고비용은 패소자의 부담으로 하여 관여법관의 일치된 의견으로 주문과 같이 판결한다.

〈재판장 대법관〉 배석
〈대법관〉 이회창, 김주한

1989-2. 법 2학년. 물권법Ⅰ. 중간시험

Ⅰ. 우리 민법상, 법률에 규정이 있는 물권과 다른 내용의 물권이 관습법에 의하여 성립할 수 있는가? (60점)

Ⅱ. 공신의 원칙에 대하여 설명하라. (40점)

1989-2. 법 2학년. 물권법Ⅰ. 기말시험

Ⅰ. 제한물권의 소멸청구나 소멸통고가 있는 경우에, 그 제한물권은 말소등기 없이 당연히 소멸하는가? (60점)

Ⅱ. 다음 각각에 대하여 설명하라.

1. 점유개정 (20점)
2. 점유의 관념화 (20점)

1989-2. 법 2학년. 채권법Ⅱ. 중간시험

Ⅰ. A는 옷을 한 벌을 구입하기 위하여 X백화점에 들어가다가 입구에 쌓여있는 물건들이 넘어지는 바람에 다쳐 한 달 동안 입원하여 치료를 받았다.

1. 이 경우에 A는 X에 대하여 손해배상을 청구할 수 있는가? 손해배상을 청구할 수 있다면 그 근거와 범위는? (30점)

2. 만약 A가 옷을 구입하기 위하여가 아니고 단지 길을 가다가 갑자기 내린 비를 피하기 위하여 X백화점에 들어가다가 다쳤다면 어떤가? (30점)

Ⅱ. 무의식적인 불합의와 착오는 어떻게 구별되는가? (40점)

1989-2. 법 2학년. 채권법Ⅱ. 기말시험

A는 1989. 10. 15. 자신이 소유하고 있는 X토지를 B에게 5,000만 원에 팔기로 하는 내용의 계약을 체결하였다. 계약 당시에 B는 A에게 계약금으로 500만 원을 지급하였고, 대금 중 2,000만 원은 중도금으로 1989. 11. 5.에 X토지의 명의변경 (소유권이전등기)에 필요한 서류와 교환으로 지급하기로 하고, 잔금 2,500만 원은

B가 X토지를 Y은행에 담보로 제공하고서 금전을 대출받아 1989. 11. 25.에 지급하기로 하였다. 그리하여 A는 1989. 11. 5.에 B로부터 중도금 2,000만 원을 받으면서 등기서류를 교부하였고, B는 X토지의 소유권이전등기를 한 뒤 Y은행에 저당권을 설정하여 주고서 2,500만 원을 대출받았다. 그런데 B는 다른 급한 용도가 생겨 대출금으로 잔금을 지급하지 않고 다른 곳에 사용하였다. 한편 계약서에는 "매도자가 본 계약을 어겼을 때에는 계약금으로 받은 금액의 배를 매수자에게 주기로 하고 매수자가 본 계약을 어겼을 때에는 계약금은 무효가 되고 돌려달라는 청구를 하지 않기로 함"이라는 조항이 들어가 있다.

Ⅰ. 이 경우에 A가 계약을 해제하려면 어떻게 해야 하는가? (40점)

Ⅱ. 이 경우에 A가 적법하게 계약을 해제하였다면 Y의 저당권의 운명은 어떻게 되며, 그 근거는 무엇인가? (60점)

1990-1, 법 2학년, 물권법Ⅰ, 중간시험

Ⅰ. A 소유건물의 임차인인 B는 C로부터 C 소유의 기계를 빌려서 임차건물에 부착시켜 사용해 오다가 건물의 임대차기간이 만료되자 기계를 그대로 방치한 채 퇴거해버렸다.

이 경우에 A와 C는 물권적 청구권을 행사할 수 있는가? 만약 그렇다면, 그 권리를 행사하는 경우에 그 비용은 누가 부담하여야 하는가? (80점)

Ⅱ. 물권의 배타성에 대하여 설명하라. (20점)

1990-1, 법 2학년, 물권법Ⅰ, 기말시험

*A는 1965년 3월 15일 B로부터 X토지를 매수하여 같은 해 5월 15일 잔금을 치르고서 X를 인도받아 현재(1990. 6. 16)까지 점유하고 있다. 그러나 아직까지도 X의 소유권이전등기는 하지 않고 있다.

문Ⅰ. 이 경우에 A는 X의 소유자인가? 만일 소유자가 아니라면, A는 X의 소유권을 취득할 수 있는가? 취득할 수 있다면, 그 방법(들)은 무엇이고 절차는 어떻게 되는가?

Ⅱ. 설문의 경우에, B가 사망한 뒤 B의 상속인인 C가 X를 D에게 매각하고 B로부터 직접 D로의 소유권이전등기를 해 주었다면, 그 등기는 유효한가? 그리고 이때 A는 X의 소유권을 취득할 수 있는가?

1990-1. 법 4학년, 민사법연습, 기말시험

A는 B가 운전하는 자동차에 치어 전치 약 7주의 상처를 입고 입원치료를 받았으며, 치료종결로 경과가 호전되자 그것을 전제로 하여 B를 대리한 C(한국 자동차보험 주식회사)와 A의 그동안의 치료비를 C가 부담하는 외에 A가 C로부터 이 사건 사고로 인한 손해배상금 조로 300만 원을 지급받고 「이후의 치료비 및 손해에 대하여는 일체의 권리를 포기하기로」 합의하였다. 그런데 그 뒤 A에게는 위 사고로 인하여 정신질환 등이 발생하여 A는 정신과적 치료 등을 받았으나 그럼에도 불구하고 정신질환 등이 완치되지 않아 계산능력이 정상 이하로 떨어졌고 충동 조정이 불가능하여 정상적인 사회생활을 영위할 수가 없게 되어 종전 직장의 인사과장 직을 그만둘 수밖에 없었고 위와 같은 후유증으로 그는 일반노동능력을 60% 정도 상실하였다.

이러한 경우에 A는 B에 대하여 합의 당시 이후에 지출한 치료비 및 후유증으로 인한 손해배상을 청구할 수 있는가?

1990-2. 법 2학년, 채권법 II, 중간시험

갑은 1990년 9월 15일 자신 소유의 골동품을 을에게 1,000만 원에 매각하기로 하는 계약을 체결하였다. 그러면서 대금은 1990년 9월 30일에 지급하기로 하고, 골동품은 1990년 10월 15일에 인도하기로 하였다. 그러나 갑·을 모두가 이행을 하지 않고서 현재(1990년 10월 17일)에 이르렀다.

1. 이 경우에 갑이 대금을 청구하면, 을은 동시이행의 항변권을 행사할 수 있는가?

2. 설문의 경우에 있어서, 만일 1990년 10월 16일에 병이 과실로 갑의 골동품을 깨뜨려버렸다면, 법률관계는 어떻게 되는가?(골동품의 시가는 1,200만 원이다)

1990-2. 법 2학년, 채권법 II, 기말시험

I. 채무자의 자력에 관한 채권 매도인의 담보책임에 대하여 논하라.

II. 불법의 원인으로 소유권을 이전한 자는 소유권에 기하여 그 반환을 청구할 수 있는가?

1991-1, 법 2학년, 물권법 I, 중간시험

I. 물권행위와 공시방법(등기·인도)의 관계에 대하여 논하라. (60점)

II. 물권적 청구권은 물권으로부터 독립하여 소멸시효에 걸리는가? (40점)

1991-1, 법 2학년, 물권법 I, 기말시험

I. 상속부동산을 상속인이 양도할 경우의 등기에 관하여 설명하라. (40점)

II. 간이인도와 점유개정을 비교설명하라. (20점)

III. 금전에 대하여도 민법 제249조가 적용되는가? (20점)

IV. 자주점유에 대하여 설명하라. (20점)

1991-1, 법 4학년, 민사법연습, 기말시험

I. 책임능력 있는 미성년자의 행위에 대하여 미성년자의 감독자가 책임을 지는가?

II. 민법 제752조와 민법 제750조의 관계에 대하여 논하라.

1991-2, 법 2학년, 채권법 II, 중간시험

*A는 자신이 소유하고 있는 X주택을 B에게 5,000만 원에 매도하기로 하는 계약을 체결하고 계약체결시에 B로부터 500만 원을 계약금으로 받았다. 그런데 계약이 이행되기 전에 X가 벼락에 맞아 불타버렸다. X에 관하여는 화재보험계약이 체결되어 있었고, 그리하여 A는 3,000만 원의 보험금청구권을 취득하였다.

문 I. 이때의 법률관계를 설명하라. (60점)

II. 위 설문의 경우, 만일 X가 계약체결 전일(前日)에 불타버린 것이라면, 법률관계는 어떻게 되는가? (40점)

1991-2, 법 2학년, 채권법 II, 기말시험

I. 민법 제579조의 해석에 관한 통설을 비판하라.

II. 책임능력 있는 미성년자의 불법행위에 대한 감독자책임에 대하여 논하라.

1992-1, 법 2학년, 물권법 I, 중간시험

물권 내지 물권변동의 공시는 왜 필요하며, 우리나라에서 인정되는 공시방법에는 어떤 것이 있는가? 그리고 그러한 공시방법은 우리 민법상 어떠한 의미를 갖는가?

1992-1, 법 2학년, 물권법 I , 기말시험
I . 현행법하에서 중간생략등기는 유효한가? (80점)
II . 점유개정을 설명하라. (20점)

1992-1, 법 4학년, 민법연습, 기말시험
I . 아무런 권한 없이 타인의 이름을 사용하여 법률행위를 한 경우에 대리법이 적용되는가?

II . 종류채권의 채무자는 채권자가 원하지 않을 경우에도 특정된 물건이 아닌 다른 물건(같은 종류)으로 급부할 수 있는가?

III . 부동산의 이중매매에 있어서 매도인이 제2매수인에게 소유권이전등기를 해 준 경우에, 제1매수인은 제2매수인에 대하여 등기말소를 청구할 수 있는가?

1992-2, 법 2학년, 채권법 II , 중간시험
C에게 9,000만 원의 채무를 부담하고 있는 A는 자신의 X토지를 매각하여 그 대금으로 C에 대한 채무를 변제할 생각으로 1992년 8월 16일 B와 1억 원을 매매대금으로 하는 X토지의 매매계약을 체결하였다. 그러면서 A는 계약 당일에 B로부터 계약금으로 1,000만 원을 받았고, 그것은 매매대금에 충당하기로 하였다. 그리고 나머지 대금 9,000만 원은 C가 B에게 직접 청구할 수 있다고 약정하면서, B는 C에게 그중 4,000만 원을 중도금으로 1992년 9월 16일에 지급하기로 하고 잔금 5,000만 원은 1992년 10월 16일에 A로부터 X토지의 소유권이전등기 서류를 받으면서 지급하기로 하였다. 한편 C는 이러한 사정을 알고 그 대금을 자신이 받겠다고 하였다. 그런데 그 뒤 부동산 가격이 큰 폭으로 하락하자 B는 1992년 9월 16일에 중도금 4,000만 원을 C에게 지급하지 않았고, 그런 채로 오늘(1992년 10월 16일)에 이르렀다.

이 경우에 계약을 해제할 수 있는가? 있다면, 누가 어떤 요건 하에 할 수 있는가? (계약금에 기한 해제의 문제는 논외로 한다)

1992-2, 법 2학년, 채권법 II, 기말시험

A는 만 14세 8개월 된 중학교 3학년 학생으로서 완강한 체력을 지닌 넓이뛰기 선수이다. 그리고 그는 주거지에서 부모 B·C와 함께 살고 있고 또 경제적인 면에서 전적으로 그 부모에 의존하고 있다. 그런데 어느 날 A는 같은 반에 재학 중인 D가 수업시간에 떠들었다는 이유로 D의 배를 2회에 걸쳐 걷어차 D를 쓰러지게 하였고, D는 쓰러지면서 유리창 대리석 창대에 머리를 부딪쳐 큰 상해를 입었다.

이 경우에 A의 부모 B·C는 D가 A에 의하여 입은 손해에 대하여 배상책임을 지는가?

1993-1, 법 2학년, 물권법 I, 중간시험

I. 물권법청구권은 물권으로부터 독립하여 소멸시효에 걸리는가?

II. 물권변동에 관한 성립요건주의를 대항요건주의와 비교설명하라.

1993-1, 법 2학년, 물권법 I, 기말시험

*A는 착오(취소요건을 갖춘 착오라고 가정함)에 빠져서 그의 X부동산을 B에게 매도하고 B의 이름으로 X의 소유권이전등기도 해 주었다. 그 뒤 A는 자신이 착오에 빠져서 계약을 체결하였음을 깨닫고, B와 체결한 매매계약을 착오를 이유로 취소하였다. 그런데 그 후 B는 X가 자기의 이름으로 등기되어 있는 것을 기화로 X를 C에게 매각하고 등기도 넘겨주었다.

I. 이 경우에 X의 소유권에 관한 법률관계는 어떻게 되는가? (60점)

II. 위의 사안에서 X가 부동산이 아니고 동산이라면 X의 소유관계는 어떻게 되는가? (40점)

1993-2, 법 2학년, 채권법 II, 중간시험

건물소유자 A는 1993년 7월 15일 B에게 자신의 건물을 5,000만 원에 매도하기로 하는 계약을 체결하였다. 그 계약에 의하면, B는 계약금 500만 원을 계약 당일에 지급하고(이것은 매매금액에 충당되는 것으로 약정함), 중도금 2,000만 원은 같은 해 8월 15일에 지급하며, 잔금 2,500만 원은 같은 해 9월 15일에 A로부터 건물의 소유권이전등기에 필요한 서류를 받으면서 지급하기로 하였다. 그리고 건물은 계약금 지급과 동시에 B에게 인도하기로 하였다. 그리하여 건물은 B가 계약금을 지급할 때에 B에게 인도되어 B에 의하여 점유·사용되어왔다(현재까지 계속됨). 그런데 그 후 B는 자신이 예상한 금전 융통의 길이 막혀 중도금을 마련하지 못하였고, A의 독촉에도 불구하고 중도금 지급을 미룰 수밖에 없었다. 그러나 그 뒤에도 자금 사정은 여전히 좋지 못하여 이제는 잔금까지 지급하지 못한 채로 현재(1993년 10월 16일)에 이르렀다. 그러자 A가 B를 상대로 매매대금(중도금, 잔금)의 지급을 청구하는 소송을 제기하였다.

이 경우에 생기는 법률문제들에 관하여 설명하라.

1993-2, 법 2학년, 채권법 II, 기말시험

I. 민법 제548조 제1항 단서에 대하여 논하라.

II. 매도인의 하자담보책임에 있어서 하자 개념을 설명하라.

1994-1, 법학과 2학년, 물권법 I, 중간시험

I. 관습법에 의한 물권의 성립

II. 공신의 원칙

1994-2, 법 2학년, 채권법 II, 중간시험

*A는 B에게 자신이 소유하고 있는 일정한 골동품을 980만 원에 팔려고 하였다. 그리하여 편지로 그러한 내용의 계약을 하려고 하였는데 A는 편지를 쓰면서 잘못하여 그 골동품을 890만 원에 팔겠다고 하였다. 그러면서 그에 대한 대답을 10월 10일까지 해달라고 하는 말을 덧붙였다. 그리고 그 편지는 1994년 9월 15일에 발송되어 같은 달 17일에 B에게 도착되었다. 한편 그러한 편지를 받은 B는 10월 5일에 "A의 청약을 받아들이겠다"는 내용의 편지를 A에게 발송하였다. 그런데 B의 편지는 10월 12일에야 A에게 도착하였다.

문. 이 경우에 있어서 A와 B 사이에 계약이 성립하는지 여부를 논술하고, 그 밖에 관련되는 제반 법률문제에 관하여도 언급하라.

1995-1, 비법학과, 민법총칙 I, 중간시험

I. 공법과 사법의 구별

II. 관습법

Ⅲ. 고의·과실

1995-1, 비법학과, 민법총칙Ⅰ, 기말시험
Ⅰ. 청구권
Ⅱ. 의사능력과 행위능력의 관계
Ⅲ. 실종선고의 효과

1995-1, 법 2학년, 물권법Ⅰ, 중간시험
Ⅰ. 물권을 채권과 비교설명하라.
Ⅱ. 물권행위와 공시방법의 관계를 논하라.

1995-1, 법 2학년, 물권법Ⅰ, 기말시험
매매계약을 원인으로 한 토지소유권 이전등기의 과정을 설명하라.

1995-2, 법 2학년, 채권법각론, 중간시험
*C에 대하여 5,000만 원의 금전채무를 부담하고 있는 A는 자신의 X주택을 매각하여 그 대금으로 C에 대한 채무를 변제할 생각으로 1995년 8월 25일에 B와 X주택의 매매계약을 체결하였다. 그 계약의 주된 내용은 다음과 같다.
· X주택의 매매대금은 5,000만 원으로 한다.
· B는 X주택의 매매대금 5,000만 원을 1995년 9월 25일에 C에게 지급하며, C는 특별한 의사표시가 없어도 그 대금을 청구할 권리를 가진다.
· A는 1995년 9월 25일에 X주택을 B에게 인도하고, X주택의 소유권이전등기에 필요한 서류는 1995년 9월 30일에 B에게 교부한다.
문Ⅰ. 이 경우에 C는 B에 대한 매매대금청구권을 취득하는가? 만약 취득한다면 그 시기와 요건, 그리고 근거는 무엇인가?
Ⅱ. A로부터 X주택은 인도받았으나 등기서류는 아직 교부받지 못했고 또 자신의 C에 대한 대금지급의무도 이행하지 않고 있는 B가 1995년 10월 24일에 C로부터 대금지급을 청구당했다면, B는 대금의 지급을 거절할 수 있는가?
Ⅲ. 위 물음Ⅱ의 상태에서 1995년 10월 25일에 X주택이 벼락으로 불타버렸다면, 법률관계는 어떻게 되는가?

1995-2, 법 2학년, 채권법각론, 기말시험

*A는 자신의 X토지를 B에게 5,000만 원에 매도하고 대금은 모두 받았으나 아직 그 토지의 소유권이전등기는 해 주지 않고 있었다. 그러던 중에 토지가격이 폭등하였고, 그러자 A는 자신의 토지매각행위를 후회하기 시작하였다. 그 뒤 이와 같은 사정을 모두 알고 있는 C가 A에게 접근하여 그 토지를 자기에게 7,000만 원에 팔 것을 수차례 종용하였고, 마음이 흔들린 A는 C와, X토지를 7,000만 원에 C에게 매각한다는 내용의 계약을 체결하였다. 그리고 A·C는 모두 그 계약상의 의무를 이행하였다.

문. 이 경우에 A와 C와의 관계를 논하라.

1996-1, 법 1학년, 민법총칙 I, 중간시험

*다음 각각에 대하여 설명하라.

1. 관습법 (20점)
2. 청구권 (20점)
3. 사적 자치의 원칙 (5점)
4. 대항하지 못한다 (5점)

1996-1, 법 1학년, 민법총칙 I, 기말시험

I. 의사능력과 행위능력의 관계 (20점)

II. 실종선고의 효과 (20점)

III. 법인의 본질을 논하는 실익 (10점)

1996-1, 법 2학년, 물권법 I, 중간시험

A의 임야와 B의 농지는 서로 인접하여 있다. 그런데 어느 날 폭우가 쏟아져 산사태가 났고, 그 결과 A의 임야에 있던 고목이 뿌리째 뽑혀 B의 농지로 떠내려 왔다.

이 경우에 고목의 제거는 누가 하여야 하는가? 그리고 그 제거비용은 누가 부담하는가?

1996-1, 법 2학년, 물권법 Ⅰ, 기말시험

다음 각 경우에 있어서 등기와 물권변동에 관하여 논하라.

Ⅰ. A는 자신이 소유하고 있는 X토지를 C에게 매도하기로 하는 계약을 체결한 뒤, 그것이 이행되기 전에 사망하였다. 그리고 A의 상속인으로는 B가 있다.

Ⅱ. Y토지를 소유하고 있는 갑이 사망한 뒤, 그의 상속인인 을은 자기 이름으로 등기를 하지 않고 그 토지를 병에게 매도하기로 하는 계약을 체결하였다.

1996-2, 법 2학년, 채권법각론, 중간시험

※ A는 자식으로서 어머니인 C를 기쁘게 해 줄 생각으로 C에게 TV를 사주려고 마음먹었다. 그리하여 그는 1996년 10월 15일 전자제품 상인인 B와 TV의 매매계약을 체결하면서, TV의 대금은 A가 1996년 10월 22일에 B에게 지급하고 그러면 B가 그날 중으로 TV를 직접 C에게 배달해 주기로 하였다. 또한 그 계약에서 C가 B에 대하여 TV의 인도를 청구할 수 있다고 약정하기도 하였다.

Ⅰ. 이 경우의 계약도 유효한가? 유효하다면, 그 근거는 무엇인가? (5점)

Ⅱ. C는 B에 대하여 TV의 인도청구권을 가지는가? 가진다면, 그때는 언제이고 또 그 근거와 과정은 어떠한가?

그리고 만일 A와 B가, C의 행위와 관계없이 계약 당시에 C가 TV의 인도청구권을 취득한다고 약정하였다면 어떤가? (10점)

Ⅲ. 1996년 10월 23일이 되었는데도 B가 TV를 C에게 인도하지 않았다면, B의 책임을 물을 수 있는가? 그럴 수 있다면, 누가 어떤 방법으로 할 수 있는가? (10점)

1996-2, 법 2학년, 채권법각론, 기말시험

*A는 C가 자신의 토지를 팔려고 한다는 소식을 듣고 C로부터 그 토지를 사서 타인에게 비싸게 팔 계획을 세우고 먼저 B와의 사이에 C의 토지에 관한 매매계약을 체결하였다. 그리고 그 계약 당시 B는 매매목적토지가 C의 소유라는 것을 알고 있었다.

문제 Ⅰ. 이 경우에,

(1) C가 A와의 매매대금 협의가 잘되지 않자 토지를 D에게 매도하고 소유권이전등기까지 넘겨주었다면, B는 A에게 어떤 권리를 행사할 수 있는가? (10점)

(2) C와 A가 매매대금의 협의를 하고 있는 사이에 C의 토지가 국가에 의하여 수

용되었다면, B는 A에게 어떤 권리를 행사할 수 있는가? (5점)

Ⅱ. 위의 설문에서 A가 C의 토지를 자기의 토지라고 속여서 B에게 매도하였는데 C가 그 토지를 E에게 매도하고 소유권이전등기까지 해 준 경우에 B의 A에 대한 권리는? (10점)

1997-1, 법 2학년, 물권법 Ⅰ, 중간시험

문. 물권변동에 관한 대항요건주의(의사주의)와 성립요건주의(형식주의)를 설명하고, 그 각각에 있어서 다음의 두 사례의 경우에 물권변동이 일어났는지, 일어났다면 그 내용은 어떠하며 시기는 언제인지를 기술하라. 그리고 우리 민법에 대하여도 언급하라.

※ 사례(1) : A는 B와 1997년 1월 12일에 자신이 소유하고 있는 토지를 B에게 5,000만 원에 팔기로 하는 계약(매매계약)을 체결하였다. 그 계약에서 B는 A에게 계약 당시에 계약금으로 500만 원을 지급하고, 1월 26일에 중도금으로 2,000만 원을 지급하며, 잔금 2,500만 원은 2월 16일에 A로부터 등기에 필요한 모든 서류를 넘겨받으면서 지급하기로 하였다. A와 B는 이러한 약정을 그대로 지켰고, 그리하여 B는 대금을 모두 치렀고 등기서류도 넘겨받아 가지고 있다. 그런데 아직 등기신청은 하지 않고 있다.

사례(2) : 위 사례(1)의 경우에 A가 자신의 이름으로 등기가 남아 있는 것을 이용하여 1997년 3월 16일에, 그 토지가 B에게 팔린 것을 모르는 C에게 7,000만 원에 다시 팔기로 하는 계약을 체결하였다. 그러면서 계약체결시에 C로부터 1,000만 원의 계약금을 받았다. 그리고 A는 나머지 대금 6,000만 원을 4월 21일에 C로부터 받고, 그 직후 C와 협력하여 C의 이름으로 그 토지의 소유권이전등기를 마쳤다.

1997-1, 법 2학년, 물권법 Ⅰ, 기말시험

문. 다음 경우들에 있어서 토지의 소유관계를 논하라.

Ⅰ. A는 B의 토지를 등기서류를 위조하여 자신의 이름으로 등기한 뒤 이를 모르는 C에게 팔고 등기를 넘겨주었다.

Ⅱ. 갑은 자신의 토지에 대한 강제집행을 피하기 위하여 을과 합의 하에 그 토지를 을에게 판 것처럼 꾸며 을 명의로 등기를 이전하였다. 그 후 을은 그 토지가

자신의 명의로 등기되어 있는 것을 이용하여 이를 모르는 병에게 팔고 등기를 넘겨주었다.

1997-2, 법 2학년, 채권법각론, 중간시험
Ⅰ. 약관의 구속성
Ⅱ. 쌍무계약과 유상계약
Ⅲ. 의사실현에 의한 계약성립
Ⅳ. 계약체결상의 과실을 일반적으로 인정하여야 하는지 여부

1997-2, 법 2학년, 채권법각론, 기말시험
※ A는 가족묘지를 조성할 토지를 물색하던 중 그의 친지로부터 임야를 팔려는 B를 소개받아 B에게 자신의 생각을 말하였다. 그러자 B는 마침 자신이 팔려고 하는 전북 임실군 성수면 봉강리 산 15 임야가 묘지를 조성하기에 적당한 토지이니 직접 보고서 마음에 들면 사라고 하였다. 그리하여 A는 B를 따라 위 산 15 임야를 보러 갔다.

그런데 B는 산 15 임야가 그 토지와 인접해 있는 봉강리 산 13 임야의 일부(아래 도면상의 ㉮부분)까지 포함되어 있다고 믿고 있었으며, 그리하여 그의 조부의 분묘도 산 13 임야 내(㉮부분)에 설치하였고, A에게 산 15 임야를 설명하면서도 그 부분(㉮부분)까지 산 15 임야라고 하였다.

B의 말을 그대로 믿은 A는 1996. 5. 11. B로부터 산 15 임야 5,274㎡ 중 B의 조부의 분묘가 설치되어 있는 부분인 150㎡를 제외한 나머지 5,124㎡를 2,000만 원에 매수하기로 하는 매매계약을 체결하였다. 그러면서 A는 B에게 200만 원을 계약금으로 지급하였다. 그리고 나머지 대금 1,800만 원은 1996. 6. 15.에 B로부터 산 15 임야의 소유권이전등기에 필요한 서류를 교부받으면서 지급하기로 하였다. 한편 계약서에는 "B가 본 계약을 어겼을 때에는 계약금으로 받은 금액의 배를 A에게 주기로 하고 A가 본 계약을 어겼을 때에는 계약금은 무효가 되고 돌려달라는 청구를 하지 않기로 함"이라는 조항도 들어 있었다.

그 후 A와 B는 약정대로 이행하여 1996. 6. 15.에 A가 1,800만 원을 지급하면서 B로부터 등기서류를 넘겨받았다. 그리고 A는 1996. 7. 1. 산 15 임야에 관하여 자신의 명의로 소유권이전등기도 마쳤다.

그리고 나서 A는 1996. 7. 15.부터 1996. 10. 20. 사이에 산 13 임야의 일부인 위 ㉮부분이 자신의 토지라고 믿고 그곳에 자신의 조부모·부모 등의 분묘를 설치하였다.

그 뒤 1997. 4. 6. A는 산 13 임야의 소유자인 C로부터 자신의 임야에 허락 없이 분묘를 설치하였다는 항의를 받고 측량을 하여 본 결과, A가 분묘를 설치한 곳인 ㉮부분이 산 13 임야에 속한다는 사실을 알게 되었다. 그리고 계약서에 매매목적 토지로 기재된 산 15 임야는 그 3분의 1 정도가 비포장도로에 속해 있을 뿐만 아니라 나머지 부분도 급경사를 이루고 있어 묘지를 조성하기가 어려운 토지임도 아울러 알게 되었다.

이러한 상태로 현재(1997. 12. 11.)에 이르렀다.

이 경우에 A가 B에게 어떠한 주장을 해볼 수 있는지를 설명하고, 그 타당성을 검토하라.

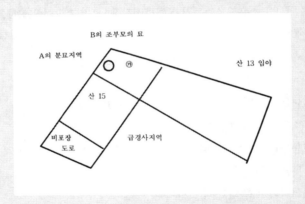

1998-1, 법 2학년, 물권법 Ⅰ, 중간시험

문. 부동산매매계약에 있어서 채권행위와 물권행위가 행하여지는 시기, 두 행위의 관계, 물권행위와 등기와의 관계, 부동산 소유권이 이전되기 위한 요건과 그 시기를 다음의 사례를 가지고 논술하라.

▶ 사례 : 토지소유자인 A는 1998. 3. 1. B와 자신의 X토지를 B에게 1억 원에 매도한다는 내용의 계약을 체결하였다. 그 계약에서 A와 B는 매매계약 당시에 B가 A에게 계약금으로 1,000만 원을 지급하고, 1998. 3. 22.과 4. 12.에 1, 2차 중도

금으로 각각 2,000만 원을 지급하며, 4. 19.에 A로부터 X토지의 소유권이전등기에 필요한 모든 서류를 넘겨받으면서 잔금 5,000만 원을 지급하기로 약정하였다. 그리고 이러한 약정은 그대로 이행되었다. 그 후 B는 4. 22.에 X토지의 소유권이전등기를 신청하여 당일에 B 명의의 소유권이전등기가 행하여졌다.

1998-1, 법 2학년, 물권법 I, 기말시험

A는 1976년 봄부터 자신의 토지에 주택을 신축하기 시작하여 같은 해 9월에 완성을 보았다. 그리고 나서 A는 그 주택에 관하여 소유권보존등기를 신청하여 1976. 10. 4.에 등기가 행하여졌다. 그 얼마 뒤인 1976. 10. 15. A는 B와의 사이에 B를 매수인으로 하는 주택의 매매계약을 체결하였다. 그 후 B는 그 계약에 따라 대금을 모두 지급하고 같은 해 11. 30.에 주택을 인도받았다. 한편 B는 그 주택에 관하여 보존등기가 되어 있지 않은 것으로 믿고 보존등기를 신청하여 1976. 12. 15.에 B 명의로 소유권보존등기가 행하여졌다. 그리고 그러한 상태로 현재(1998. 6. 16.)에 이르렀다.

이 경우에 A·B 사이의 법률관계를 논하라.

1998-2, 법 2학년, 채권법각론, 중간시험

다음 각각에 대하여 논하라.

1. 보통거래약관이 계약내용으로 주장될 수 있기 위한 요건과 그 요건이 갖추어지지 못한 경우의 효과

2. 무의식적 불합의와 착오 사이의 구별

3. 동시이행의 항변권의 효력

1999-1, 법 2학년, 채권법총론, 중간시험

채권의 효력을 개관하고, 자연채무와 책임 없는 채무에 관하여 언급하라.

1999-1, 법 2학년, 채권법총론, 기말시험

※ B, C, D, E는 A에 대하여 120만 원의 연대채무를 부담하고 있다. 그리고 각자의 부담부분은 균등하다.

그런데 B는 다른 연대채무자에게 알리지 않고 A에게 시가 80만 원인 자신의 골

동품으로 대물변제를 하였다. 그리고 그 사실을 다른 연대채무자에게 알리지 않았다. 그 뒤 C는 B의 대물변제 사실을 모르고, 또한 자신이 변제하려고 한다는 사실을 누구에게도 알리지 않고서, A에게 채무의 변제를 위하여 120만 원을 지급하였다.

Ⅰ. 이 경우의 법률관계를 논하라. (60점)

Ⅱ. 위의 사례에서 B, C의 행위가 있기 이전에 A가 E에게 연대의 면제를 해 주었다면, 그리고 D가 상환할 자력이 없다면, 법률관계가 어떻게 되는가? (40점)

1999-2, 법 1학년, 민법총칙, 중간시험

다음 각각에 대하여 설명하라.

Ⅰ. 추상적 경과실

Ⅱ. 의사능력과 행위능력의 관계

Ⅲ. 실종선고의 효과

Ⅳ. 법인이사의 대표권제한

1999-2, 법 1학년, 민법총칙, 기말시험

다음 세 사례에 있어서 각 행위의 법적 의미, 효과 등 관련된 모든 법률문제에 대하여 논술하라.

Ⅰ. A는 B에게 자신의 도자기를 980만 원에 팔려는 계획을 세우고 그러한 내용(자신의 도자기를 980만 원에 팔겠다는 내용)의 편지를 보냈다. 그 편지를 받은 B는 A에게 A의 그 도자기를 980만 원에 사겠다는 내용의 답장을 보냈다.

Ⅱ. C는 D에게 자신의 도자기를 980만 원에 팔려는 계획을 세우고 그러한 내용의 편지를 보내려고 했는데, 편지를 쓰면서 실수로 그 도자기를 890만 원에 팔겠다고 하였다. 그 편지를 받은 D는 C의 의도를 전혀 알 수 없는 상황에서 그 도자기를 890만 원에 사겠다는 내용의 답장을 보냈다.

Ⅲ. E는 F에게 자신의 도자기를 팔아달라고 부탁하면서 위임장을 교부해 주었다. 그 뒤 F는 G에게, E의 이름으로 E의 도자기를 980만 원에 팔 생각을 가지고 그러한 내용으로 편지를 보내려고 했는데, 편지를 쓰면서 실수로 그 도자기를 890만 원에 팔겠다고 하였다. 그 편지를 받은 G는 F의 의도를 전혀 알 수 없는 상황에서 그 도자기를 890만 원에 사겠다는 내용의 답장을 보냈다.

2000-1, 법 2학년, 물권법, 중간시험

※ 주택소유자인 A는 2000년 2월 1일 B와 다음과 같은 내용의 계약을 체결하였다.

(1) 매매당사자 : 매도인 A, 매수인 B

(2) 매매목적물 : A의 X주택

(3) 매매대금 : 2억 원

(4) 대금지급방법 : ① 계약 당일에 계약금으로 2,000만 원을 지급한다.

② 2000. 3. 15.에 중도금으로 8,000만 원을 지급한다.

③ 2000. 4. 15.에 잔금 1억 원을 지급한다.

(5) 등기서류 : A는 잔금을 지급받으면서 B에게 등기에 필요한 서류를 교부한다.

(6) 주택의 인도시기 : 주택의 수리를 위하여 A는 B에게 2000. 4. 1.에 X주택을 인도한다.

그리고 위의 약정은 그대로 이행되었다. 그 후 B는 2000. 4. 17.에 등기를 신청하여 신청 당일에 등기가 행하여졌다.

문제. 이 경우에 X주택의 소유권이전 과정을 서술하라.

2000-1, 법 2학년, 물권법, 기말시험

다음 각각에 대하여 논하라.

I. 자주점유

II. 전세권자가 전세금반환청구권을 전세권과 분리하여 양도할 수 있는지 여부

2000-1, 법 2학년, 채권법총론, 중간시험

※ A는 곧 결혼하게 될 조카 B에게 결혼 축하 선물로 무엇인가를 해주고 싶었다. 그리하여 A는 평소에 그가 아끼던 도자기 한 점(X도자기)이나 쌀 10가마 또는 금전 100만 원 중에서 B가 원하는 것을 B에게 주기로 B와 계약을 체결하였다. 그후 A는 B에 대한 결혼선물 문제로 그의 처인 C와 크게 다투었고, 그 과정에서 화가 난 나머지 X도자기를 깨뜨려버렸다.

이 경우에 A와 B 사이의 법률관계는 어떻게 되는가?

2000-1, 법 2학년, 채권법총론, 기말시험

※ A는 B에 대하여 100만 원의 금전채권을 가지고 있다. 그런데 A는 B의 변제
가능성을 믿지 못하여, 스스로 B의 후견인임을 자처하는 C와의 사이에 'C가 B와
더불어 동일한 내용의 채무를 A에 대하여 부담하기로 한다'고 약정하였다. 그러나
자존심이 강하고 평소 C를 달가와하지 않던 B는 C가 A와 그러한 약속을 하는 데
반대하였다. 그 후 A는 C에게 50만 원의 채무를 면제하였고, 그리하여 C는 A에게
50만 원을 변제하였다.

이 경우의 법률관계를 논하라.

2000-2, 법 1학년, 민법총칙, 중간시험

다음 각각에 대하여 설명하라.

 Ⅰ. 독일보통법 (5점)

 Ⅱ. 추정과 간주(본다) (5점)

 Ⅲ. 채권과 청구권의 관계 (10점)

 Ⅳ. 실효의 원칙 (10점)

 Ⅴ. 금치산자 (10점)

2000-2, 법 1학년, 민법총칙, 기말시험

법률요건·법률행위·의사표시 3자의 상호관계를 논하라.

2000-2, 법 2학년, 채권법각론, 중간시험

※ 의류상인인 A는 장사가 잘 되지 않자 가게를 정리하려고 마음먹었다. 그리
하여 같은 의류상인인 B에게 자신의 옷 50벌을 50만 원에 처분할 생각으로 "의류
50벌 조속 인수 원함(대금 50만 원)"이라고 전보를 보냈다. 그런데 B는 A가 옷 50
벌을 50만 원에 사겠다는 뜻으로 알고 옷 50벌을 부랴부랴 준비하여 보내려고 하
였다. 뒤늦게 이러한 사정을 알게 된 A는 B에게 계약이 성립하지 않았으며, 설사
성립했더라도 착오를 이유로 취소한다고 하였다.

문. 이 경우에 A와 B 사이의 법률관계를 논하라.

2000-2, 법 2학년, 채권법각론, 기말시험

I. 제3자를 위한 계약이 우리 민법상 유효한 근거는 무엇인가? (25점)

II. 변제기가 이미 도래한 채권의 매매에 있어서 매도인이 채무자의 자력을 담보하는 특약을 한 경우에는 어느 시기의 채무자의 자력을 담보한 것으로 해석하여야 하는가? (25점)

III. 매도인의 담보책임의 법적 성질을 논하라. (50점)

2001-1, 법 2학년, 채권법총론, 중간시험

I. 채권에 있어서 채무자의 의무

II. 채무불이행의 모습(유형)

2001-1, 법 2학년, 채권법총론, 기말시험

※ A는 B에게 1,000만 원을 1년간 — 무이자로 — 빌려 달라고 하였다. 그러자 B는 보증인을 세우면 빌려주겠다고 하였다. 그래서 A는 직장 동료인 C에게 보증인이 되어 달라고 부탁하였고, 그 뒤 B로부터 1,000만 원을 빌렸다. 한편 C는 B와의 사이에 A의 B에 대한 1,000만 원의 채무를 보증한다고 하는 내용의 계약을 체결하였다. 그 후 1년이 지났는데도 A가 B에게 채무를 변제하지 않자, B는 곧바로 C에게 1,000만 원을 지급하라고 하였다.

문 I. 이 경우에 C가 취할 수 있는 조치는 무엇인가?

II. 위 사안에서, 그 뒤 C의 변제가 있기 전에 A가 B에게 1,000만 원을 지급하였는데 그가 그 사실을 C에게 통지하지 않았고, 그러자 C는 A에게 아무 연락을 하지 않고서 B에게 1,000만 원을 지급하였다면, C는 A에게 1,000만 원의 상환을 청구할 수 있는가?

2001-1, 법 2학년, 물권법, 중간시험

I. 우리 민법에 있어서 물권행위와 공시방법의 관계를 논하라.

II. 민법 제107조 제2항, 제108조 제2항, 제109조 제2항, 제110조 제3항, 제548조 제1항 단서에 있어서 제3자의 범위는 어떻게 되는가? 그리고 그 제3자의 범위는 물권행위의 무인성을 인정하는지 여부에 따라 달라져야 하는가? 또한 위의 제3자 보호 규정들은 무인론에서는 무의미한 것인가?

2001-1, 법 2학년, 물권법, 기말시험

※ 토지 및 그 지상에 있는 석조건물을 소유하고 있던 A는 건물만을 B에게 매도하고 소유권이전등기를 해주었다. 그 후 B는 그 건물을 C에게, 그리고 C는 D에게 각각 매도하고 역시 소유권이전등기를 해주었다.

문제 : 이 경우에 건물대지의 사용관계를 비롯한 법률관계를 논하라.

2001-2, 법 1학년, 민법총칙, 중간시험

Ⅰ. 태아가 예외적으로 이미 출생한 것으로 의제(간주)되는 경우에 있어서 태아의 법률상 지위에 관하여 논하라.

Ⅱ. 무능력자와 거래한 상대방은 누구에게 최고할 수 있으며, 그 효과는 어떠한가?

2001-2, 법 1학년, 민법총칙, 기말시험

Ⅰ. 법인 자신의 불법행위가 성립할 수 있는가?

Ⅱ. 의사표시에 있어서 의사적 요소

2001-2, 법 2학년, 채권법각론, 중간시험

Ⅰ. 청약의 유인을 설명하고, 경매와 입찰에 대하여 언급하라. (25점)

Ⅱ. 보통거래약관의 어떤 조항을 계약내용으로 주장할 수 없는 경우의 법률효과에 관하여 설명하라. (25점)

Ⅲ. 착오를 이유로 법률행위를 취소한 경우의 손해배상책임에 대하여 논하라. (50점)

2001-2, 법 2학년, 채권법각론, 기말시험

Ⅰ. 매도인의 담보책임과 착오와의 관계

Ⅱ. 민법 제746조에 있어서 불법 개념

2002-1, 법 2학년, 채권법총론, 중간시험

Ⅰ. 원본채권이 소멸시효에 걸려 소멸한 경우에 이자채권도 소멸하는가? (25점)

Ⅱ. 종류채권이 특정된 경우에 채무자는 채권자가 원하지 않는 때에도 다른 물

건으로 급부할 수 있는가? (25점)

Ⅲ. 민법 제391조는 어떤 경우에 적용되는가? (50점)

2002-1, 법 2학년, 채권법총론, 기말시험

Ⅰ. 특정채권을 보전하기 위하여 채권자대위권을 행사할 수 있는가?

Ⅱ. 부진정연대채무를 연대채무와 비교하여 설명하라.

2002-1, 법 2학년, 물권법, 중간시험

Ⅰ. 물권적 청구권은 물권과 독립하여 소멸시효에 걸리는가?

Ⅱ. 민법은 일정한 경우에 제한물권설정자가 제한물권자에게 제한물권의 소멸을 청구할 수 있다고 하고(제287조, 제311조) 또는 제한물권의 소멸을 통고할 수 있다고 한다(제313조).

그런데 이러한 소멸청구나 소멸통고가 있을 때 그 제한물권은 언제 소멸하는가?

2002-1, 법 2학년, 물권법, 기말시험

Ⅰ. 인도에 관하여 설명하라.

Ⅱ. 전세권의 법률적 성질에 관하여 논하라.

2002-2, 법 1학년, 민법총칙, 중간시험

Ⅰ. 권리의 작용(효력)에 의한 분류

Ⅱ. 실종선고의 요건과 효과

2002-2, 법 1학년, 민법총칙, 기말시험

Ⅰ. 법률행위와 의사표시의 관계

Ⅱ. 강박에 의한 의사표시의 요건

2002-2, 법 2학년, 채권법각론, 중간시험

Ⅰ. 무의식적인 불합의 (50점)

Ⅱ. 계속적 채권관계 (25점)

Ⅲ. 쌍무계약의 특질 (25점)

2002-2, 법 2학년, 채권법각론, 기말시험

I. 매도인의 하자담보책임에 있어서 하자

II. 불법원인급여는 널리 인정되는 것이 바람직한가?

2004-1, 법 1학년, 민법총칙, 기말시험

I. 빚을 많이 지고 있는 A는 그의 유일한 재산인 X토지를 강제집행당하지 않으려고 그의 처남인 B에게 그 토지를 파는 것처럼 계약서류를 거짓으로 꾸미고 그에 관하여 B 앞으로 소유권등기도 마쳤다. 그러자 B는 X토지가 자기 이름으로 등기되어 있는 것을 이용하여 C에게 그 토지를 팔고 소유권등기를 해 주었다.

이 경우에 A는 C로부터 X토지를 되찾아 올 수 있는가? (60점)

II. 토지에 저당권을 설정해 주고 금전을 빌려올 수 있는 대리권을 가지고 있는 자가 그 토지를 타인에게 팔아버린 경우에 그 매매계약은 유효한가? (40점)

2004-1, 법 2학년, 물권법, 기말기험

I. 타인의 물건을 소유권 기타 본권 없이 점유하는 자는 점유 중에 과실을 취득할 수 있는가? 물건을 사용하여 얻은 이익은 어떤가?

II. 건물이 서 있는 토지에 저당권을 설정한 후에 건물을 철거하고 재건축한 경우에 있어서, 저당권이 실행되어 그 토지가 타인에게 매각(경락)되었다면, 건물소유자는 토지이용권을 가지는가?

2005-1, 법 1학년, 민법총칙, 중간시험

다음 각각에 대하여 설명하시오.

I. 법률행위의 의의 및 성질 (75점)

II. 유추와 준용 (10점)

III. 법률행위의 일반적 성립요건 (15점)

2005-1, 법 1학년, 민법총칙, 기말시험

〈물음〉 다음 각각에 대하여 논하시오.

I. 동기의 착오 (50점)

II. 민법 제126조에 있어서 "제3자가 그 권한이 있다고 믿을 만한 정당한 이유"

의 의미 (50점)

2005-2, 법 2학년, 채권법총론, 중간시험
〈문제〉 채권관계에 있어서 채무자의 의무의 종류에는 어떤 것이 있는가? 그리고 우리 민법상 채무불이행의 유형으로는 어떤 것이 인정되어야 하는가?

2005-2, 법 2학년, 채권법총론, 기말시험
*B는 A에게 500만 원을 빌려달라고 하였다. 그러자 A는 B에게 보증인을 세울 것을 요구하였고, 그리하여 B는 C에게 보증인이 되어 줄 것을 부탁하였다. 그 뒤 B는 A로부터 3개월 후를 변제기로 하여 500만 원을 무이자로 빌렸고, A는 C와, C가 B의 채무를 보증한다는 내용의 보증계약을 체결하였다. 그 후 채무의 변제기가 되자 B는 C에게 알리지 않고 A에게 500만 원을 지급하였으며, 그리고 나서도 그 사실을 C에게 알리지 않았다. 한편 C는 B가 A에게 500만 원을 지급한 사실을 모르고 그 역시 B에게 알리지 않은 채 A에게 500만 원을 지급하였다.
〈문제〉 1. 이 경우에 A, B, C 사이의 법률관계를 논하시오. (75점)
         2. 위의 경우에 만약 C가 B의 부탁을 받지 않고 보증계약을 체결하였다면 법률관계가 어떻게 되는가? (25점)

2006-2, 법 2학년, 물권법, 중간시험
다음 각각에 대하여 논하시오.
 Ⅰ. 등기원인을 증명하는 서면
 Ⅱ. 계약명의신탁

2006-2, 법 2학년, 물권법, 기말시험
농촌에 살고 있던 A는 1995. 4. 21. 집을 비워둔 채 직장을 구하여 서울로 왔다. 그런 상태에서 B는 A의 집을 자기가 매수한 것처럼 서류를 위조하여 2005. 3. 5. A의 집과 그 대지에 관하여 자신의 명의로 소유권이전등기를 한 뒤, 2005. 4. 1. C에게 매도하고 2005. 4. 26. C 명의로 소유권이전등기를 해 주었다. 평소 전원주택을 꿈꾸어 오던 C는 그 후 그 집을 대대적으로 수리하고 2005. 6. 1.부터 현재 (2006. 10. 2.)까지 그 집에서 살고 있으며, 집안에 나무도 여러 그루 심고 조그만

창고도 하나 지어서 사용하고 있다. 그리고 2006년 봄부터는 집안에 텃밭을 일구어 채소를 재배하여 수확해 먹었으며 현재에도 밭에는 배추와 무가 심어져 있다.

이 경우에 A와 C 사이의 법률관계는 어떻게 되는가?

2007-1, 법 1학년, 민법총칙, 중간시험

*다음 각각에 대하여 설명하시오.

Ⅰ. 의사표시에 있어서 의사적 요소 (40점)

Ⅱ. 의사능력과 행위능력의 관계 (40점)

Ⅲ. 청구권 (20점)

2007-1, 법 1학년, 민법총칙, 기말시험

Ⅰ. 사기·강박에 의한 의사표시의 효과 (40점)

Ⅱ. 수권행위(授權行爲)의 법적 성질 (40점)

Ⅲ. 동기의 불법 (20점)

2007-2, 법 2학년, 채권법총론, 중간시험

Ⅰ. 채권의 효력을 개괄적으로 설명하시오. (50점)

Ⅱ. 민법 제393조에 관하여 논하시오. (50점)

2007-2, 법 2학년, 채권법총론, 기말시험

Ⅰ. A는 B에게 변제기를 1년 후로 하고 이자를 월 1푼으로 하여 2,000만 원을 빌려주었다. 그런데 변제기가 되었는데도 B는 원리금을 전혀 지급하지 않고 있다. 오히려 B는 그가 소유하고 있는 X토지를 C에게 판 것처럼 허위로 계약서를 꾸민 후 그것을 이용하여 C 앞으로 소유권이전등기까지 해 두었다. 그러나 B에게는 아직도 A에게 변제할 자금은 있다.

이 경우에 A는 B를 대위하여 C 명의의 등기의 말소를 청구할 수 있는가? (50점)

Ⅱ. 갑은 변제기가 3개월 후인 을에 대한 1,000만 원의 금전채권을 병(19세)에게 900만 원에 매도하였다. 그러고 나서 갑은 을에게, 그가 을에 대하여 가지고 있는 1,000만 원의 그 금전채권을 병에게 양도하였다고 전화로 알려 주었다. 그런데 채권의 매매계약 후 병은 자신이 미성년자이며 그 계약을 법정대리인의 동의 없이

체결하였다는 이유로 매매계약을 취소하였다. 그 후 갑은 을에게 갑과 병 사이의 채권매매가 취소되었음을 전화로 알렸다. 그 후 을은 채권을 변제할 생각으로 병에게 1,000만 원을 지급하였다.

이 경우에 갑은 을에게 1,000만 원의 지급을 청구할 수 있는가? (50점)

2007-2, 법 2학년, 물권법, 중간시험

Ⅰ. 우리 민법상 수거허용청구권이 인정되는가? 만약 그 권리가 인정된다면 그 권리를 행사할 경우 권리의 행사비용은 누가 부담하는가? (50점)

Ⅱ. 중복등기는 유효한가? (50점)

2007-2, 법 2학년, 물권법, 기말시험

Ⅰ. A는 자신이 소유·점유하고 있는 X자전거를 B에게 팔고 B로부터 한 달에 5만 원을 주기로 하고 빌려 쓰고 있었다. 그 뒤 A는 그 자전거를 자신의 것처럼 속여 다시 C에게 팔고 C로부터 한 달에 6만 원을 주기로 하고 빌려 쓰기로 하였다. 그리하여 A는 현재 X자전거를 사용하고 있다.

이 경우에 X자전거의 소유관계는 어떻게 되는가? (50점)

Ⅱ. 갑은 Y토지의 소유자인 을과의 사이에 Y토지에 대하여 20년을 존속기간으로 하는 지상권설정계약을 맺고 지상권설정등기를 마쳤다. 그 뒤 갑은 그 토지에 흙을 들여 땅을 높이고 작은 목조 건물을 한 채 지어 사용하여 왔다. 그리고 이제 그로부터 20년이 지나 존속기간이 만료되었다.

이 경우의 갑과 을 사이의 법률관계는 어떻게 되는가? (50점)

2008-1, 법 1학년, 민법총칙, 중간시험

*다음 각각에 대하여 설명하시오.

Ⅰ. 관습법의 효력 (40점)

Ⅱ. 사정변경의 원칙 (40점)

Ⅲ. 물권행위 (20점)

2008-1, 법 1학년, 민법총칙, 기말시험

〈문제〉 다음 각각에 대하여 논하시오.

I. 계약당사자 쌍방의 공통하는 동기의 착오 (40점)

II. 계약의 무권대리의 경우 본인에 대한 효과 (60점)

2008-2, 법 2학년, 채권법총론, 중간시험

〈문제〉 다음 각각에 대하여 논하시오.

I. 종류채권의 특정방법 (50점)

II. 우리 민법상의 채무불이행의 유형 (50점)

2008-2, 법 2학년, 채권법총론, 기말시험

I. A는 B에게 500만 원을 빌려 달라고 하였다. 그러자 B는 보증인을 세우라고 하였다. A는 평소 알고 지내던 C에게 보증인이 되어 달라고 하였다. 그리하여 B와 C 사이에 보증계약이 체결되었다. 그 후 A는 변제기가 되자 C에게 알리지 않은 채 B에게서 빌린 500만 원을 이자와 함께 갚았다. 그런데 A는 그 뒤에도 그 사실을 C에게 알리지 않았다. 이러한 사실을 모르고 그날 오후 C가 B에 대한 보증채무를 변제할 생각으로 B의 계좌로 500만 원과 그때까지의 이자를 송금하였다.

이 경우에 C는 B에게 변제한 금액을 상환하라고 할 수 있는가? (50점)

II. 채권자취소권의 요건을 간략히 설명하시오. (50점)

2008-2, 법 2학년, 물권법, 중간시험

I. 물권적 청구권은 물권으로부터 독립하여 소멸시효에 걸려 소멸하는가? (50점)

II. 부동산매매계약에 기하여 소유권이전등기까지 해준 뒤에 계약이 효력을 잃은 경우에 그 부동산의 소유권관계는 어떻게 되는가? (50점)

2008-2, 법 2학년, 물권법, 기말시험

대학 4학년인 A는 2007. 10. 15.에 학교 운동장에서 디지털카메라가 들어있는 가방을 놓고 친구들과 농구를 한 뒤 가방을 챙기지 않고 그냥 집으로 와버렸다. 그 날 밤 B는 운동장에서 A가 놓고 간 가방을 주웠다. 그리고 그 가방에서 디지털카메라를 발견하고 그다음 날에 그 카메라를 자신의 것처럼 하여 사정을 모르는 C에게 10만 원을 받고 팔았다. 그리고 C로부터 10만 원을 받자마자 그 카메라를 C에게 넘겨주었다. C는 현재(2008. 12. 8)까지 그 카메라를 사용하고 있다.

Ⅰ. 이 경우에 C는 그 카메라의 소유권을 취득하는가? (50점)

Ⅱ. A는 C로부터 그 카메라를 되찾아올 수 있는가? (50점)

2009-2, 법 2학년, 물권법, 중간시험

Ⅰ. 우리 민법상 물권행위와 공시방법이 어떤 관계에 있는지 논하시오. (50점)

Ⅱ. 가등기의 효력에 대하여 논하시오. (50점)

3. 이화여대 법학전문대학원

2009-1, 민상법의 기초, 중간시험

* 다음 각각에 대하여 설명하시오.

Ⅰ. 관습법의 효력 (10점)

Ⅱ. 지배권 (10점)

Ⅲ. 법률행위와 의사표시의 관계 (15점)

Ⅳ. 효과의사 (15점)

Ⅴ. 채무불이행으로 인한 손해배상청구권의 소멸시효의 기산점 (10점)

2009-1, 민상법의 기초, 기말시험

Ⅰ. 다음 각각에 대하여 설명하시오.

1. 법인의 행위능력 (10점)

2. 부동산으로서의 토지 (10점)

Ⅱ. 처 B와 22세인 딸 C를 두고 있는 A는 사업을 하려고 2002. 5. 20.에 베트남으로 떠났다. A에게는 그의 명의로 소유권등기가 되어 있는 X아파트가 있었다. A는 2002. 5. 30.에 B에게 국제전화로 그가 베트남에 도착하여 숙소를 구하였고 사업을 하려고 이것저것 알아보고 있다고 하였다. 그런데 그 후에는 전혀 연락이 없었다. 그런 상태에서 2007. 2. 26. B는 가정법원에 자신(B)을 A의 재산관리인으로 선임해 줄 것을 청구하였다. 그러자 가정법원은 2007. 9. 18. B를 A의 재산관리인으로 선임하는 결정을 내렸다. 그 후 2007. 11.에 B는 A의 재산관리인으로서 A의

X아파트를 D에게 팔고 소유권이전등기까지 해 주었다. 한편 C에 대하여 300만 원의 금전채권을 가지고 있던 E는 그의 빚을 받기 위하여 2008. 1. 10. 가정법원에 A에 대하여 실종선고를 내려줄 것을 청구하였고, 가정법원은 2008. 11. 20.에 A에 대하여 실종선고를 내렸다. 그리고 A는 그동안 베트남에서 사기를 당하여 노숙을 하면서 매우 어렵게 살았으며, 2009. 5.초에야 약간의 금전을 가지고 우리나라로 돌아왔고, 집에 들어갈 면목이 없던 그는 2009. 5. 21. F로부터 F의 집의 방 한 칸을 임차하는 계약을 체결하고 현재(2009. 6. 9) 그곳에서 살고 있다.

1. 이 경우에 A와 F 사이에 체결한 방의 임대차계약은 유효한가? (20점)
2. 현재 X아파트의 소유권은 누구에게 있는가? (20점)

2009-2. 계약법. 중간시험

Ⅰ. 회사에 다니고 있는 A는 현재 하고 있는 프로젝트가 끝난 뒤인 2009. 10. 20.부터 1주일 동안 휴가를 얻어 강원도 영월군 동강의 강가에서 그의 부모님 및 처와 함께 관광도 하면서 휴식을 즐기려고 하였다. 그리하여 10. 1.에 인터넷으로 휴가 중에 머물 만한 숙소를 물색하였다. 그 결과 영월군청 홈페이지에서 경치 좋은 곳에 위치하고 가격도 저렴한 민박집을 발견하고 그 집 주인 B에게 그 날(10. 1.) 바로 전화를 하여, 자신이 10. 20.부터 10. 26.까지 B가 민박하는 방 두 칸 전부를 사용하겠다고 하고, B의 요청에 따라 숙박요금 35만 원 가운데 5만 원을 미리 보냈다. 그 뒤 10. 7.에 B는 C로부터 10. 20.부터 10. 29.까지 10일 동안 자신의 회사 직원들이 그 집 방 두 칸을 다 사용하고 싶으며, 그 방값으로 매일 7만 원씩 70만 원을 내겠다는 내용의 전화를 받았다. B는 무척 아쉬웠지만 이미 타인(A)과 계약을 하였기 때문에 10. 26.까지는 그럴 수 없다고 하였다. 그리고 10. 9.에는, 10. 20.부터 1주일간 방 한 칸을 예약하고 싶다는 D의 전화를 받고 또 거절하였다. 한편 A는 10. 15.에 자신이 다니는 회사에 인터넷으로 휴가신청을 하였다. 그 후 10. 19.에 회사 인사과로부터, A가 10. 20.부터 새로 시작되는 다른 중요한 프로젝트에 참여하도록 되어 있고, 그래서 10월과 11월에는 휴가가 불가능하다는 통지를 9. 25.에 한 적이 있다고 하면서, 휴가신청이 받아들여지지 않았다는 연락을 받았다. A는 그제서야 그 사실을 깨닫고 B에게 부랴부랴 전화를 걸어 자기가 사정이 있어 휴가를 갈 수 없으니, 예약은 없었던 것으로 하고, 미리 보낸 5만 원은 돌려달라고 하였다. 그러자 B는 이제 와서 그러면 어떻게 하느냐며, 오히려 남은 30만 원

을 보내라고 하였다. 그리고 다른 한편으로 그의 휴대전화에 기록되어 있는 C와 D의 전화번호로 전화를 하여 10. 20.부터 방들을 사용할 수 있다고 하였더니, C와 D는 모두 이미 다른 숙소를 구하여 갈 수 없다고 하였다.

이 경우에 A는 B에게 남은 30만 원을 보내야 하는가?

II. X토지의 소유자 갑은 2009. 8. 12.에 그의 X토지를 을에게 1억 원에 매도하기로 하는 계약을 체결하였다. 그리고 계약 당일에 을이 갑에게 계약금으로 1,000만 원을 지급하고(이것을 매매대금에 충당하기로 함), 1개월 후인 9. 12.에 중도금으로 4,000만 원을 지급하며, 다시 1개월 후인 10. 12.에 갑으로부터 X토지의 소유권이전등기 서류를 넘겨받으면서 잔금 5,000만 원을 지급하기로 하였다. 을은 약속대로 9. 12.에 갑에게 중도금 4,000만 원을 지급하려고 하였으나, 9. 9.에 평소 채무관계로 그와 감정이 좋지 않던 병에게 끌려가 1개월 이상을 여관에 감금되어 있는 바람에 중도금을 지급하지 못하였다. 그러자 9. 14.에 갑은 을에게, 9. 30.까지 중도금을 지급하지 않으면 계약이 해제된 것으로 하겠다는 내용의 편지를 내용증명 우편으로 보냈고, 그 편지는 9. 15.에 을의 집에 배달되었다. 한편 감금되었다가 10. 14.에 집으로 돌아와 갑의 편지를 본 을은 부랴부랴 갑에게 전화를 하여 부득이한 사정이 있어서 중도금을 약속한 날에 지급하지 못하였으니 양해해 달라고 하면서, 중도금과 잔금을 곧 보내겠다고 하였다. 그랬더니 갑은 이미 끝난 일이라고 딱 잘라 거절하였다.

이 경우에 을은 어떤 주장을 할 수 있는가?(계약금에 관한 논의는 하지 않기로 함)

2009-2. 계약법, 기말시험

I. X토지는 A에게 소유권이 있고, 또 A의 명의로 등기되어 있었다. 그런데 2007년 3월에 B가 자신이 마치 A로부터 그 토지를 매수한 것처럼 매매계약서와 그 밖의 서류를 위조하여 자신의 명의로 소유권이전등기를 하였다. 그리고 나서 한 달 뒤에 B는 X토지를 자기의 토지라고 하면서 C에게 팔고 소유권이전등기도 해 주었다. 그 후 2009년 2월에 A가 그 사실을 알고 B와 C를 상대로 X토지의 소유권이전등기의 말소를 청구하는 소를 제기하여 12월 10일에 A의 승소가 확정되었다.

이 경우에 C는 B에게 어떤 권리를 행사할 수 있는가?(C가 X토지의 소유권이 B에게 있다고 믿고 있었는지는 분명치 않다) (50점)

II. 갑은 건설회사 을과, 을이 25억 원을 받고 1년 6개월 안에 설계도에 따라 10층 건물을 지어 주기로 하는 계약을 체결하였다. 그리고 보수 25억 원은 건축이 끝난 뒤에 건물을 인도하면서 받기로 하였다. 그 후 을은 정해진 기한 안에 건물을 완공하였다. 그런데 갑이 완공된 건물을 살펴보니 건물 벽의 여기저기에 금이 가 있고 비가 많이 새어 그대로 사용할 수가 없었다. 그리하여 갑은 을에게 계약을 해제한다고 하였다.

이 경우에 갑의 해제는 정당한가? 그리고 갑과 을 사이의 그 밖의 법률관계는 어떻게 되는가? (50점)

2010-2, 채권법, 중간시험

〈사안〉 A는 충청북도 영동군에 살면서 그의 여러 밭에서 배추를 대량으로 재배하고 있는 농민이다. 배추 도매상인 B는 2010. 9. 15. A로부터 A의 여러 밭 중 집 앞에 위치한 밭(이를 X토지라고 함)에서 자라고 있는 배추(1,000포기 정도로 예상함) 전부를 350만 원에 매수하는 계약을 체결하였고, 계약 당시에 A에게 선금으로 50만 원을 지급하였다. 그리고 나머지 대금 300만 원은 2010. 10.초에 A가 배추를 뽑아서 B에게 인도할 때 지급하기로 하였다. 그런데 A·B 사이에 계약으로 정해진 배추가격은 당시의 시가인 포기당 3,000원보다 500원 정도 비싼 것이다.

이 경우에 관하여 다음 물음에 답하시오(다음 두 물음은 별개의 사안임).

I. 위의 사안에서 A와 B 사이에 계약이 체결된 뒤 9월 하순 경에 배추 값이 폭등하여 한 포기에 10,000원에 이르렀다. 그러자 A는 B와 계약을 체결한 것을 후회하면서 배추를 더 비싸게 팔고 싶어했다. 그러다가 서울에 있는 대형 유통업체인 C회사의 이사 D가 A에게 와서 X토지에 있는 배추가 이미 B에게 팔린 사실을 모르고 그 배추를 팔지 않겠느냐고 했고, A는 C회사에 그 배추를 1,200만 원에 팔기로 하는 매매계약을 체결하였다. 그리고 나서 2010. 9. 30. A는 D에게 배추를 인도하였고 대금도 모두 받았다. 한편 A는 B와 계약을 체결할 때 이미 B가 A로부터 배추를 매수하여 배추 소매상에게 포기당 5,000원 정도에 팔기로 되어 있음을 알고 있었다.

이 경우에 B는 A에게 어떤 청구를 할 수 있는가? (50점)

II. 위의 사안에서 10월 초에 배추 값이 한 포기에 15,000원까지 상승하였다. 그렇게 배추 파동이 심각해지자 김치공장을 경영하는 갑은 원료인 배추를 공급하지 못하여 걱정만 하고 있다가 10. 5. 밤에 A의 X토지에 있는 배추를 몰래 모두 뽑아가지고 가서 김치를 담아 버렸다.

이 경우에 B는 A 또는 갑에게 어떤 권리를 행사할 수 있는가? (50점)

2010-2, 채권법, 기말시험

I. B는 A로부터 1,000만 원을 이자 월 3푼으로 1년간 빌렸다. 그 직후(같은 날) A는 급히 돈이 필요하여 B에 대한 채권을 C에게 960만 원에 양도하고 그 사실을 B에게 전화로 알렸다. 그 뒤 B는 C에게 이자도 지급하지 않고 있었다. B의 채무의 변제기가 되었을 때 C의 조카인 D가 B에게 와서 자신이 C의 조카인데 C의 대리인으로서 채권을 변제받으러 왔다고 하면서 위조된 B의 위임장을 보여주었다. B는 D를 C의 정당한 대리인이라고 믿고 자신이 가지고 있던 500만 원을 D에게 지급하였다. 그러면서 그 500만 원으로 원본을 갚는 것으로 하겠다고 하였다. 그러자 D는 이자 360만 원을 먼저 갚아야 하고, 그 나머지로 원본을 갚는 것이라고 말하였다. 그로부터 6개월 후 B가 A에게 C의 연락처를 물은 뒤 C에게 연락하여 나머지 이자와 원본을 모두 갚는 것이라고 하면서 950만 원을 지급하였다. 그러자 C는 — 6개월 전에 D가 B로부터 500만 원을 받아간 것을 모르고 — "원본 1,000만 원과 지금까지의 이자 540만 원을 합하여 1,540만 원을 갚아야지 왜 이것만 갚느냐"고 하였다.

C의 말이 정당한가? (60점)

II. 갑은 을에게 300만 원을 이자를 월 2푼으로 3개월간 빌려달라고 하였다. 그러자 을은 연대보증인을 세 사람 세우라고 하였다. 그리하여 갑은 병·정·무에게 연대보증인이 되어달라고 부탁하였고, 병·정·무는 갑의 을에 대한 300만 원의 채무를 연대보증하는 서면에 서명·날인하였다. 그 후 4개월이 지났는데 갑은 원본은커녕 이자도 전혀 지급하지 않았다. 그러자 을은 병에게 300만 원과 4개월분의 이자 24만 원을 합하여 324만 원을 지급하라고 하였다.

이 경우에 병은 얼마를 변제하여야 하는가? 그리고 병이 그 변제를 한 뒤에 그것을 누구에게 구상할 수 있는가? (40점)

2011-1, 민상법의 기초, 1차 중간시험

I. 기존의 성문법과 다른 관습법이 성립한 경우에 어느 법이 적용되는가? (5점)

Ⅱ. 권리남용으로 되려면 주관적 요건이 필요한가? (5점)

Ⅲ. 법률요건·법률행위·의사표시의 상호관계를 설명하시오. (5점)

Ⅳ. 채권행위와 물권행위를 비교하여 설명하시오. (5점)

Ⅴ. 13세 된 여중생 A는 아버지 B에게 참고서를 구입하기 위하여 10만 원이 필요하다고 하였다. 그러자 B는 A에게 참고서를 구입하라고 10만 원을 주었다. 그런데 A는 그 10만 원으로 친구 오빠인 C(21세)로부터 평소에 갖고 싶어 하던 중고 MP3를 사서 현재 사용하고 있다. 그 후 이를 알게 된 B는 A에게 화를 내면서 MP3를 돌려주고 돈을 되찾아오라고 하였다.

이 경우에 A가 MP3를 돌려주고 돈을 되찾아올 수 있는가? (10점)

2011-1, 민상법의 기초, 2차 중간시험

Ⅰ. 처를 두고 있는 남자 A는 젊은 여자 B를 만나 앞으로 6개월 동안 불륜관계를 맺고 그 대가로 A가 B에게 매월 초에 300만 원씩 지급하기로 하였다. 그리고 A는 세 달 동안 월초에 300만 원씩 모두 900만 원을 지급하였다. 그런데 세 달째 되던 때에 B가 다른 남자를 만나면서 A를 만나주지도 않았다. 그러자 A는 B에게 이미 지급한 900만 원을 돌려달라고 하였다.

이 경우에 B는 A에게 900만 원을 돌려주어야 하는가? (10점)

Ⅱ. C는 유일한 재산으로 시가 5,000만 원인 X토지를 소유하고 있다. 그런데 C는 F에게 3,000만 원의 빚을 지고 있다. 그러한 상황에서 C는 X토지가 F에 의하여 강제집행될 것을 우려하여 D와 의논하여 X토지를 D에게 파는 것처럼 계약서를 꾸미고 D 앞으로 그것의 소유권이전등기를 하기로 합의하였다. 그리하여 거짓으로 매매계약서를 만든 뒤 D 명의로 소유권이전등기까지 마쳤다. 그 뒤 D는 이러한 사정을 전혀 모르는 E에게 자신이 X토지의 소유자라고 하면서 그 토지를 4,000만 원에 팔고 등기를 넘겨주었다. 그로부터 한 달 후에 C가 이 사실을 알고 E에게 X토지는 자신의 소유이므로 X토지의 소유권이전등기를 말소하라고 하였다.

C의 이 주장이 옳은가? (10점)

Ⅲ. 갑은 자신의 자가용 운전사인 을에게 시내에 있는 가게에 가서 물건을 사오라고 하였다. 을이 갑의 자가용을 운전하고 간 지 1시간쯤 후에 을이 운전하던 차가 병이 운전하던 차와 부딪쳐 을과 병은 중상을 입고 Y병원으로 옮겨져 치료를 받았다. 이 소식을 들고 Y병원에 간 갑에게 병의 차에 타고 있었던 정은 을의 차가

갑자기 병의 차 앞으로 끼어들어 사고가 났다고 거짓말을 하였다. 그런데 갑은 정의 말을 사실로 믿고 Y병원과 사이에 을의 치료비채무를 보증한다는 내용의 보증계약을 체결하였다. 그 후 경찰조사에서 잘못이 전적으로 병에게 있었음이 드러났다. 그러자 갑은 Y병원에 보증계약은 자기가 모르고 체결한 것이어서 효력이 없고, 따라서 을의 치료비를 지급할 수 없다고 하였다

갑의 주장이 옳은가? (10점)

2011-1, 민상법의 기초, 기말시험

Ⅰ. A는 대리인을 써서 그의 X토지를 매각하려고 한다. 그런데 어느 한 사람에게 대리권을 수여할 경우 그에게 불리하게 될 것이 염려되었다. 그리하여 A는 B와 C에게 그들이 A를 공동으로 대리하여서만 X토지를 매각할 수 있도록 하였다. 그러면서 X토지의 등기필증과 A의 인감증명서 등 X토지의 소유권이전등기에 필요한 서류를 B에게 맡겼다. 그 후 B가 C와 협의를 하지 않고 혼자서 A의 명의로 X토지를 D에게 매각하는 계약을 체결하였다. B는 계약을 체결할 때 D에게 자신이 A의 대리인이고, A의 등기필증·인감증명서 등도 가지고 있다고 하면서, 그 서류들을 보여주었다. 그 얼마 뒤 이러한 사실을 알게 된 A는 B와 D에게 그들 사이의 계약은 무효라고 주장하였다.

이 경우에 D는 보호될 수 있는가? (15점)

Ⅱ. 어부인 갑은 당분간 서울에 있는 아들 집에 가 있기로 하여 2000. 5. 어느 날 을에게 고기잡이 그물을 1년간 대가를 받지 않고 빌려주었다. 그 후 갑은 큰 병이 나서 계속 서울에 머물러 있게 되었다. 그리하여 을은 갑에게 그물을 돌려주지 않고 계속 사용하고 있었다. 그러다가 2007. 5. 을이 부부싸움 끝에 그의 집에 불을 내 그의 집과 함께 갑의 그물도 불타버렸다. 그 뒤 2011. 6. 갑은 병이 완전히 나아서 고향으로 돌아왔고, 오자마자 을에게 가서 그물을 돌려달라고 하였다. 그러자 을은 그물이 불타버리고 없다고 하면서, 갑의 권리는 이미 시효로 소멸하여 존재하지도 않는다고 주장하였다.

을의 주장이 옳은가? (15점)

2011-2, 채권법총론, 중간시험

Ⅰ. A는 화랑운영자로서 주로 동양화·한국화를 수집·판매하고 있다. 그리고

그는 민화(民畵)도 50여점 소유하고 있다. B는 평소 유난히 민화를 좋아하는 C에게 신세를 진 것이 많아서 민화 5점을 선물하려고 하였다. 그런데 B는 민화에 대하여 잘 모르기 때문에 A에게 민화의 대략적인 가격을 물어본 뒤, 2011. 9. 20. A가 소유하고 있는 민화 중 적절한 것 5점을 100만 원에 구입하기로 약정하였다. 그러면서 그날 A에게 계약금으로 10만 원을 지급하고, A가 민화를 준비하여 B에게 통지하면 B가 A의 화랑으로 와서 잔금 90만 원을 지급하고 민화 5점을 인도받기로 하였다. 그 뒤 2011. 10. 1. A는 그가 가지고 있던 민화 중에 적절한 것으로 5점을 골라 그의 종업원인 D를 시켜 그것들을 포장해 두도록 하고, B에게 전화를 하여 잔금이 준비되는 대로 A의 화랑으로 오라고 하였다. 그 5점의 민화들의 가치는 모두 합하여 120만 원으로 평가된다. 그런데 그날 밤 술에 취해 길 가던 행인 E가 버린 담뱃불이 A의 화랑에 화재를 일으켜 포장해 둔 민화를 포함하여 A의 화랑에 있던 모든 그림이 불타버렸다. 한편 A는 그가 소유하고 있던 그림에 대하여 보험계약을 체결해 두었기 때문에 보험금을 받았는데, 그중 B에게 인도하려고 한 민화에 대한 것은 60만 원이다.

1. 이 경우에 B가 A에게 취할 수 있는 조치가 있는가? 만약 그때 B가 부담하여야 할 의무가 있다면 그것도 기술하시오. (15점)

2. 이 경우에 A는 B에게 불타버린 민화들 대신에 그의 집에서 보관하고 있던 민화를 인도하고 싶어한다. 이것이 가능한가? (5점)

II. 가게를 하는 갑은 친지인 을에게 급히 필요해서 그러니 금전 1,000만 원을 빌려달라고 하였다. 그러자 을은 갑과, 1,000만 원을 변제기를 1년 후로 하고 이자를 월 0.2%로 하여 빌려주기로 하는 계약을 체결하였다. 그러면서 을은 갑에게 1,000만 원을 건네주었다. 그 후 갑은 1년 동안 원금은 물론이고 이자도 전혀 지급하지 않았다. 을이 금전을 빌려준 지 1년이 지난 뒤 을은 갑에게 원금과 이자를 갚으라고 하였다. 그러자 갑은 이 핑계 저 핑계를 대면서 시간만 끌었다. 그러다가 변제기로부터 1년이 되던 날 갑은 그의 종업원인 병에게 금전을 주면서 그것을 은행에 가지고 가서 을에게 송금하라고 하였다. 그리하여 병이 은행에 가고 있었는데, 갑자기 오토바이를 타고 나타난 정이 병의 금전가방을 날치기해 달아나 버렸다. 갑은 다른 금전이 없어 을에게 변제를 하지 못한 채 그 후 다시 2개월이 지나 현재에 이르렀다.

이 경우에 현재 시점에서 을은 갑에게 어떤 청구를 할 수 있는가? (20점)

2011-2. 채권법총론, 기말시험

I. X토지를 소유하고 있는 A는 그 토지를 B에게 매도하고 매매대금을 모두 받았으며, 등기에 필요한 서류도 넘겨주었다. 그 뒤 C가 마치 자신이 A로부터 X토지를 매수한 것처럼 서류를 위조하여 X토지에 관하여 자신의 이름으로 등기를 마쳤다.

1. 이 경우에 B가 채권자대위권을 행사하여 X토지에 관하여 자신의 명의로 등기할 수 있는가? (15점)

2. 만약 이 경우에 대위소송판결이 선고된다면, A가 그 판결에 기하여 X토지에 관하여 자신의 명의로 등기를 할 수 있는가? (5점)

II. 갑은 을에 대하여 변제기가 3개월 후인 금전채권을 가지고 있다. 갑은 병과의 사이에, 그(갑)가 을에 대하여 가지고 있는 그 채권을 병에게 채권액의 90%로 매도하는 내용의 계약을 체결하였다.

이 경우에 관하여 다음 물음에 답하시오(아래 두 사안은 별개의 것임).

1. 위 본문 사안의 경우에 갑은 병으로부터 채권매매대금을 모두 받았다. 그 3개월 뒤 병은 을에게 자신이 갑의 채권을 양도받았으니 자신에게 변제하라고 하였고, 이에 을이 병에게 채무를 변제하였다. 그 후 갑은 정에게 자신이 을에 대하여 가지고 있는 위의 채권을 매도하였고, 그 사실을 을에게 내용증명우편으로 통지하였다. 그 얼마 뒤 정은 을에게 채무를 변제하라고 하였다.

을은 정에게 채무를 변제하여야 하는가? (10점)

2. 위 본문 사안의 경우에 갑은 병으로부터 채권매매대금의 일부를 받고 채권을 이전해 주었다. 그러고 나서 갑은 그가 을에 대한 채권을 병에게 양도하였다고 을에게 전화로 알려주었다. 그런데 그 후 병이 나머지 대금을 지급하지 않자 갑은 — 요건을 갖추어 — 병과 체결한 채권매매계약을 해제하였다. 그런 뒤에 갑은 을에게 자신이 병과 체결한 계약을 해제하였으니 이제 자신에게 채무를 변제하라고 하였다.

을은 갑의 요구에 따라야 하는가? (10점)

2012-1. 민상법의 기초, 중간시험

I. A학교법인은 이사회의 의결을 거쳐 그 법인이 설치·운영하고 있는 학교의 토지 중 교육에 직접 사용되지 않는 X토지를 B에게 매도하는 계약을 체결하였다.

그런데 이 계약을 체결하면서 관할 교육청의 허가는 받지 않았다.

이 계약은 유효한가? (10점) 〈관련 법률규정〉 사립학교법 제28조(생략)

II. C신문사의 사장인 D는 외부의 압력을 받아 직원 중 일부를 강제로 해직시키기 위하여 모든 직원들에게 일괄하여 사직서를 제출하도록 하였다. 그러자 C신문사의 직원인 E는 그가 자신의 사직서에 의하여 의원면직 처리될지 모른다고 생각하면서 사직서를 제출하였다. 그 뒤 E의 사직서가 수리되었다. 이에 대하여 E는 자신의 사직서는 비진의표시로서 무효라고 주장하였다.

E의 주장이 정당한가? (10점)

III. 갑은 Y라는 이름의 개(犬)와 Z라는 이름의 개를 소유하고 있다. 갑은 이 두 마리의 개 가운데 Y를 을에게 50만 원에 팔려는 계획을 세우고, 을을 그의 집으로 데려와 Y를 보여주었다. 그러고 나서 을과 그 개에 관한 매매계약서를 작성하였다. 그런데 갑은 그 개의 이름이 Z인줄로 잘못 알고 계약서에 Z를 50만 원에 판다고 표시하였다. 그리고 그 당시 을은 그가 직접 보고 사려고 한 개의 이름이 Z인 것으로 생각하였다. 그 후 을은 계약서에 개의 이름이 의도된 것(Y)과 다르게 잘못 표시되었고, Z가 Y보다 가치가 더 크다는 것을 알았다. 그리하여 갑이 을에게 Y를 넘겨주려 하자 계약서에 따라 Z를 넘겨줘야지 왜 Y를 주려고 하느냐며 수령을 거절하였다.

1. 이 경우에 갑은 을에게 어떤 주장을 할 수 있는가? (10점)

2. 위의 예에서, 만약 을이 개를 직접 보지 않았고, 단지 갑이 을에게 Y를 팔려고 하면서 Y의 이름을 착각하여 Z를 판다고 계약서에 표시한 경우였다고 하면, 갑은 Z를 인도하여야 하는가? 갑이 Z의 인도를 면할 수 있는 방법은 없는가? (10점)

2012-1, 민상법의 기초, 기말시험

I. 토지소유자 A는 B에게 자신(A)의 X토지를 팔아달라고 하고, 그의 인감도장과 등기필증도 맡겼다. 그 뒤 B는 C에게 X토지를 시가보다 싸게 팔 테니 사라고 하여 C와 X토지의 매매계약을 체결하게 되었다. 그런데 B는 계약서의 매도인 란에 자신이 마치 A인 것처럼 A라고 기재하고 A의 인감도장으로 날인을 하였다. 그때 C는 B의 이름이 A인줄로 알고, 그의 이름을 확인하지도 않았다. 그 후 C가 중도금을 지급하려고 할 때 비로소 B의 이름이 A가 아닌 것을 알게 되었다. 한편 A는 B가 X토지를 너무 싸게 팔았다고 못마땅해 하였다.

1. 위 사안에서 C가 A에게 중도금을 지급하려고 하자, A는 그 계약은 A에게는 효력이 없다고 주장하면서 중도금을 받지 않았다. 이 경우에 C는 A에게 X토지의 매매계약이 A에 대하여 효력이 있다고 주장할 수 있는가? (15점)

2. 위 사안에서 만약 C가 지급하려고 하는 중도금을 A가 수령하지 않자 B가 이를 수령하였다면, C의 중도금 지급은 유효한가? (5점)

II. 갑은 을에게 '네가 결혼하면 축하금으로 2,000만 원을 네게 주겠다'고 하였고, 을은 감사히 잘 받겠다고 하였다. 그 후 2002. 6. 1. 을은 병과 결혼식을 하고 그날 혼인신고도 마쳤다. 결혼식을 올린 을과 병은 신혼여행을 떠났고, 신혼여행 길에 을은 중상을 입고 오랫동안 입원치료를 받고 있다. (아래 두 물음의 사안은 별개의 것임)

1. 위 사안에서 을이 갑에게 2,000만 원을 청구하지 못하고 있다가 현재(2012. 6. 14)에 이르러서 갑에게 2,000만 원을 청구하였다. 그러자 갑은 을의 채권은 성립하지도 않았으며, 성립하였더라도 이미 소멸시효에 걸려 소멸하였다고 주장하였다. 갑의 주장이 옳은가? (15점)

2. 위 사안에서 갑은 을이 치료를 받고 있는 사실을 알고 가엽게 여겨 2003. 5. 1. 500만 원을 을에게 송금하였다. 그런데 나머지 금액은 송금하지 않고 있었다. 그후 2012. 6. 14.에 을이 갑에게 나머지 1,500만 원을 청구하였다. 그러자 갑은 위 1.에서와 같은 주장을 하였다. 갑의 주장이 옳은가? (5점)

2013-1, 민상법의 기초, 중간시험

I. A는 정신적 장애가 있어서 가정법원으로부터 성년후견개시의 심판을 받았다. 가정법원은 A에 대해 성년후견개시의 심판을 하면서 B를 A의 성년후견인으로 선임하였다. 그 뒤 A는 정신이 맑은 상태에서 B의 동의를 얻어 그의 Y토지를 C에게 파는 계약을 체결하였다. 그리고 정신이 맑은 상태에서 이번에는 B의 동의를 얻지 않고 D의 가게에 가서 라면 10포와 콜라 2병을 구입하였다. 그 후 A는 C와 D에게 각각 Y토지의 매매계약, 라면 등의 매매계약을 취소한다고 하였다.

A의 취소는 정당한가? (10점)

II. 갑은 도박을 하기 위해서 을로부터 금전을 빌렸다. 그 당시 을은 갑이 도박을 하기 위해 금전을 빌린다는 것을 알지 못했으나, 주의를 기울였으면 그것을 알수는 있었다. 그 뒤 갑은 을로부터 빌린 금전으로 도박을 하여 모두 잃어버렸다.

그래서 갑은 을에게 빌린 금전을 갚지 못했다.

이 경우에 을은 갑에게 빌려준 금전의 지급을 청구할 수 있는가? (10점)

III. E는 타인을 폭행하여 구속되어 있었다. 그는 그의 어머니인 F에게 폭행피해자와 합의를 하지 않으면 자신이 교도소에 가게 생겼으니, 꼭 합의를 해서 자신을 빼내달라고 하였다. F는 자기의 유일한 가족인 E가 교도소에 가게 될까봐 다급하고 두려운 마음에 피해자가 요구하는 고액의 합의금을 마련하기 위해 그녀의 Z토지를 급히 팔려고 하였다. 그리하여 F는 G에게 자신의 Z토지를 사라고 하였다. G는 F에게 무슨 사정이 있는 것 같다는 생각은 하면서도 그 내막은 모른 채 가격을 흥정하여 시가 1억 원인 Z토지를 3,000만 원에 매수하기로 하는 계약을 체결하였다.

이 경우에 F와 G가 체결한 Z토지의 매매계약은 유효한가? (10점)

IV. 병은 건설업자로서 정을 비롯한 2,000여명과 아파트 분양계약을 체결하였다. 그런데 그 아파트 단지 바로 뒤편 산에는 공동묘지가 조성되어 있었다. 병은 그러한 사실을 잘 알면서도 그것을 알리면 아파트 분양이 되지 않을 것이라고 생각하여 일부러 그 사실을 아파트 수분양자에게 알리지 않았다. 그 뿐만 아니라 아파트 모델하우스에 설치된 모형도와 분양 안내책자에는 공동묘지가 있는 곳이 나무가 빽빽한 산인 것처럼 되어 있었다. 그 뒤 아파트에 입주할 때가 되어 정이 아파트 건설현장에 가보고서 비로소 정은 아파트 단지 인근에 공동묘지가 있음을 알았다. 그래서 정은 병에게 아파트 분양계약을 이행할 수 없다고 하였다.

이 경우에 정은 병과 체결한 아파트 분양계약을 이행해야 하는가? (10점)

2013-1. 민상법의 기초, 기말시험

〈문제〉A는 평소 가까이 지내던 18세의 고등학생인 B가 총명하고 똑똑하다고 생각하여 B에게 자기가 살 적당한 크기의 집 한 채를 매수해 달라고 위임하였다. 그리고 집을 매수할 수 있는 대리권도 수여하고, 그 증거로 '부동산 매수의 대리권을 수여한다'는 내용의 위임장도 작성, 교부하였다. 그러한 과정에서 B는 그의 부모의 허락을 받지 않았음은 물론이고 그러한 사실을 부모에게 말하지도 않았다. 그 후 B는 부동산중개사무소에 가서 매물로 나와 있는 집들을 알아보고서 C의 집이 적당하다고 생각되어, C와의 사이에 A의 명의로 C의 집을 매수하는 계약을 체결하였다. 그 뒤 B의 부모가 그러한 사정을 알고 B에게 '한창 공부할 나이에 남의 재산관계 일이나 도와주고 있느냐'고 나무라고, A에게는 'B·A 사이에 체결된 위임계약은 B가 미성년자이면서 부모의 동의 없이 체결한 것이며 그 계약을 취소한다'고 하였다.

1. 이 경우에 C는 A에 대하여 그가 B와 체결한 그의 집의 매매계약을 이행하라고 청구할 수 있는가? (20점)

2. 위의 사안에서 B의 부모의 취소가 있은 후 B는 부동산중개사무소로부터 B가 C와 계약한 집을 비싸게 사려는 사람(D)이 있으니 그렇게 하면 어떻겠느냐는 연락을 받았다. 그러자 B는 그 집값을 받아서 자신이 써버릴 생각을 가지고 D와 만나서, 자신이 A의 대리인이라고 하면서 위임장을 보여주고, 이를 그대로 믿은 D와 A의 명의로 그 집을 D에게 파는 계약을 체결하였다. 그리고 계약금과 중도금을 받아서 유흥비로 써버렸다.

이 경우에 D는 A에게 그가 B와 체결한 계약의 이행을 청구할 수 있는가? (20점)

2013-1. 채권법각론, 중간시험

I. A는 에어컨 대리점을 운영하는 B로부터 에어컨을 1개 매수하였다. 매매계약 당시 B는 보통거래약관을 제시하였고, 그 약관의 중요내용을 설명해 주었다. 그리고 설명한 내용 중에는 '매수한 에어컨에 아무리 큰 흠이 있어도 고객은 수리만 요청할 수 있을 뿐 교환해달라고 하지는 못한다'는 조항도 있었다. 그 후 A가 에어컨을 배달받아 사용하려고 하였더니 시원해지지 않아, 그 에어컨 생산회사의 서비스센터에 연락하여 알아보니, 에어컨의 냉각장치가 심하게 녹이 슬어 기능을 하지 못하는 것이었다. 그래서 A는 B에게 에어컨을 다른 것으로 교환해 달라고 하였다. 그랬더니 B는 약관조항을 들면서 교환은 불가능하다고 하였다.

이 경우에 B는 에어컨을 교환해 주지 않아도 되는가? (10점)

II. 다음 〈제1사례〉, 〈제2사례〉의 경우에 갑과 을 사이에 매매계약이 성립하는지, 갑이나(및) 을은 착오를 이유로 매매계약을 취소할 수 있는지 논하시오(두 사례는 별개의 것임). (각 5점)

갑은 그가 가지고 있는 특정한 고(古)가구를 95만 원에 팔려고 하였는데, 을에게 편지로 매도청약을 하면서 대금을 59만 원으로 잘못 기재하였다.

〈제1사례〉 위의 경우에, 을은 갑의 생각을 전혀 알 수 없는 상태에서 그 값에 사겠다고 답장을 보냈다.

〈제2사례〉 위의 경우에, 을은 갑의 생각을 전혀 알 수 없는 상태에서 59만 원에 사려고 생각하였는데, 답장을 보내면서 대금을 잘못 기재하여 95만 원에 사겠다고 하였다.

Ⅲ. C는 D와, C가 소유하고 있는 조선시대 Y그림을 D에게 5,000만 원에 팔기로 하는 매매계약을 체결하였다. 그러면서 C는 D로부터 계약금으로 500만 원을 받았고, 그 계약금은 매매대금에 충당하기로 하였다. 그리고 나머지 대금 4,500만 원은 1개월 후에 Y그림을 인도하면서 받기로 하였다. 그런데 계약 후 5일째 되던 날 벼락에 맞아 집이 불타면서 그 그림도 불타버렸다. 계약 후 1개월이 되던 날 C는 D에게 계약에 따라 잔금 4,500만 원을 지급하라고 하였다. 그러자 D는 잔금을 지급할 수 없고, 오히려 계약금으로 지급한 500만 원을 돌려달라고 하였다.

이 경우에 누구의 주장이 옳은가? (10점)

Ⅳ. 병은 그가 소유하고 있는 여관을 정에게 임대하는 계약을 체결하였다. 그러면서 두 사람은 그 여관의 수리비는 그 전액을 정이 부담한다고 약정하였다. 그 후 정이 여관 영업을 시작하였는데, 그 여관의 배관이 너무 낡아 여관의 모든 방에 물이 샐 뿐만 아니라, 보일러가 제대로 작동하지 않아 난방과 온수공급이 되지 않아서 도저히 영업을 할 수가 없었다. 그리하여 그것들을 수리하려고 수리업자에게 알아보니 그 비용이 엄청나게 컸다. 그래서 정은 병에게 여관의 배관과 보일러의 수리를 요청하였다. 그러자 병은 특약을 들어 수리를 거절하였다.

이 경우에 누구의 주장이 옳은가? (10점)

2013-1, 채권법각론, 기말시험

〈문제〉 A는 부모님의 집이 지방이어서 서울에 있는 대학을 다닐 때부터 원룸을 빌려서 생활하고 있었다. 대학을 졸업한 뒤 A는 원하던 회사에 취직을 하였다. 그런데 그는 회사로부터 2년 동안 해외지사에서 근무하도록 발령을 받았다. 그러자 A는 원룸에 있던 그의 짐을 그의 친구인 B에게 보관해달라고 부탁하였고, B도 그렇게 하겠다고 하였다. 물론 보관료는 받지 않기로 하였다. 그리하여 B는 A의 짐을 그의 집에 있는 빈방으로 옮겨 보관하였다. B는 저능아는 아니지만 다소 경솔하고 주의력이 보통사람보다 떨어지는 사람이다. 한편 B가 A의 짐을 보관하기 시작한 지 3개월쯤 되었을 때, B가 라면을 끓이려고 가스렌지에 물을 올려놓은 뒤 그 사실을 잊고 외출을 하였고, 그가 돌아와 보니 그의 집에 불이 나서 가재도구가 대부분 불타버렸다. 그리고 그때 A의 짐도 모두 불타버렸다. B가 가스렌지를 켜두고 외출한 일은 과거에도 종종 있었고, 그로 인해서 화재가 난 적도 있었다.

1. 이 경우에 A가 B에게 어떤 청구를 할 수 있는지 논하시오. (20점)

2. 위의 사안에서, 만약 B가 A로부터 A의 짐의 보관료로 30만 원을 받기로 하였다면(그 점을 제외하고 다른 점은 모두 동일함), A가 어떤 청구를 할 수 있는지 논하시오. (20점)

2013-2, 물권법, 중간시험

〈문제〉 4살짜리 아이의 엄마이자 가정주부인 A는 삼성전자에서 나온 스마트폰을 최근에 구입하였다. 그 스마트폰이 비록 최신형은 아니었지만 A는 그것에 만족하여 틈만 나면 그것을 보며 시간을 보냈다. 그러던 어느 날 A는 그 스마트폰에 사용할 밧데리를 추가로 구입하려고 아이를 데리고 B가 소유·운영하는 전자제품 전문 마트에 갔다. 그 마트에 들어가자마자 A는 거기에 자기의 스마트폰과 똑같은 모델이 있는지 보려고, 스마트폰이 진열된 곳으로 가서 자기 것을 꺼내 놓고 진열된 모델들과 비교해 보고 있었다. 그러다가 자기 것과 비슷한 모양이면서 색깔만 다른 제품을 발견하였다. 그래서 A는 그녀의 스마트폰을 그것 옆에 놓고 비교해 보고 있었다. 그때 조금 떨어진 곳에서 아이 울음소리가 들렸고, 그곳을 바라보니 그녀의 아이가 넘어져 울고 있었다. A는 너무 놀란 나머지 그녀의 스마트폰은 진열대에 그대로 놓아둔 채 아이에게로 달려갔다. 가까이 가보니 그녀의 아이가 넘어지면서 이마에 상처를 입어 피를 흘리고 있었다. 그녀는 아이를 데리고 정신없이 근처에 있는 외과 병원으로 갔다. A는 거기서 아이의 치료를 받은 뒤 스마트폰은 까맣게 잊은 채 바로 집으로 돌아왔다.

A가 아이를 데리고 병원으로 간 직후 매장을 정리하던 마트의 종업원 C는 진열대에 지지대 없이 따로 놓인 A의 스마트폰을 발견하고 조금은 의아해 했지만 — 그것이 새 것이어서 별 의심 없이 — 지지대를 놓지 않은 것은 실수였거니 생각하고 지지대를 가져와 그 위에 그 스마트폰을 올려놓았다. 그 후 다른 가정주부인 D가 그녀 집에서 일하는 가정부 E와 함께 그 마트에 왔다. D는 진열대에 있는 A의 스마트폰을 보고 C에게 그것을 가리키면서 구입하겠다고 하고, 바쁜 나머지 얼른 대금만 지급하면서, E에게 '그것을 다른 사람에게 선물하려고 하니 C에게 포장해 달라고 하여 집에 가져다 두라'고 하였다. 그 후 E는 C에게서 그 스마트폰을 포장된 채로 받아서 D의 집으로 가지고 갔다.

그로부터 한 시간쯤 뒤 A는 그때서야 자기의 스마트폰을 B의 마트의 진열대에 두고 온 사실을 발견하였다.

Ⅰ. 이 경우에 E는 A의 스마트폰에 대하여 점유권을 가지는가? (10점)

Ⅱ. 이 경우에 A의 스마트폰의 소유권은 누구에게 있는가? (20점)

Ⅲ. A는 그녀의 스마트폰을 되찾을 수 있는가? 만약 되찾을 수 있다면 그녀가 어떻게 해야 하는가? (10점)

2013-2, 물권법, 기말시험

〈제1문〉

A는 X토지의 소유자이며, 그 토지는 A 명의로 소유권등기가 되어 있다. B는 1986. 1.에 X토지를 A로부터 빌려 거기에 고물상을 차려 운영하기 시작하였다. 그 후 A는 1986. 7.에 행방불명이 되었다. 그래서 B는 그때부터는 토지에 대한 차임도 지급하지 않으면서 고물상을 운영하다가 1991. 5. 7. 사망하였고, 그 후 B의 유일한 상속인인 B의 아들 C가 그 고물상을 이어받아 운영하였다. 그 뒤 C는 2006. 10. 15.에 X토지와 고물상을 모두 자신의 소유라고 하면서 D에게 매도하였고, 대금을 받으면서 고물상을 D에게 넘겨주었다. 그리고 그 이후로는 현재까지도 D가 계속 고물상을 운영하고 있다. 그런데 X토지의 소유권등기는 여전히 A 앞으로 되어 있고, 변함이 없다. 한편 2013. 11. 초에 행방불명되었던 A가 돌아왔고, A는 D에게 고물상이 있는 X토지는 자신의 소유이니 고물상을 철거하고 X토지를 반환하라고 하였다. 현재는 2013. 11. 28.이다.

이 경우에 D는 취득시효를 주장하여 X토지의 반환을 거절할 수 있는가? (10점)

〈제2문〉

A는 X토지와 그 위의 Y건물(2층짜리이고, 건물의 시가는 1억 8,000만 원임)을 소유하고 있다. B는 2011. 1.에 A와 사이에 Y건물에 관하여 전세권의 존속기간을 3년으로 하는 전세권설정계약을 체결하고, 전세금 5,000만 원을 지급하고 계약 당일에 전세권설정등기를 하고서 그 건물을 사용하고 있다. 그 뒤 A는 금전이 필요하여 2012. 1.에 C로부터 1억 원을 빌리면서(변제기를 2013. 1.로 함) 그 채권을 담보하기 위하여 Y건물 위에 저당권설정등기를 해주었다. 그 뒤 B는 2012. 4. 무렵에 Y건물에 한 층을 증축하였고, Y건물 옆에 사무실로 쓸 Z건물을 조그맣게 신축하였다. 그런데 B는 증축에 대하여는 A의 동의를 얻었으나, Z건물 신축에 대

하여는 A에게 알리지도 않았다. 그 뒤 2013. 1. A는 금전이 더 필요하여 D로부터 5,000만 원을 빌리면서(변제기를 2013. 7.로 함) Y건물 위에 저당권설정등기를 해 주었다. 그 후 A는 현재(2013. 11. 28)까지도 C와 D 모두에게 채무를 변제하지 않고 있다. 이자와 경매비용은 없는 것으로 가정한다.

Ⅰ. 위 사안의 경우에 D가 그의 저당권을 실행하여 Y건물의 경매를 청구할 수 있는가? 만약 경매청구가 가능하고, 경매가 된다면, Y건물 위의 권리는 어떻게 되는가? (10점)

Ⅱ. 위 사안의 경우에 C가 경매청구를 하여 Y건물이 경매되었고, E가 1억 3,000만 원에 그 건물을 매수(경락)하였다. 그런데 E는 경매 목적물에 Y건물의 증축부분과 Z건물도 포함된 것으로 믿었다. 한편 평가에 의하면 매수대금 1억 3,000만 원 중 Y건물의 증축부분에 대한 것은 1,000만 원이고, Z건물에 대한 것은 2,000만 원이다.

E는 Y건물의 증축부분의 소유권과 Z건물의 소유권도 취득하는가? 그리고 1억 3,000만 원은 누구에게 어떻게 배당되는가? (20점)

2013-2, 채권법총론, 중간시험

〈공통된 기초사실〉

A는 서울에서 직장을 다니면서 하숙을 하고 있었다. 그런데 1년간 해외에서 근무하도록 발령을 받았다. 그리하여 A는 그의 직장 동료인 B와의 사이에, 고가의 TV(평면형)와 책상 등 A의 짐을 B가 1년 동안 30만 원을 받고 B의 집에 보관하기로 하는 내용의 계약을 체결하였다. 그리하여 A는 그의 짐을 B의 집으로 옮기고 근무지인 외국으로 떠났다.

[제1문]

〈추가된 사실관계〉

B는 A의 TV가 크고 좋아서 A의 TV를 보고 A의 책상도 사용하였다.

〈문제〉

Ⅰ. 이 경우에 아직 1년의 계약기간 내라면 B는 어떤 의무를 부담하는가? (5점)

Ⅱ. 이 경우에, 1년의 기간이 지나자 B는 혹시 A가 볼까봐 A의 물건을 사용하지 않고 다른 방으로 옮겨 두었다. 그런데 A가 그 물건들을 가져가지 않아 여전히 B가 보관하고 있다. 이러한 때에는 B는 어떤 의무를 부담하는가? (5점)

[제2문]

〈추가된 사실관계〉

B가 A의 물건을 보관하고 있던 중 하루는 B가 문단속을 제대로 하지 않고 밖에 나갔다. 그때 도둑 D가 문이 열린 것을 알고 B의 집에 들어와 A의 TV를 훔쳐갔다.

〈문제〉 이 경우에 A는 B에 대하여 어떤 청구를 할 수 있는가? 그리고 B가 A에 대하여 책임을 지면 TV의 소유관계는 어떻게 되는가? (10점)

[제3문]

〈추가된 사실관계〉

A가 떠난 지 6개월이 되었을 때, B는 집안에 사정이 생겨 지방으로 이사를 가야만 했다. 그리하여 B는 A에게 그런 사정을 말하고 허락을 받아 그가 보관하고 있던 A의 짐을 다른 동료인 C에게 보관시켰다. 그러면서 A로부터 받은 30만 원의 보관료 중 10만 원을 C에게 주기로 하였다. C는 A의 TV를 보관하던 중 보관 장소를 아래층에서 2층으로 옮기다가 계단 아래로 떨어뜨려 그 TV가 완전히 부서져버렸다.

〈문제〉 이 경우에 A는 B에게 손해배상을 청구할 수 있는가? (20점)

2013-2, 채권법총론, 기말시험

[제1문]

〈공통된 기초사실〉

X토지를 소유하고 있는 A는 B로부터 2,000만 원을 빌리면서 그 채권의 원리금을 담보하기 위하여 B에게 X토지에 근저당권을 설정해 주었다. 그 후 A는 C와, X토지를 A가 C에게 1억 원에 팔기로 하는 매매계약을 체결하였다. 그러면서 A가 B에 대하여 부담하는 원리금 2,500만 원의 채무를 C가 인수하여 매매대금 1억 원에서 그 금액을 공제하고 7,500만 원을 대금으로 지급하기로 하였다. 그 후 A와 C 사이의 매매계약은 약정대로 이행되었으나, B의 채권이 이행기(잔금 지급일부터 1개월 후임)가 지났어도 A·C 누구도 B에게 채무를 변제하지 않았다.

[제1문의 1]

〈추가된 사실관계〉

A·C 사이의 계약이 이행된 뒤 6개월이 되었을 때, B는 A에게 그때까지의 원리금 및 지연배상액을 합한 2,600만 원(이 금액은 계산에 맞는 것으로 가정함)을

지급하라고 하였다. 그러자 A는 B에게, 이제는 자신이 채무자가 아니고 C가 채무자이니 C에게 청구하라고 하였다.

〈문제〉 이 경우에 A의 주장이 정당한가? (10점)

[제1문의 2]

〈추가된 사실관계〉

A와 C 사이의 계약이 이행된 뒤 6개월이 되었을 때, B는 A·C 사이의 매매계약의 내용을 알고서 C에게 2,600만 원을 지급하라고 청구하였다. 그러자 C는 B에게, 자신은 채무자가 아니고 A가 채무자이니 A에게 청구하라고 하였다.

〈문제〉 이 경우에 C의 주장이 정당한가? (10점)

[제2문]

A는 2013. 5. 28.에 B에게서 3,000만 원을 이자를 월 2%, 변제기를 1년 후로 하여 빌렸다. 그러면서 A는 B의 그 채권을 담보하기 위하여 C에게 부탁하여 C의 Y토지 위에 채권액을 1,000만 원으로 하여 저당권을 설정해 주도록 하였다. 그리고 A는 자신의 유일한 부동산으로 시가 3억 5,000만 원인 아파트를 한 채 소유하고 있다. 한편 A는 금전이 더 필요하여 다른 사람들로부터도 금전을 빌려 채무액은 B에 대한 것까지 합하여 모두 3억 7,000만 원에 이르고 있다. 그 후 B는 자신의 A에 대한 3,000만 원의 채권을 D에게 양도하였다. 그런데 채권양도에 대하여 B가 A에게 통지하거나 A가 승낙하기 전에, A는 가게를 하고 있는 자신의 처가 극심한 자금난을 겪고 있는 것을 보다 못해 그 자신의 빚이 많이 있음을 알면서도 그의 아파트를 F에게 팔아 그 대금 3억 5,000만 원을 E에게 주었다. 그 당시 F는 A의 재산 총액과 채무가 얼마인지 알고 있었다. 그 뒤 B는 A에게 내용증명우편으로 자신의 채권을 D에게 양도하였다는 취지의 편지를 보냈다. 현재는 2013. 11. 29.이다.

〈문제〉 이 경우에 D는 사해행위를 이유로 A·F 사이의 매매계약을 취소할 수 있는가? (20점)

2014-1. 민상법의 기초, 중간시험

Ⅰ. A는 18세 2개월이었을 때에 그가 소유하고 있는 X토지를 B에게 파는 계약을 체결하였다. 그러면서 부모 중 유일하게 생존해 있는 아버지 C에게 알리지도 않았다. 그로부터 1주일이 지났을 때 B는 자기가 A와 계약을 체결한 시점에 A가 18세 2개월이었음을 알게 되었다. 그리하여 B는 C에게 그 계약을 추인할 것인지

에 대하여 1개월 15일 내에 알려달라고 하였다. (다음 두 물음은 별개의 것임)

1. 위의 사안에 있어서 C는 B로부터 연락을 받은 다음날 B에게 A·B가 체결한 X토지의 매매계약을 취소한다고 하였다.

이러한 경우에 그 계약은 유효한가? (10점)

2. 위의 사안에 있어서 C는 B에게 1개월 15일이 지나도록 아무런 통지도 하지 않았다.

이러한 경우에 그 계약은 유효한가? (10점)

II. 갑은 Y회사의 주식을 100주 소유하고 있다. 갑은 그 주식을 팔려고 하던 중 을과 흥정을 하게 되었다. (다음 두 물음은 별개의 것임)

1. 위의 경우에 갑은 혼자서 Z신문에 난 주식시세(전날의 것)를 보고 Y회사의 주식이 1주당에 6,000원이었으니 거기에 10원을 붙여서 을에게 1주에 6,010원씩 100주를 사라고 하였다. 그리고 을은 갑이 어떤 생각에서 그런 제안을 했는지는 알지 못하고 단지 Y회사의 현재의 주식가격이 1주에 7,500원이니 그 값에 사는 것이 유리하다고 여겨 갑의 제안대로 하겠다고 하였다. 그다음 날 갑은 Y회사의 전날 주식시세는 본래 7,000원이었는데 Z신문에 6,000원으로 잘못 기재되었던 것임을 알게 되었다.

이 경우에 갑은 을과 체결한 계약을 이행하지 않을 방법이 있는가? (10점)

2. 위의 경우에 갑은 을과 Z신문에 난 주식시세(전날의 것)를 함께 보고 Y회사의 주식이 1주에 6,000원이니까 거기에 10원을 붙여 1주에 6,010원씩 100주를 매매하기로 하는 계약을 체결하였다. 그다음 날 갑은 Y회사의 전날 주식시세는 본래 7,000원이었는데 Z신문에 6,000원으로 잘못 기재되었던 것임을 알게 되었다.

이 경우에 갑은 을과 체결한 계약을 이행하지 않을 방법이 있는가? (10점)

2014-1. 민상법의 기초, 기말시험

〈공통된 기초사실〉

A는 2000. 5. 9. 동네에서 슈퍼마켓을 하기 위하여 친지인 B로부터 2,000만 원을, 변제기를 2001. 5. 9.로 하고, 이자를 월 1%로 하여 빌렸다. 그리고 A는 자신이 가지고 있는 자금에 B로부터 빌린 자금을 합하여 2000. 6. 1.부터 Z슈퍼마켓의 영업을 시작하였다. 영업 개시 직후 A의 슈퍼마켓은 영업이 비교적 잘 되었으나, 2001. 1.경 가까운 곳에 24시간 편의점이 생기면서 영업이 순조롭지 않았다. Z

슈퍼마켓의 영업 시작 후 A는 B에게 2,000만 원에 대한 1년 동안의 이자는 꼬박꼬박 지급하였다. 그런데 원금의 변제기인 2001. 5. 9.이 되었을 때 A는 2,000만 원 전부를 변제할 여력이 없어서 B에게 그의 사정을 얘기하고 1,000만 원만 변제하였다. (다음 세 물음은 별개의 것임)

[제1문]

〈추가된 사실관계〉

그 후 A는 남은 원금 1,000만 원과 이자를 전혀 지급하지 못하였으며, 그런 상태로 현재(2014. 6. 10)에 이르렀다.

이러한 경우에 B가 A에게 남은 원금 1,000만 원과 그에 대한 이자를 모두 지급하라고 하였다. A는 B의 요구에 따라야 하는가? (10점)

[제2문]

〈추가된 사실관계〉

그 후 A는 남은 원금 1,000만 원과 그에 대한 이자를 지급하지 못하고 있다가, 2005. 6. 5. 가까스로 200만 원을 마련하여 B에게 가서 그 금액으로 남은 원금 1,000만 원 중 200만 원을 갚겠다고 하였고, B도 그렇게 하라고 하였다. 그런데 그 후에는 A가 B에게 전혀 지급하지 못하였으며, 그런 상태로 현재(2014. 6. 10)에 이르렀다.

이러한 경우에 B가 A에게 이제까지 밀린 이자와 남은 원금 800만 원을 모두 지급하라고 하였다. A는 B의 요구에 따라야 하는가? (15점)

[제3문]

〈추가된 사실관계〉

그 후 A는 남은 원금 1,000만 원과 그에 대한 이자를 전혀 지급하지 못하고 있었다. 그런 와중에 2002. 1.에 Z슈퍼마켓 주변에 대형 할인점이 들어서면서 A의 영업은 극히 부진하게 되었고, 곧 적자가 나기 시작했다. 그래서 A는 2002. 6. 5. B에게 가서 그러한 사정을 얘기하였다. 그러자 B는 A의 사정을 딱하게 여겨 A에게 B에 대한 채무를 Z슈퍼마켓에서 수익이 생기면 변제하라고 하였고 A도 그렇게 하겠다고 하였다. 그런데 A의 영업은 더욱 어려워졌고, 결국 A는 Z슈퍼마켓의 영업이 불가능하다고 판단하여 2003. 6. 5.에 슈퍼마켓의 영업을 중단하고 가게를 정리해 버렸다. 그런 뒤에도 A는 B에게는 이자와 원금을 전혀 지급하지 못하였으며, 그런 상태로 현재(2014. 6. 10)에 이르렀다.

이러한 경우에 B가 A에게 이제까지 밀린 이자와 남은 원금 1,000만 원을 모두 지급하라고 하였다. A는 B의 요구에 따라야 하는가? (15점)

2015-1. 민상법의 기초, 중간시험

[제1문]

A는 어려서부터 나이에 비해서 유난히 성숙해 보였다. 그리고 재산을 불리는 데에 관심이 많았다. 어느 날 A는 길을 가다가 부동산 중개업소 외벽에 '이 부근에 있는 토지 100평방미터를 시가의 반인 500만 원에 판다.'고 하는 내용의 게시물을 보았다. 그래서 중개업소에 들어가 자세하게 알아보았다. 그랬더니 실제로 500만 원은 해당 토지 시가의 반에 불과하였다. 그래서 A는 자기 이름으로 되어 있는 예금에서 500만 원을 찾아 그 토지(X토지라고 함)의 소유자인 B와 X토지를 500만 원에 산다는 내용의 계약을 체결하였다. 그러면서 A는 이러한 점에 관하여 그의 부모에게는 알리지도 않았다. 그리고 B는 계약서를 작성하기 전에는 A가 20대 후반쯤 되는 것으로 생각했는데, 계약서를 작성하면서 A가 18세 6개월임을 알았다.

위의 사안을 기초로 하여 다음 물음에 답하시오(다음 두 물음은 별개의 것임).

1. 계약 체결 후 A는 그 계약을 없었던 것으로 되돌리고 싶었다. 그래서 A는 계약 체결 후 1주일이 지났을 때 ― 역시 부모에게는 알리지 않은 채 ― B에게 "나는 미성년자인데 부모의 동의 없이 X토지의 매매계약을 체결했고, 이제 그 계약을 취소한다."고 하였다. 그러자 B는 "그 계약은 A에게 매우 유리한 계약이기 때문에 취소할 수 없다. 그리고 설사 취소할 수 있다고 하더라도 취소하려면 부모의 동의를 받아야 하는데, 동의가 없으니 취소는 무효이다."라고 주장하였다.

이 경우에 X토지의 매매계약의 효력은 어떻게 되는가? (10점)

2. 계약 체결 직후 B는 급전을 써야 할 사정이 해소되어 A와 체결한 X토지의 매매계약을 없었던 것으로 되돌리고 싶어졌다. 그것이 가능한가? (5점)

[제2문], [제3문] (생략. 다른 교수 출제 문제임)

2015-1. 민상법의 기초, 기말시험

[제1문]

A는 그의 고향인 경기도 이천에서 '경기상회'라는 가게를 30년이 넘도록 운영해 오면서 경기미 미곡상(米穀商)으로서 그 지역에서 크게 신망을 얻고 있었다. 그리

고 B는 A의 사위인데 자신이 다른 특별한 능력이 없어서 처가 부근에서 A처럼 경기미를 매입한 뒤 판매하여 수입을 올리려 하였다. 그런데 외지인인 B는 자신의 힘으로 그 일을 하기가 어려웠다. 그러한 사정을 딱하게 여겨 A는 B에게 자신의 상호인 '경기상회'라는 명의를 사용해서 경기미를 매수하여도 좋다고 하였다. 그러고 나서 이웃에 사는 농민 C와 주변에서 식당을 운영하는 D에게 자신(A)이 B에게 자기 상호를 쓰도록 했다고 말하였다. 그 후 B는 C로부터 '경기상회 대표 A'의 명의로 경기미 20kg 20포대를 한 포대에 32,000원씩 640,000원에 매수하는 계약을 체결하였다. 그런데 계약 당시 B는 C에게 대금은 후에 그 쌀을 다시 판 뒤에 지급하겠다고 하였다. 평소에 A와 가깝게 지내온 C는 자신이 쌀을 A에게 파는 것이라고 생각하여 그렇게 하라고 하였다. 그 뒤 B는 C로부터 인도받은 쌀을 D에게 팔았는데, D로부터 받은 금전은 모두 써 버렸고, 그리하여 상당한 기간이 지나도록 C에게 매매대금을 지급하지 않았다. 그러자 C는 A에게, B가 자신(C)과 체결한 계약은 A를 대리하여 체결한 유효한 것이니 A가 이행해야 한다고 하면서, 매매대금을 지급하라고 하였다. 그러자 A는 자기는 B에게 대리권을 수여한 적이 없으므로 매매대금을 지급할 책임이 없다고 하였다.

〈문제〉 판례에 의할 때, 이 경우에 A는 C에게 매매대금을 지급해야 하는가? (15점)

[제2문], [제3문](생략. 다른 교수 출제 문제임)

2015-1. 가족법, 중간시험

*개정된 민법의 적용 여부가 문제될 경우 개정된 민법에 따라서 답안을 작성할 것.

[제1문]

〈공통된 기초사실〉

A(남자)는 2014. 4. 5.에 B(여자)와 결혼식을 하고 곧바로 신혼여행을 다녀온 뒤 전세로 마련한 조그만 신혼집에서 부부로서 공동생활을 하고 있다. 그런데 그들은 혼인신고는 하지 않고 있었다([제1문의 2] 중 물음 3.의 경우를 제외하고는 2015. 4. 20. 현재까지도 혼인신고를 하지 않음). A는 회사원이고 B는 전업주부이다.

[제1문의 1]

〈추가된 사실관계〉

그러던 중에 B는 가정용 정수기를 설치해주고 매달 일정액의 대여료를 받는 X회사 직원인 C와 정수기 대여계약을 체결하였다. 그리고 A 명의로 분양받은 85 평방미터 Y아파트(이는 A의 유일한 부동산임)의 분양금을 납입하기 위하여 D로 부터 1,500만 원을 빌려 분양금을 납입하였고, 또 B가 다니는 교회에 건축 헌금을 하기 위하여 E로부터 200만 원을 빌려 헌금을 하였다. 그 후 B는 정수기 대여료도 지급하지 않고, D와 E로부터 빌린 금전도 변제하지 않고 있다. 그러자 C, D, E는 A에게 각각 대여료 또는 대여금을 갚으라고 하였다. 그에 대하여 A는 그것들에 대하여 자신은 법적으로 책임이 없다고 하면서 거절하였다.

A의 주장이 옳은가? (20점)

[제1문의 2]

〈추가된 사실관계〉

B는 2014. 9. 15.에 아들 F를 낳았다. 그런데 F가 태어나고 얼마 지나서 A는 B 가 결혼식 후에도 과거 애인이었던 G를 만나온 것을 알고서 F를 상대로 친생자관 계 부존재 확인의 소를 제기하였다.

1. 이 경우에 F의 친권자는 누구인가? 그리고 A와 F 사이의 부자관계는 인정 되는가, 만일 인정되지 않는다면 어떻게 해야 하는가? 또 A가 제기한 소는 형식상 (F가 실제로 A의 아들인지와 같은 실질적인 문제는 논외로 함) 적법한가? (15점)

2. 여기의 〈추가된 사실관계〉에서 만약 B가 F를 낳은 날이 2014. 12. 2.이었 다면 위 물음 1.에 대한 답이 어떻게 되는가? (5점)

3. 위 물음 2.의 경우에 만약 A와 B가 2014. 11. 2.에 혼인신고를 하였고, F가 2014. 12. 2.에 태어났다면, 위 물음 1.에 대한 답이 어떻게 되는가? (5점)

2015-1. 가족법, 기말시험

[제1문]

〈공통된 기초사실〉

A(남자)에게는 처 B와, 혼인을 한 장남 C, 혼인을 한 차남 D, 미혼인 딸 E가 있 고, 며느리로 C의 처인 F, D의 처인 G가 있으며, 손녀로 D와 G 사이에 태어난 D-1, D-2가 있다. 그리고 F의 체내에는 C와 F 사이의 자녀인 C-1(성별검사가 법으

로 금지되어 있음에도 불구하고 초음파 검사로 성별검사를 하였으며, 그 결과 아들임이 밝혀짐)이 태아로 자라고 있다. 그 밖에 A의 어머니 H와 동생 I가 있다. A의 재산 총액은 6억 3,000만 원이다(사망 당시도 동일함. 다만, [제1문의 4]의 경우에는 다름).

[제1문의 1]

〈추가된 사실관계〉

이러한 상태에서 C가 A와 불화 끝에 A를 살해하였다.

그 경우에 A의 재산은 누구에게 얼마씩 상속되는가? (10점)

[제1문의 2]

〈추가된 사실관계〉

이러한 상태에서 C가 A와 불화 끝에 A를 살해하였고, D·E는 유효하게 상속을 포기하였다.

그 경우에 A의 재산은 누구에게 얼마씩 상속되는가? (10점)

[제1문의 3]

〈추가된 사실관계〉

이러한 상태에서 C가 A와 불화 끝에 A를 살해하였다. 그 후 A의 자필증서 유언이 공개되었는데(유언은 적법한 것임), 그 유언에는 A의 재산 중 3억 1,500만 원을 종손인 태아 C-1에게 주겠다고 쓰여 있었다.

그 경우에 A의 재산은 누구에게 얼마씩 상속되는가? 그리고 이때 유류분 반환청구를 할 수 있는 상속인이 있는가? (15점)

[제1문의 4]

〈추가된 사실관계〉

본 사안에서 만약 C-1이 태아가 아니라 이미 태어난 손자이고, A가 C-1에게 3개월 전에 6억 3,000만 원 중 3억 1,500만 원을 증여하여 급부하였다고 가정한다. 그리하여 A가 사망할 당시에는 A의 재산이 3억 1,500만 원만 남아 있었다. 그러한 상태에서 C가 A와 불화 끝에 A를 살해하였다.

그 경우에 상속과 유류분관계가 어떻게 되는가? (10점)

2015-2. 채권법총론, 중간시험

[제1문]

A는 B건설 주식회사(B회사라고 함)로부터 B회사가 주택재개발사업으로 신축하는 아파트의 1세대를 일반분양 받았다. A는 이 분양을 받기 위하여 액면금액 1,000만 원의 국민주택채권을 매입하였다가 340만 원에 매각하였다. 그 후 B회사는 분양계약서에 명시한 자재대로 시공하지 않았을 뿐만 아니라 매우 부실하게 공사를 하여 도저히 입주할 수가 없었다. 그래서 A는 B회사와 체결한 아파트 분양계약을 해제하였다(A의 해제는 적법한 것으로 인정됨).

(물음) 이 경우에 A는 B회사에게 국민주택채권을 매입해서 판매한 차액 660만 원을 손해배상으로 청구할 수 있는가? (10점)

[제2문]

C는 자신의 남동생 D가 운전하고 가던 승용차를 타고 가다가 그 차가 E가 운전하던 차와 충돌하여 다쳤다. 그리하여 C는 치료비 등 1,000만 원의 손해를 입었다. 그런데 이 자동차 충돌사고를 조사한 결과 D의 과실이 40%이었고 E의 과실이 60%로 밝혀졌다.

1. 이 경우에 C가 E에게 손해배상청구를 할 경우에 청구할 수 있는 금액은 얼마인가? (10점)

2. 이 경우에 C가 E를 상대로 500만 원의 손해배상을 청구하는 소를 제기했다면 법원은 어떤 판결을 해야 하는가? (10점)

[제3문]

갑은 2013. 3. 15. 을과 사이에 다음과 같은 내용의 임차권 양도 및 전대차계약을 체결하였다.

[계약 내용] 을이 갑으로부터 X유흥주점의 점포(X점포라고 함)의 임차권을 보증금 2억 원, 권리금 및 시설대금 3억 3,000만 원(권리금 등이라고 함) 등 합계 5억 3,000만 원에 양수하되, 보증금 2억 원은 계약금으로 계약 당일 지급하고, 권리금 등 3억 3,000만 원은 2014. 3. 31.까지 지급하기로 함. 그리고 갑은 계약금의 수령과 동시에 을에게 X점포를 인도한 뒤 잔대금 수령과 동시에 임대인에 대한 X점포 임대차보증금 2억 원의 반환채권을 양도하기로 함. 다만, X점포 인도일부터 잔대금 지급기인 2014. 3. 31.까지는 X점포에 대한 전대차계약이 체결된 것

으로 보아 을이 갑에게 차임으로 매월 1,500만 원씩 지급하고, 계약상의 권리·의무를 제3자에게 양도 또는 전대할 수 없으며, 을이 월 차임을 3회 이상 체납하거나 권리의 양도 또는 전대 금지 규정을 위반하면 갑은 최고 없이 계약을 해지할 수 있고, 그러한 경우에는 갑이 계약금 명목으로 수령한 2억 원을 위약벌로서 몰취할 수 있다고 함.

그런데 을은 계약 당일 갑에게 임차권 양도의 계약금이자 전대차계약의 보증금에 해당하는 2억 원을 지급하고, X점포를 인도받아 유흥주점을 운영하여 오던 중 2013. 8. 15.부터 월 차임을 4회 이상 지급하지 않고, 2013. 11. 7.에는 임차권을 무단 양도 내지 전전대하기까지 하였다. 이에 갑은 을의 의무 위반을 이유로 을과 체결한 임차권 양도 및 전대차계약을 해지하고 보증금으로 받은 2억 원을 몰수한다는 통지를 하여 그 통지가 2013. 12. 14. 을에게 도달하였다. 그러자 을은 2억 원을 몰수한 것은 지나치며 감액을 해야 한다고 주장하였다.

(물음) 이 경우에 을의 주장은 정당한가? (10점)

2015-2, 채권법총론, 기말시험

[제1문]

〈공통된 기초사실〉

A는 X토지를 소유하고 있는데, 그 토지는 A가 소유하고 있는 유일한 부동산이다. X토지의 시가는 10억 원이고 그 가격에 변동이 없다. X토지에는 B가 A에 대하여 가지고 있는 3억 원의 채권을 담보하기 위하여 채권최고액을 3억 2천만 원으로 하는 B의 근저당권이 등기되어 있다.

[제1문의 1]

〈추가된 사실관계〉

그런가 하면 A는 C에게 8억 원의 금전채무를 부담하고 있다. 그러한 상태에서 A는 X토지를 자신의 형인 D에게 10억 원에 매도하는 계약을 체결하고, D에게 X토지에 관하여 소유권이전등기도 해주었다.

이 경우에 C는 채권자취소권을 행사할 수 있는가? 행사할 수 있다면 구체적인 행사범위는 어떻게 되는가? (10점)

[제1문의 2]

〈추가된 사실관계〉

그런가 하면 A는 E에게 12억 원의 금전채무를 부담하고 있다. 그러한 상태에서 A는 F로부터 15억 원을 빌리면서 금전소비대차 계약서와 근저당권 설정계약서를 작성하고 X토지에 F의 15억 원의 채권을 담보하기 위하여 채권최고액을 18억 원으로 하는 근저당권설정등기를 해주었다. F는 A와 계약을 체결할 당시 A에게 적극재산보다 채무가 더 많다는 것을 알고 있었고, A도 자신의 재산상황을 잘 알고 있었다. 그 후 A는 F로부터 빌린 금전 중 3억 원으로 B에 대한 채무를 변제하고 B의 근저당권설정등기를 말소하였다.

이 경우에 E는 채권자취소권을 행사할 수 있는가? 행사할 수 있다면 구체적인 행사범위는 어떻게 되는가? (10점)

[제2문]

〈공통된 기초사실〉

갑은 변호사인 을에게 사건의 변호를 의뢰하면서 수임료 중 500만 원은 1년 내에 그 금액에 대한 연 2%의 이자와 함께 변제하기로 약정하였다. 그리고 그 채무에 관하여 보증인을 세우기로 하였다. 그러한 약정에 따라 갑은 친지인 병에게 보증인이 되어달라고 부탁을 하였고, 그리하여 을과 병 사이에 병이 을에 대한 갑의 채무에 대하여 연대보증을 하기로 하는 연대보증계약이 체결되었다.

[제2문의 1]

〈추가된 사실관계〉

500만 원을 지급하기로 한 시기가 되었을 때 병은 을에게 갑이 그 채무를 변제했느냐고 물었다. 그랬더니 을은 갑이 아직 변제하지 않았다고 하였다. 그러자 병은 갑에게 알리지 않은 채 을에게 500만 원과 1년분의 이자 10만 원을 합하여 510만 원을 지급하였다. 그리고 병은 자기가 변제한 사실을 갑에게 알리지 않았다. 그며칠 후 갑은 500만 원의 채무가 변제되지 않았다고 생각하고 병에게 알리지 않은 채 을의 계좌로 500만 원과 그때까지의 이자를 송금하였다. 그 뒤 병은 갑에게 자신이 을에게 510만 원을 지급하였으니 그 금액을 자신에게 지급하라고 하였다.

이 경우에 갑은 병에게 510만 원을 지급해야 하는가? (10점)

[제2문의 2]

〈추가된 사실관계〉

그 후 갑과 병 누구도 을에게 500만 원과 그 이자를 지급하지 않았다. 그러자 을은 변제기로부터 2년이 지났을 때 갑을 상대로 이행청구의 소를 제기하여 승소판결을 받았으며, 그 판결은 소제기를 한 지 6개월이 지났을 무렵 확정되었다. 그리고 을은 갑에게 변제자력이 충분히 있다고 생각하여 병에게 소를 제기하지도 않고 이행청구를 하지도 않았다. 그런데 갑이 이행판결을 받고도 오래도록 변제를 하지 않자, 을은 갑에 대한 이행판결이 확정된 지 4년이 되었을 때 병에게 500만 원과 지급할 때까지의 500만 원에 대한 2%의 금액을 모두 지급하라고 하였다.

이 경우에 병은 을의 청구에 따라야 하는가? (10점)

2016-1, 민상법의 기초, 중간시험

[제2문]

〈사실관계〉 재단법인 A장학재단(아래에서는 A법인이라고 약칭함)은 「공익법인의 설립·운영에 관한 법률」(약칭: 공익법인법)상의 공익법인에 해당한다. 그런데 A법인의 임원이 법인의 운영을 방만하게 하여 장학 사업을 제대로 하기가 어려운 상태가 되었다. 그리하여 장학금의 재원을 확보하기 위해 A법인은 그 법인의 기본재산에 속하는 X토지를 B에게 매도하는 계약을 체결하였고, 그에 기하여 B 앞으로 X토지의 소유권이전등기까지 해 주었다. 그런데 A법인이 X토지를 매도하면서 주무관청인 서울특별시교육청 교육감(약칭: 서울시 교육감)의 허가를 받지 않았다. 그 후 B는 X토지를 C에게 매도하고 C 앞으로 소유권이전등기를 해 주었다. 그럼에 있어서 C는 B가 A법인으로부터 X토지를 매수할 때 주무관청의 허가가 없었음을 전혀 알지 못하였고, 모르는 데 대하여 과실도 없었다. 〈관련규정〉 공익법인법 제11조, 제19조(생략)

〈문제〉 1. 이 경우에 A법인과 B 사이의 매매계약은 유효한가? (10점)

2. 이 경우에 C는 X토지의 소유권을 취득하는가? (5점)

[제1문], [제3문](생략. 다른 교수 출제 문제임)

2016-1. 민상법의 기초, 기말시험

[제2문]

2004. 2. 28(토).에 A는 B로부터 100만 원을 이자 월 1%로 하여 빌렸다. 그런데 A와 B는 그 100만 원을 언제 변제할 것인지에 대하여는 특별히 약정하지 않았다. 그 뒤 A는 B에게 원금과 이자를 전혀 지급하지 않다가 2016. 4. 30.에 50만 원을 지급하면서 그 금액을 원금에 충당하기로 B와 합의하였다.

B는 2016. 6. 1.(현재)에 A에게 나머지 원금 50만 원과 밀린 이자 전부를 지급하라고 하였다. 그러자 A는 B의 채권이 소멸시효에 걸려 소멸하여 자신은 원금과 이자를 지급할 의무가 전혀 없다고 하면서 지급을 거절하였다.

(참고: 2004년은 윤년이고, 2014. 2. 28.은 금요일, 2015. 2. 28.은 토요일임)

이 경우에 A의 주장이 타당한가? (15점)

[제1문], [제3문](생략. 다른 교수 출제 문제임)

2016-1. 가족법, 중간시험

[제1문]

A는 1989. 8. 9. 사망하였는데, 생전에 그는 재일교포로서 1964. 5. 12. 당시 그가 거주하던 일본에서 같은 재일교포인 B와 결혼식을 올리고, 1965. 3. 29. 일본법의 방식에 따라 혼인신고를 마쳤으나, 우리나라 민법 및 호적법에 의하여 그 지역을 관장하는 재외공관장에게 이를 신고하거나 A의 본적지에 혼인신고를 하지 않은 채 B와 일본에서 혼인생활을 하면서 1965. 3. 30. C를, 1969. 7. 30. D를, 1973. 11. 5. E를 낳았다.

그리고 A는 1979.경부터 고향인 제주도를 왕래하면서 F를 만나 내연관계를 맺고 1980. 1. 10. G를 낳게 되었는데, 그 무렵까지도 A의 우리나라 호적부에는 B와의 혼인사실이나 B, C, D의 출생사실이 전혀 등재되어 있지 않았던 관계로 1981. 2. 13. F와의 혼인신고가 마쳐져 F가 A의 배우자로, G가 그의 유일한 자로 호적부에 등재되게 되었다.

한편 A가 1989. 8. 9. 사망하자 당시 호적부상에 F가 망인의 배우자로, G가 그의 유일한 자로 등재되어 있음을 기화로 A 명의의 X부동산을 2분의 1지분씩 공동으로 상속하였음을 원인으로 하여 같은 해 11. 30. F와 G 앞으로 소유권이전등기를 마쳤다.

그 후 1990. 2.경 B는 A의 우리나라 호적에 F가 그의 처로 등재되어 있는 사실을 알게 되었다. 현재는 1990. 3. 2.이다(그런데 혼인취소에 관하여는 시험일인 2016. 4. 23.의 법에 의하여 논의할 것).

1. 이 경우에 B는 A와 F 사이의 혼인의 취소를 청구할 수 있는가? (15점)

2. 이 경우에 B는 X부동산에 관한 F 명의의 위 소유권이전등기의 말소를 청구할 수 있는가?(참고: A가 사망한 1989. 8. 9. 당시의 법에 따르면, F와 G의 상속분은 동일함) (5점)

[제2문]

부부로서 혼인신고를 한 A와 B는 그들 사이에 자식이 없자 B의 형인 C와 — 위 C와 내연관계에 있던 — D 사이에서 1958. 3. 4. 출생한 갑(女)을 B와 A 사이에 출생한 자녀로 입적시키기로 하고 C와 D의 승낙을 얻어 1961. 9. 28. 갑을 B와 A 사이에 출생한 자녀로 출생신고를 하였다. 갑은 3살 때(1961년)부터 B를 아버지로, A를 어머니로 하여 함께 생활하였고, B와 A는 갑을 자식으로 양육하였는데, 갑이 초등학교 3학년이 되었을 때(1966년)부터 B와 A의 관계가 나빠져 서로 별거하기에 이르자 갑은 생모인 D와 함께 생활하였다. 한편 A는 B와 별거하다가 E를 알게 되어 E와 사이에 1967. 8. 10. 을을 출산하였다. A는 B와 이혼을 하려고 했으나 B가 협의이혼에 응하지 않자 이혼소송를 제기하여 1970. 11. 22. 법원으로부터 이혼심판을 받아 1971. 9. 15. B와 이혼신고를 하고, 같은 해 12. 23. E와 혼인신고를 하면서 을을 A와 E 사이에 출생한 자식으로 같은 해 12. 27. 출생신고를 하였다. A는 1999. 2. 20. 사망하였는데 갑에 대하여 친생자관계에 있지 않다는 등의 이의 제기를 한 바는 전혀 없었다. 을은 A가 사망한 이후 갑이 여전히 호적상 A의 딸로 되어 있어 상속권을 주장할 염려가 있자 갑과 A 사이에 친생자관계가 없음의 확인을 구하는 소를 제기하였다.

1. 이 경우에 법원은 어떠한 판단을 해야 하는가? (15점)

2. 만약 위의 사안에서 갑의 출생시기와 출생신고 시점이 54년 후였다면, 그리하여 갑이 2012. 3. 4.에 출생하였고, 2015. 9. 28. 갑을 B와 A 사이에 출생한 자녀로 출생신고를 하였다면(나머지는 그 이후 현재 이전의 어느 시점이라고 가정함), 그 경우에도 법원은 위 1.의 결론과 동일하게 판단해야 하는가? (10점)

2016-1. 가족법. 기말시험

[제1문]

〈공통된 기초사실〉

 X토지(시가 4,000만 원)와 Y건물(시가 6,000만 원)을 소유하고 있는 A는 2010. 5. 3. 유언 없이 갑자기 심장마비로 사망하였다. 그 당시 A의 가족관계등록부에는 동생인 B와 C만이 기록되어 있었다. 그 후 급하게 금전이 필요한 C는 2010. 7. 1. A의 재산 중 자신이 X토지를 상속할 것으로 생각하고, X토지에 관한 1/2 지분을 D에게 2,000만 원에 매도하는 계약을 체결하고, 그에 관하여 2010. 8. 2. 상속을 원인으로 일단 자신의 명의로 등기를 하였다가 곧바로 D 명의로 공유지분이전등기를 해주었다. 그러한 상태에서 2010. 10. 4. B와 C는 협의 끝에 A의 재산 중 X토지는 B가 소유하기로 하고, Y건물은 C가 소유하기로 약정하였다.

[제1문의 1]

〈추가된 사실관계〉

 현재는 2010. 11. 4.이다

 (물음) 이 경우에 B가 D에게 X토지의 1/2 지분에 관한 공유지분이전등기의 말소를 청구하였다. B의 청구는 정당한가? (15점)

[제1문의 2]

〈추가된 사실관계〉

 B와 C가 X토지와 Y건물의 소유에 관하여 약정을 한 직후부터 C는 자신이 소유하기로 한 Y건물을 점유하여 사용해오고 있다. 한편 A는 사망하기 전에 E와 사실상 혼인관계를 맺고 함께 살고 있었으나 사망할 때까지 혼인신고는 하지 않았다. 그리고 A와 E 사이에는 2008. 6. 29. 딸 F가 출생하였는데, F의 출생신고도 하지 않고 있었다. E는 A가 사망한 직후 A의 사망사실을 알았다. 그 후 E는 2013. 12. 2. 검사를 상대로 인지청구의 소를 제기하였고, 2014. 12. 3. F가 A의 친생자임을 인지한다는 판결이 내려져 그 무렵 확정되었다. 현재는 2016. 6. 20.이다.

 (물음) 이 경우에 F가 자신이 유일한 상속인임을 이유로 D에게는 X토지의 1/2 지분에 관한 공유지분이전등기의 말소를, C에게는 Y건물의 반환을 청구하였다. F의 청구는 정당한가? (30점)

2017-2. 물권법, 중간시험

[제3문]

A회사는 볼링장을 운영하기 위하여 X건물을 지었는데 시설자금이 부족하여 갑에게 임대하기로 하였고, 그리하여 갑과 A회사는 2015년경 X건물에 관하여 임대차보증금 1억 원, 월차임 300만 원, 임대차기간 3년으로 하는 임대차계약을 체결하였다. 그 뒤 갑은 B보증보험회사와 사이에 C리스를 피보험자로 하여 리스보증보험계약을 체결하고 그 보험증권을 제출하여 C리스로부터 리스자금을 받아 X건물에 볼링기계 및 필요한 부대설비를 설치하고 볼링장 영업을 시작하였다. 그리고 A회사는 갑이 B보증보험회사와 보증보험계약을 맺음에 있어 X건물을 담보로 제공하여 B보증보험회사 앞으로 근저당권을 설정해주었다. 그 후 갑이 리스료 지급을 연체하자 B보증보험회사는 2016년경 C리스에 보험금을 지급하고 X건물에 관하여 담보권 실행경매 신청을 하였고, 을은 그 경매절차에서 이를 낙찰받아 소유권이전등기를 마치고 2017년 3월에 부동산인도명령의 집행을 통하여 갑으로부터 X건물을 인도받아 볼링장을 경영하고 있다. 그러자 갑은 을에 대하여 자신이 볼링장 영업을 위하여 출입구 강화유리문, 바닥 타일, 내부기둥, 벽체, 배선, 배관 등 내장공사 등에 지출한 비용을 상환하라고 청구하였다.

이 경우에 갑의 청구는 정당한가? (15점)

[제1문], [제2문](생략. 다른 교수 출제 문제임)

2017-2. 물권법, 기말시험

[제3문]

〈공통된 사실관계〉

A는 대지와 그 위의 X주택(시가 5억 원)을 소유하고 있다. 그 대지와 주택에는 2014. 10.에 D 명의로 근저당권설정등기가 되어 있다. 그러한 상태에서 A는 2015. 10. 25. B와 사이에 그 주택을 B에게 2015. 12. 1.부터 2년간 보증금 5,000만 원, 차임 월 200만 원으로 임대하기로 하는 계약을 체결하였고, 그에 따라 2015. 12. 1.에 B는 그 주택을 인도받아 거주하고 있다. 그런데 2017. 11. 초에 발생한 지진으로 X주택의 벽이 갈라지고 지붕의 기와가 상당부분 무너져 내렸다. B는 X주택에서 거주하기 어렵게 되자 2017. 11. 12. 공사업자인 C에게 X주택의 수리를 맡기면서 그 주택(대문과 현관)의 열쇠를 넘겨주었다. 그리고 공사가 끝날

때까지 당분간 친지의 집에서 지내기로 하였다. 한편 B는 주택의 수리비용은 당연히 A가 부담할 것으로 생각하고 A에게 미리 알리지는 않았다. 그 후 C는 X주택의 수리를 마치고 B에게 수리비용 450만 원을 달라고 하였다. 그런데 B는 수리비용은 A에게 받으라고 하면서 지급하지 않았다. 그러면서 X주택의 열쇠는 돌려달라고 하였다. 그러자 C는 자신은 수리비용을 받을 때까지는 X주택의 열쇠를 돌려줄 수 없다고 하면서 주지 않고 있으며, 그의 조수에게 그 주택에 B가 들어가지 못하도록 주택 안에서 지키게 하고 있다. (아래의 두 물음은 별개의 것임)

[물음 1]

〈추가된 사실관계〉 그런 상태에서 A가 C에게 수리비는 지급하지 않으면서 X주택을 인도하라고 하였다. 그러자 C는 수리비를 지급받을 때까지는 인도할 수 없다고 하였다. 이에 대하여 A는 C에게 자신은 X주택의 소유자로 반환청구를 하는 것이고, 자기가 수리를 맡긴 것도 아니며, 또 수리비가 X주택 가격에 비하여 현저히 적으니 적어도 일부를 제외하고라도 반환해야 한다고 주장하였다.

이 경우에 A의 주장이 정당한가? (10점)

[물음 2]

〈추가된 사실관계〉 그 후 D의 근저당권으로 담보된 채권이 변제되지 않자 D는 근저당권을 실행하여 A의 대지와 X주택에 대하여 경매신청을 하였고, 경매절차에서 A의 대지와 X주택은 E에게 매각되어 E는 매각대금을 모두 지급하였다. 그런 뒤에 E는 C에게 X주택을 인도하라고 하였다. 그러자 C는 자신은 수리비를 받을 때까지 X주택을 인도하지 않겠다고 하였다.

이 경우에 E에 대한 C의 인도거절은 정당한가? (5점)

[제4문] (5점)

X토지에 대하여 1/2 지분을 가지고 있는 공유자인 A는 그 지분 위에 B에게 근저당권을 설정해 주었다. 그런데 X토지를 관할하는 지방자치단체인 Y시가 공익사업을 위하여 A가 지분을 가지고 있는 X토지를 수용하였다. 그런데 그에 따른 A의 보상금청구권을 A의 채권자인 C가 압류하였고, 그러자 Y시는 보상금을 공탁하였다. 그 후 B가 별다른 조치를 취하지 않는 사이에 C가 공탁금을 수령하였다. 그러자 B는 C에게 자신은 근저당권자로 등기되어 있으니 공탁금을 자신이 받아야 한다면서 C가 수령한 공탁금의 반환을 청구한다. B의 주장이 정당한가? (5점)

[제1문], [제2문](생략. 다른 교수 출제 문제임)

2018-1. 민상법의 기초, 중간시험

[제2문]

〈사실관계〉 A는 지적인 능력 면에서는 평균인 이상인데 평소에 깊이 생각하지 않고 결정을 하는 습관이 있는 자이다. A는 자신이 관심을 가지고 있던 지역의 토지 100평방미터(X토지라고 함)가 매물로 나왔다는 소식을 듣고, 가능하면 그 토지를 매수하려고 하였다. 그리고 가격을 가늠해보려고 그 지역의 공시지가가 인쇄된 책자를 찾아보았다. 그랬더니 거기에 X토지의 공시지가는 1평방미터당 51,000원이라고 기재되어 있었다. 그런데 A는 그것을 얼핏 보고 510,000원이라고 기재되어 있다고 받아들였다. 그 후 A는 부동산소개소에 연락하여 X토지의 소유자인 B를 만나 그 토지를 자신에게 평방미터당 510,000원에 꼭 팔라고 사정을 하였다. B는 A가 시가(평방미터당 60,000원)보다 훨씬 비싼 가격으로 매수하겠다고 하자, 이 사람이 아마도 잘 모르고 그런 것 같다고 생각하면서도 모른 체 하고 '자신은 더 비싸게 팔려고 했는데 A씨가 꼭 사고 싶어하니 그 값에 팔겠다.'고 하였다. 그리하여 A와 B 사이에 X토지를 A가 B에게 5,100만 원에 팔기로 하는 매매계약이 체결되었고, 그 계약이 약정대로 이행되었다. 그 후 A는 자신이 X토지를 시가에 비해 너무 비싸게 샀음을 알고 B에게 X토지의 매매계약은 폭리행위로서 무효라고 하면서, 그가 대금으로 지급한 5,100만 원을 반환하라고 하였다.

〈문제〉 이 경우에 B는 A로부터 받은 5,100만 원을 반환해야 하는가? (15점)

[제1문], [제3문](생략. 다른 교수 출제 문제임)

2018-1. 민상법의 기초, 기말시험

[제1문]

신용불량자인 안태섭(아래에서는 A라고 함)이라는 사람이 금전이 필요하여 B로부터 금전을 빌리려고 하였다. 그런데 A는 자신의 이름으로 금전을 빌리다가 신용불량자인 사실이 드러날까 봐 자신이 과거에 길에서 주운 김희철(아래에서는 K라고 함)의 주민등록증을 이용하여 K의 이름으로 금전을 빌리려고 하였다. A는 K의 주민등록증에 교묘하게 자신의 사진을 넣은 것을 B에게 제시하고 자신이 K라고 하면서 100만 원을 3개월 동안 빌려달라고 하였다. B는 K의 모습을 알지 못하였기 때문에 A가 제시한 주민등록증을 올바른 것으로 믿고 K를 차용인(차주)으로 하는 소비대차계약서를 작성한 뒤 A에게 100만 원을 건네주었다. 그 후 A는 B

에게 채무를 변제하지 않았다.

이 경우에 B는 K에게 100만 원의 지급을 청구할 수 있는가? 만약 B가 K에게 청구할 수 없다면 B는 누구에게 어떤 내용의 권리를 행사할 수 있는가? (15점)

[제2문], [제3문](생략. 다른 교수 출제 문제임)

2018-2. 채권법총론, 중간시험

[제2문]

A는 B건설주식회사(B회사라고 함)로부터 B회사가 X지역에 건설하는 Y아파트 한 세대를 분양받았다. 그리고 계약 당시에 계약금을 지급하고 약정에 따라 3차에 걸쳐 중도금도 제때에 지급하였다. 그 후 B회사는 자금난으로 아파트 신축공사를 원활하게 진행하지 못하였고, 그리하여 예정된 시기보다 1년 반이나 늦게 아파트 건축을 완료하였다. 그 뒤 A는 B회사로부터 입주 통지를 받고 한 달 후에 분양 잔대금을 지급하고 아파트에 입주하였다. 그런데 A는 아파트에 입주하고 나서도 그 아파트에 대하여 바로 자신의 명의로 소유권이전등기를 할 수가 없었다. X지역의 관할 관청으로부터 아파트에 대한 사용승인을 받지 못했기 때문이다. 그 아파트에 대한 사용승인은 A가 아파트에 입주하고 2년이 지난 뒤에야 받을 수 있었고, A는 그때 비로소 아파트에 관하여 소유권이전등기를 하였다.

A는 B회사를 상대로 소를 제기하여, 예정된 입주 시기에 자신의 아파트에 대하여 소유권이전등기를 하지 못하여 주택담보대출을 받지 못해 고율의 사채 이자를 부담했고 또 아파트를 제값에 빨리 팔고 이주할 수가 없는 등으로 재산적 손해는 물론 정신적 손해도 입었다고 주장하면서, 정신적 손해를 이유로 위자료 500만 원의 지급을 청구하였다. 법원은 A의 청구를 인용해야 하는가? (33점)

[제1문], [제3문](생략. 다른 교수 출제 문제임)

2018-2. 채권법총론, 기말시험

[제1문]

X회사의 재무과장인 A는 평소에 잘 알고 지내던 Y회사의 대표이사 B의 부탁을 받고 B와 공모하여 Y회사가 C은행으로부터 대출을 받을 수 있도록 X회사 명의로 근보증서와 이사회입보결의서 및 약속어음 배서를 위조하여 Y회사에 제출하였다. 그리고 Y회사는 그 서류들을 C은행에 제출하였고, C은행은 그 서류들이

적법하게 작성된 것으로 믿고 그것을 원인으로 하여 Y회사에 40억 원을 대출해 주었다.

그 후 C은행은 Y회사로부터 대출금 원금 상환분으로 3억 원을 받았고, Y회사의 C은행에 대한 예금채권 3억 원 중 1억 원을 그때까지의 대출금에 대한 연체료 및 이자에 충당하고, 남은 2억 원을 대출원금 중 대등액과 상계하였다.

그러한 상태에서 C은행은 X회사를 상대로 사용자책임을 이유로 Y회사에 대한 대출금 35억 원과 그에 대한 이자의 지급을 구하는 소를 제기하였다. 이 사안에서 X회사의 사용자책임이 인정되고, 그와 관련하여 C은행의 과실은 30%인 것으로 가정한다.

〈문제〉 이 경우에 Y회사의 대출금채무와 X회사의 사용자책임은 어떠한 관계에 있는가? 그리고 법원은 C은행이 제기한 소에 대하여 어떤 판결을 하여야 하는가? (33점)

[제2문], [제3문](생략. 다른 교수 출제 문제임)

2018-2, 가족법, 중간시험

[제1문]

갑은 1992. 10. 19. 처인 을과 혼인신고를 마친 법률상 부부로서 슬하에 아들 둘(1994년생 · 1995년생)을 두고 있었다. 갑과 을은 경제적인 문제, 성격 차이 등으로 불화를 겪었는데, 을은 갑으로부터 "우리는 부부가 아니다"라는 말을 듣고 2004. 2.경 자녀들을 남겨둔 채 가출하여 이때부터 별거가 시작되었고, 갑은 을이 가출한 이후 을을 설득하려는 별다른 노력 없이 을을 비난하면서 지내왔다. 결국 을은 2008. 4.경 갑을 상대로 이혼소송을 제기하여 2008. 9. 26. 이혼판결을 받았으나, 갑이 이에 불복하여 항소하였고 이후 을을 상대로 반소를 제기하여 위 항소심에서 2010. 6. 18. '본소 및 반소에 의하여, 을과 갑은 이혼한다'는 등의 내용으로 판결이 선고되었으며, 갑이 다시 불복하여 진행된 상고심에서 2010. 9. 30. 상고기각됨으로써 위 항소심판결이 그대로 확정되었다.

한편 병은 2006. 봄경 계룡산 등산모임에서 을을 알게 되어 간간히 연락을 주고받고, 여러 차례 금전거래를 하는 등 친밀하게 지내 오던 중 위 이혼재판이 진행되던 2009. 1. 29. 밤에 을이 홀로 거주하는 을의 집에 찾아가 을과 서로 키스하고, 몸을 애무하였다. (현재는 2010. 10. 15.이다)

1. 이 경우에 갑은 을에게 위자료의 지급을 청구할 수 있는가? (5점)

2. 이 경우에 갑은 병에게 위자료의 지급을 청구할 수 있는가? (10점)

[제2문]

자녀가 없는 A는 2011. 5.에 그의 처인 B와 의논을 하지 않고 C와 D 사이에 출생한 11세 3개월 된 E를 입양하려고 하였다. 그리하여 A는 B 몰래 C·D의 허락을 받아 E를 A와 B 사이의 친생자로 출생신고를 하였다. 그리고 E를 데려와 같이 살면서 친자식처럼 돌보아주었다. 그런데 B에게는 E가 오갈 데가 없어서 잠시 맡아서 길러주기로 했다고 거짓말을 하였다. 그 후 6개월이 지났을 때 B가 모든 사정을 알게 되었다. 그 직후 B는 A에게 자기는 E를 자식으로 키울 생각이 없다고 말했다.

이 경우에 B는 E가 B와는 물론이고 A와도 아무런 관계가 없다고 주장한다. B의 주장은 정당한가? 만약 B의 주장이 정당하지 않다면 B는 E가 A·B와 아무런 관계가 없도록 조치할 방법이 있는가? (10점)

[제3문]

〈공통된 기초사실〉

자녀가 없는 A는 2011. 5.에 그의 처인 B와 의논하여 C와 D 사이에 출생한 11세 3개월 된 E를 입양하려고 하였다. 그리하여 A와 B는 C·D의 허락을 받아 E를 A와 B 사이의 친생자로 출생신고를 하였다. 그리고 그들은 E를 데려와 같이 살면서 친자식처럼 돌보아주었다. (아래 두 문제는 별개의 것임)

[제3문의 1]

〈추가된 사실관계〉 그 후 8년 6개월이 지날 무렵에 B는 A와 협의이혼을 하였다.

(물음) 이 경우에 B는 E와 자신은 아무런 관계도 없다고 주장한다. 이 주장은 정당한가? (5점)

[제3문의 2]

〈추가된 사실관계〉 그 후 9년이 지날 무렵 A가 사망하였다. 그리고 그 뒤부터 E가 B를 폭행하는 일이 자주 생겼다.

(물음) 이 경우에 B는 A·B와 E 사이에 아무런 관계도 존재하지 않도록 조치를 할 수 있는가? (10점)

2018-2. 가족법, 기말시험

[제1문]

〈공통된 기초사실〉

　A(여자)에게는 자녀로 혼인을 한 장남 B, 혼인을 한 차남 C, 혼인을 한 딸(막내) D가 있고, B에게는 처 E와 그 E와의 사이의 자녀로 혼인을 한 장남 F, 혼인을 하지 않은 장녀 G 및 차녀 H가 있으며, F에게는 처 I와 그 I와 사이의 자녀로 혼인을 하지 않은 장녀 J 및 차녀 K가 있다. A는 재산이 전혀 없고, B는 채무만 있으며, E는 재산이 전혀 없다. (다만, [제1문의 4]에서는 B에게만 매우 많은 재산이 있다고 가정한다)

[제1문의 1]

〈추가된 사실관계〉 이러한 상태에서 B가 사망하였다. 그 후 F·G·H가 적법하게 상속을 포기하였다.

　그 경우에 B의 재산(채무)은 누구에게 얼마만큼씩 상속되는가? (10점)

[제1문의 2]

〈추가된 사실관계〉 이러한 상태에서 B가 사망하였다. 그 후 E·F·G·H가 적법하게 상속을 포기하였다. 그리고 이어서 J와 K도 적법하게 상속을 포기하였다.

　그 경우에 B의 재산(채무)은 누구에게 얼마만큼씩 상속되는가? (10점)

[제1문의 3]

〈추가된 사실관계〉 이러한 상태에서 B가 사망하였다. 그 후 E·F·G·H가 적법하게 상속을 포기하였다. 그리고 이어서 J와 K도 적법하게 상속을 포기하였다. 그 얼마 후에 A가 사망하였다. 그런 뒤에 고려기간이 경과하도록 누구도 아무런 행위를 하지 않았다.

　그 경우에 B의 재산(채무)의 상속관계는 어떻게 되는가? (10점)

[제1문의 4]

〈추가된 사실관계〉 이러한 상태에서 B·E·F·G·H·J·K가 같은 비행기를 타고 여행을 가다가 비행기가 추락하여 모두 사망하였다. 그런데 이들의 사망시간과 사망시점의 선후관계는 전혀 알 수가 없다.

　그 경우에 B의 재산은 누구에게 얼마만큼씩 상속되는가? (10점)

2019-2, 물권법, 중간시험

[제1문]

A는 C로부터 X토지를 매수하려고 하면서 자신의 명의로 매수하지 않기 위해 B와의 사이에 B가 매수인이 되어 그(B)의 명의로 매매계약을 체결하고 그의 명의로 소유권이전등기를 하기로 하는 명의신탁 약정을 하였다. 그리고 매수대금 5억원을 B에게 지급하였다. 그 얼마 뒤 B는 매수인으로서 C와 5억 원을 매매대금으로 하는 X토지의 매매계약을 체결하였다. 그런데 매매계약 당시 C는 A와 B 사이에 명의신탁 약정이 있고 X토지의 실질적인 매수인이 A라는 것을 알고 있었다. 그후 B가 X토지에 관하여 소유권이전등기를 하려고 하니 취득세와 등록세 등의 비용이 필요하여 A에게 말해서 그러한 비용으로 A로부터 3천만 원을 받았다. 그리고 B는 C에게 매매대금을 모두 지급하였고, X토지에 관하여 B 명의로 소유권이전등기를 마쳤다.

1. 이 경우에 A는 B에게 명의신탁을 해지한다고 하면서 X토지에 대하여 소유권이전등기를 해달라고 하였다. 이것이 가능한가? 만약 가능하지 않다면 A는 B에게 어떤 청구를 할 수 있는가? (5점)

2. 이 경우에 C는 B에게 원상회복을 위하여 B 명의의 소유권이전등기를 말소하라고 청구하거나 진정명의 회복을 원인으로 하여 자신의 명의로 소유권이전등기를 해달라고 청구할 수 있는가? 만약 그것이 가능하다면 그때 B는 C에게 지급한 대금을 반환받을 때까지 등기를 말소하거나 이전등기를 해 줄 수 없다고 항변할 수 있는가? (7점)

3. 〈추가된 사실관계〉

그 후 B는 X토지를 D에게 6억 원에 매도하고 D 명의로 소유권이전등기를 해주었다. 그런데 B와 D가 X토지에 관하여 매매계약을 체결할 때 D는 B 명의의 등기가 A와 사이에 명의신탁에 의한 것임을 알고 있었다.

(물음) 이 경우에 C는 D에게 D 명의의 등기를 말소하라고 청구할 수 있는가? 그리고 C는 B에게 불법행위를 이유로 손해배상을 청구할 수 있는가? (8점)

[제2문](생략. 다른 교수 출제 문제임)

2019-2. 물권법. 기말시험

[제2문]

〈공통된 사실관계〉

X토지를 소유하고 있는 A는 B로부터 1억 원을 빌리면서 B의 A에 대한 채권을 담보하기 위하여 X토지에 채권최고액을 1억 2천만 원으로 하는 B 명의의 근저당권등기를 마쳐주었다. B의 채권의 변제기는 대여일로부터 6개월 후이고, 이자율은 월 2%이다. (〈추가된 사실관계 1, 2, 3〉은 별개의 것임)

[제2문의 1]

〈추가된 사실관계 1〉 그 후 A는 대여일로부터 2년이 된 현재까지도 B에게 대여원본은 물론이고 이자도 전혀 지급하지 않았다. 그리하여 B는 X토지에 대해서 경매를 신청하였고, 그 매각대금에서 절차비용 등을 제하고 1억 5천만 원이 남았다.

[문제] 1억 5천만 원의 금액은 누구에게 어떻게 배당되는가? (7점)

[제2문의 2]

〈추가된 사실관계 2〉 그 후 B는 A에게 자신의 그 채권을 담보하기 위하여 추가로 담보를 제공하라고 하였고, 자신의 다른 부동산이 없는 A는 친지인 C에게 부탁하여 C의 Z토지 위에 B의 동일한 채권을 위하여 동일한 내용의 1번 근저당권을 설정해주도록 하였다. 한편 A는 X토지에 D에게 5천만 원을 빌리면서 채권최고액을 5천 5백만 원으로 하는 2번 근저당권을 설정해주었다. 그 뒤 대여일로부터 6개월이 되었는데도 A가 채무를 변제하지 않자, B는 곧바로 X토지에 대해 경매를 청구하여 그 매각대금으로부터 원본 1억 원 및 6개월분의 이자를 모두 변제받았다.

[문제] 이 경우에 D는 Z토지 위의 B의 근저당권을 대위할 수 있는가? (7점)

[제2문의 3]

〈추가된 사실관계 3〉 한편 A는 B의 요구에 따라 B와 사이에 만약 A가 변제기에 채무를 변제하지 못하면 그 채무의 변제에 갈음하여 X토지의 소유권을 B에게 이전하기로 하는 대물변제예약을 하고, 그 대물변제예약을 원인으로 하는 소유권이전청구권 보전의 가등기를 해주었다. 그 예약 당시의 X토지의 가액은 1억 천 만 원이었다. 그 후 변제기에 A가 채무를 변제하지 못했다. 그러자 B는 A로부터 이미 수령하여 보유하고 있던 등기서류를 이용하여 가등기에 기한 소유권이전등기를 마쳤다.

[문제] 이 경우에 A는 B에게 채무의 원리금을 변제하고 B 명의의 가등기와 소

유권이전등기의 말소를 청구할 수 있는가? (6점)

[제1문](생략. 다른 교수 출제 문제임)

2019-2, 채권법총론, 중간시험

[제1문]

　A는 2018. 12. 10. 조그만 수출기업을 경영하는 B와의 사이에 서울에 있는 자신(A)의 X아파트를 B에게 미화 100만 달러에 매도하는 내용의 매매계약을 체결하였다. 그 계약에서 B는 계약 당일에 계약금으로 10만 달러를 지급하고, 2019. 1. 10.에 중도금으로 40만 달러를 지급하며, 2019. 2. 10.에 A로부터 X아파트의 소유권이전등기 서류를 교부받으면서 잔금 50만 달러를 지급하기로 약정하였다. 그리고 B는 계약 당시에 계약금을 지급하였다. B는 A에게 중도금은 약정한 날짜에 지급하였으나, 그 무렵부터 B의 기업이 생산하여 수출하는 국가에서 갑자기 수입규제를 심하게 하는 바람에 수출길이 막혀 B는 A에게 잔금을 제때에 지급하기가 어려워졌다. 그리하여 B는 A에게 잔금지급 예정일인 2019. 2. 10.부터 6개월간 잔금에 해당하는 금액을 월 0.1%의 이자로 빌리는 것으로 해달라고 부탁하여 그렇게 하기로 하면서, A가 잔금지급 예정일에 소유권이전등기에 필요한 서류는 교부하되, X아파트는 잔금에 해당하는 금액과 그 이자를 모두 받을 때 인도해주기로 약정하였다. 그런데 그 후에도 B는 사업이 여전히 어려워 A에게 이자조차도 지급을 하지 못하였다. 그러자 A는 2019. 9. 8. B에게 50만 달러와 그에 대한 이자, 지연손해금을 모두 지급하라는 내용의 편지를 내용증명우편으로 보냈고 그 편지가 2019. 9. 10.에 B에게 도달하였다. 그럼에도 불구하고 B가 지급을 하지 않자 A는 2019. 10. 8. B를 상대로 소를 제기하였으며, 그 소장이 2019. 10. 14. B에게 송달되었다. 그 소장에서 A가 청구한 내용은 알 수 없으나, 법적으로 인정될 수 있는 모든 것을 청구하고 있다고 가정하며, 그는 청구 금액을 한국화폐('한화'라고 함)로 지급하라고 하였다.

　1. 이 경우에 법원은 어떤 판결을 해야 하는가?(구체적인 금액은 계산하지 않아도 됨) (15점)

　2. 이 경우에 B가 A에게서 6개월간 50만 달러를 0.1%의 이자로 빌리는 것으로 약정하면서, '만약 2019. 8. 10.에 지급을 하지 못하면 그 후에는 월 0.2%의 지연손해금을 지급하기로' 약정한 때에, A가 위에서와 같은 소를 제기했다면 법원은

어떤 판결을 해야 하는가?(구체적인 금액은 계산하지 않아도 됨) (5점)

  [제2문](생략. 다른 교수 출제 문제임)

2019-2, 채권법총론, 기말시험

[제1문]

〈공통된 사실관계〉

  A는 시가 10억 원인 X토지를 소유하고 있으며, X토지는 그의 유일한 재산이다. X토지에는 B의 A에 대한 2억 원의 채권을 담보하기 위하여 채권최고액을 2억 2천만 원으로 하는 근저당권이 등기되어 있다. 그리고 A에게는 12억 원의 채권을 가지고 있는 C와 20억 원의 채권을 가지고 있는 D가 있다(이들은 서로 상대방의 채권 보유 사실을 알고 있음). (〈추가된 사실관계 1, 2, 3〉은 별개의 것임)

  〈추가된 사실관계 1〉

  그 후 A는 2014. 5. 14.에 C와 그의 X토지를 C의 채권 전부에 관하여 대물변제를 하기로 하고, 당일 X토지에 대하여 C 명의로 소유권이전등기를 마쳤다. 그로부터 한참이 지난 뒤인 2017. 6. 21. D가 그 사실을 알게 되었다. 그리고 D는 2018. 5. 9. C를 상대로 A의 대물변제가 사해행위라는 이유로 대물변제를 취소하고 C 명의의 소유권이전등기를 말소하라는 취지의 소를 제기하였다.

  문제 1. 이 경우에 법원은 D의 청구를 인용하여야 하는가? (6점)

  〈추가된 사실관계 2〉

  그 후 A는 2014. 5. 14.에 C와 그의 X토지를 C의 채권 전부에 관하여 대물변제를 하기로 하고, 당일 X토지에 대하여 C 명의로 소유권이전등기를 마쳤다. 그 뒤에 C는 E로부터 금전 4억 원을 빌리면서 X토지에 2016. 11. 2. 채권최고액을 4억 4천만 원으로 하는 근저당권등기를 마쳐주었다. 2017. 6. 21. D가 A의 대물변제 사실을 알게 되었다. 그리고 D는 2018. 5. 9. C를 상대로 A의 대물변제가 사해행위라는 이유로 대물변제의 취소와 가액배상을 구하는 소를 제기하였다.

  문제 2. 이 경우에 법원은 D의 청구를 인용하여야 하는가? 인용한다면 D가 가액배상을 청구할 수 있는 금액은 얼마인가?(이자나 지연손해금은 무시할 것) 그리고 C가 자신도 채권자임을 이유로 배상금액에서 안분액의 분배를 청구하거나 안분액 배당요구권으로써 상계를 주장하여 안분액의 지급을 거절할 수 있는가? (7점)

〈추가된 사실관계 3〉

그 후 A는 2017. 11. 15. X토지를 그의 동생인 F에게 증여하고, 그 다음날 F 명의로 소유권이전등기를 마쳐주었다. D는 2018. 3. 7. 이 사실을 알고 F를 상대로 사해행위 취소와 소유권이전등기 말소를 구하는 소를 제기하여 승소판결을 받았으며, 그에 기하여 2019. 10. 23. F 명의의 소유권이전등기가 말소되었다. 이렇게 X토지의 등기가 A 명의로 회복되자, A는 2019. 11. 13. X토지를 G에게 매도하고 그다음 날 G 명의로 소유권이전등기를 마쳐주었고, G는 2019. 12. 4. 그 토지를 다시 H에게 매도하고 그다음 날 H에게 소유권이전등기를 마쳐주었다.

문제 3. 이 경우에 D가 A를 대위하여 또는 직접 G와 H에게 X토지의 소유권이전등기의 말소를 청구할 수 있는가? (7점)

[제2문](생략. 다른 교수 출제 문제임)

2020-1. 민상법의 기초, 기말시험

[제4문]

X토지를 소유하고 있는 A는 B에게 자신의 X토지를 타인에게 담보로 제공하고 5천만 원을 빌려오라고 위임하고 그에 관한 대리권을 수여하였다. 그리고 X토지에 관한 등기필증과 인감도장 및 주민등록증을 건네주었다. 그 후 B는 부동산 매매용으로 A의 인감증명서를 발급받고서 C에게 가서 X토지를 1억 원에 매각하겠다고 하였고, 계약서의 매도인 부분에 자기가 A인 것처럼 A의 이름을 기재하고 인감도장을 찍었다. 계약 당시 C는 B의 이름이 A라고 생각하였다. 그 얼마 뒤 A는 B가 한 행위를 알고서 C에게 그 계약이 무효라고 주장하였다. 그러자 C는 A에게 그 계약을 이행하라고 주장하였다.

이 경우에 A는 계약을 이행해야 하는가?

[제5문]

A는 2009. 5. 15. B로부터 1,000만 원을 변제기 1년 후, 이자 월 1%로 빌렸다. 그 후 A는 1년간 이자를 꼬박꼬박 지급하였다. 그런데 1년이 지난 뒤에는 A는 B에게 전혀 지급한 것이 없다. 2020. 4. 10. B는 A를 상대로 대여금의 반환을 구하는 소를 제기하면서 그 금액을 확실히 알지 못하여 800만 원과 그에 대한 지연이자의 지급을 청구하였다. 그리고 소송 중이던 2020. 6. 10.에 원본이 1,000만 원인 것을 알고서 청구금액을 1,000만 원 및 그에 대한 지연이자로 확장하였다. 그러자 A는

원본 200만 원과 그에 대한 지연이자는 소멸시효가 완성되어 소멸하였다고 주장하였다.

이 경우에 A의 주장이 타당한가?(지연이자 부분은 제외하고 원본 부분에 대하여만 논할 것)

[제6문]

甲은 민법상의 사단법인인 X법인의 이사 3인 중 하나이다. X법인의 정관에는 이사가 법인 명의로 금전을 빌리거나 보증을 할 때는 이사회의 동의를 얻도록 규정되어 있다. 그런데 그에 대하여 법인등기부에 등기가 되어 있지는 않다. 그런 상황에서 甲은 이사회의 동의를 얻지 않고서 X법인과 거래하고 있는 Y회사를 위하여 Y회사의 Z회사에 대한 채무를 X법인 명의로 연대보증하였다. 그럼에 있어서 Z회사의 대표이사인 乙은 X법인의 정관 내용을 자세히 알고 있었다. 그 후 Z회사는 X법인에 대하여 연대보증채무의 이행을 청구하였다.

이 경우에 X법인은 연대보증채무를 이행해야 하는가?

[제1문], [제2문], [제3문](생략. 다른 교수 출제 문제임)

2020-1. 채권법각론. 기말시험

[제3문]

X토지의 소유자인 A는 2020. 3. 10. B에게 그의 X토지를 1억 원에 매도하기로 하는 매매계약을 체결하였다. 그 계약에서 A와 B는 계약 당일에 계약금으로 B가 A에게 1천만 원을 지급하고, 2020. 4. 10.에 중도금으로 4천만 원을 지급하며, 2020. 5. 10.에 X토지의 소유권이전등기 서류를 받으면서 잔금 5천만 원을 지급하기로 하였다. 그 약정에 따라 B는 계약금과 중도금을 약정된 기일에 지급하였다. 그런데 2020. 4. 15.에 X토지 주변지역에 쓰레기처리장이 들어선다는 계획이 발표되었고, 그러자 그 부근 토지 시세가 급락하였다. 이에 B는 A에게 매매대금을 7천만 원으로 내려달라고 요청했으나, A가 응하지 않았다. 그 후 2020. 4. 30. B는 2천만 원을 공탁하면서 A와 체결한 매매계약을 해제하였다.

이 경우에 B의 해제는 유효한가?

[제4문]

X주택의 소유자인 A는 2017. 5. 20. B와 사이에 X주택을 2017. 7. 1.부터 2년간 B에게 보증금 5천만 원, 차임 월 300만 원으로 임대차하는 내용의 계약을 체결

하였다. 그 약정에 따라 A는 2017. 7. 1.에 B에게 X주택을 인도하였고, B와 그의 가족은 2017. 7. 3.에 전입신고를 마쳤다. 그 당시에 X주택에는 A의 소유권이전등기 외에 다른 등기는 없었다. 그런데 A는 금전이 필요하여 2017. 8. 22. C로부터 금전을 빌리면서 X주택에 C에게 근저당권을 설정해 주었다. 한편 B는 개인적인 사정으로 2017. 9. 20. 자신과 가족 전부의 주민등록을 다른 곳으로 옮겼다가, 2017. 11. 27. X주택의 소재지로 다시 이전하였다. 그 후 A가 C에 대한 채무를 변제하지 못하여 C가 근저당권을 실행하여 X주택이 경매에 부쳐졌고, 그 결과 X주택이 D에게 매각(경락)되었다. 그리고 매각대금을 모두 지급한 D는 B에게 주택에서 나가라고 하였다.

이 경우에 B는 D의 요구에 따라야 하는가?

[제1문], [제2문], [제5문], [제6문](생략. 다른 교수 출제 문제임)

2020-2, 물권법, 중간시험
[제1문]
[제1문의 1] (10점)

A는 자신이 오래전부터 소유하고 있던 X자전거를 B에게 10만 원에 팔면서 한 달 동안 그 자전거를 만 원에 빌려 쓰기로 하였다. 그로부터 1주일 뒤 A는 X자전거를 사용하다가 돈이 필요하여 C에게 그 자전거가 자신의 소유인 것처럼 속여 8만 원에 다시 팔고 C로부터 또 한 달 동안 만 원에 빌려 쓰기로 하였다. 그 후 A가 B에게 자전거를 판 지 한 달이 되었을 때 A는 그 자전거를 B에게 인도해주었다. 그로부터 1주일 뒤 C가 A에게 X자전거를 인도해달라고 하였는데, A는 그제서야 전후 사정을 알려주고 그 자전거를 B에게 인도해주었다고 말했다. 그러자 C는 B에게 그 자전거는 자신의 소유이니 자기에게 반환하라고 하였다.

이 경우에 B는 C에게 X자전거를 반환하여야 하는가?

[제1문의 2] (10점)

을은 갑의 고급 손목시계(Y시계라고 함)를 훔쳐서 한 달간 사용하다가 병에게 그 시계를 자기 것으로 속여서 20만 원에 팔았다. 그러면서 을은 병으로부터 그 시계를 두 달 동안 2만 원에 빌려 쓰기로 하였다. 그로부터 한 달 뒤 을은 Y시계를 자신의 것처럼 속여 위의 사정을 전혀 모르는 정에게 다시 30만 원에 팔고 그 시계를 정에게 인도해주었다. 그 얼마 후 갑은 자신의 Y시계를 정이 가지고 있음을 알게 되었다. 그리하여 정에게 Y시계가 자신의 소유이니 반환하라고 하였다.

이 경우에 정은 갑에게 Y시계를 반환하여야 하는가?

[제2문], [제3문](생략. 다른 교수 출제 문제임)

2020-2. 물권법. 기말시험

[제1문]

A와 B는 X토지를 공유하고 있으며, A의 공유지분은 2/3이고 B의 공유지분은 1/3이다. X토지는 처음에는 비어 있는 상태였다. 그런데 얼마 후부터 A가 B와 협의 없이 X토지에 자신의 목재들을 쌓아놓고 있다. A의 목재들이 쌓여 있는 곳의 면적은 X토지 전체 면적의 1/2 정도에 해당한다.

그 뒤 B가 위와 같은 사실을 알고서 A에게 목재들을 제거하고 X토지를 자신에게 인도하라고 하였다. 또한 그동안 B가 X토지를 사용하지 못함으로써 받은 손해를 부당이득으로 반환하라고 하면서, X토지의 차임 상당액의 1/2을 지급하라고 하였다. 이에 대하여 A는 자신의 지분이 2/3나 되므로 토지를 반환하지 않아도 되며, 목재들이 쌓여 있는 면적이 X토지 전체의 1/2밖에 되지 않으므로 부당이득의 반환의무도 전혀 없다고 주장하였다.

〈문제〉 이 경우에 B의 청구는 정당한가? (10점)

[제2문]

갑은 2019. 7. 10.에 을과 사이에, 갑이 소유하고 있는 사무실용 10층 건물인 Z건물 중 7층 부분(1개 층)에 대하여 전세금 1억 원, 전세권 존속기간을 2019. 8. 1.부터 2020. 7. 31.까지(1년)로 하는 전세권을 을에게 설정해 주기로 계약을 체결하였고, 2019. 8. 1.에 전세금 1억 원을 받고 목적물을 인도하였으며, 2019. 8. 12. 전세권설정등기도 마쳐주었다.

그 뒤 갑은 Z건물을 매도할 계획을 세우고 2020. 5. 20.에 을에게 전세권설정계약을 갱신하지 않겠다는 취지의 통지를 내용증명 우편으로 보냈다. 그리고 갑은 2020. 6. 10.에 Z건물을 병에게 매도하는 계약을 체결하였고, 2020. 7. 10.에 Z건물에 관하여 소유권이전등기를 마쳐주었다.

한편 2020. 6.경부터 을은 경제적으로 어려움이 생겨서 하던 사업을 계속할 수 없게 되었다. 그리하여 을은 2020. 8.이 된 뒤에도 Z건물에 있는 그의 사무실 집기는 그대로 두었고, 그 상태에서 2020. 8. 12. 그의 전세금 반환청구권만을 정에게 양도하고 갑과 병에게 내용증명우편으로 양도통지를 하였다. 그리고 그 얼마 후인 2020. 8. 20. 정은 병에게 전세금의 반환을 청구하였다. (현재는 2020. 8. 20. 이다)

〈문제〉 이 경우에 병은 정에게 전세금을 반환해야 하는가? (10점)

[제3문](생략. 다른 교수 출제 문제임)

2020-2, 채권법총론, 기말시험

[제3문]

〈공통된 기초사실〉 시가(時價) 1억 원에 상당하는 보물급 도자기인 X도자기를 소유하고 있는 A는 그 도자기를 B에게 9천만 원에 팔기로 하는 매매계약을 체결하였다. (아래의 두 경우는 별개임)

[제3문의 1]

〈추가된 사실관계〉 평소 도자기의 매력에 흠뻑 빠져 있던 B는 매매계약 후 꿈에 부풀어 X도자기를 받으면 그의 집 거실에 두고 보려고, 미리 도자기 전시 전문 회사인 C회사에 의뢰하여 화려한 좌대에 도난방지시설까지 갖춘 전시대를 마련하고 그 비용으로 1,500만 원을 지급하였다. 그리고 그가 X도자기를 A의 집에서 인도받으면 실어 오려고 인도 예정일에 무진동 차량도 예약하고 그 비용으로 50만 원을 지급하기로 하였다. 그런데 그 뒤 A가 부부싸움을 하다가 실수로 X도자기를 깨뜨려버렸다. 그러자 B는 A와의 계약을 해제하고 A에게 손해배상으로 1,500만 원을 지급하라고 청구하였다. 한편 B가 설치한 전시대는 아무 쓸모가 없게 되었고, 처분해도 대금을 받을 수 없는 것이다.

〈문제〉 이 경우에 A는 B에게 1,500만 원을 지급해야 하는가? 만약 그렇지 않다면 A가 지급해야 할 손해배상액은 얼마인가? (7점)

[제3문의 2]

〈추가된 사실관계〉 A는 X도자기에 대해 B와 매매계약을 체결하기 전에 보험회사인 C회사와 X도자기를 목적으로 보험금 6천만 원의 손해보험을 체결하였다. 그런데 매매계약 후 A는 부부싸움을 하다가 실수로 X도자기를 깨뜨려버렸다(이는 보험계약상 보험사고에 해당하는 것으로 가정함). 그 후 A는 C회사로부터 보험금으로 6천만 원을 받았다. 그러자 B는 A에게 6천만 원을 자신에게 지급하라고 청구하였다.

〈문제〉 이 경우에 A는 B에게 6천만 원을 지급해야 하는가? 만약 그럴 경우 A는 B에게 아무런 청구도 할 수 없는가? (7점)

　[제1문], [제2문], [제4문](생략. 다른 교수 출제 문제임)

2021-1. 민상법의 기초, 기말시험

　[제1문]

　　A는 그가 소유하고 있는 X주택(서울특별시 소재)을 팔려고 공인중개사인 B에게 매물로 내놓았다. B는 C에게 X주택을 소개하여, A와 C 사이에 매매대금을 10억 원으로 하는 X주택의 매매계약이 체결되고 이행되었다. 그리고 A는 B에게 X주택의 중개수수료로 그들이 사전에 약정한 대로 1,200만 원을 지급하였다. 그 후 A는 법령의 제한을 초과하여 중개수수료를 지급했음을 알고 B에게 한도액인 900만 원을 넘는 300만 원을 반환하라고 청구하였다. 그러자 B는 중개수수료 약정이 유효하다고 하면서 반환할 수 없다고 하였다.

　　이 경우에 B는 300만 원을 반환해야 하는가? (10점)

　〈관련 법령〉 공인중개사법 제32조 제33조 제49조, 공인중개사법 시행규칙 제20조, 서울특별시 주택 중개보수 등에 관한 조례 제2조, 이 조례의 [별표 1](생략)

　[제2문]

　　X토지의 소유자인 A는 B의 대리인인 C로부터 X토지를 5,000만 원에 팔라는 청약을 받았다. C는 A에게 청약을 하면서 X토지 주변에는 장차 화장장이 들어설 것이어서 나중에는 그 가격에 팔기 어렵다고 거짓말을 하였다. 그런데 C의 말을 사실로 믿은 A(계약 당시 A는 18세 3개월이었음)는 그의 부모의 동의를 얻어 X토지를 B에게 5,000만 원에 파는 내용의 계약을 C와 체결하였고, 약정대로 이행되었다. X토지의 매매계약이 체결된 지 3개월 후 A의 부모는 B에게 그 계약은 A가 속아서 체결한 것이어서 취소한다고 하면서, X토지의 소유권이전등기를 말소하라고 요구하였다.

　　이 경우에 B는 X토지의 소유권이전등기를 말소해야 하는가? (15점)

　[제3문], [제4문](생략. 다른 교수 출제 문제임)

저자약력

서울대학교 법과대학, 동 대학원 졸업
법학박사(서울대)
경찰대학교 전임강사, 조교수
이화여자대학교 법과대학/법학전문대학원 조교수, 부교수, 교수
Santa Clara University, School of Law의 Visiting Scholar
사법시험·행정고시·외무고시·입법고시·감정평가사시험·변리사시험 위원
현재: 이화여자대학교 법학전문대학원 명예교수

주요 저서
착오론
민법주해[II], [VIII], [IX], [XIII](초판)(각권 공저)
주석민법 채권각칙(7)(제 3 판)(공저)
법학입문(공저)
법률행위와 계약에 관한 기본문제 연구
대상청구권에 관한 이론 및 판례연구
부동산 점유취득시효와 자주점유
법률행위에 있어서의 착오에 관한 판례연구
계약체결에 있어서 타인 명의를 사용한 경우의 법률효과
흠있는 의사표시 연구
민법개정안의견서(공저)
제 3 자를 위한 계약 연구
민법사례연습
민법강의(상)(하)
채권의 목적 연구
불법원인급여에 관한 이론 및 판례 연구
법관의 직무상 잘못에 대한 법적 책임 연구
신민법강의
기본민법
신민법사례연습
신민법입문
민법 핵심판례230선(공저)
민법총칙
물권법
채권법총론
채권법각론
친족상속법
민법전의 용어와 문장구조
나의 민법 이야기
시민생활과 법(공저)

나의 민법 이야기
— 한 민법학자의 40년간의 기록

초판발행	2022년 12월 30일
지은이	송덕수
펴낸이	안종만 · 안상준
편 집	김선민
기획/마케팅	조성호
표지디자인	Benstory
제 작	우인도 · 고철민 · 조영환

펴낸곳	(주) **박영사**
	서울특별시 금천구 가산디지털2로 53, 210호
	(가산동, 한라시그마밸리)
	등록 1959. 3. 11. 제300-1959-1호(倫)
전 화	02)733-6771
f a x	02)736-4818
e-mail	pys@pybook.co.kr
homepage	www.pybook.co.kr
ISBN	979-11-303-4360-0 93360

정 가   28,000원